Erziehung der Erzieher?

Europäische Hochschulschriften
Publications Universitaires Européennes
European University Studies

Reihe XI
Pädagogik
Série XI Series XI
Pédagogie
Education

Bd./Vol. 125

PETER LANG
Frankfurt am Main · Bern

Manfred Schneider

Erziehung der Erzieher?

Psychologische und politische Möglichkeiten der Verhaltensbeeinflussung bei Lehrern und Eltern

PETER LANG
Frankfurt am Main · Bern

CIP-Kurztitelaufnahme der Deutschen Bibliothek

Schneider, Manfred:

Erziehung der Erzieher? : Psycholog. u. polit.
Möglichkeiten d. Verhaltensbeeinflussung bei
Lehrern u. Eltern / Manfred Schneider. -
Frankfurt am Main ; Bern : Lang, 1982.
(Europäische Hochschulschriften : Reihe 11,
Pädagogik ; Bd. 125)
ISBN 3-8204-6997-4
NE: Europäische Hochschulschriften / 11

ISSN 0531-7398
ISBN 3-8204-6997-4

printed in Germany

FÜR

MARLIS

FÜR

KATZE

FÜR

DEINE

ZARTE

ZÄRTLICHKEIT

FÜR

EINE SANFTE REPUBLIK

INHALTSVERZEICHNIS

0. E I N L E I T U N G

Lehrer und Eltern gelten als bedeutsame Erziehungs- und Sozialisationsagenten in der Gesellschaft. Ihnen obliegt neben anderen Gruppen und Institutionen die wichtige Aufgabe, den nachfolgenden Generationen bestimmte Überzeugungsinhalte und Verhaltensweisen zu vermitteln, die das Weiterbestehen der Gesellschaft garantieren sollen.
Eltern und Lehrer beeinflussen als Erzieher in mehr oder weniger bewußter Form das Denken, Fühlen und Handeln ihnen anvertrauter Personen. Ihre erzieherischen Aktivitäten beziehen sich auf die Weitergabe und Beeinflussung beispielsweise von pädagogischen, sozialen, politischen, religiösen, moralischen oder ästhetischen Einstellungen, Normen und Werten. Sie beinhalten weiterhin die Vermittlung oder Veränderung spezifischer Verhaltensweisen und Fertigkeiten, die der Anpassung anvertrauter Personen an bestimmte soziale und gesellschaftliche Anforderungen und Erfordernisse sowie Macht- und Herrschaftsstrukturen dienen. Die Erziehung durch Eltern und Lehrer kann aber auch über die Anpassungsfunktion hinausgehen und auf die Etablierung z.B. relativer Unabhängigkeit, Selbstständigkeit und kritischer Distanz zu vorgegebenen gesellschaftlichen Strukturen bei den anvertrauten Personen abzielen. (1)
Die Erzieher selbst sind in ihrem eigenen Denken, Fühlen und Handeln nicht autonom. Ihr Bewußtsein und Verhalten wird durch zahlreiche Faktoren beeinflußt, so u.a. durch die ganz konkreten Lebensbedingungen und zahlreichen Teil- und Subsysteme der Gesellschaft.

Ist man daran interessiert, das Bewußtsein, das Denken und die Verhaltensweisen von Lehrern und Eltern zu ändern (z.B. um die Beziehungen zwischen ihnen und Kindern zu verbessern oder um bestimmte gesellschaftlich wünschenswerte Ziele zu erreichen), so bieten sich hierfür verschiedene Möglichkeiten an. Die Art der Möglichkeiten ist allerdings abhängig von der jeweiligen theoretischen Betrachtung und Position. Von psychologischer Seite sind in den letzten Jahren zahlreiche Publikationen zur Veränderung von Verhalten allgemein und zum Erziehungsverhalten speziell erschienen. Ein großer Teil dieser Arbeiten berücksichtigte insbesondere behavioristische und kommunikationstheoretische Elemente. Die meisten vorliegenden Darstellungen zur Veränderung des Verhaltens von Erziehern bewegen sich auf einer primär individuum-orientierten und ausschließlich psychologischen Ebene. Diese Betrachtungsweise muß jedoch als verkürzt und als zu reduktiv beurteilt werden. Sie trägt der komplexen Wirklichkeit zu wenig Rechnung. Lehrer und Eltern existieren nicht nur als Individuen und nicht nur in Gruppen (wie dies in individual- und sozialpsychologischen Ansätzen der Verhaltensänderung zum Ausdruck kommt), sondern in einem komplexen gesellschaftlichen System mit vielen Teilsystemen. Dies ist eine triviale Feststellung. Dennoch hat diese Trivialität so gut wie noch nicht Eingang in die Literatur zur Verhaltensbeeinflussung gefunden. Die Gesellschaftsbezogenheit von Individuen und damit auch von Lehrern und Eltern ist jedoch als ganz zentral anzusehen und muß bei Veränderungsbemühungen unbedingt miteinbezogen werden. Dieser Gedanke soll im weiteren aufgegriffen werden.

Das Buch intendiert eine differenzierte und komplexe Darstellung der Verhaltensänderung von Erziehern. Der vorliegende Ansatz läßt sich am besten mit dem Etikett einer "Politischen Psychologie" versehen, der an der Überwindung der Dichotomie von Individuum und Gesellschaft gelegen ist und die sich als integrativ und interdisziplinär versteht (vgl. Moser 1979). Ein weiteres Kennzeichen der hier vertretenen Position einer "Politischen Psychologie" ist ihre normative Orientierung. Sie impliziert, daß die Richtung von Änderungsbemühungen nicht offen und unausgesprochen (angeblich neutral!) bleibt. Ziel von Interventionen ist die Ermöglichung von mehr individueller Selbstverwirklichung (vgl. Schneider 1979).

Der Aufbau des Buches läßt sich grob wie folgt beschreiben. Um Möglichkeiten der Verhaltensbeeinflussung von Erziehern aufzeigen zu können, ist es zunächst erforderlich, einen Überblick über allgemeine Bedingungen menschlichen Verhaltens und sodann über spezielle Bedingungen des Verhaltens von Lehrern und Eltern zu geben. Ein diesbezüglicher Strukturrahmen erlaubt dann eine Gliederung und Ableitung von Maßnahmen und Möglichkeiten der Verhaltensbeeinflussung und -änderung. Es wird eine grobe Klassifizierung in psychologische und politische Möglichkeiten der Verhaltensbeeinflussung vorgenommen. Psychologische Maßnahmen sollen sich dabei mehr auf personzentrierte Aktionen beziehen, während politische stärker organisations- oder struktur-zentrierte Interventionen in gesellschaftlichen Teilsystemen umfassen sollen. Es sei darauf hingewiesen, daß sich Überschneidungen beider Interventionsklassen nicht ausschließen lassen.

Die im folgenden angesprochenen Ziele und Möglichkeiten der Verhaltensbeeinflussung - mit dem Schwergewicht auf psychologische Interventionen - erheben nicht den Anspruch auf Vollständigkeit und verstehen sich als Anstoß für weiterführende Überlegungen und Kritik.

An dieser Stelle möchte ich Herrn Seitz für seine freundliche Unterstützung und für kritische Anregungen danken.

I. ALLGEMEINE BEDINGUNGEN DES VERHALTENS VON LEHRERN UND ELTERN

Das Erziehungsverhalten von Lehrern und Eltern wird durch zahlreiche Faktoren geprägt und gesteuert. Welche Faktoren oder Determinanten lassen sich finden? Ein vereinfachendes Modell soll zunächst einen Überblick über die komplexen Determinanten von Verhalten überhaupt geben, wobei gesellschaftliche - externe - und individuelle - interne - Aspekte unterschieden werden. Eine Darstellung der vielfältigen und zum Teil kontroversen individuums- und gesellschaftsbezogenen Verhaltenstheorien und eine Diskussion des komplexen Verhältnisses von Individuum und Gesellschaft kann hier aus Raumgründen nicht geleistet werden. (2).

Da Lehrer und Eltern in ihrem Verhalten nicht nur allgemeinen, sondern auch spezifischen Verhaltensdeterminanten unterliegen, ist eine gesonderte Betrachtung nötig.

1. RAHMENBEDINGUNGEN MENSCHLICHEN VERHALTENS

Menschliches Verhalten läßt sich als "offenes" und als "verdecktes" Verhalten beschreiben. Unter offenem Verhalten versteht man alle sichtbaren Aktivitäten, wie z.B. laufen, sitzen, arbeiten, Kinder an die Hand nehmen usw.. Demgegenüber rechnet man zu verdecktem Verhalten all das, was im Menschen selbst abläuft, so seine Vorstellungen, Wünsche, Phantasien, Gedanken und Gefühle, wie Wut, Hunger, Schmerz und anderes. Versucht man menschliches Verhalten zu erklären, so lassen sich hierfür externe und interne Faktoren als verursachend anführen.

1.1 Externe Faktoren

Hierzu zählen die nicht unmittelbare oder "distale" Umwelt, die unmittelbare Umwelt und unmittelbare Situation einer Person (Schneider 1979).

(a) Die "distale Umwelt" oder die Makrostrukturen einer Gesellschaft umfassen das historisch gewachsene politische System mit seinen spezifischen Institutionen (als Teilsysteme) und deren spezifische Ideologien; ferner das ökonomische System mit bestimmten Produktionsverhältnissen und dem spezifischen Stand der Produktivkräfte sowie allgemeine landschaftlich-geographische Umweltfaktoren eines jeweiligen Landes.

Betrachtet man das politische System mit seinen spezifischen Institutionen (Gesetzgebung, Rechtsprechung, Exekutive, Steuer- und Finanzwesen, Verwaltung, Militär, Polizei u.a.), so kann sich dieses in verschiedenen Formen konstituieren. Wie ein Blick in die Jetztzeit deutlich macht, lassen sich als Staatsformen die Diktatur, Parlamentarische Demokratie oder sozialistische Formen der Demokratie unterscheiden.

Je nach Staatsform finden sich unterschiedliche Machtgruppen in den Regierungen, die ihre Interessen und die des jeweiligen Volkes vertreten, bzw. vorgeben, diese vertreten zu wollen (vgl. Hirsch 1972; Offe 1972; Neumann 1977; Bahro 1977). So versuchen in den Parlamentarischen Demokratien andere Gruppen ihre Machtinteressen durchzusetzen als etwa in sozialistischen Demokratien.

Die verschiedenen Staatsformen vertreten jeweils spezifische Ideologien, d. h. Anschauungen hinsichtlich politischer, ökonomischer, rechtlicher, pädagogischer, moralischer, philosophischer, religiöser u.a. Bereiche. Am deutlichsten sind z.B. die Unterschiede hinsichtlich des Eigentums an den Produktionsmitteln, aber auch in anderen Bereichen, in den Ländern des Ostblocks und der

Abb. 1 : Modell für Verhalten beeinflussende Faktoren bei Individuen

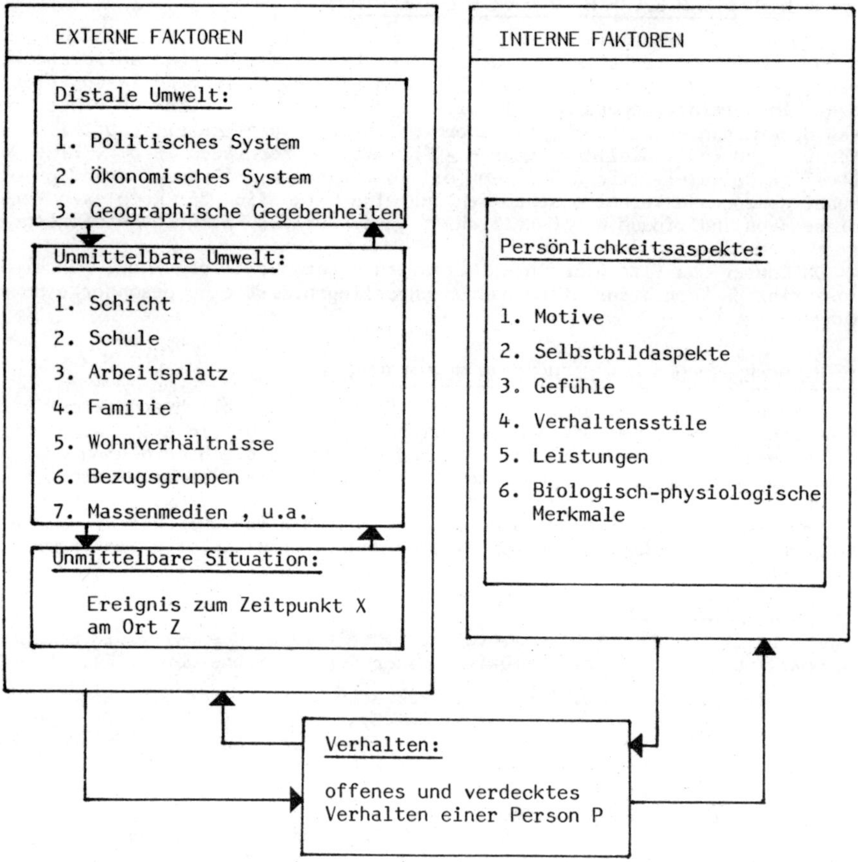

westlichen Welt.

Politische Systeme werden aber auch noch durch die Form der Einflußnahme des Staates auf verschiedene Teilsysteme der Gesellschaft wie z.B. Wirtschaft, Sozialleben oder Erziehung gekennzeichnet, worin sich auch bestimmte politisch-ideologische Positionen widerspiegeln. Beispielsweise nimmt nach Auffassung sozio-ökonomischer Gesellschaftstheoretiker (vgl. Habermas 1973; Offe 1972) der Staat in spätkapitalistischen Industriegesellschaften Einfluß auf die Regelung des gesamtgesellschaftlichen Kreislaufs mit Mitteln globaler Planung sowie ferner Einfluß auf die Verwertungsbedingungen für überschüssig akkumuliertes Kapital (3). Er greift regulierend in das von Monopolen und Konzernen noch freie Marktgeschehen ein oder ersetzt den Markt in bestimmten Bereichen, wo das Gewinnstreben als Steuerungsprinzip des Wirtschaftsprozesses versagt (vgl. auch Harrer & Jung 1969; Kowalski 1969). Hierzu zählen als Sektoren der materiellen gesellschaftlichen Infrastruktur beispielsweise das Energie-, Verkehrs-

und Gesundheitswesen oder die Forschung, Wissenschaft und Erziehung, deren Leistungen für den Bestand und die Weiterentwicklung des gesamten Gesellschaftssystems und Produktionssystems lebensnotwendig sind. Die genannten Struktursektoren - und damit auch das im weiteren interessierende Erziehungssystem - sind in den Industriegesellschaften dem staatlichen Herrschafts- und Kontrollsystem unterworfen.

Neben den Staat als Teilsystem des politischen Systems und als Gestalter der Rahmenbedingungen für individuelles Verhalten treten aber noch andere Institutionen oder Teilsysteme, wie Wirtschaftsverbände, Kirchen, Gewerkschaften und sonstige Interessenverbände. Diese versuchen etwa in parlamentarischen Demokratien durch ihre Lobby (z.B. über Kontakte zu Parlamentariern, Abgeordneten in Ausschüssen oder hohen Staatsbeamten in den Ministerien) auf die Gesetzgebung Einfluß zu nehmen. Nicht selten werden von den Interessengruppen selbst fertige Gesetzesvorlagen und sonstige Vorlagen ausgearbeitet und entsprechenden Personengruppen zugeleitet (vgl. Fülberth & Knüppel 1971, S.238f). Wie stark die Macht einzelner Gruppen sein kann, haben in jüngster Zeit die Auseinandersetzungen zum Paragraphen 218 (Abtreibung) oder zur betrieblichen Mitbestimmung gezeigt. So konnten im ersten Fall besonders die Kirche und andere konservative Gruppierungen oder im anderen Fall vor allem die Unternehmerverbände ihre Interessen durchsetzen.

Zur "distalen" Umwelt gehören neben dem genannten politischen System das ökonomische System, das die Lebens- und Arbeitsbedingungen der Menschen in einer Gesellschaft prägt. Aspekte des ökonomischen Systems sind die Produktionsverhältnisse und die Produktivkräfte.

Die Produktionsverhältnisse umfassen die objektiven Beziehungen von Individuen und Gruppen im Produktionsprozeß, so die Art der Kooperation, der Arbeitsteilung und der Stellung zueinander. Ein wesentlicher Bestandteil der Produktionsverhältnisse sind die Eigentumsverhältnisse. Die Bundesrepublik Deutschland - wie auch andere westliche Industriestaaten - wäre als ein Land zu kennzeichnen, in dem vorwiegend privates Eigentum an den Produktionsmitteln wie Fabriken, Banken, Grund und Boden, Arbeitsmitteln u.a. vorliegt und in dem Ziel und Zweck des Wirtschaftens Gewinnmaximierung ist. Neben dem Privateigentum existiert jedoch auch Gemeineigentum, vor allem im wenig gewinnträchtigen Infrastrukturbereich. Im Gegensatz zu den westlichen Industriestaaten ist in den Ostblockländern zum größten Teil vergesellschaftetes Eigentum vorhanden (vgl. Jung u.a. 1971). Ziel und Zweck der sozialistischen Produktion sind nach offiziellen programmatischen Verlautbarungen die Befriedigung der materiellen und geistigen Bedürfnisse der Menschen und die allseitige Entwicklung der Persönlichkeit. Ein Blick in die Praxis zeigt allerdings, daß hier Theorie und und Wirklichkeit auseinanderklaffen, ein Umstand, auf den hier nicht eingegangen werden kann (vgl. z.B. Šik 1976; Bahro 1977).

Die historische und gesellschaftlich konkrete Form der Produktionsverhältnisse wird durch den Entwicklungsstand der Produktivkräfte bestimmt. Diese umfassen die im Arbeitsprozeß schaffenden Menschen mit ihren Kenntnissen und Fähigkeiten in körperlicher und geistiger Tätigkeit, die Leitung, die Wissenschaft, Produktionsmittel, Technologie und Organisation der Produktion. Die Produktivkräfte stellen letztlich die Gesamtheit der subjektiven und gegenständlichen Faktoren des Produktionsprozesses und deren Zusammenwirken bei der Herstellung materieller Güter dar. Als wichtigste Produktivkraft ist der Mensch mit seinen Fähigkeiten und Fertigkeiten anzusehen, mit der er die Natur zu seiner Bedürfnisbefriedigung und zum eigenen Überleben gestaltet.
Weiter läßt sich feststellen, daß die Wissenschaft heute in immer stärkerem

Maße zur unmittelbaren Produktivkraft geworden ist und bestimmend in den Prozeß der Auseinandersetzung von Mensch und Natur eingreift. Die neu geschaffenen Technologien wie z.B. die Atomkraft oder Elektronik sind ein deutliches Zeichen für die Bedeutung der Wissenschaft als Produktivkraft.

Der Stand der Produktivkräfte , der Stand der Technologie ist für die Diversifikation und die Art von Arbeitsmöglichkeiten und Arbeitsplätzen verantwortlich. In den Industrienationen heißt dies, daß aufgrund der industriellen Produktion eine Fülle von einfachsten bis kompliziertesten Tätigkeiten erforderlich geworden sind und diese Tätigkeiten das Leben der in der Produktion Arbeitenden entscheidend prägen - mit all den Vor- und Nachteilen, die die Entwicklung der Technik mit sich gebracht hat. Gleichzeitig sind die unterschiedlichen Tätigkeiten und Aufgabenbereiche die Ursache für die Ausdifferenzierung der Menschen in unterschiedliche Gruppen und Schichten. Diese bedeuten unterschiedliches finanzielles Einkommen und Prestige mit der Folge der Eröffnung unterschiedlichster Lebensräume, Lebensmöglichkeiten und unterschiedlicher Lebensqualität.

Die Ausdifferenzierung des Produktionsbereiches im Laufe der Geschichte der Menschheit in geistige und körperliche Arbeit und die Festschreibung von Menschen auf bestimmte diesbezügliche Tätigkeiten ist ein wesentliches Merkmal für die Schaffung von sozialer und politischer Ungleichheit (vgl. auch Hartfiel 1978). Diese Bedingung von Ungleichheit kann weder durch gezielte Bildungsmaßnahmen, Veränderungen im Erziehungssystem oder Veränderung der Eigentumsverhältnisse prinzipiell geändert, sondern eher nur gemildert werden(vgl. Bahro 1977; Šik 1976).

Zu den Produktivkräften und Produktionsverhältnissen, d.h. dem ökonomischen System, läßt sich zusammenfassend sagen, daß sie die soziale Struktur, die politischen, juristischen und anderen gesellschaftlichen Einrichtungen sowie auch die ideologischen Ansichten (d.h. politischen,sozialen, moralischen, pädagogischen Überzeugungen u.a.) von Menschen und damit auch deren Lebensweise auf das nachhaltigste durch das Setzen von Rahmenbedingungen mitgestalten.

Neben dem politischen und ökonomischen System haben auch die geographischen Gegebenheiten und damit verbunden die geomorphologischen und geologischen Bedingungen eines Landes deutliche Auswirkungen auf das Verhalten der Menschen. So können etwa die klimatischen Verhältnisse eines Landes für die Entwicklung agrarischer Produktion förderlich oder hemmend sein und damit die Arbeit und Lebensbedingungen der Menschen erleichtern oder erschweren. Trockene Steppen etwa ermöglichen nur Viehzucht und Nomadentum, fruchtbare Flußtäler und mehrfacher Regen dagegen mehrere Ernten und damit eine ausreichende Versorgung und Ernährung der Bevölkerung. Betrachtet man die klimatischen Bedingungen des Nordens der Erde (also Nordeuropa) und vergleicht sie mit denen im Süden (also Afrika oder Südostasien), so haben diese sehr differenten Klimata unterschiedliche ökonomische und kulturelle Entwicklungen mitbedingt und differente Verhaltensweisen der Menschen bewirkt.

Ebenso wie die klimatischen Bedingungen hat auch das Vorkommen bestimmter Rohprodukte (Kohle, Erze,Uran,Öl z.B.) deutliche Auswirkungen auf die Entwicklung spezieller Produktionen (z.B. Eisenverhüttung, Atomkraftherstellung) und damit auch auf das Leben und den Lebensstandard eines Landes. Denkt man an Deutschland und seine enorme technische Entwicklung seit dem Ende des 19.Jahrhunderts, so wäre diese früher nicht ohne das Vorhandensein eigener Kohle und Erze möglich geworden.Ähnliches gilt auch für Länder mit Ölvorkommen, die sich aus dem Zustand völliger Armut in einen Zustand relativen Wohlstands (z.B. Saudi-Arabien) und mit zunehmender politischer Macht entwickelt haben.

Die letzten Punkte machen deutlich, daß bestimmte Umweltfaktoren wie etwa die geomorphologischen oder geologischen Gegebenheiten einen starken Einfluß auf andere Bereiche wie die Produktivkräfte und deren Entwicklung oder die Ausgestaltung der Produktivverhältnisse haben. Die einzelnen Bereiche der distalen Umwelt sind somit nicht isoliert, statisch und unabhängig anzusehen. Sie gehören stattdessen eng zusammen, bedingen sich wechselseitig und können sich im historischen Prozeß verändern.

Beispielsweise interagieren die Produktivkräfte mit ihrer jeweiligen Ausprägung der Technologie und das System der Produktionsverhältnisse in Form der Differenzierung der Arbeitsteilung und der Entwicklung von Arbeitsmitteln. Oder Veränderungen im geologischen Bereich etwa in Gestalt des Versiegens von Öl führen zu Veränderungen in den Produktivkräften innerhalb der Technologie, insofern neue Energiequellen und neue Technologien geschaffen werden müssen. Gleichzeitig gehen damit Veränderungen in den Produktivkräften einher, indem ganze Industriezweige zusammenbrechen. Dies hat möglicherweise Auswirkungen auf das politische System und seine administrativen Entscheidungen. Der Zusammenbruch von Industriezweigen kann weiterhin unmittelbare Folgen für andere Branchen und für die in den Betrieben Beschäftigten haben. Letztere werden arbeitslos, was sich wiederum auf die individuelle Situation und Befindlichkeit und die Interaktionen innerhalb der Familien und innerhalb des Bekannten- und Freundeskreises auswirkt.D.h. Veränderungen im distalen Bereich schlagen auf andere Ebenen durch, hier auf die noch darzustellendenEbenen der unmittelbaren Umwelt (b) und der unmittelbaren Situation (c)(vgl. Abb.1).Ein diesbezügliches Beispiel aus neuerer Geschichte ist etwa die Weltwirtschaftskrise in den 2oer Jahren und das im Gefolge auftretende 3. Reich, wo totale Veränderungen im ökonomischen und politischen Bereich eintraten. Die Veränderungen im distalen System hatten die schlimmsten Folgen für alle Bereiche des gesellschaftlichen Lebens (unmittelbare Umwelt) in vielen Ländern der Welt und wirkten sich auf das Erleben und Verhalten der Menschen (unmittelbare Situation) auf das unangenehmste und nachhaltendste aus.

Es muß hier allerdings betont werden, daß dem ökonomischen Bereich kein absolutes Primat für die Gestaltung sämtlicher gesellschaftlicher Entwicklungsprozesse und damit für individuelles Verhalten zukommt.Ein mechanistischer Rückschluß von den jeweils historisch spezifischen Produktionsverhältnissen und Produktivkräften auf individuelles Verhalten etwa in den Organisations- und Interaktionsstrukturen im Erziehungssystem oder in der Familie wäre verfehlt. Die Beziehungen zwischen Gesamtgesellschaft, Teilsystemen der Gesellschaft und Individuum sind sehr komplex (vgl. Hahn 1974,S.121ff; Stiehler 1978; Götz 1978; Hurrelmann 1975). Sozio-ökonomische Theorien können zwar die gesellschaftlichen Rahmenbedingungen für die Sozialisation individuellen Verhaltens herausarbeiten. Sie können auch die objektiven gesellschaftlichen Funktionen des Sozialisationsprozesses etwa in formalen Erziehungssystemen wie der Schule oder in der Familie beschreiben. Sie sind aber nicht ausreichend in der Lage, die gesamte Palette der Erscheinungsformen der tatsächlich vorkommenden Sozialisationsprozesse und der Bedingungen individuellen Verhaltens zu analysieren.

Sozio-ökonomische Theorien allein greifen zu kurz und sind unzureichend.Beispielsweise beziehen sie Systemprobleme und -prozesse in untergeordneten,aber eigenständigen Organisationssystemen wie z.B. den Teilsystemen Familie oder Schule nicht ins Analysefeld mit ein. Weiterhin kann nicht davon ausgegangen werden, daß sozio-ökonomische Strukturen (also gesellschaftliche Macht-, Herrschafts- und Sozialstrukturen) geradlinig auf bestimmte Teilsysteme wie z.B. Familie und Schule einwirken. Vielmehr sind differenzierte Vermittlungsprozesse und Brechungen zwischen den verschiedenen Systemebenen anzunehmen. Die "distale" Umwelt "regiert" damit nicht unmittelbar in das individuelle Verhalten hinein. (Vgl. auch Hurrelmann & Ulich 1980; Kap. A 1.2.1 und 1.2.2).

b) Nach der relativ breiten Darstellung der "distalen" Umwelt werden die übrigen das individuelle Verhalten beeinflussenden Aspekte kürzer dargestellt, da sie noch später detaillierter besprochen werden.Ein wesentlicher Bereich der Verhaltensdeterminanten ist die "unmittelbare Umwelt". Sie stellt die spezifischen und konkreten Bedingungen dar, unter denen die Menschen leben (vgl. Abb. 1) und die für die Entwicklung und Sozialisation des Verhaltens des einzelnen von größter Bedeutung sind.(4).
Ein Teilbereich ist die soziale Schicht, in die der einzelne Mensch hineingeboren wird und die ihm einen bestimmten Verhaltens- und Entwicklungsraum zuweist, der für den Aufbau von Fähigkeiten, Fertigkeiten und verschiedene andere Persönlichkeitsmerkmale mit verantwortlich ist(vgl. auch Kap.I.,3).Mit der sozialen Schicht oft eng verbunden sind die später besuchte Schule (vgl. Kap. I.,2) und der später ausgewählte Arbeitsplatz (vgl. Kap.I.,3), sei er in der industriellen oder agrarischen Produktion, in der Verwaltung oder im Bildungs- oder Erziehungssystem. In der Schule und am Arbeitsplatz nimmt der einzelne bestimmte Funktionen und Positionen wahr, macht er bestimmte Erfahrungen mit sich und seiner Lebenswelt und wird in seiner Persönlichkeit und in seinem Verhalten weiter geprägt.
Zur unmittelbaren Umwelt gehören weiterhin die individuellen Lebensumstände in der Familie.Diese können gekennzeichnet sein durch das Vorhandensein von beiden Elternteilen, einer niedrigen oder hohen Geschwisterzahl, der Berufstätigkeit der Mutter, ein gespanntes oder angenehmes Familienklima u.a. (vgl. Kap. I.,3).Die Familie definiert in starkem Maße den Bewegungsspielraum des einzelnen und strukturiert neben den schon genannten Bereichen das Verhalten ihrer Mitglieder.Die Wohnverhältnisse prägen wiederum das Familienleben.
Andere verhaltensbeeinflussende Umgebungsvariablen sind soziale oder politische Gruppen, denen der einzelne angehört und in denen er bestimmte Aufgaben und Funktionen übernommen hat. Diese Bezugsgruppen können Sportvereine, Kegelclubs, Skatclubs ,politische Parteien oder Gewerkschaften u.a. sein.
Ein nicht unbedeutender Bereich,der Verhalten auf komplizierte Art mit beeinflußt (vgl.Kap.II,3.2.2.1) , sind die Massenmedien wie Fernsehen, Radio oder Literatur unterschiedlichster Qualität. Wie sehr die Massenmedien selbst in andere Systeme, nämlich in das "distale" System,eingebettet sind und durch diese beeinflußt werden, wird aus Abb.2 deutlich(DeFleur 1966, nach Silbermann & Krüger 1973,S.28).

Das Beispiel der Massenmedien kann als stellvertretend für die Verflechtung der einzelnen Teilsysteme untereinander angesehen werden.Die einzelnen Bereiche dürfen nicht als isoliert und unabhängig begriffen werden.

c) Der letzte Bereich der externen Verhaltensdeterminanten ist die "unmittelbare Situation".Sie ist ganz kurz als der jeweilige Ort des Handelns oder Erlebens einer Person zum Zeitpunkt t zu bezeichnen. Sie kann die ganz spezifische Situation eines Philosophielehrers in der Klasse y zum Zeitpunkt z beispielsweise sein. Allerdings muß man davon ausgehen, daß es sich hier nur scheinbar um ein objektives Datum handelt. Letztlich wird die ganz spezifische Situation sehr subjektiv durch die jeweilige Person wahrgenommen (vgl. Kap. II., 1.2).

Abschließend kann zu den "externen" verhaltensdeterminierenden Faktoren nochmals gesagt werden, daß diese in unterschiedlich starkem Ausmaß zusammenhängen, von einander abhängig sind und sich wechselseitig beeinflussen.(Dies soll durch die Pfeile in Abb. 1 ausgedrückt werden).Die externen Faktoren sind mitverantwortlich, wie der einzelne Mensch sich im Verlauf seiner individuellen Geschichte entwickelt und wie er sich zu einem bestimmten Zeitpunkt auch verhält.Die genannten Faktoren tragen in unterschiedlichem Ausmaß

Abb. 2 : Massenmedien und ihre Umweltvariablen

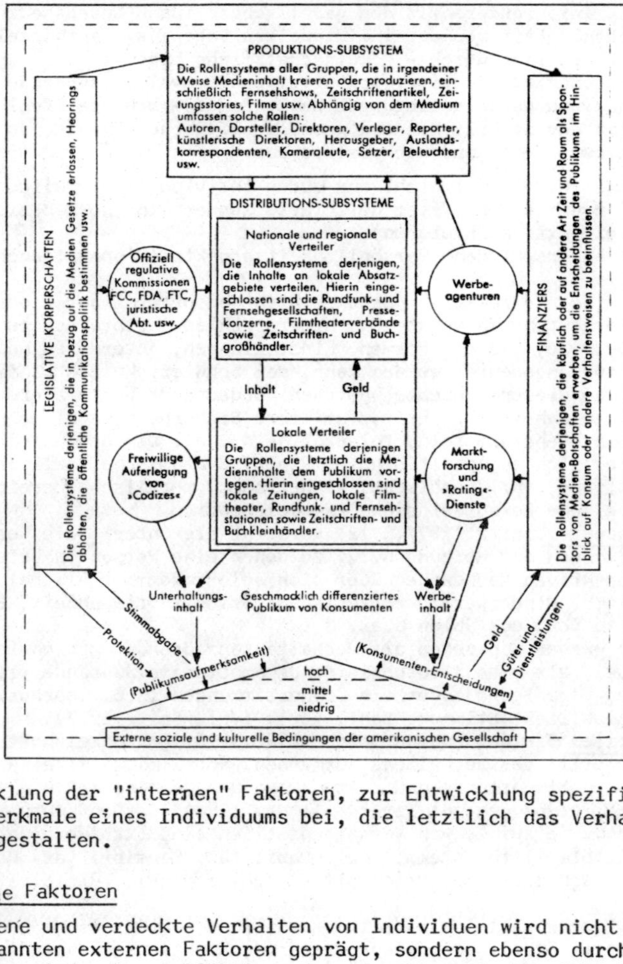

zur Entwicklung der "internen" Faktoren, zur Entwicklung spezifischer Persönlichkeitsmerkmale eines Individuums bei, die letztlich das Verhalten dieser Person mitgestalten.

1.2 Interne Faktoren

Das offene und verdeckte Verhalten von Individuen wird nicht nur durch die bisher genannten externen Faktoren geprägt, sondern ebenso durch interne Faktoren. Diese sind sehr vielfältig und werden hier als Persönlichkeitsaspekte bezeichnet. Wie diese zu charakterisieren sind, hängt ab von bestimmten theoretischen Konzeptionen, die sehr unterschiedlich sind (vgl. Schneider 1979 und Anmerkung (5). Eine umfassende Beschreibung von Persönlichkeit liegt in der Definition von Kossakowski (1971,S.41) vor:

"Unter dem Begriff der Persönlichkeit verstehen wir... den konkreten, historisch entwickelten und gesellschaftlich tätigen Menschen, der psychologisch charakterisiert werden kann als ein dynamisches System (als Einheit) von allgemeinen, besonderen und individuellen Dispositionen des Leistungs- und Sozialverhaltens in einmaliger (unwiederholbarer) Struktur. Dieses dynamische System hat sich auf der Grundlage der in der Phylogenese entwickelten biologischen Voraussetzungen durch gesellschaftlich gesteuerte, aktive Wechselwirkung mit den natürlichen, insbesondere mit den gesellschaftlichen Lebensbedingungen und stets in Abhängigkeit von der individuellen Lebenslage entwickelt. Die Persönlichkeit zeichnet sich durch - gemeinschaftliche Lebensweise, - gesellschaftliche Bezogenheit, - aktive, schöpferische, umweltverändernde Auseinandersetzung mit seinen Lebensbedingungen sowie durch - bewußte Stellungnahme zu den Erscheinungen der natürlichen und gesellschaftlichen Umwelt, zu den eigenen Beziehungen zur Umwelt und sich selbst aus."

Die Persönlichkeit wird damit nicht nur durch individuell einmalige Dispositionen in einem dynamischen System definiert, sondern in enger Beziehung zu ihrer Umwelt (vgl. externe Faktoren).

Es lassen sich verschiedene Persönlichkeitsaspekte (Dispositionen) unterscheiden

1. Motive. Sie sind als relativ konstante Richtungsdeterminanten oder als Beweggründe des Verhaltens zu verstehen. Hierzu zählen Wertpräferenzen (vgl. Schneider 1977, 1982a, 1982b), Normen, Einstellungen, Interessen und Bedürfnisse, wobei hier nur angedeutet werden kann, daß Schwierigkeiten hinsichtlich der genauen Abgrenzung dieser Konzepte bestehen. Bedeutsame Wertpräferenzen sind beispielsweise Gleichheit, Freiheit, familiäre Sicherheit, soziale Anerkennung oder höflich sein, gehorsam sein, tolerant sein u.a.. Die genannten Konzepte können sich inhaltlich auf politische, soziale, ökonomische, religiöse, pädagogische, rechtliche, philosophische, ästhetische, moralische Bereiche, d.h. auch auf ideologische Bewußtseinsinhalte beziehen.
2. Selbstbildaspekte. Seitz (1977,S.12) versteht hierunter "die Gesamtheit derjenigen Vorstellungen und Meinungen..., zu denen eine Person in Urteilen und im retro- und prospektiven Nachdenken über sich selbst kommt." Als Selbstbildaspekte gelten z.B. Minderwertigkeitserleben, Selbstzufriedenheit, Selbstkontrolle, Neigen zu Schuldgefühlen u.a..
3. Gefühle. Sie werden angesehen als verhaltensauslösende emotionale Zustände (z.B. Haß, Liebe), als verhaltensbegleitende emotionale Zustände (z.B. Lust-Unlust, Erregung-Beruhigung) oder als Grundstimmungen (z.B. Depression-Heiterkeit, Stimmungslabilität-Stimmungstabilität). (Vgl. Seitz 1977).
4. Verhaltensstile. Sie werden von Seitz (1977,S.11) gekennzeichnet als "Eigenarten, die den 'Stil' des Verhaltens ausmachen. Wobei mit Stil eine durchgängige, von bestimmten Situationen und Zeitpunkten unabhängige Art und Weise des Verhaltens einer Person genannt ist." Guilford (1964) spricht auch von "Temperaments-Faktoren". Beispiele von Verhaltensstilen sind Extraversion-Introversion, emotionale Stabilität - emotionale Labilität, Sensibilität- Robustheit, Ich - Stärke vs. Ich-Schwäche, Offenheit-Verschlossenheit, Rigidität-Flexibilität u.a..
5. Leistungen. Hierzu zählen einerseits motorische und physische Fähigkeiten und Fertigkeiten (z.B. allgemeine Körperstärke, Reaktionsgeschwindigkeit) sowie kognitive, intellektuelle Fähigkeiten und Fertigkeiten (wie z.B. visuelles Gedächtnis, räumliches Vorstellungsvermögen, allgemeine Denkfähigkeit).
6. Biologisch-physiologische Merkmale. Dieser Bereich bezieht sich auf geschlechtsspezifische, rassische und konstitutionelle Gegebenheiten einer Person. Darunter ist zu verstehen, ob eine Person weiblichen oder männlichen Geschlechts ist, der "weißen" oder "schwarzen" Rasse z.B. angehört oder etwa leptosom-schizothym oder pyknisch-zyklothym ist. Die angeborenen Besonderheiten des endokrinen Systems, der morphologischen Struktur des Gehirns und der Funktionsweise des Zentralnervensystems geben die Rahmenbedingungen für die spezifische Auseinandersetzung des Individuums mit sich selbst und seiner Umwelt ab.

Die einzelnen Dispositionsbereiche sind nicht isoliert zu sehen, sondern interagieren, bedingen sich wechselseitig und bilden ein dynamisches System. Besonders hervorzuheben ist, daß das Individuum nicht nur als passives Objekt, als bloßes Produkt der Umweltverhältnisse zu begreifen ist. Der einzelne ist sehr wohl in der Lage, sich selbst, die eigene Person (die biologischen Gegebenheiten ausgenommen) und seine Umwelt - wenn auch in Grenzen - zu beeinflussen und mitzugestalten. Das Individuum ist mitverantwortlich für sich selbst, für sein Erleben und Verhalten sowie für seine Umwelt. Es besteht ein enges Wechselverhältnis zwischen den einzelnen dargestellten Bereichen und Teilsystemen (vgl. auch Schneider 1979). Konkretes offenes und verdecktes Verhalten ist als ein Interaktionsprodukt von internen und externen Faktoren zu verstehen.

2. DETERMINANTEN DES LEHRERVERHALTENS

Das Verhalten von Individuen wird - wie bisher dargestellt - durch vielfältige externe und interne Faktoren beeinflußt. Diesen Faktoren unterliegt auch das Verhalten von Lehrern. Allerdings müssen diese allgemeinen Determinationsgrößen für das Lehrerverhalten spezifiziert werden. Dies soll im folgenden ausschnittsweise und überblickshaft geschehen.

2.1 Lehrerverhalten und polit-ökonomisches System

Der Lehrer ist Mitglied des Organisationssystems Schule, das selbst eingebettet ist in das allgemeine Erziehungssystem eines Landes. Wie eingangs angesprochen, ist das Erziehungssystem selbst ein Teilelement der Gesamtgesellschaft und gehört zum Infrastrukturbereich der Gesellschaft. Es wird deshalb vom jeweiligen politischen und ökonomischen System, mit dem es funktional verbunden ist, inhaltlich beeinflußt und strukturiert (vgl. Abb. 3, (6)).

Abb.3: Funktionale Beziehungen von gesellschaftlichen Teilsystemen

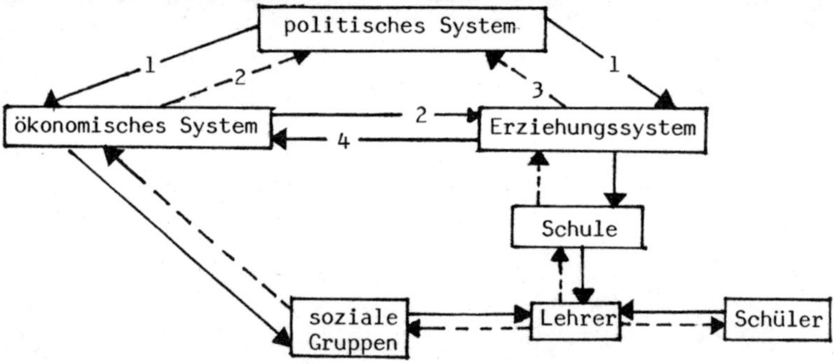

1 = Setzen von Rahmenbedingungen

2 = Materielle Sicherung

3 = Normative Loyalität

4 = Nachschub von qualifizierten Arbeitskräften

Das politische System setzt die Rahmenbedingungen für die Gestaltung der gesellschaftlichen Teilsysteme und wird dabei durch diese selbst im Sinn eines kybernetischen Regelkreises beeinflußt (vgl. Kap. I.,1). Der Staat als Repräsentant des politischen Systems und Vermittler unterschiedlichster Interessen innerhalb einer Gesellschaft versucht mit seiner Bildungspolitik das Erziehungssystem nach den von ihm als wünschenswert und erforderlich angesehenen Ziel- und Wertvorstellungen zu regulieren, zu kontrollieren und in seine gesamtgesellschaftliche und gesamtpolitische Planung einzubeziehen. Die jeweiligen Zielvorstellungen hängen dabei von der Art des politischen Systems ab; so unterscheiden sich diese am krassesten etwa in kapitalistischen und sozialistischen Gesellschaftssystemen. Die staatlichen Planungen wiederum müssen auf dem Hintergrund der politisch-historischen und ökonomischen Situation eines Landes und der gesamten Weltsituation begriffen werden.
Zur Durchsetzung seiner Ziele expandiert der Staat in den Industrienationen auch über den bisher gewohnten Sektor der Schule hinaus in Erziehungsbereiche,

die sonst der Familie und den Betrieben vorbehalten geblieben sind, nämlich in den Vorschulbereich und die berufliche Bildung (vgl. Sekretariat 1977). Dafür ist die zunehmend komplexer gewordene Wirklichkeit mitverantwortlich, die durch partikulare und naturwüchsig laufende Erziehungsangebote einzelner Gruppen nicht zu bewältigen zu sein scheint.

Das Erziehungssystem und damit Schule und Lehrer haben in den Industriegesellschaften die Aufgabe der Sicherung der sozialen, ökonomischen und politischen Reproduktionsbedingungen und der Weiterentwicklung der Gesellschaft und damit des gesellschaftlichen Überlebens. Der Deutsche Bildungsrat(197o)schreibt diesbezüglich: " Der Sektor Bildung wird als Beitrag zur gesellschaftspolitischen Stabilität wie zur ökonomischen Sicherung von Wohlstand und Wachstum verstanden." Alle bekannten Erziehungssysteme tragen zur Stützung gesellschaftlicher Machtverhältnisse bei, indem sie ihren Adressaten das Bewußtsein vermitteln, die bestehenden Verhältnisse seien gut und nicht der Veränderung bedürftig. Ferner wirken die Erziehungssysteme auf die Aufrechterhaltung und Integration des bestehenden soziopolitischen Wertsystems hin und legitimieren die jeweiligen politischen und sozialen Verhältnisse durch Schaffung von Identifikationen und Loyalitäten (vgl. Fend 1974). Das Erziehungssystem sorgt letztlich für den Aufbau solcher Motivations- und Bewußtseinsstrukturen, die von den dominanten gesellschaftlichen Gruppen als für die bestehenden Sozial- und Herrschaftsstrukturen als notwendig und erforderlich betrachtet werden.

Das ökonomische System fordert vom Erziehungssystem die Bereitstellung von genügend Arbeitskräften, die für die Anforderungen des Produktionsbereiches qualitativ gut ausgebildet sein sollen und sich gleichzeitig auch an die sozialen und strukturellen Bedingungen in der Produktion anpassen können. Es geht damit nicht nur um fachliche Qualitäten, sondern auch um soziale und ideologische. (7).

Wie sehr das ökonomische und das politische System in das Erziehungs- und Bildungssystem einwirken, wird z.B. in der Bundesrepublik Deutschland an den Auseinandersetzungen um die Einführung der integrierten Gesamtschule als Regelschule deutlich. Während konservative Gruppen (Wirtschaftsverbände, CDU, Kirche) um das herkömmliche dreigliedrige Schulsystem (Hauptschule, Realschule, Gymnasium) mit allen Mitteln kämpfen, versuchen Gruppen mit bildungspolitischen Zielen nach mehr Gerechtigkeit und Chancengleichheit die Gesamtschule aus dem bisherigen Versuchsstadium herauszuführen und als gleichberechtigte Regelschule zu konstituieren (vgl. Edelhoff & Mittelberg 1979).

In dieses oben dargestellte Geflecht ist die Schule und sind damit die Lehrer eingebunden. Das politische und ökonomische System wirken - wenn auch nicht geradlinig (vgl.S.7), so doch gebrochen - auf das Schulsystem mit seinen Strukturen und Inhalten ein. Dies erfolgt durch bildungspolitische Konzeptionen, die selbst als politischer Kompromiß verschiedener Interessengruppen - in kapitalistischen Gesellschaften besonders der von Kapital und Arbeit - zu verstehen sind.

Der Lehrer ist damit nicht unmittelbar durch die historisch gewachsenen politisch-ideologischen und ökonomischen Gesellschaftsstrukturen betroffen, wohl aber unmittelbarer durch die Inhalte und Strukturen des Erziehungs- und Schulsystems. Letztlich ist der Lehrer ausführendes Organ des politischen und ökonomischen Systems.

2.2 Lehrerverhalten und Schulsystem

Das Lehrerverhalten wird weiterhin durch die Gegebenheiten des Schulsystems strukturiert. Diese sind gekennzeichnet durch (a) die spezifische Art des Schulsystems und (b) die Schulorganisation. (8).

(a) Art des Schulsystems. Die bildungspolitischen Programme des Erziehungssystems mit den in ihnen verkörperten widersprüchlichen Interessen des politischen und ökonomischen Systems finden ihren Ausdruck in der Art der Schulsysteme. Konkretisiert schlagen sich diese Programme in unterschiedlichen Formen von Schulsystemen und deren strukturellen und inhaltlichen Fassungen nieder. So gibt es in der Bundesrepublik Deutschland nicht mehr nur ein dreigliedriges Schulsystem mit Hauptschule, Realschule und Gymnasium, sondern ein im Ausbau befindliches integriertes Gesamtschulsystem in unterschiedlichsten Variationen (vgl. Edelhoff & Mittelberg 1979). Während das erstere sehr stark auf dem Prinzip der Auslese und Konkurrenz basiert, versucht das andere mehr Chancengleichheit, besonders auch für unterpriveligierte Gruppen zu erreichen (vgl. S.187f). Neben diesen Schulsystemen gibt es weiterhin ein Berufsschulsystem, das eine andere Binnenstruktur, andere Aufgaben und Inhalte als das herkömmliche und das Gesamtschulsystem aufweist.
Während die Berufsschule primär berufsbezogen und von den Berufsfeldern her strukturiert ist, findet sich im herkömmlichen Schulsystem relativ wenig Verbindung zur Berufswelt (besonders in den Gymnasien), wohingegen in den Gesamtschulen gerade eine stärkere Orientierung an der Arbeitswelt, eine Verbindung von Theorie und Praxis, etwa im polytechnischen Unterricht versucht wird. Was die Inhalte anbetrifft, läßt sich weiter feststellen, daß Gesamtschulen im Vergleich zu den herkömmlichen stärker emanzipatorische Ziele wie Gerechtigkeit, Selbständigkeit, Solidarität und Kritikfähigkeit (vgl. Bath 1974; Kerstiens 1974) betonen und politisch weniger konservativ sind (vgl. Edelhoff & Mittelberg 1979; Fend u.a. 1976; Schön 1978). In den Gesamtschulen ist eine größere Bereitschaft zum Experimentieren mit demokratischen Formen und Gremien der Mitbestimmung vorhanden(vgl.Kap.IIB,S. 189f). D.h. die Schulsysteme unterscheiden sich auch hinsichtlich ideologischer Vorstellungen, die sich in der Binnenstruktur der Schule niederschlagen.

Zu den Schulsystemen ist ferner noch zu bemerken, daß ihr Binnenleben durch die von den Kultusbehörden erlassenen Rahmenrichtlinien und Lehrpläne (vgl. Kanz 1974), Verordnungen, Dienstanweisungen und spezifischen Unterrichtsmitteln (z.B. Lehrbücher, Filme) geprägt wird. Wie stark politische und ökonomische Interessen hier einfließen, wurde vor einiger Zeit besonders am Beispiel der Rahmenrichtlinien deutlich, als es in Nordrhein-Westfalen um die Einsetzung der "Richtlinien für den Politischen Unterricht" (vgl. Kanz 1974) ging. In diesem Zusammenhang kam es zu schwersten Auseinandersetzungen zwischen den Parteien SPD und CDU.

Die genannten strukturellen und inhaltlichen Vorgaben des Schulsystems bestimmen das Verhalten eines Lehrers ganz wesentlich, wenn auch nicht vollständig. Der Lehrer hat einen gewissen Spielraum zur eigenen Gestaltung, dessen Grenzen aber nicht überschritten werden dürfen, wie etwa die Berufsverbote-Diskussion in der Bundesrepublik Deutschland zeigt (vgl. Bethge & Roßmann 1973; Hamburger Lehrerkollektiv 1975).

(b) Lehrerverhalten und Schulorganisation. Das Handeln des Lehrers wird durch die Organisation des Schulwesens und durch die darin arbeitenden Personen mitbestimmt.

Fürstenau (1967, S. 514 ff) charakterisiert das Schulwesen als "ein System von hierarchisch einander übergeordneten Ämtern mit jeweils bestimmten festumrissenen Befugnissen, wobei die oberen Instanzen entscheiden, anordnen und kontrollieren, während die unteren überwiegend Anordnungen ausführen und nach oben darüber berichten." Diese hierarchische Struktur hat nicht unwesentliche Konsequenzen. Der Lehrer wird hierdurch zu einem Ausführungsorgan der von oben kommenden Richtlinien und Erlasse, die ihm angeben, was er tun und lassen soll. So wird er z.B. verpflichtet, sich an Stundenplänen zu orientieren, Weisungen von oben zu gehorchen und als Beamter sich nicht an Streiks zu beteiligen. Er wird letztlich zum Ausführungsbeamten, was bei manchen Lehrern auch zu einer ausgesprochenen"Beamtenmentalität"im Sinne rigiden Verhaltens führt.

Das Organisationssystem Schule weist dem Lehrer auch ganz bestimmte Rollen und Aufgaben zu. So hat der Lehrer zu lehren, erziehen, beurteilen, beraten und innovieren (vgl. Deutscher Bildungsrat 1970).
Beim Lehren bzw. Unterrichten handelt es sich um die Vermittlung von Kenntnissen, Fähigkeiten und Fertigkeiten. Hierzu zählen Motivieren, Denk- und Kreativitätstraining, Entwicklungsförderung emotionaler und sozialer Funktionen sowie Lern- und Leistungsförderung im engeren Sinne, d.h. Erziehung zu bestimmten Arbeits- und Verhaltensweisen im Leistungsbereich. Die Aufgabe des Erziehens soll auf die Selbstverwirklichung des Schülers und seine soziale Integration abzielen. Sie bedeutet die Anpassung an bestimmte gesellschaftliche Ziele oder Wertvorstellungen. Beim Beurteilen geht es um die Feststellung und Bewertung von Leistungen der Schüler. Beraten umfaßt Hilfestellungen etwa im Rahmen der Schullaufbahn- oder Berufswahlberatung. Und Innovieren kann sich z.B. auf die Entwicklung von Curricula, die Mitarbeit in Richtlinienkommissionen oder auf die Demokratisierung der Schule (z.B. Mitarbeit im SMV, Schulkonferenz, Personalrat) beziehen. Diese Aufgaben prägen den Alltag des Lehrers fast vollständig und bedeuten für den Lehrer nicht selten eine Vielzahl von Widersprüchen und Konflikten (vgl. Mollenhauer 1971).

In der Schule nimmt der Lehrer ferner eine spezielle Stellung in der Arbeitshierarchie ein. So kann es sein, daß er zunächst nur eine befristete Angestelltenstelle erhält und damit seinem Arbeitgeber Staat und dessen finanz-, wirtschafts- und bildungspolitischen Plänen ausgeliefert ist. Oder er erhält zunächst eine Beamtenstelle auf Zeit, die in eine Lebensstellung überführt werden kann (nicht muß), wodurch sein berufliches Sicherheitsgefühl und damit seine Souveränität im Unterrichtsgeschehen wesentlich mitbestimmt werden. Die jüngeren, noch auf Übernahme ins Beamtenverhältnis wartenden Lehrer sind des weiteren noch abhängig von ihren Mentoren und Schulräten, deren Überwachung sie unterliegen.
Das Verhalten des Lehrers wird auch mitgesteuert durch die Art und Weise der Interaktionen mit seinen Arbeitskollegen (vgl. auch Brunner 1978). Deren Einstellungen und Verhaltensweisen können im Laufe der Zeit auf diesen sehr stark einwirken. Beispielsweise wird sich ein liberaler Lehrer in einem konservativen Lehrerkollegium wenig wohlfühlen, seine Kontakte zu diesem entweder reduzieren oder sich möglicherweise anpassen. Wie neuere Untersuchungen im deutschen Raum zeigen, verändern sich die Einstellungen und Verhaltensweisen von Junglehrern nach einiger Zeit eher in konservativere Richtung (vgl. Liebhardt 1970; Reinhardt 1972; Koch 1972). Dies ist allerdings nicht nur durch die Interaktionen mit Kollegen bedingt. Hinzu kommt auch die unzureichende Ausbildung der Lehrer in der Hochschule, die durch einen Mangel an Praxisnähe zu beschreiben ist und zu Enttäuschungen der Junglehrer in der Schule führt. Hierdurch wird auch deutlich ,daß das Verhalten des Lehrers auch durch seine früheren Sozialisationserfahrungen mitbedingt ist, die er während seiner Aus-

bildung gemacht hat. Und diese Sozialisationserfahrungen müssen wiederum auf dem Hintergrund der gesamten individuellen Sozialisationsgeschichte, d.h. der gesamten Persönlichkeitsentwicklung verstanden werden.

Am umfassendsten wird das Verhalten des Lehrers durch die Schüler mitgesteuert, mit denen er in den verschiedenen Klassen zusammenarbeiten muß. Das Lehrer-Schüler-Verhalten ist am besten als ein Interaktionssystem im Sinne eines kybernetischen Regelkreises zu verstehen, wobei eine wechselseitige Beeinflussung vorliegt. Das Interaktionsverhalten von Lehrer und Schülern wird durch die gegenseitige Wahrnehmung gesteuert. Für das Verhalten des Lehrers kann es sehr bedeutsam sein, ob er beispielsweise einen Schüler als attraktiv, aufmerksam oder leistungswillig wahrnimmt (vgl. Brunner 1978, S. 126 ff). Und für einen Schüler kann es wichtig sein, ob er seinen Lehrer z.B. als kompetent, sprachgewandt, lobend oder tadelnd wahrnimmt.
Die Verknüpfung von Wahrnehmung und Verhalten ist allerdings ein sehr komplexes Geschehen und wird durch vielfältige Prozesse und Personvariablen gestaltet (vgl. Kap. II, 1.2.1 u. 1.2.2).

Wie bedeutsam die gegenseitigen Wahrnehmungen von Lehrer und Schüler für ihre Interaktionen sind, wird in dem komplexen Übersichtsmodell von Brunner (1978,S. 32) sehr transparent.(Vgl. auch Rosemann 1978).

Abb. 4 Lehrerverhalten als Funktion von Person- und Umweltvariablen und deren Interaktion

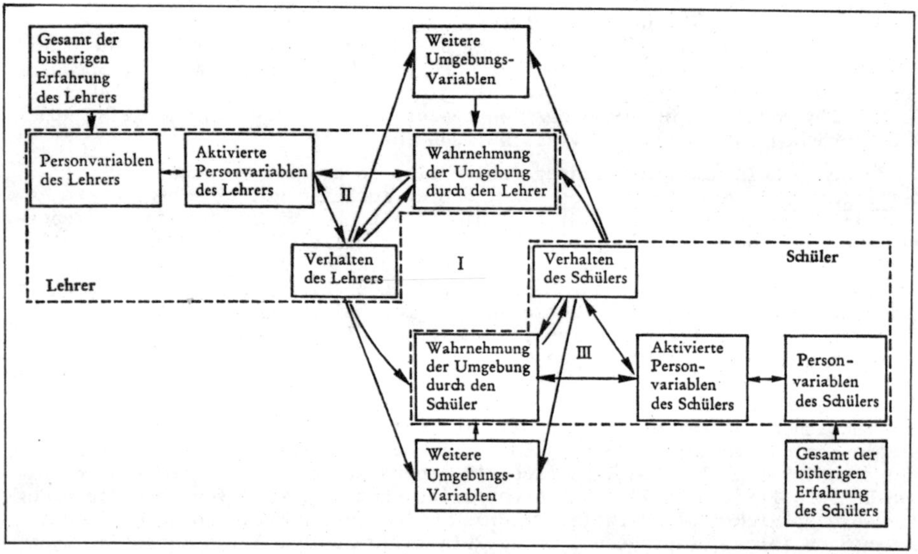

Einige das Interaktionsgeschehen mitbeeinflussende Aspekte seien hier nur stichwortartig erwähnt (mehr vgl. Kap. 2.4). Einmal sind es bestimmte Rollen oder das Rollenverständnis des Lehrers von sich und von seinen Schülern und umgekehrt (z.B. der Lehrer hat zu fordern und die Schüler haben zu gehorchen); ferner die Art und Stärke des Machtgefälles zwischen Lehrer und Schüler, wobei der Lehrer von vorne herein mehr Macht durch Sanktionsmöglichkeiten wie Lob und Strafe oder durch seinen Wissensvorsprung hat. Weitere Determinanten des Interaktionsgeschehens sind schulische Rituale als "institutionalisierte Interpretationsmuster der sozialen Identitäten aller Beteiligten" (Wellendorf 1973, S.89) oder spezifische soziale, politische, pädagogische u.a. Einstellungen, Wertpräferenzen sowie Selbstbildaspekte von Schülern und Lehrern.

Neben der Organisationsstruktur und den Personen der Schule sind die räumlichen Gegebenheiten weitere, das Handeln des Lehrers bestimmende Faktoren. Hierzu zählen die Größe der Schule, deren Lage, die Größe der Schulräume, die Sitzordnung, Licht-, Luft- und Geräuschgegebenheiten und außerdem die Ausstattung der Bibliothek oder der naturwissenschaftlichen Sammlungen und Gerätschaften, d.h. die vorhandenen Arbeitsmittel.

2.3 Lehrerverhalten und außerschulische Umwelt

Ein wesentlicher Faktor der außerschulischen Umwelt stellen die Eltern der Schüler dar. Manche Eltern versuchen, etwa in Sprechstunden oder telephonisch Informationen über ihre Kinder zu erhalten und auf die Lehrer in ihrem Interesse einzuwirken (vgl. Preuss 1969; Kob 1963; Bittle 1975). Meist gehören diese Eltern der Mittelschicht an, die auseinandersetzungsfreudiger ist. Erwartungen der Eltern können dabei mit den Vorstellungen der Lehrer wesentlich differieren, beispielsweise was Leistungserwartungen oder Erwartungen in Richtung Ruhe und Ordnung und Disziplin oder politische Vorstellungen anbetrifft. Differenzen hinsichtlich bestimmter Wertvorstellungen können dann das Leben des Lehrers erschweren, zu Konflikten oder sogar zu psychischen Störungen führen, etwa wenn der Lehrer durch die Schule selbst keine Rückendeckung erhält oder sogar mit dieser zusätzlich in Konflikt steht.

Andere Gruppen, die ihre Wünsche und Vorstellungen an die Lehrer herantragen, sind z.B. Wirtschaftsverbände, Kommunalverwaltungen, kirchliche Stellen und solche Organisationen wie Parteien und Gewerkschaften. So können Wirtschaftsverbände in Unterrichtsinhalten stärker privatwirtschaftliche Vorstellungen verwirklicht sehen wollen oder die Kirche den Paragraphen 218 in ihrem Sinne behandelt wissen wollen. Diese Gruppen müssen nicht unbedingt durch persönliche Kontakte Einfluß nehmen, sondern sie können es auch über Massenmedien wie Rundfunk und Fernsehen oder durch Publikationen in Büchern, Zeitungen und Zeitschriften oder aber durch in ihrem Sinne wirkende Eltern tun.

Es gibt aber auch Gruppen, die vom Lehrer nicht nur etwas fordern, sondern ihm auch Unterstützung gewähren, die seine Arbeit erleichtern. Hierzu zählen solche Institutionen wie z.B. der Schulpsychologische Dienst, Erziehungs- und Familienberatungsstellen, Drogenberatungsstellen u.a., die dem Lehrer bei Fragen und Problemen weiterhelfen können. Beispielsweise kann der Lehrer besonders stark gestörte Kinder an den Schulpsychologen zur therapeutischen Hilfe weiterleiten oder sich von Drogenberatungsstellen notwendige Informationen einholen.
Aber auch Parteien und Gewerkschaften, also politische Organisationen, können Hilfen darstellen, wenn es um die Interessenvertretung von Lehrern geht, so bei bildungspolitisch oder gesellschaftspolitisch verursachten Problemen.

Außer diesen Bezugsgruppen sind noch die eigene Familie sowie Freunde und Bekannte zu nennen, die letztlich das Verhalten des Lehrers mehr oder weniger direkt oder indirekt im positiven und im negativen Sinne beeinflussen. Das Allgemeinbefinden, verursacht durch die Familie z.B., wird sich auch im Unterrichtsgeschehen niederschlagen.

Zu den genannten Beziehungen von Lehrerverhalten und außerschulischer Umwelt, aber auch zu den früher gemachten Aussagen zum Bereich Lehrerverhalten und Schulorganisation, ist anzumerken, daß diesbezüglich nur wenige empirische Untersuchungen vorliegen (vgl. Brunner 1978, Döring 1973, Götz 1978). Die postulierten Zusammenhänge sind deshalb als Hypothesen anzusehen, deren empirische Bestätigung noch großenteils aussteht.

2.4 Lehrerverhalten und Persönlichkeit

Das Verhalten des Lehrers wird außer den bisher genannten externen Faktoren auch durch interne Faktoren, d.h. durch Persönlichkeitsmerkmale gesteuert. Diese Merkmale - und damit die Persönlichkeit des Lehrers - sind auf dem Hintergrund der individuellen Sozialisationsgeschichte des Lehrers gewachsen, bedingt durch die Verarbeitung individueller Erfahrungen in frühester Kindheit, in der Schule, während der Ausbildung, in der weiteren beruflichen Umwelt und im privaten Leben. Die Persönlichkeitsmerkmale des Lehrers sind damit selbst durch die externalen Faktoren mitbedingt.
Einige wesentlich erscheinende und empirisch untersuchte Persönlichkeitsbereiche und -variablen, die das Lehrerverhalten mitbestimmen, seien im folgenden dargestellt. Der Motivbereich erfährt dabei eine breite Berücksichtigung, da er als besonders relevant für die Ausrichtung, die Steuerung des Verhaltens angesehen wird.

(a) Motive. Im Rahmen der Lehrerpersönlichkeit untersuchte Motivbereiche beziehen sich auf pädagogische und politische Einstellungen, Erwartungen, Wertvorstellungen und Interessen. Untersuchungen zu Einstellungen und Wertvorstellungen von Lehrern ergeben ein recht uneinheitliches Bild von der Lehrerschaft. Es gibt nicht die Lehrer. Lehrer unterscheiden sich in ihrem ideologischen Bewußtsein. Je nach Schulart, Ausbildungsstand, zeitgeschichtlicher Situation, Alter und Fachrichtung der Lehrer (letztlich auch nach ihrem Geschlecht, vgl. Punkt (e) biologische Merkmale) finden sich tendenziell andere ideologische Überzeugungen oder Überzeugungssysteme.

Befragungen von Niemann (1970) zu berufsbezogenen Einstellungen bei fast 3000 Lehrern zeigten, daß Volksschullehrer im Vergleich zu Gymnasiallehrern eher der Eingliederung der Schule in die moderne Arbeitswelt und Reformvorschlägen für eine bessere und direktere Vorbereitung der Schüler auf die Anforderungen der modernen Arbeitswelt und des Berufslebens zustimmen. Volksschullehrer begreifen weiter ihren Beruf mehr als soziale Aufgabe, beabsichtigen die Schüler mehr in ihrer Persönlichkeitsentwicklung zu fördern und sehen ihre pädagogische und psychologische Qualität wichtiger als die fachliche an. Demgegenüber beurteilen sich Real- und Gymnasiallehrer mehr als "Fachlehrer", was Schefer (1970) auch bestätigen kann.

Susteck (1975) stellt in seiner empirischen Arbeit zusammenfassend fest: "daß Gymnasiallehrer mehrheitlich den konventionellen Vorstellungen der zentral dirigierten Schule, der Eigenständigkeit und Wirkmächtigkeit der Lehrerpersönlichkeit, dem Leistungsprinzip unter Einsatz repressiver Maßnahmen, dem dreigliedrigen Schulsystem sowie einer Drosselung der Reformversuche verhaftet sind. Auf der gleichen Ebene in abgeschwächter Form liegen die Einstellungssyndrome der Hauptschullehrer; allerdings votieren sie nachdrücklich für die Abschaffung der vertikal gestaffelten Schultypen".

Eine weitere Bestätigung schulspezifischen Lehrerbewußtseins liefern Fend u.a. (1976). In einer umfangreichen Untersuchung belegten sie, daß Lehrer an Gesamtschulen in verschiedenen ideologischen Dimensionen progressiver sind als Lehrer an traditionellen Schulformen, die nicht wesentlich differieren.

Progressivität bedeutet dabei bei Fend u.a. (1976,S.216): "im Bereich der Erziehungsstrategien: Ablehnung von Druckmitteln, im Bereich der Erziehungsphilosophie: Bedeutsamkeit von Umweltfaktoren für die Ausbildung von Fähigkeiten, im Bereich der Erziehungsziele: geringe Wertschätzung konformen Verhaltens, im Bereich des politischen Verhaltens: Befürwortung von Reformbereitschaft und politischem Engagement innerhalb des Berufsfeldes, und im Bereich von Gesellschaftstheorien: Betrachtung von Chancengleichheits- und Leistungsprinzip als innerhalb der gegebenen gesellschaftlichen Verhältnisse nur in geringem Maß realisiert." Fend u.a. führen die zum Untersuchungszeitpunkt (1974) festzustellende ausgeprägtere progressive Haltung der Lehrer an Gesamtschulen auf den Reformcharakter dieser Schulen zurück. Dieser beinhaltet eine selektive Rekrutierung und spezifische Sozialisationsbedingungen für die Lehrer und fordert von diesen politisches Engagement.

Eine progressive Haltung von Gesamtschullehrern kann auch Schön (1978) feststellen. Sie findet die folgenden politischen und pädagogischen Einstellungen:
- Forderung nach Mitbestimmung und Streikrecht für Lehrer und Schüler,
- Ablehnung einer biologistischen Begabungstheorie,
- Notwendigkeit der Auseinandersetzung mit politischen Fragen,
- die realistische Einschätzung des Problems der Chancengleichheit auch an den Gesamtschulen,
- Ablehnung der Ideologie von der gerechten Verteilung gesellschaftlichen Reichtums, wie die von sozialer Marktwirtschaft und Sozialpartnerschaft,
- Anerkennung der Verflechtung von wirtschaftlicher und politischer Macht.

Schön weist aber darauf hin, daß Gesamtschullehrer nicht eine durchgängig progressive Gruppe darstellen und es auch Unterschiede zwischen den Lehrern gibt. Dies gilt aber gewiß auch für Lehrergruppen anderer Schultypen.

Daß sich Einstellungen von Lehrern ändern können und abhängig sind von der Ausbildungssituation geht aus einer Arbeit von Koch (1972) hervor. Koch stellt fest, daß die schul- und erziehungsbezogenen Einstellungen der Lehrer während des Studiums zunehmend permissiver, schülerzentrierter, reformorientierter und allgemein liberaler werden, um dann mit Eintritt ins Berufsleben sich in konservative Richtung zu verändern. Es zeigen sich dann vermehrt eine negative Haltung gegenüber schulischen und gesellschaftlichen Veränderungen, die Betonung von Disziplin und Autoritätsgefälle zwischen Lehrern und Schülern sowie die Sichtweise der Notwendigkeit von Druck und Strafen zur Lern- und Arbeitsmotivation. Hinzu kommt, daß Vererbungs- und Anlagefaktoren gegenüber denen der Umwelt und des Lernens als bedeutungsvoller angesehen werden, d.h. ein statischer, biologistischer Begabungsbegriff dominiert. Dieser dient dann letztlich zur Rechtfertigung und Befürwortung des gesellschaftlichen Status quo der Ungleichheit und führt zu größten Vorbehalten gegenüber strukturverändernden Reformen und Innovationsansätzen (vgl. auch Günther & Massing 1980; Dann u.a. 1981).

Müller-Fohrbrodt (1973) konstatiert genau den gleichen konservativen Rückschwung von Lehrern nach ihrer Ausbildung.

Konservative Einstellungen von Lehrern werden in zahlreichen Arbeiten festgestellt (z.B. Schuh 1962; Becker u.a. 1968; Teschner 1968; Schefer 1970; Hitpass 1970; Gebauer 1974; Kolbe 1975). In neueren Arbeiten deutet sich zumindest bei Junglehrern eine Veränderung in ideologiekritische Richtung an, wofür die ökonomischen Krisen, Einsparungsmaßnahmen bei Lehrern und die Lehrerarbeitslosigkeit als verantwortlich zu sehen sind (z.B. Hopf 1974; Bongart 1977; Melzer 1979).

Ältere Arbeiten zum politischen Bewußtsein kennzeichnen Lehrer als politisch eher "naiv" und konservativ. Becker (1968) kommt bei einer kleinen Stichprobe von Sozialkundelehrern zu der Einschätzung, daß die Äußerungen der Lehrer zu den Zielen des Sozialkundeunterrichtes auf wenig Einsicht in die gegenwärtige soziale und politische Struktur der Gesellschaft, über wenig ausgeprägte politische Urteilsfähigkeit schließen lassen. Weiterhin seien die untersuchten Lehrer nicht in der Lage, die Funktion ihres Unterrichtes und ihre Rolle als Lehrer in der Demokratie zu reflektieren. Gesellschaft wurde mit "Gemeinschaft" gleichgesetzt und partikulare Interessen in Politik und Gesellschaft wurden nicht gesehen. Er führt weiter aus: "Die schablonenhaften Denkschemata von der 'Natur der Menschen', die Simplifizierung komplexer Zusammenhänge, ihre Personalisierung und Reduktion auf angeblich einfache soziale Beziehungen versperren den Zugang zum Verständnis politischer Phänomene und verwandeln sie, da Politik nicht im Medium der Gesellschaft wahrgenommen wird, in unpolitische. Im Verein mit dem mittelständischen 'Gesellschaftsbild', der Gemeinschafts- und Gemeinwohlideologie, mit den apolitischen Ordnungstugenden obrigkeitsstaatlicher Oberservanz, dem naiv-fatalen 'Idealismus' mit seiner Abwehr von materiellen Interessen konkreter Kritik, führen sie zu einer blinden, dem einzelnen Lehrer sicherlich weitgehend unbewußten Anerkennung der gegenwärtigen gesellschaftlichen Machtverhätlnisse; eine Geisteshaltung, die an die Schüler weitergegeben wird" (Becker u.a. 1968, S.165).

Ein tendenziell ähnliches Gesellschaftsbild der Lehrer findet sich auch bei Teschner (1968) und in neueren Untersuchungen von Hopf (1974), Lehmann (1974) und Bongart (1977), wenn auch in einigen Modifikationen und Erweiterungen. So stellt Hopf (1974) fest, daß die Lehrer die Gemeinwohlideologie nicht in ganz so starkem Maße vertreten wie in den 60er Jahren und materielle und ideelle Widersprüche eher wahrnehmen. Die Meinungsstruktur erweist sich als nicht konsistent, d.h. widersprüchlich. Beispielsweise bejahen 75% der Lehrer die Aussage, daß unser Wirtschaftssystem die Privatbesitzer an Produktionsmitteln bevorzuge und die Interessen der Mehrheit der Bevölkerung verletze; es stimmen aber nur 48% einer Vergesellschaftung der Produktionsmittel zu.

Lehmann (1974) glaubt, bei Grund- und Hauptschullehrern in Baden-Württemberg eine leichte Zunahme der Kritikfähigkeit hinsichtlich verschiedener Erscheinungsformen der Arbeitswelt, Gewerkschaften, Mitbestimmung und des Arbeitgeber-Arbeitnehmer-Verhältnisses gefunden zu haben - vor allem bei jüngeren Lehrern. Ein qualitativ neues Bewußtsein bei diesen wird jedoch von ihm angezweifelt. Bei älteren Lehrern zeigten sich auch - wie in anderen Untersuchungen- sozialharmonisierende Interpretationsmuster und eine Rückführung von Konflikten und Widersprüchen in der Arbeitswelt auf personaler, statt auf struktureller und ökonomischer Ebene.

Zieht man die Arbeit von Bongart (1977) heran, so wird das politische und gesellschaftliche Bewußtsein von Volksschullehrern durch drei Merkmale gekennzeichnet. (a) Ignoranz: Es liegt weitverbreitete Uninformiertheit über die Gesellschaftsstruktur, über sozio-ökonomische Zusammenhänge und die gesellschaftlichen Bedingungen von Schule und Lehrerberuf vor. (b) Idealismus: Das Bild von Gesellschaft, Schule und Lehrerberuf wird mehrheitlich von ökonomischen Aspekten unberührt gesehen. (c) Kritisches Bewußtsein: Eine Minderzahl von Lehrern sieht deutliche Beziehungen zwischen ökonomischer Struktur und verschiedenen Themenkreisen der Gesellschaft, Herrschaft, Demokratie und Schule. Bongart sieht nur bei wenigen Volksschullehrern ein Denken in Kategorien des Dialektischen Materialismus.

Eine Untersuchung aus jüngster Zeit von Melzer (1979) bestätigt die von Hopf (1974) und Lehmann (1974) festgestellte Tendenz zu ideologiekritischeren Einstellungen der Junglehrerschaft. Er konstatiert eine Verstärkung dieser Tendenz und sieht sie im Zusammenhang der Veränderung der ökonomischen Basis (z.B. Wirtschaftskrisen der letzten Jahre) in der Bundesrepublik. Seine untersuchten Einstellungen beziehen sich auf die Sozialstruktur der Bundesrepublik, die Wirtschaftsordnung und Wirtschaftsstruktur, auf Gewerkschaften und Streik, Staat und Politik sowie Beruf und Ausbildung. Beim Vergleich von arbeitslosen Lehrern, Lehrerstudenten und berufstätigen Lehrern erweisen sich letztere als weniger ideologiekritisch, bedingt durch ihre sichere soziale Stellung.
Differenzierungen nach Fachstudium bzw. Unterrichten bestimmter Fachgruppen ergeben weiterhin, daß Personen der gesellschaftswissenschaftlichen Fächergruppe im Vergleich zu naturwissenschaftlichen, musischen und sonstigen (Theologie, Haushalt, Sport) die kritischeren Einstellungen zeigen. Dabei unterscheiden sich die Fächergruppen weniger in den ausbildungs- und schulbezogenen Einstellungen als vielmehr in den gesellschaftspolitischen.
Fachspezifische Differenzen konnte auch Koch (1979) bei der Untersuchung von Wertpräferenzen bei Lehrerstudenten nachweisen.

Die Untersuchung von Melzer (1979) macht besonders deutlich, wie sehr das ideologische Bewußtsein (als Teilbereich der Persönlichkeit) von den materiellen und ökonomischen Bedingungen mitgeprägt wird, d.h. Lehrerpersönlichkeit auf dem Hintergrund der unmittelbaren und distalen Umwelt verstanden werden muß (vgl. Kap. I,1).

Was Ergebnisse zu allgemeineren Wertvorstellungen bei Lehrern anbetrifft, so kommt Müller-Fohrbrodt (1973) bei einer zusammenfassenden Beurteilung empirischer Arbeiten zu der Aussage, daß Volksschullehrer im Vergleich zu Nicht-Lehrern weniger theoretisch und weniger leistungsorientiert sind. Zwischen angehenden Gymnasiallehrern und Nicht-Lehrern scheinen keine deutlichen Wertvorstellungsunterschiede zu bestehen.

Schneider (1978a) fand bei einem Vergleich abstrakter Wertpräferenzen von berufstätigen jungen Erwachsenen (Schulbildung Volksschule und Realschule) mit Lehramtsstudenten für Grund- und Hauptschule, daß die angehenden Lehrer stärker intellektuelle, ideelle und soziale Wertvorstellungen betonen. Berufstätige präferieren dagegen mehr materialistische, hedonistische, familistische und konventionell-konservative Werte. Dies deckt sich mit Ergebnissen zur Schichtspezifität von Bewußtseinsstrukturen (vgl. Kap. I.3).

Aussagen über Wertvorstellungen von Lehrern wurden auch im Forschungsbereich der "impliziten Persönlichkeitstheorie" gemacht, auch wenn explizit nicht von Werten gesprochen wird. Die "implizite Persönlichkeitstheorie" von Lehrern besagt, daß Lehrer über ein relativ starres Ordnungssystem (sprich Wertsystem) zur Beurteilung der Persönlichkeit von Schülern verfügen. Wie aus der Arbeit von Hofer (1969) zu entnehmen ist, spielen in dem fünffaktoriellen Ordnungssystem (9) z.B. solche Wertvorstellungen wie pflichtbewußt, ordentlich oder ergeizig eine Rolle. Lehrer unterscheiden sich in diesbezüglichen Ordnungssystemen, in ihrer "impliziten Persönlichkeitstheorie, wie Masendorf, Tscherner & Tücke (1974) berichten. Sie stellten drei Urteilertypen fest. Die eine Gruppe von Lehrern zeigte extreme Punktwerte bei den Dimensionen Diszipliniertheit, geistige Regsamkeit und Normenkonformität, während die zweite Gruppe durchschnittliche Urteile aufwies und die dritte sehr niedrige Punktwerte abgab. Es gibt damit Lehrer mit verschiedenen Wertpräferenzsystemen, die sie zur Beurteilung ihrer Schüler heranziehen.

Im Zusammenhang mit der "impliziten Persönlichkeitstheorie" seien auch die "heimlichen Unterrichtstheorien" erwähnt, die in der Lehrerforschung eine ähnlich starke Beachtung finden und als spezifische pädagogische Einstellungen und Überzeugungen bezeichnet werden können. "Heimliche Unterrichtstheorien" sind bestimmte Annahmen über die Lehrer-Schüler-Interaktionen. Beispiele hierfür sind nach Lindgren (1962, S.217): "Lernen ereignet sich, weil der Lernende belohnt oder bestraft wurde...", "Was richtig gelernt wurde, wird für immer behalten...". Empirische Untersuchungen über die "heimlichen Unterrichtstheorien" beziehen sich vor allem auf den Aspekt der Kausalattribuierung der Schülerleistung seitens des Lehrers. Hierunter fallen Annahmen des Lehrers über Ursachen, die für eine bestimmte Schülerleistung oder für die Veränderung von Schülerverhalten verantwortlich gemacht werden. Als mögliche Ursachen einer Schülerhandlung werden von Lehrern im wesentlichen Personfaktoren (Begabung, Anstrengung, Verantwortung) und Umgebungsfaktoren (Aufgabenschwierigkeit und Zufall) unterschieden (vgl. zur Attribuierung auch Kap. II, A 1.2, S.63). Meyer & Butzkamm (1975) stellten sieben Faktoren fest, die Lehrer als Ursachenfaktoren für die Rechennoten des letzten Zeugnisses angaben. Man darf davon ausgehen, daß Lehrer über für sie typische Kausalattribuierungsmuster verfügen, die ihr inneres Verhalten (z.B. Beurteilungsverhalten) strukturieren und zu spezifischen äußeren Verhaltensweisen führen (vgl. z.B. Weiner & Kukla 1970). Sehr detaillierte Untersuchungen zur Kausalattribuierung liegen z.B. bei Beckman (1970), Ames (1975) oder Weiner & Kukla (1970) vor, auf die hier wegen ihrer Komplexität nicht eingegangen werden soll.

Nimmt man Interessen als einen eigenständigen Motivationsbereich, so läßt sich aus mehreren empirischen, methodisch sehr unterschiedlichen Arbeiten entnehmen, daß bei Lehrern ein besonders ausgeprägtes soziales Interesse sowie künstlerisch-ästhetische Vorlieben gegeben sind (vgl. Müller-Fohrbrodt 1973). Müller-Fohrbrodt (1973, S.46) resümiert vorliegende Arbeiten wie folgt: "Weniger durchgängig ist dagegen die Freude am gestaltenden Handwerk bzw. überhaupt an eher praktischer Betätigung. Besonders wenig entwickelt scheinen bei den Lehrern Interessen für technisches Handwerk, Verwaltungsberufe und kaufmännische Berufe zu sein. Weniger eindeutig sind die Ergebnisse für Interesse an Politik." Daß die Aussagen zum Interessenbereich widersprüchlich sind (ob methodisch oder stichprobenbedingt, sei hier nicht diskutiert), wird aus der eigenen Untersuchung von Müller-Fohrbrodt (1973) deutlich. Sie findet keine signifikanten Interessendifferenzen zwischen Volksschullehrern und anderen Gruppen, mit Ausnahme des Bereichs Politik. Volksschullehrer erscheinen unpolitischer.

Inwieweit die bisher dargestellten Einstellungen, Wertvorstellungen und Interessen unmittelbar das Verhalten der Lehrer beeinflussen, ist bisher nur teilweise empirisch erforscht worden. Es darf allerdings angenommen werden, daß spezifische Bewußtseinsstrukturen auch spezifisches Verhalten beeinflussen. Beispielsweise dürfte ein Lehrer mit demokratischem politischen Bewußtsein auch eher progressive Bewußtseinsinhalte vermitteln oder eher zu partnerschaftlichem Unterrichtsverhalten tendieren als Lehrer mit konservativ-reaktionärem Bewußtsein. Wie die Einstellungs- und Wertforschung allerdings nachweist (vgl. Six 1975; Schneider 1977), ist nicht von einer unmittelbaren Entsprechung von Einstellung und Verhalten auszugehen, da Verhalten durch eine Vielzahl von Variablen beeinflußt wird (vgl. Kap. I, 1; Kap. II, 1). Daß Lehrereinstellungen verhaltensrelevant sind, kann durch verschiedene empirische Untersuchungen belegt werden (vgl. auch Günther & Massing 1980).

Silberman (1969) wies nach, daß die Einstellungen "Zuneigung", "Sorge", "Gleichgültigkeit" und "Ablehnung" sich im Unterrichtsverhalten widerspiegeln und Einfluß auf das Lehrer- und Schülerverhalten haben. Beispielsweise zeigten sich bei einer positiven Einstellung zu Schülern ("Zuneigung") Lehrerverhaltensweisen wie mehr positives Lob und Anerkennung oder ein stärkeres Eingehen auf Wünsche und Fragen der Kinder.
In einer Replikationsuntersuchung konnten Good & Brophy (1972) die Ergebnisse im wesentlichen bestätigen. Sie fanden u.a. auch einen deutlichen Zusammenhang zwischen negativer Einstellung ("Ablehnung") zu Schülern und reduzierten Interaktionen des Lehrers zu diesen und eine verstärkte Kritik an deren Arbeiten. Untersuchungen von Jenkins (1972) und McDonald (1972) kamen zu ähnlichen Resultaten.

Andere Arbeiten im Rahmen der "Lehrererwartungsforschung" (vgl. Brophy & Good 1976; Brunner 1978) erbrachten ebenfalls den Nachweis der Bedeutsamkeit von spezifischen Einstellungen für Lehrerverhalten. Rubovits & Maehr (1971) konnten bei experimentell induzierten Lehrererwartungen zeigen, daß Lehrerstudenten in einem Microteaching häufiger mit den als begabt dargestellten Schülern interagierten, sie häufiger lobten und mehr Beiträge von ihnen erwarteten als von den als unbegabt etikettierten Schülern.
Rothbart, Dalfen & Barrett (1971) fanden ähnliche Ergebnisse. Lehrerstudenten, denen Schüler als begabt vorgestellt worden waren, wandten diesen mehr Aufmerksamkeit zu.
Untersuchungen unter natürlichen Bedingungen erbrachten allerdings widersprüchliche Resultate zur Relation Lehrererwartung und Lehrer-Schülerinteraktion (vgl. Brophy & Good 1976; Brunner 1978).

Daß Lehrererwartungen sich auf die Beurteilung von Schülerleistung auswirken, wurde von Weiß (1965); Simon (1969) und Wieczerkowski & Kessler (1970) nachgewiesen. Letztere zeigten, daß Informationen zum Leistungsverhalten der Aufsatzschreiber die Beurteilung der Aufsätze im Sinne der in den Informationen mitgeteilten Leistungsstufen beeinflussen.

Es sei hier nur noch nebenbei erwähnt, daß Lehrererwartungen größte Bedeutung für bestimmtes Schülerverhalten zukommt. So meinten Rosenthal & Jacobson (1968) eine Förderung der Intelligenzentwicklung bei bestimmten Schülern durch positive Erwartungshaltungen seitens der Lehrer feststellen zu können. Ihre Arbeiten sind allerdings nicht unkritisiert geblieben und weitere Untersuchungen führten zu widersprüchlichen Ergebnissen (vgl. Claiborn 1969; Pidgeon 1970; vgl. auch Brophy & Good 1976; Brunner 1978; Berka & Westhoff 1981).

Welche Auswirkungen die "implizite Persönlichkeitstheorie" von Lehrern auf deren Verhalten hat, zeigten Tscherner & Masendorf (1974). Sie stellten Beziehungen zwischen Urteilsdimensionen von Hofer (1969) und Notengebung fest. Unterschiede zwischen den Lehrern hinsichtlich der Reihenfolge der verwendeten Urteilsdimensionen widerspiegeln sich im Ausmaß des Beitrags der Varianzaufklärung der Notengebung durch die einzelnen Beurteilungsdimensionen.

Aus einer Arbeit von Höhn (1967) wird auch sehr deutlich, daß Lehrer über "implizite Persönlichkeitstheorien" und damit über spezifische Wertpräferenzen verfügen und von diesen ausgehend ihre Schüler beurteilen. So werden schlechte Schüler von ihnen mit den Wertbegriffen (oder Un-Werten) wie z.B. dumm, faul und unruhig beschrieben.

Wie sehr die Kausalattribuierung, d.h. die Art der Ursachenklärung des Schülerverhaltens durch den Lehrer für dessen Verhalten selbst bedeutsam ist, beschreiben z.B. Weiner & Kukla (1970) oder Heckhausen (1974). So lobten Lehrer ihre Schüler dann mehr, wenn sie glaubten, daß sich diese angestrengt hatten.

(b) Selbstbildaspekte. Obgleich das Selbstbild einer Person (als das Gesamt der Kognitionen über sich selbst, seinen eigenen Körper, seine Einstellungen, Werte, Gefühle u.a.) sehr wesentlich für ihr Verhalten ist (vgl. Neubauer 1976; Wylie 1970), liegen diesbezüglich im deutschsprachigen Raum kaum Untersuchungen vor.

In einer Arbeit von Scheller (1973) ergab sich, daß Studienanfänger einer Pädagogischen Hochschule weniger selbstsicher als Erstsemester einer Technischen Hochschule und Erstsemester der Wirtschaftswissenschaften waren. Feststellungen von Kob (1959) und Niemann (1970) über Rollenunsicherheiten, das Gefühl gesellschaftlicher Isoliertheit und Unterprivilegiertheit bei Lehrern könnten zur Vermutung eines unsicheren Selbstkonzepts bei Lehrern Anlaß geben. Die Untersuchungen sind allerdings relativ alt und sagen damit nur wenig über heutige Verhältnisse aus.

Zu Auswirkungen des Selbstkonzepts auf das Verhalten von Lehrern läßt sich eine Arbeit von Masendorf & Kratsch (1977) anführen. Sie stellten fest, daß sich selbst unterschätzende und sich "streng" beurteilende Lehrer auch ihre Schüler strenger beurteilten.

(c) Verhaltensstile. Müller-Fohrbrodt (1973) berichtet in einem Überblick über Untersuchungen zu Extraversion, daß sich Lehrer von anderen Gruppen kaum oder nur wenig (und dann in Richtung geringerer Extraversion) unterscheiden.

Hinsichtlich der Merkmale Neurotizismus und Depressivität liegen widersprüchliche Ergebnisse zu Differenzen zwischen Lehrern und Nicht-Lehrern vor. Müller-Fohrbrodt (1973) findet in ihrer Untersuchung keine Hinweise für eine generell größere Ängstlichkeit oder Ich-Schwäche bei angehenden Lehrern im Vergleich zu Studenten mit anderen Berufszielen. Unterschiede treten allerdings dann auf, wenn Lehrer im Vorbereitungsdienst sind, was Müller-Fohrbrodt als Auswirkungen der Belastungen in der Berufssituation interpretiert.

Empirische Untersuchungen belegen Beziehungen zwischen Verhaltensstilen und speziellen Verhaltensweisen oder auch anderen Persönlichkeitsmerkmalen. So zeigte Ryans (1964) positive Zusammenhänge von emotionaler Stabilität und warmem, anregendem und verständnisvollem Lehrerverhalten sowie Selbstvertrauen, Heiterkeit und positiven Einstellungen zu Schülern.

Costin & Grush (1973) stellten signifikante positive Relationen beispielsweise von Selbstvertrauen, emotionaler Stabilität, divergentem Denken und Energie mit Lehrerfertigkeiten fest. Einen positiven Zusammenhang von Flexibilität und effektivem Unterrichtsverhalten fanden Sprinthall u.a. (1966).

(d) Leistungen. Für das Lehrerverhalten und die Effektivität von Lehrern können verschiedene Fähigkeiten und Fertigkeiten als wichtig angesehen werden (vgl. Pause 1970; Brunner 1978).

Als ein spezieller Aspekt der Fähigkeiten sei die Intelligenz erwähnt. Wie mehrere Untersuchungen belegen, sind Lehrer erwartungsgemäß intelligenter als die Durchschnittsbevölkerung (vgl. Pause 1970). Eine "Lehrerkarriere" bedarf doch bestimmter Fähigkeiten. Vergleicht man die Lehrer dagegen mit Gruppen ähnlicher Schulbildung, aber anderer Berufsrichtung, so zeigen sich nach Müller-Fohrbrodt (1973) keine Unterschiede. Dieses Ergebnis bezieht sich allerdings auf den Vergleich von angehenden Volksschullehrern mit anderen bildungsgleichen Gruppen.

Was die Beziehung von Intelligenz und Lehrerverhalten anbetrifft, so fanden Hunt & Joyce (1967) bedeutsame Korrelationen zwischen dem Niveau des begrifflichen Denkens und "reflektierendem" Unterrichtsverhalten; es zeigte sich allerdings kein Zusammenhang zwischen allgemeiner Intelligenz und diesem Unterrichtsverhalten.
Hilbig (1963) meint, daß eine relativ hohe Intelligenz zwar als eine Voraussetzung für eine gute Bewährung im Volksschuldienst zu betrachten ist, aber dadurch noch kein Erfolg gewährleistet ist.

Erfolgreiches Unterrichtsverhalten macht besondere Fertigkeiten erforderlich, so z.B. Fertigkeiten der Motivierung und Aktivierung von Schülern, der Darbietung und Strukturierung von Lehrinhalten, des Vermittelns von Kenntnissen, der Planung und Organisation von Lernprozessen oder des Einsetzens von Medien sowie ferner des Bewertens von Lernprozessen und von Schülerleistungen (vgl. auch Brunnhuber 1977).

Einen Überblick über Lehrfertigkeiten vermittelt die Tab. 1 (S.26) in Anlehnung an Bierly u.a. (1974, S.73ff).
Weitere, in der Tab. 1 nicht aufgeführte, von Bierly u.a. noch aufgezählte Fertigkeiten sind die folgenden:

- Sich um eine Stelle bewerben
- Geld sammeln und verwalten
- Erste Hilfe
- Schulwanderungen
- Spiele gestalten/Freizeit beaufsichtigen
- Repräsentieren der Schule und ihres Programms
- Andere Personen in das Schulprogramm einbeziehen
- Entwicklung fachspezifischer Fertigkeiten
- Problemlösen

Eine Vielzahl von Lehrfähigkeiten wurde inzwischen in ihrer Auswirkung auf das Schülerverhalten oder die Lehrer-Schülerinteraktion untersucht. Brunner (1978) referiert diesbezügliche Untersuchungen zu Merkmalen wie Frageverhalten, lobendes und ermutigendes Lehrerverhalten, Einsatz von Token-Verstärkung, Tadel und Kritik, höfliches Verhalten, Klarheit und Verständlichkeit, Anwendung bestimmter Unterrichtsformen (Gruppen-, Frontalunterricht, Einzelarbeit), Begeisterung, flexibles und abwechslungsreiches Verhalten, systematisches und leistungsorientiertes Verhalten, emotionale Wärme, leitendes, kontrollierendes und indirektes Lehrerverhalten, Anwenden spezifischer Lehrstrategien u.a. Aspekte.
Beispielsweise erwies sich "emotionale Wärme" (ein Konzept mit enger Verbindung zu den Merkmalen Wertschätzung, Achtung, Höflichkeit, Ermutigung, Verständnis, Lob) als ein Merkmal des Lehrerverhaltens, das in starkem Ausmaß ein angstfreies, selbständiges und aufgabenorientiertes Schülerverhalten fördert, nicht aber schon zu Leistungsgewinn der Schüler führt. "Emotionale Wärme" des Lehrers muß durch zusätzlich das Lernen des Schülers begünstigende Verhaltensweisen begleitet sein, soll eine Verbesserung der Schülerleistung erreicht werden. Hiermit soll nur angedeutet werden, daß bestimmte Verhaltensweisen eines Lehrers (hier effektives Lehrerverhalten mit dem Ziel der Leistungsförderung) nur durch eine Vielzahl von Bedingungen realisiert werden können. Einzelmerkmale reichen nicht aus.

Tab. 1 Lehrfertigkeiten

1. Fertigkeiten im Zusammenhang mit der Planung des Unterrichts	2. Fertigkeiten der Darbietung	
- Auswahl von Unterrichtsmaterialien - Bereitstellen von Unterrichtsmaterialien - Herstellen von Unterrichtsmaterialien - Interaktionen mit Lehrern, die der Unterrichtsplanung dienen - Gemeinsame Planung von Lehrern und Schülern - Auswahl von Unterrichtsstrategien - Gestaltung situativer Lernbedingungen - Auswahl von Strategien der Verhaltensmodifikation - Übrige - Steuerung des Schülerverhaltens - Entwickeln von Verfahren und Methoden - Beurteilung von Unterrichtsstrategien und Unterrichtsplänen	- Zuhören - Erklären - Fragen - Beispiele geben - Zeiteinteilung - Hinführung - Einteilen in Sequenzen - Zusammenfassen - Individualisieren des Unterrichts - Hervorheben - Anregen - Gruppenarbeit - Nichtverbales Verhalten - Rückblicken - Motivation - Verstärken - Rückmeldung initiieren - Einsatz von Spielen - Organisation von Exkursionen - Einsatz von AV-Medien	- Hausaufgaben geben - Vorbeugen disziplinärer Probleme - Unterrichtsaushilfe - Übrige - Strukturieren und Herstellen von Beziehungen; um ein adäquates Unterrichtsklima bemüht sein - Induktives und deduktives Denken oder Proplemlösen ansprechen
3. Fertigkeiten in nicht planbaren Bereichen des Lehrerverhaltens	4. Fertigkeiten im Zusammenhang mit der Erfassung und Evaluation von Verhaltensweisen	
- Auseinandersetzen mit dem Verhalten der Schüler (und ihren Problemen) - Rückmeldung erteilen - Informelle Interaktionen m. Schülern - Interaktionen mit Eltern - Interaktionen m. anderen Lehrern - Interaktionen mit Supervisoren - Interaktionen m. dem Lehrerkollegium - Aufgreifen von Ideen der Schüler - Übrige	- Aufstellen von Zielen - Messung des Eingangsverhaltens der Schüler - Auswahl von Tests - Konstruktion von Tests - Kognitives Verhalten von Schülern erfassen - Sozial-emotionales Verhalten von Schülern erfassen	- Evaluierung des kognitiven Schülerverhaltens - Evaluierung des sozial-emotionalen Schülerverhaltens - Methoden des Protokollierens und Registrierens - Selbstbeobachtung des Lehrers - Übrige - Sammeln u. Quantifizieren von Daten

(e) Biologische Merkmale. Ein bei Lehrern in seiner Auswirkung untersuchtes biologisches Merkmal ist das der Geschlechtszugehörigkeit. Es hat sich als differenzierendes Merkmal herausgestellt. Müller-Fohrbrodt (1973) wies bei Frauen im Vergleich zu Männern höhere Werte für Ängstlichkeit und Neurotizismus nach. Frauen erschienen ferner weniger dominant und reaktiv aggressiv, sie waren etwas konservativer und konformistischer, sozialer, äußerten ein positiveres, humaneres Menschenbild. Sie waren weiterhin politisch weniger interessiert, musisch allerdings stärker interessiert als Männer. Müller-Fohrbrodt meint allerdings, daß sich einige Merkmalsdifferenzen erst im Verlauf der Ausbildungszeit einstellen, d.h. durch die Berufssozialisation.

Nach einer Untersuchung von Ryans (1964) tendierten männliche Lehrer der "elementary school" dazu, weniger verantwortungsvoll, systematisch und sachlich zu sein als Lehrerinnen. Sie zeigten ferner größere Aufgeschlossenheit gegenüber demokratischen Unterrichtstrategien und permissiven kind-zentrierten Erziehungsauffassungen. In der "secondary school" ergab sich der gegensätzliche Trend. Damit erwiesen sich die Einstellungsunterschiede nicht so sehr als geschlechtsspezifisch, sondern vielmehr als schulartspezifisch.

Untersuchungen zur Verhaltensrelevanz der Geschlechtszugehörigkeit kommen zu unterschiedlichen Ergebnissen (vgl. Brunner 1978).

Abschließend sei zu dem Bereich Lehrerverhalten und Persönlichkeit betont, daß spezifisches Lehrerverhalten durch eine Vielzahl von Persönlichkeitsmerkmalen bedingt ist, die nicht isoliert betrachtet werden dürfen. Sie stellen ein dynamisches Ganzes dar. Weiter sei noch hervorgehoben, daß die Persönlichkeitsmerkmale zur Verhaltensvorhersage des Lehrers nicht überinterpretiert werden dürfen. Sie sind nur ein Glied im Determinationsgefüge. Das konkrete Verhalten des Lehrers muß als ein komplexes Interaktionsprodukt von individuellen Persönlichkeitsaspekten, schulischen Umgebungsbedingungen, außerschulischen Variablen und gesamtgesellschaftlichen Strukturen begriffen werden.

3. DETERMINANTEN DES ELTERNVERHALTENS

Eltern als Mitglieder des gesellschaftlichen Teilsystems Familie werden ebenso wie die bisher angesprochenen Lehrer durch eine Vielzahl von externen und internen Faktoren beeinflußt (vgl. auch Abb. 1,S.4). Eltern stehen damit in vielfältigen und wechselseitigen Beziehungen zu den verschiedenen Teilsystemen der distalen und unmittelbaren Umwelt. Die Art der Beziehungen hängt dabei von den Funktionen und Aufgaben der Familie (und damit der Eltern) in der Gesellschaft ab. Die Funktionen strukturieren das elterliche Verhalten auf das Nachhaltigste.

Folgt man dem 2. Familienbericht der Bundesregierung (1975,S.VII), so kommen der Familie folgende Aufgaben zu:

" - Regeneration der Gesellschaft
- Erziehung der Kinder,insbesondere in der frühkindlichen Phase
- wirtschaftliche Versorgung der Familienmitglieder durch Sicherung der Wohnung und der Führung des Haushalts
- Befriedigung des Bedürfnisses, in der Familie Halt in einer Umwelt zu finden, die durch Technisierung, Automation und Rationalisierung geprägt ist und hohe Anforderungen an die physische und psychische Leistungskraft der Menschen stellt
- ferner Chancen zu bieten, in der Freizeit schöpferische Fähigkeiten zu entfalten, aber auch in der Familiengemeinschaft Ruhe und Abgeschiedenheit zu finden..."

Als weitere Aufgaben und Funktionen werden genannt, daß die Familie " in ihrer heutigen Struktur für die Befriedigung der Bedürfnisse nach mitmenschlicher Gemeinschaft, für die Entwicklung des einzelnen Menschen zur sozial-kulturellen Persönlichkeit und darüber hinaus für die Fortentwicklung der Gesellschaft unentbehrlich" ist (Zweiter Familienbericht 1975,S.VI).

Die Aufgaben der Familie sind nicht für alle Zeiten als gleich und unveränderlich anzusehen. Sie sind als historisch gewachsen zu verstehen, als Ergebnis der ständigen Veränderung der Produktionskräfte und -verhältnisse. (Vgl. auch Rosenbaum 1974; Grüneisen & Hoff 1977).

3.1 Elternverhalten und polit-ökonomisches System

Aus den eben genannten Aufgaben und Funktionen der Familie ist zu entnehmen, daß die Familien und damit die Eltern für die Reproduktion des politischen und ökonomischen Systems ("Regeneration der Gesellschaft") mitverantwortlich sind. Eltern tragen zur Aufrechterhaltung und Weiterentwicklung des politischen und des ökonomischen Systems bei, werden aber gleichzeitig durch diese selbst geprägt (vgl. Kap.I,1;).(1o).

Betrachtet man das politische System, so nimmt es u.a. durch seine Gesetzgebung (z.B. Gesetze zur Familienpolitik, Finanz- und Wirtschaftspolitik, Rechtsprechung u.a.) bedeutenden Einfluß auf das Familienleben.So wirken sich etwa Beschlüsse zur Besteuerung des Einkommens auf den finanziellen Spielraum der Familien und damit auf ihre Lebensbedingungen und die Realisierung individueller Wünsche der Eltern und Kinder aus. Oder aber Gesetze der Rechtsprechung, wie z.B. der Paragraph 218, greifen in den intimsten Bereich der Beziehung von Ehepartnern und damit in den Privatbereich von Familien ein. Ein weiteres Beispiel: Wirtschaftspolitische Sparmaßnahmen führen z.B. zur Abschaffung von Subventionen in bestimmten ökonomischen Bereichen. Dies führt zu Sparmaßnahmen in den betroffenen Branchen der Wirtschaft, die mit Rationalisierung und Arbeitsplatzvernichtung reagieren. Die Folge sind Entlassungen von Arbeitnehmern, z.B. von Familienvätern. Diese erhalten dann nur noch Arbeitslosengeld, welches aber oft nicht zur Deckung laufender Kosten ausreicht. Die finanziellen Probleme lösen meist Spannungen und Stress in der Familie aus. Das elterliche Verhalten wird damit durch Entscheidungen im distalen System letztlich unmittelbar- wenn auch über verschiedene Teilsysteme vermittelt- betroffen.

Wie in Kapitel I,1 angesprochen, ist die Beziehung der Teilsysteme als reziprok anzusehen. D.h. in diesem Zusammenhang, daß die Familie oder Familien auch das politische System beeinflussen können. Anknüpfend an das letzte Beispiel ist folgendes möglich: Langanhaltende Unzufriedenheit in Familien kann zu massiver Staatsverdrossenheit oder Radikalisierung des Verhaltens der Bevölkerung führen.Bei anstehenden Parlamentswahlen könnte sich das z.B. in der Abwahl einer Regierungspartei und der Wahl einer Partei völlig anderer ideologischer Orientierung niederschlagen. So wäre es vorstellbar, daß ein primär kapitalistisches System durch ein sozialistisches ausgetauscht wird (was wiederum weitreichende Auswirkungen auf das ökonomische und viele andere gesellschaftliche Teilbereiche hätte). Es wäre aber auch denkbar, daß massive Unzufriedenheit mit den politischen Verhältnissen zu Demonstrationen, Massenstreiks undinnenpolitischen Unruhen führt. Die historischen Ereignisse z.B. in Italien oder Polen in jüngster Zeit sind anschauliche Beispiele für erfolgreiche oder weniger erfolgreiche Einflußnahme seitens sich solidarisierender Familien oder Familienmitglieder auf das politische System.

Das Verhalten von Eltern wird außer durch die strukturellen und ideologischen Verhältnisse des politischen Systems durch die Gegebenheiten des ökonomischen Systems (vgl. S.5)und die Position der Eltern in diesem geprägt.Diesbezügliche Zusammenhänge veranschaulicht Abb. 5 (leicht modifiziert nach Steiner 1967, übernommen aus Deppe 1971, S. 161). Die übersichtliche Darstellung erübrigt eine Erläuterung.

Abb. 5 : Ökonomisches System und Strukturierung elterlichen Lebensraums

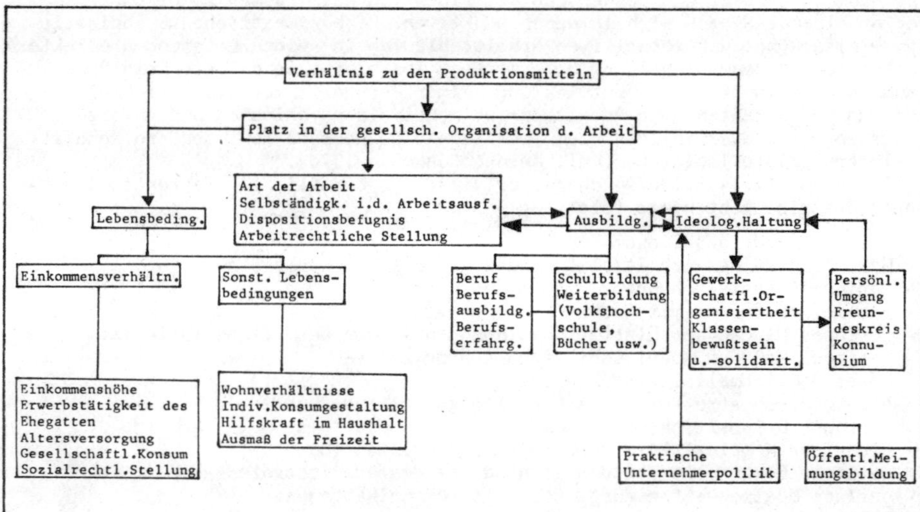

Als die wesentlichste Variable, die das allgemeine Verhalten oder spezielle Erziehungspraktiken und unterschiedlichste Bereiche des ideologischen Bewußtseins (und damit auch politische und pädagogische Wertpräferenzen und Einstellungen) beeinflußt, wird von den meisten Sozialisationsforschern (vgl.Anmerk.(4) die Stellung im organisierten Arbeitsprozeß, die Berufsgruppenzugehörigkeit angesehen. Im Modell von Steiner (vgl. Abb. 5) entspräche dies dem "Verhältnis zu den Produktionsmitteln" und dem " Platz in der gesellschaftlichen Organisation der Arbeit". Die Stellung im Arbeitsprozeß ist letztlich wieder eng mit der Schulbildung und damit weiterhin mit der sozialen Schicht verbunden. So kann man beispielsweise für westeuropäische und damit kapitalistische Industrieländer sagen,daß Kinder aus unteren Sozialschichten in der Regel nur zu einem niedrigen Schulabschluß (z.B. Hauptschulabschluß) gelangen und dann entsprechend nur eine untergeordnete Stellung im Arbeitsprozeß einnehmen, etwa als Fließbandarbeiter, Verkäufer, Dreher, Schlosser.

Die Stellung im Arbeitsprozeß schafft ganz bestimmte Rahmenbedingungen für Arbeits- und Lebenserfahrungen sowie Lebenschancen. Wie stellt sich nun die Welt des Arbeitslebens dar und welche Folgen zeigen sich für den einzelnen und damit auch für die Familienmitglieder?
Industriesoziologische Untersuchungen (Fricke 1975; Kern & Schumann 197o; Mergener 1976; Rebell 1976) zeigen eine verstärkte Polarisierung in der Beschäftigungsstruktur durch die technologische Entwicklung.Es stehen sich heute auf höheren Mechanisierungsstufen qualifizierte und unqualifizierte Formen industrieller Arbeit gegenüber, wobei gleichzeitig ein Absinken des mittleren Qualifikationsniveaus zu verzeichnen ist. Diese Tendenzen sind in verstärktem Maße auch im außerindustriellen Bereich,z.B. im Verwaltungssektor durch zunehmende Rationalisierungsmaßnahmen,festzustellen (Cherns 1975;Pöhler 1976; Rebell 1976; Work in America 1973). Die Arbeitsorganisation ist heute in vielen Bereichen durch hochgradige Arbeitsteilung gekennzeichnet.Nach Friedmann(1952, S. 179) ist der Mensch dabei gezwungen " sich an Arbeitsvorgängen zu beteiligen, die jeder geistigen Qualität entleert sind, von ihm aber in jedem Augenblick Nervenanspannung erfordern und die meisten dazu bringen, die völlige Trennung von Arbeit und Denken und die Flucht in das Träumen zu ersehnen". Der arbeitende Mensch wird in den produktiven und bürokratischen Organisationen vielfach bei den repetitiven Arbeitsabläufen in seinen Leistungen direkter Kontrolle und Beaufsichtigung unterworfen. Ihm bleibt so gut wie kein Spielraum für die individuelle Entwicklung seiner Persönlichkeit, seiner Fähigkeiten und Fertigkeiten. Der Arbeitsprozeß zehrt die psychischen und physischen Reserven aus und ermöglicht kaum mehr lebendige Kooperation, sondern schafft vielmehr soziale Isolation (vgl. Kern & Schumann 197o).

Steinkamp (1974,S.17off) charakterisiert die berufliche Erfahrungswelt unterer Sozialschichten wie folgt:

- relativ niedriges Einkommen
- Unsicherheit des Arbeitsplatzes und materiellen Besitzstandes
- geringe Aufstiegschancen
- vorwiegend Umgang mit Sachen
- geringes Niveau der Eintrittsbedingungen in die berufliche Tätigkeit
- geringes Maß von Anweisungsbefugnis über andere
- hohes Maß formalisierter Kontrollen
- hierarchisch strukturiertes berufliches Rollengefüge
- geringer Dispositionsspielraum
- niedriger Komplexitätsgrad der Arbeitsorganisation
- geringes Bewußtsein von der Transparenz des Arbeitsprozesses
- geringe Möglichkeiten für informelle Kommunikationen.

Für die meisten Selbständigen, Angestellten und Beamten der Mittelschicht oder der Oberschicht gestaltet sich die objektive Situation des Arbeitsplatzes zu großen Teilen anders und günstiger. Häufig sind die Entscheidungsbefugnisse und Dispositionschancen größer und mehr Möglichkeiten für die individuelle Gestaltung der Arbeit gegeben, wodurch eher ein Gefühl der Selbstverwirklichung entstehen kann. Die Kommunikation ist umfänglicher und Teil der Arbeit selbst. Die Arbeitsplatzsicherheit ist ausgeprägter, Beamte sind fast unkündbar.

Betrachtet man die Auswirkungen der Arbeitsgegebenheiten für den Arbeitnehmer, so hat beispielsweise die restriktive Arbeitsorganisation als Folgeerscheinungen häufig Unfälle, Beeinträchtigung der physischen und psychischen Gesundheit und reduzierte Lebenserwartung (Work in America 1973;Gleiss u.a. 1973). Durch die zunehmende Mechanisierung und Automatisierung im Arbeitsleben traten in den vergangenen Jahrzehnten neue Formen psychophysischer Belastung ein (Hoyos 1975; Mergener 1976). Überforderungen ergaben sich beispielsweise durch Nacht- und Schichtarbeit (Rutenfranz u.a. 1975; Ulich 1964,197o) oder durch Aufgaben mit schlechter Abstimmung von Arbeitsanforderungen, individuellen Qualifikationen und Leistungserwartungen (Kahn u.a. 1964; Kahn & Quinn 197o; Sales 1969). Belastungen treten aber auch durch qualitative oder quantitative Unterforderung ein (Ulich 196o), die sich in fast "psychodelischen" Zuständen, wie sie aus sensorischen Deprivationsuntersuchungen bekannt sind, äußern können (Gardell 1976; Alderfer 1976).

Industriearbeit zeigt deutliche Auswirkungen auf die psychosoziale Gesundheit (French u.a. 1962;Kornhauser 1965; Kosa u.a. 1969; Gleiss u.a. 1973; Schneider 1973). Beispielsweise fand Kornhauser bei ungelernten und angelernten Tätigkeiten eine deutlich schlechtere psychosoziale Gesundheit im Vergleich zu qualifizierten Arbeiten.Allgemein berichten viele Untersuchungen, daß die psychosoziale Gesundheit durch restriktive, unqualifizierte Arbeiten mit reduzierten Handlungs- und Entscheidungsspielräumen und durch die damit zusammenhängenden negativen emotionalen Zustände wie Unzufriedenheit, Entfremdung und Frustration gefährdet ist. (Argyris 1964,1971; Blauner 1964).

Sehr negativ sind die Folgen kurz- oder längerfristiger Arbeitslosigkeit für das indidividuelle Selbstwerterleben, psychische Wohlbefinden und soziale Verhalten (Fried 1969; Heinemann 1978; Werner & Ross 1969; Wacker 1976). Die Arbeitslosigkeit ist dabei meist individuell unverschuldet. Sie ist ein Kennzeichen kapitalistischer Gesellschaftssysteme, die ständig strukturelle Krisen aufweisen und in denen das Recht auf Arbeit nicht verwirklicht ist.Arbeitnehmer werden hier primär als funktionale und beliebig austauschbare Produktivkräfte angesehen, die den Verwertungsinteressen des Kapitals unterliegen.Die strukturell vorgegebene Krisenhaftigkeit des kapitalistischen Wirtschaftssystems bedeutet eine ständige Unsicherheit von Arbeitsplätzen und schafft psychische Unsicherheiten und Ängste bei den Arbeitnehmern, die nicht selten als sozialpolitische Konsequenz politische Apathie und Duckmäusertum fördern.

Die Stellung im Arbeitsprozeß ist eng mit der sozialen Schicht verbunden, wie weiter oben angesprochen. Genauer wird die soziale Schicht definiert durch den Beruf, die Bildung, Einkommen und Besitz und impliziert unterschiedliche Grade an Einflußnahmemöglichkeiten, Autorität und Prestige(11). Sie beinhaltet gleichzeitig bestimmte Lebensbedingungen und Lebensräume (vgl. Abb.5). Vergleicht man als Repräsentanten sozialer Schichten Arbeiterfamilien und Familien von Angestellten und Beamten der Mittelschicht, so zeigen sich mehrere Unterschiede auch in ihren Verhaltensweisen. In Arbeiterfamilien findet man eine starke Rollentrennung, wobei der Frau und Mutter in häuslichen Dingen große Autorität zukommt. In Angestellten- und Beamtenfamilien der Mittelschicht trifft man demgegenüber ein stärker partnerschaftliches Verhältnis von Mann und Frau an. Was die Kommunikation anbelangt, so beschränkt sie sich in Arbeiterfamilien im wesentlichen auf Verwandtschaft und Nachbarschaft; in der Mittelschicht bezieht sie sich eher auf den Kreis von Freunden und Berufskollegen. Arbeiterfamilien nehmen eine starke Trennung von Eigengruppe und Fremdgruppe sowie eine rigide Geschlechtertrennung vor, wohingegen bei der anderen sozialen Schicht diese kaum noch gegeben oder doch weitgehend in Auflösung begriffen ist.(12). Grüneisen & Hoff (1977) sprechen von partikularistisch-solidarischen Beziehungen der Unterschicht in Freundschaft, Nachbarschaft und Familie. Sie interpretieren sie als Versuche der Kompensation der rigiden, ritualisierten und hierarchischen Arbeitsplatzbedingungen. Die bei Arbeitern oft anzutreffenden starren Normen im Reproduktionsbereich werden als notwendig für die Gewährleistung ihrer psychischen Stabilität angesehen. Die starke eheliche Geschlechtsrollendifferenzierung wird von Grüneisen & Hoff als eine Fortführung und Fixierung der rigiden Arbeitsverhältnisse verstanden. Die anderen Verhaltensweisen der Mittelschicht-Angehörigen sehen sie ebenso in enger Abhängigkeit vom Produktionsbereich, der ein insgesamt breiteres Verhaltensrepertoire ermöglicht.

Die schichtspezifischen Lebenserfahrungen schlagen sich auch in den Erziehungspraktiken nieder. In empirischen Untersuchungen (vgl. Lukesch 1976; Grüneisen & Hoff 1977) wird das Erziehungsverhalten der Eltern aus der Mittelschicht als affektiv-warm und anfangs als nachsichtig-tolerant, mit zunehmendem Alter der Kinder als positiv fordernd hinsichtlich des Aspekts Unabhängigkeit beschrieben. Autorität wird eher in symbolisch indirekter, intentionaler und konsistenter Form ausgeübt. Während in der oberen Mittelschicht vor allem verbales Strukturieren und Gewähren von Autonomie tendenziell bevorzugt wird, finden sich bei der unteren Mittelschicht stärker Sanktionen durch Veränderung der positiven Zuwendung. Das Verhalten der Unterschicht-Eltern wird als weniger warm und stärker kontrollierend charakterisiert, wobei häufig der Vater dem Kind gegenüber als gleichgültig oder ablehnend gekennzeichnet wird. Das mütterliche Verhalten wird als eher protektiv und autoritär, das väterliche Verhalten als autoritär-diktatorisch und/oder vernachlässigend genannt. Die Eltern setzen ihre Interessen physisch und ohne kognitives Einsichtig-Machen durch und erwarten Unterordnung und Gehorsam seitens des Kindes. Bestraft werden offensichtliche Regelverletzungen, also aufgetretenes "strafwürdiges " Verhalten, nicht aber regelverletzende Intentionen, wie dies bei der Mittelschicht geschieht. Die Bestrafung erfolgt meist inkonsequent, aber dann unmittelbar auf das Ereignis hin. (Vgl. auch Caesar 1972; Milhoffer 1973;(12)).

3.2 Elternverhalten und außerfamiliäre Umwelt

Im Zusammenhang der außerfamiliären Umwelt sollen nur einige wenige, empirisch untersuchte Aspekte angesprochen werden. Neben der Arbeitsplatzsituation, die bereits an anderer Stelle dargestellt wurde, sind es besonders die Wohngegebenheiten (wie Wohnungsgröße, Wohnqualität) und ganz spezifische Umweltbedingungen, die auf das familiäre Leben Einfluß nehmen.

Betrachtet man die Wohngegebenheiten, so sind sie in manchen großstädtischen Gebieten und Stadtteilen gekennzeichnet durch eine Unzahl von Hochhäusern, durch unzureichende Infrastruktureinrichtungen, ungünstige Verkehrsbedingungen, fehlende kulturelle und soziale Einrichtungen und damit wenig Freizeitmöglichkeiten (Dittrich 1974; Fischer-Harrieshausen 1974). In bestimmten Wohngebieten mit schlechten Wohnbedingungen sind häufig sozio-ökonomisch Unterprivilegierte zu finden. Diese Gegebenheiten tragen oft zu psychosozialen Problemen wie Kriminalität, Vandalismus, Selbstmord oder Kindesmißhandlungen bei (Bagley 1974; Galle u.a. 1973; Newman 1972; Schorr 197o; Williams u.a. 1973).

Die räumlichen und architektonischen Verhältnisse in Hochhäusern (z.B. lange Korridore, eine Vielzahl an Stockwerken und Wohneinheiten pro Stockwerk) führen zu Isolation, Anonymität, Entfremdung, neurotischen Störungen und Angstgefühlen bei den Bewohnern sowie zu Beeinträchtigungen des Kontaktverhaltens zwischen Mutter und Kind (Herlyn 197o; Fanning 1967). Weiterhin werden Identifikationsmöglichkeiten mit der Wohnumwelt verhindert; es entsteht das Gefühl, für die Umwelt nicht mehr verantwortlich zu sein; Veränderungen im Erziehungsverhalten treten ein (Jeffrey 1971; Newman 1972).

Weiterhin wurden Zusammenhänge zwischen Dichte- und Enge-Verhältnissen und psychosozialen Problemen festgestellt (Überblicke bei Kälin 1972; Kruse 1975; Lawrence 1974;Osterland u.a. 1973; Stokols 1974). Physikalische Maße wie Person pro qm oder subjektive Wahrnehmungen von Enge standen in Beziehung zu Pessimismus, Passivität, negativer Selbsteinschätzung und Familienproblemen (Schorr 197o), zu psychiatrischen Erkrankungen(Bain 1974;Grotenboer 1962), zu Kriminalität (Galle u.a. 1973) und ferner zu aggressiven Verhaltensweisen bei Kindern (Kälin 1972; Murray 1974).Anzumerken ist allerdings, daß sich die Beziehungszusammmenhänge verringern oder zum Teil verschwinden, wenn bestimmte Variablen wie soziale Schicht oder familiäres Klima kontrolliert werden. D.h. die genannten Probleme sind sehr stark schichtspezifisch und eher ein Charakteristikum unterprivilegierter Gruppen.

Das Verhalten der Personen in den Familien wird auch durch spezifische äußere Umwelteinflüsse wie chemisch-physikalische,klimatische oder sensorische Gegebenheiten mitgeprägt.

So kann zunehmende Luftverunreinigung durch industrielle Schadstoffe wie Blei, Kohlenmonoxyd, Quecksilber, Insektizide zu schweren Beeinträchtigungen der körperlichen Gesundheit führen(Grandjean & Gilgen 1973; Haider 1974; Williams u.a. 1973).Koch (198o) schreibt, daß die Dauerbelastung mit chemischen Schadstoffen besonders in der unmittelbaren Umgebung der chemischen und verwandten Industrie hoch ist.Amerikanische Untersuchungen belegen eine erhöhte Krebssterblichkeit in Regionen mit chemischer Industrie und eine überdurchschnittliche Häufigkeit von Blasen-,Lungen- und Leberkrebs. Es kommt aber auch zu Beeinträchtigungen kognitiver und psychomotorischer Funktionen je nach Ausmaß der Intoxikation (Williams u.a. 1973). So können Überdosen von Schwermetallen zur Verminderung der geistigen Leistungsfähigkeit führen (Koch 198o).

Aber auch jahreszeitliche Klimaveränderungen können Auswirkungen auf psychosoziale Probleme haben. So berichten in diesem Zusammenhang Pokorny u.a. (1974) von Beziehungen von Klima und Selbstmordhandlungen.

Daß Lärm am Arbeitsplatz oder im Wohnbereich zu Beeinträchtigungen des allgemeinen Lebensablaufs, zu Störungen der Kommunikation, Herabsetzung der Aufmerksamkeit, Verschlechterung der Arbeitsleistung, Verringerung der Problemlösefähigkeit, der Diskriminations- und Leseleistungen bei Schulkindern bis zu Gesundheitsschäden in Form von Hörschäden führen kann, wird von vielen Autoren berichtet (Alexandre 1974; Benignus u.a. 1975;Cohen u.a. 1973; Glass & Singer 1972 a ; Grandjean & Gilgen 1973; Hess 1974;Jansen 197o;Nemecek 1974;Rylander 1974).

Die genannten außerfamiliären Aspekte sind nicht als vollständig anzusehen (vgl. Kap. I.1). Nicht eingegangen wurde auf die Einwirkungen auf die Familie seitens von Arbeitskollegen, Freunden oder anderen Bezugsgruppen oder auf die Massenmedien (vgl. Buselmeier 1974) wie Fernsehen, Radio, Zeitungen , Zeitschriften. Wollte man der Komplexität der Wirklichkeit gerecht werden, so wären noch weitere Variablen zu erwähnen, die für das familiäre Geschehen beeinflussend sein können. (Vgl. auch Engfer 1980).

3.3 Elternverhalten und innerfamiliäre Gegebenheiten

Die innerfamiliären, das Familienleben prägenden Gegebenheiten lassen sich u.a. durch das familiäre Einkommen, die Berufstätigkeit von Ehepartnern, die Familiengröße, Vollständigkeit oder Unvollständigkeit der Familie oder das allgemeine Familienklima kennzeichnen.

Das familiäre Einkommen - selbst bedingt durch die Stellung des Haupternährers oder beider Elternteile im Produktionsprozeß - gestaltet im wesentlichen die Befriedigung und Verwirklichung von Bedürfnissen, Wünschen und Ansprüchen einzelner Familienmitglieder. Das Einkommen bestimmt den Freiheitsspielraum des materiellen und ideellen Konsums.
Familien mit niedrigem Einkommen werden in starkem Maße in der Entwicklung der Persönlichkeit der einzelnen Mitglieder beschnitten. Ihnen fehlen die materiellen Mittel für die Anschaffung von außerlebensnotwendigen Dingen wie Bücher, Kunst in Form von Bildern oder Plastiken, Schallplatten, anregendes Spielzeug für Kinder oder Reisen ins Ausland zur Erweiterung des eigenen Horizonts. Niedriges Einkommen hat oft zur Folge, daß Eltern ihren Kindern viele Wünsche nicht erfüllen können, die diese durch den Kontakt mit anderen Kindern aus besser gestellten Familien - oder durch Fernsehen angeregt - haben. Dies führt nicht selten zu Unzufriedenheit der Kinder und der Eltern über ihre eigene soziale Lage. Die wirtschaftlichen Verhältnisse haben somit letztlich auch Auswirkungen auf das Selbstbild, das Selbstvertrauen und die sozialen und politischen Aktivitäten, die in unteren Einkommensgruppen, verglichen mit denen höherer Schichten, als eher negativ oder gering zu bezeichnen sind (vgl. Milbrath 1965; Zimpel 197o). Niedriges Einkommen hat ferner oft zur Konsequenz, daß Eltern relativ bildungsabstinent sind und ihre Kinder selten auf höhere Schulen schicken. Dadurch bleibt der Kreislauf " wer arm ist, bleibt arm" aufrechterhalten und es werden alte Sozialstrukturen konserviert, die mit sozialer Gerechtigkeit nichts zu tun haben (vgl. Faulstich & Faulstich 1975; Hurrelmann 1975). Hingewiesen sei auch noch darauf, daß delinquentes Verhalten besonders häufig in Familien mit niedrigem Einkommen zu finden ist (Seitz & Götz 1979).

Im Rahmen der Berufstätigkeit wird das Thema der mütterlichen Berufstätigkeit besonders hervorgehoben und kontrovers diskutiert. Autoren wie Lehr (1969, 1974) oder Pross (1973) befürworten die mütterliche Berufstätigkeit und sehen positive Auswirkungen auf das familiäre Leben, während Schmalohr (1968) oder Meves (1972) sie eher negativ beurteilen. Nach Murray (1975) kann zeitliche Trennung von Mutter und Kind durch den Beruf Entfremdung zur Folge haben. Weiterhin berichtet er, daß Babies von berufstätigen Müttern weniger Zuwendungsverhalten zur Mutter zeigen oder die Beziehung beider durch Eifersucht auf betreuende Personen gestört werden kann. Es dürfte insgesamt sehr schwer sein, ein einhelliges Urteil über die Auswirkungen der mütterlichen Berufstätigkeit zu fällen. Es sind zuviele Zusatzvariablen, die über die Schädlichkeit oder Unschädlichkeit für das Kind oder die Familie überhaupt mitbefinden. Beispielsweise ist es ein Unterschied, ob eine Mutter eines 7 Monate alten Babies, das nur schlecht von anderen versorgt werden kann, arbeiten geht oder ob eine Mutter eines 7 Jahre alten Kindes halbtags während dessen Schulzeit berufstätig ist und diese Arbeit ihr noch Bestätigung und Befriedigung bringt (vgl. auch Thomae 1972,S.77ff). Die Doppelbelastung durch Haushalt und Kind wird von Müttern auch unterschiedlich erlebt und verarbeitet.

Die Familiengröße bleibt auf das Interaktionsgeschehen in der Familie nicht ohne Einfluß. Sie wirkt sich eher negativ aus, wenn die Familie zahlenmaßig sehr groß wird. Mit zunehmendem Umfang (etwa ab 4 Kindern) wird wahrscheinlich ein stark autokratischer Erziehungsstil auftreten, der kaum ein differenziertes Eingehen auf die Besonderheiten der Kinder ermöglicht und eher unpersönliches, kontrollierendes und körperlich strafendes Elternverhalten bedingt. (vgl. Thomae 1972,S.792f). Es ist auch leicht nachvollziehbar, daß Eltern mit weniger Kindern sich intensiver mit ihnen beschäftigen können als Eltern mit vielen Kindern und dies wiederum für erstere erlebnisreicher und befriedigender sein kann. Ferner dürfte die Belastung durch wenige Kinder oft geringer sein und weniger Überforderung der Eltern mit sich bringen. Vorteilhaft ist es natürlich, wenn mehrere Kinder in einer Familie leben und damit mit sich spielen können, ohne ständig auf die Eltern angewiesen zu sein.

Unvollständigkeit der Familie, z.B. in Form des Fehlen des Vaters, wirkt sich auf das familiäre Geschehen meist nicht sehr günstig aus. Mütter, die darauf angewiesen sind, ihre Kinder allein aufzuziehen (weil z.B. der leibliche Vater nicht heiraten wollte oder weil die Ehe geschieden wurde), neigen zum Teil zu überprotektivem Verhalten und Verzärteln und Verwöhnen ihrer Kinder. Nicht selten wird der Sohn zum emotionalen Ersatz für den fehlenden Gatten. Es kann aber auch die gegenteilige Reaktion eintreten, daß die Kinder eher vernachlässigt werden, ihnen wenig zärtliche und liebevolle Zuwendung entgegengebracht wird und sie stattdessen überstreng kontrolliert und häufig bestraft werden. Am ungünstigsten wirken sich diese Verhaltensweisen der Mutter (die selbst auf dem Hintergrund ihrer persönlichen Probleme des Alleinseins verstanden werden müssen) besonders bei Kindern in jüngeren Jahren aus, da diese auf die Mutter existentiell angewiesen sind und sich selbst noch nicht wehren können.(Vgl. auch Thomae 1972).

Ein weiteres Merkmal der familiären Binnenstruktur ist das Familienklima. Nach Schneewind & Lortz (1978) umfaßt es eine Vielzahl von Aspekten, die sie selbst mit verschiedenen Skalen zu erfassen suchten:

- den Ausgeprägtheitsgrad der Familienzusammengehörigkeit und die Bereitschaft zur gegenseitigen Unterstützung (Skala Zusammengehörigkeit)
- die Möglichkeit und das Ausmaß zur Äußerung von Gefühlen, Meinungen und persönlichen Problemen innerhalb einer Familie (Ausdrucksfreudigkeit)
- das Ausmaß an Streitigkeiten, Meinungsverschiedenheiten und Reibereien (Konflikt)
- persönliche Entscheidungsfreiheit und Eigenverantwortlichkeit, die in einer Familie toleriert wird (Selbständigkeit)
- Wettbewerbsdenken und allgemeine Leistungsorientiertheit in unterschiedlichen Situationen (Leistungsstreben)
- das Ausmaß an intellektueller und kultureller Stimulation, wie es sich in Familiengesprächen, literarischen und künstlerischen Interessen manifestiert(Intellektualität)
- das Ausmaß an Aktivität, das eine Familie als Einheit im Bezug auf sportliche Betätigungen und Freizeitinteressen auszeichnet (Freizeitverhalten)
- die Bedeutung von religiösen und ethischen Grundsätzen, die für eine Familie als verbindlich erachtet werden (Moral)
- das Maß an Ordnung, Planung und wechselseitiger Verläßlichkeit innerhalb der Familie (Organisation)
- die Kontrolle und Sanktionierung von in der Familie vereinbarten Regeln und Vereinbarungen (Kontrolle).

Schneewind & Lortz fanden bei der Untersuchung des Zusammenhangs von Aspekten

des Familienklimas mit Erziehungseinstellungen von Müttern und Vätern zahlreiche Ergebnisse, von denen einige hier dargestellt werden sollen.
Beispielweise stellten sie bei Müttern fest, daß ein unkompliziertes, lebendiges und gefühlsoffenes Familienklima in Verbindung steht mit vorbehaltsloser Selbstdarstellung, Vertrauen in die eigene erzieherische Befähigung und geringe Geregeltheit konkreter erzieherischer Maßnahmen. Demgegenüber geht ein angepaßtes und konfliktgeladenes Familienklima einher mit Selbstunsicherheit und Stimmungslabilität sowie emotionaler Distanz zum Kind und Permissivität. Schneewind & Lortz vermuten bei diesen Müttern im Hintergrund ein Persönlichkeitsmuster mit der Bereitschaft zu neurotischen Reaktionen und Erlebnisweisen.
Ein Familienklima, das Unabhängigkeit und Selbständigkeit gewährt, steht in Beziehung zu einem geringen Maß an mütterlichem Verantwortungsgefühl, einer geringen Bereitschaft zur Manipulation und Indiskretion gegenüber dem Kind sowie einer eher permissiven Einstellung. Weiter werden genannt ein geringes erzieherisches Engagement, wenig Zweifel an den erzieherischen Fähigkeiten sowie geringer Einfluß der Mutterpersönlichkeit auf das Erziehungsgeschehen.
In Familien mit einem dominanten Klima der Leistungsorientierung, Tüchtigkeit und des Erfolgs finden sich mütterliche Erziehungseinstellungen mit geringer Permissivität, mit leicht erhöhten Manipulierungstendenzen bei gleichzeitigem Engagement sowie Unnnachgiebigkeit und kontrollierendes Eingreifen in die Privatsphäre des Kindes.
Bei Vätern finden sich zum Teil ähnliche Einstellungsmuster.So steht Leistungsstreben in enger Verbindung zu wenig permissiver, eher manipulierender und von Vorbehalten bezüglich der Selbstdarstellung getragener Einstellungen.
Hinsichtlich des Familienklima-Aspekts Intellektualität, d.h. Beschäftigung mit kulturellen, politischen und geistigen Fragen in der Familie, finden sich Kovariationen mit nachsichtigen und wenig manipulierenden sowie eher konsistenten und bewußt reflektierten Erziehungseinstellungen des Vaters.
Was den Aspekt Kontrolle anbetrifft, so zeigen sich hier Korrelationen zu stark restriktiven, gleichzeitig aber auch lenkenden, traditionell-konservativen und persönlich engagierten väterlichen Erziehungshaltungen.
Abschließend ist zur Arbeit von Schneewind & Lortz allerdings darauf hinzuweisen, daß das Familienklima nicht nur als Determinante für Erziehungseinstellungen anzusehen ist, sondern Erziehungseinstellungen wiederum das Familienklima prägen, vielleicht sogar erst konstituieren. Es ist eher von interaktiven Beziehungen auszugehen.

3.4 Elternverhalten und Persönlichkeit

Im Zusammenhang des Teilkapitels "Elternverhalten und polit-ökonomisches System" wurde bereits darauf hingewiesen, wie sehr die konkreten Lebensbedingungen, d.h. die Art der Berufstätigkeit und Zugehörigkeit zu bestimmten sozialen Schichten , Einfluß haben auf die Genese von Wertvorstellungen, Einstellungen und Verhaltensweisen von Erwachsenen und damit Eltern. Darin kommt zum Ausdruck, daß die Persönlichkeit von Eltern durch die je konkreten äußeren materiellen Lebensbedingungen mitgeprägt wird. Im folgenden sei noch auf einige weitere Aspekte der Persönlichkeit eingegangen, von denen vermutet werden darf, daß sie das elterliche Verhalten mitsteuern, auch wenn bei einigen Aspekten bisher diesbezügliche empirische Belege noch ausstehen.Der Persönlichkeitsbereich der Motive ist empirisch am breitesten untersucht, was in den weiteren Ausführungen seinen Niederschlag finden wird (vgl. auch Weber 1970; Lukesch 1975,1976; Schneewind & Lukesch 1978; und (12)).

(a) Motive. Diesbezügliche Arbeiten beschäftigen sich mit allgemeinen Wertvorstellungen, Erziehungseinstellungen und politischen Einstellungen.

Eine ältere Arbeit des DIVO-Instituts (1959) über Wertvorstellungen, genauer über schichtspezifische Erziehungsziele für Kinder, zeigt eine Präferenz aller sozialer Schichten für Anstand, Ehrlichkeit und Gehorsam gegenüber den Eltern. Dagegen werden Lebensgenuß und Gottvertrauen als eher unwesentliche und nicht wertvolle Ziele angesehen. Zu ähnlichen Ergebnissen kommt eine Untersuchung des Emnid-Instituts (1972).

Unterschiede zwischen den sozialen Schichten stellt eine Arbeit von Filipp & Schneewind fest, die differenzierter durchgeführt wurde. Filipp & Schneewind (1974) gehen von einem Dreischichtenmodell (Oberschicht, Mittelschicht, Unterschicht) aus und entdecken mit Höherwerden der Schicht eine Bedeutungszunahme der Ziele oder Werte wie Selbständigkeit, Lebensfreude, Interessiertheit und Beherrschtheit . Die Bedeutsamkeit von Ordentlichkeit, Familiensinn, gute Umgangsformen, Liebe gegenüber den Eltern und Anständigkeit nimmt demgegenüber ab. Gute Umgangsformen, Sauberkeit und Anständigkeit werden besonders in der Unterschicht betont.

Mayrhuber (1975) führte eine österreichische Vergleichsuntersuchung zur Arbeit von Filipp und Schneewind durch und fand eine Überstimmung der sozialen Schichten hinsichtlich der am meisten präferierten Erziehungswerte wie berufliche Tüchtigkeit, Selbstständigkeit sowie der am wenigsten geschätzten wie Bescheidenheit und Religion.

Das Emnid-Institut(1976a)führte eine Wiederholungsuntersuchung zu einer bereits 1951 vorgelegten Frage durch, die wie folgt lautete: "Auf welche Eigenschaften sollte die Erziehung der Kinder vor allem hinzielen: Gehorsam und Unterordnung, Ordnungsliebe und Fleiß oder Selbstständigkeit und freier Wille". Schlüsselt man die Ergebnisse von 1976 näher auf, so ergibt sich bei Differenzierung nach dem Geschlecht, daß z.B. Frauen (12%) im Vergleich zu Männern(4%) Gehorsam und Unterordnung mehr betonen. Ordnungsliebe und Fleiß werden dagegen stärker von den Männern (45%) als von den Frauen (34%) geschätzt.
Berücksichtigt man noch das Alter, so zeigt ein Vergleich etwa der 3o-49jährigen mit den 5o-64jährigen, daß die Älteren (5o%) verglichen mit den Jüngeren (34%) das Wertepaar Ordnungsliebe und Fleiß weitaus als wichtiger betrachten. Greift man noch als weiteres differenzierendes Merkmal das Herkunftsland von Personen in Deutschland auf, so werden in den Ländern Bayern und Baden-Würtemberg im Vergleich zu den nördlicher gelegenen Ländern die Werte Gehorsam und Unterordnung wesentlich positiver gesehen (19% zu 4-8%).(nach Greifenhagen & Greifenhagen 1979,S.38o).
Wie sehr sich die Erziehungsziele und Wertvorstellungen auch ändern können, wird aus den Vergleichsdaten der Emnid-Untersuchungen von 1951 und 1976 ersichtlich. 1951 sprechen sich nur 28% für Selbständigkeit und freier Wille aus, 1976 bereits 51%. Der Wert Gehorsam sank von 25% (1951) auf lo% (1976). Lediglich der Rang von Ordnungsliebe und Fleiß beharrte auf 41%.

Bezieht man amerikanische Untersuchungen mit ein, so stellt Rosen (1956) für die Mittelschicht zukunftsorientierte, aktivistische und individualistische Wertorientierungen fest und spricht von gegenwartsorientierten, passivistischen, familistischen Werten sowie geringerer Leistungsmotivation und geringen Erwartungen an die Schulleistungen der Kinder in der Unterschicht.

Diese bisherigen Ergebnisse zum Persönlichkeitsaspekt "Wertorientierungen" machen offensichtlich, daß die Präferenz von Werten nicht nur je nach Schichtzugehörigkeit (und damit auch Lebenserfahrungen am Arbeitsplatz), sondern auch je nach Alter, Geschlecht und kulturellem Raum unterschiedlich sein kann und daß Änderungen von Wertorientierungen möglich sind.

Untersuchungen über selbstberichtete Erziehungseinstellungen von Eltern erbringen tendenziell ähnliche und weiterreichende Ergebnisse. Bei Gildea u.a. (1961) befürworten amerikanische Mütter niederer sozialer Schichten Disziplin.

Oder Loevinger & Sweet (1961) finden enge positive Zusammenhänge zwischen autoritärer Familienideologie und niedriger Schulbildung. Bei der Untersuchung repressiver Erziehungseinstellungen stellen Koch u.a. (1934) eine liberalere Haltung bei Vätern und Müttern mit höherer Schulbildung und Berufsklassifikation fest. Nach Gildea u.a. (1961) bejahen Mütter aus höher gestellten Familien die eigene Verantwortlichkeit für Fragen und Probleme der Kindererziehung.

In einer deutschen Arbeit fassen Littmann & Kasielke (197o,S.6o) ihre Ergebnisse so zusammen: " Mit steigender beruflicher Position sinkt die Neigung der befragten Eltern..., Erziehungsansichten zu vertreten, nach denen von Kindern unbedingter Gehorsam und Unterordnung unter die elterliche Autorität zu fordern ist, die Kinder hinsichtlich Inititative, Verselbständigung und Freizügigkeit ihres Handelns starken Kontrollen unterliegen müssen...".M.a.W. Eltern höherer Schichten sind liberaler als solche unterer sozialer Schichten.

Empirische Arbeiten von Engfer u.a. (1973), Engfer & Schneewind (1976), Schneewind & Lortz (1978) weisen auf die Bedeutung bestimmter Erziehungseinstellungen hin, die über die üblichen zwei- oder dreidimensionalen Strukturen von Elterneinstellungen und -verhaltensweisen hinausgehen (Becker 1964; Schaefer 1959; Stapf u.a. 1972). Sie entwickelten ein Fragebogeninstrument mit lo inhaltsverschiedenen und hinreichend unabhängigen Einstellungsdimensionen. Es sind die folgenden (nach Schneewind & Lortz 1978,S.116f):

Faktor I (Elterliche Selbstkritik):
Diese Skala beschreibt das Ausmaß an Zweifel und Kritik, das eine Elternperson bezüglich ihrer eigenen erzieherischen Fähigkeiten hat. Die individuellen Meßwerte können zwischen den Polen "elterliche Selbstkritik" und "erzieherisches Selbstbewußtsein variieren.

Faktor II (Emotionales Engagement):
In dieser Skala geht es um das Ausmaß an erzieherischem Engagement und gefühlsmäßiger Zuwendung im Gegensatz zu Desinteresse und Distanz gegenüber dem Kind.

Faktor III (Permissivität):
Diese Einstellungsdimension behandelt den Ausprägungsgrad von elterlicher Nachsichtigkeit und Toleranz auf der einen Seite und Einschränkungen des kindlichen Handlungsraums durch elterliche Vorschriften auf der anderen Seite.

Faktor IV (Offenheit):
Gegenstand dieser Skala ist die Bereitschaft der Eltern, entweder gegenüber ihren Kindern persönliche Gefühle und Gedanken offen darzustellen oder in ihrer Selbstdarstellung eher vorsichtig und zurückhaltend zu sein.

Faktor V (Manipulation):
Diese Skala thematisiert die Bereitschaft von Eltern, ihr Kind durch Tricks und undurchsichtige Verhaltensmanöver zu lenken. Gleichzeitig geht in diese Skala auch die Tendenz ein, durch Indiskretionen die Privatsphäre des Kindes zu kontrollieren. Der Gegenpol dieser Skala ist durch Verzicht auf Manipulation und Einhaltung von Diskretion gekennzeichnet.

Faktor VI (Elterliches Verantwortungsgefühl):
Diese Skala bezieht sich inhaltlich auf die Tendenz einer Elternperson, für die Handlungen und Auffassungen ihres Kindes entweder uneingeschränkt Verantwortung zu übernehmen oder- dies entspricht dem entgegengesetzten Skalenpol- die Zuständigkeit und Verantwortung für das Kind weitgehend abzulehnen.

Faktor VII (Reflexion):
In dieser Skala geht es um das Ausmaß an Planung und bewußt eingesetztem erzieherischen Verhalten im Gegensatz zu einem spontanen und eher unreflektierten Kontakt mit dem Kind.

Faktor VIII (Einfluß der Elternpersönlichkeit):
Mit dieser Skala soll erfaßt werden, ob und inwieweit eine Elternperson davon überzeugt ist, daß ihre eigenen Persönlichkeitsmerkmale und momentanen Stimmungslagen in dem Umgang mit dem Kind eine Rolle spielen.

Faktor IX (Übernahme der selbsterfahrenen Erziehung):
In dieser Einstellungsdimension bildet sich das Ausmaß an Traditionalität und Konformität in der Übernahme erzieherischen Verhaltens ab. Dabei spielt sowohl die Orientierung am Vorbild der eigenen Eltern als auch die Bereitschaft zur Übernahme eines Erziehungsverhaltens, das von der Majorität geteilt wird, eine Rolle. Der Gegenpol der Skala stellt eine ausdrückliche Distanzierung von der selbsterfahrenen bzw. konventionellen Erziehung dar.

Faktor X (Inkonsistenz):
Diese Skala behandelt die Frage, inwieweit eine Elternperson in sich wiederholenden positiven oder negativen Sanktionierungssituationen mit gleichen (konsistenten) oder sehr verschiedenen (inkonsistenten) Verhaltensweisen reagiert.

Schneewind & Lortz (1978) konnten inzwischen interessante Zusammenhänge dieser Einstellungsdimensionen mit verschiedenen Aspekten des Familienklimas feststellen, auf die an anderer Stelle bereits eingegangen wurde(s.S.35f).

Untersucht man die politischen Einstellungen und Interessen von Erwachsenen - vor allem in der Bundesrepublik Deutschland - , so ergibt sich ein differenziertes Bild.

Popitz u.a. (1957) führten im Ruhrgebiet eine Befragung von Arbeitern eines Hüttenwerks durch und untersuchten deren gesellschaftspolitisches Bewußtsein. Sie fanden sehr häufig solche Arbeiteraussagen wie: "Der Arbeiter ist immer der arme Mann, der eben nur arbeiten muß.Den Reibach, wie man so sagt,machen die anderen."(S.16o)."Es ist schon immer so gewesen, daß die obersten den Arbeiter, den kleinen Mann, nie hochkommen lassen, und das wird auch nie anders" (S.171)."In Wirklichkeit regiert ja doch das Kapital. Die Arbeit kann dagegen nicht an" (S.2o3). "Es gibt zwei Klassen von Menschen, die einen sind oben und profitieren, sie können auf die Schulen gehen und rücken wieder in die Stellen auf, die anderen sind unten und bleiben auch unten" (S.222).
Popitz u.a. konstatieren, daß sich bei den Arbeitern, anders als in der früheren Arbeiterbewegung, kein klar strukturiertes proletarisches Klassenbewußtsein mehr zeigt, für das der unserer Gesellschaft implizite Klassengegensatz einem Höhepunkt zustrebt, um dann revolutionär überwunden zu werden. Stattdessen macht sich in den Äußerungen ein dichotomisches Gesellschaftsbild breit, ein Bild schicksalshaft vorgegebener und resignativ beurteilter Zweiteilung. Dieses Gesellschaftsbild hängt eng mit den konkreten Erfahrungen der Arbeiter am Arbeitsplatz zusammen, der gekennzeichnet ist durch Fehlen von Aufstiegsmöglichkeiten, die Situation totaler Abhängigkeit, individueller Entbehrlichkeit und Austauschbarkeit, permanenter Überwachung und hochgradig belastende Arbeitsbedingungen.
Weiterhin finden Popitz u.a. bei den Arbeitern Angst vor Arbeitslosigkeit, vor Rationalisierung und Automation. Dies wird auch von Kern & Schumann (197o) nach über lo Jahren bestätigt.

Kern & Schumann (197o) finden auch das von Popitz ua. festgestellte "Kollektivbewußtsein" bei Arbeitern wieder. Sie schreiben (197o,S.276):

" In der Realisation der kollektiven Unsicherheit... relativiert sich die Bedeutung persönlicher Erfahrungen, und das mangelnde gesellschaftliche Selbstbewußtsein gewinnt besondere Relevanz. Die Basis des Urteils ist die allen Arbeitern gemeinsame Lohnabhängigkeit, ist das kollektive Bewußtsein, daß der technische Wandel die Arbeiter ersetzbar und potentiell überflüssig mache und damit ihre Reproduktionsmöglichkeiten gefährden könnte, ohne daß das gesellschaftliche System den Risiken begegne. In diesem Zusammenhang hat das dichotome Bild von der Gesellschaft noch strukturierende Kraft auf die Erwartungen der Mehrheit der Arbeiter. Es bedeutet Mißtrauen gegenüber den Motiven der Herrschenden, Einsicht in einen gesellschaftlichen Antagonismus, der einer Interessenidentität zwischen Arbeiterschaft und gesellschaftlichem System zuwiderläuft. Die bestimmenden gesellschaftlichen Zielsetzungen werden nicht verstanden als solche, die primär auch die Interessen der Arbeiterschaft berücksichtigen: der Verlust des Arbeitsplatzes und tendenziell des materiellen Besitzstandes erscheint deswegen als realistische Sorge."

Daß das Arbeiterbewußtsein jedoch nicht ganz homogen und auch in Veränderung begriffen ist, machen verschiedene englischsprachige und deutsche Arbeiten deutlich (vgl. Deppe 1971; Tjaden-Steinhauer 1975).So notieren Kern & Schumann, daß die Arbeiter in vergleichsweise privilegierten Arbeitssituationen eher zu optimistischer Haltung, solche in stark restriktiven Arbeitsverhältnissen eher zu einer pessimistischen Haltung neigen. Sie führen die unterschiedlichen und sich verändernden Einstellungen bei Arbeitern auf deren unterschiedliche und sich wandelnden Arbeitserfahrungen mit Technik und technischer Entwicklung zurück.

Deppe (1971,S.111f) resümiert Untersuchungen zu Bedingungen und Erscheinungsformen von Lage und Bewußtsein der Industriearbeiter in entwickelten kapitalistischen Gesellschaften wie folgt:

" 1. Die gesellschaftlichen Bedingungen der Klassenlage, das Verhältnis der Lohnarbeit und der Unselbständigkeit werden durch die relative Expansion der Einkommen und der Konsummöglichkeiten nicht grundsätzlich tangiert. Die'sozialen und ökonomischen Determinanten des Bewußtseins der Arbeiterklasse' (Lockwood) werden durch die Veränderung der Arbeitsbedingungen sowie die Erweiterung der Bedürfnisse nicht aufgehoben.

2. Die überwiegende Mehrheit der Arbeiter hat keine positive Beziehung zum Inhalt ihrer produktiven Tätigkeit.... Die Arbeit selbst wird dagegen als schwere Last, als uninteressant, als'notwendiges Übel' erfahren.

3. Die Möglichkeiten wie die Erwartungen des sozialen Aufstiegs sind gering.

4. Die Möglichkeiten der Beteiligung an relevanten politischen und ökonomischen Entscheidungen sind beschränkt. Dem entspricht die deutliche Unterprivilegierung auf dem Gebiet der Bildung und Ausbildung, die ihrerseits die Verfügbarkeit von Informationen begrenzt.

5. Die in mehreren Untersuchungen hervorgehobene 'Privatisierung' der Verhaltensweisen bzw. die'instrumentelle Orientierung' des Arbeiterbewußtseins sind adäquater Ausdruck dieser objektiv geringen Identifikations- und Partizipationsmöglichkeiten im Bereich der materiellen Produktion, im Prozeß der Kapitalverwertung.

6.Gleichwohl unterliegen die Arbeiter in der außerbetrieblichen Lebens- und Konsumsphäre dem manifesten Zwang, durch Mehrarbeit oder durch Verschuldung ein Minimum des gesellschaftlich durchschnittlichen Lebensniveaus zu erhalten. Der Dispositionsspielraum, den die Lohneinkommen für die Erweiterung des Konsums und der Bedürfnisse gewähren , ist außerordentlich eng.

7. Im Bewußtsein der Arbeiter reflektieren sich diese Bedingungen der Klassenlage vor allem in der Erfahrung der gesellschaftlichen Machtlosigkeit, in der Unsicherheit der Erwartungen gegenüber den Auswirkungen des technischen Fortschritts und gegenüber der wirtschaftlichen Stabilität. Diese Elemente verbinden sich zu einem Lagebewußtsein, das die dichotomische Struktur der Gesellschaft erkennt und sich hauptsächlich in Lohnkonflikten praktisch artikuliert.

8. Die Veränderungen der Arbeitsbedingungen im Zuge des wissenschaftlich-technischen Fortschritts wirken auf die objektiven und subjektiven Bedingungen der Klassenlage. Mit der Einführung automatischer Produktionsverfahren wird dem traditionellen, kollektiven 'Leistungsbewußtsein' weitgehend der Boden entzogen, während neue Formen eines arbeitsbezogenen 'Selbstbewußtseins' bei den Gruppen hochqualifizierter Arbeiter entstehen, die vorwiegend kontrollierende, regulierende und planende Funktionen im Produktionsprozeß wahrnehmen. Der Differenzierungsprozeß der Arbeiterklasse führt unter kapitalistischen Bedingungen zu einer Polarisierung von privilegierten und unterprivilegierten Tätigkeiten, was die Herausbildung eines kollektiven und solidarischen Interessenbewußtseins, damit auch Formen des solidarischen Handelns behindert. Dem homogenen Lagebewußtsein treten also Tendenzen der'Diversifikation' eines einheitlichen Arbeiterbewußtseins gegenüber".

Die Zusammenfassung von Deppe zeigt nochmals sehr deutlich die enge Verzahnung von gesellschaftlichen Strukturen, hier polit-ökonomischen Gegebenheiten, und Persönlichkeit, hier von Bedürfnissen und Einstellungsstrukturen, sowie von Verhaltensweisen.

Vergleicht man das Gesellschaftsbild des Arbeiters mit dem des Angestellten, so ergeben sich deutliche Differenzen. Während der erstere sich im Betrieb und in der Gesellschaft "unten" erlebt, erfährt der Angestellte ein "oben" über ihm und ein "unten" unter sich. Er stellt sich demgemäß die Gesellschaft hierarchisch aufgebaut vor und verortet sich selbst in der "Mitte". Sein Lebens- und Berufsziel bemißt er wesentlich in den Kategorien des individuellen Aufstiegs. Die Angestellten selbst stellen allerdings auch keine homogene Gruppe dar, denkt man etwa an die Unterteilung von leitenden und nicht leitenden Angestellten. Auf Unterschiede dieser Gruppen kann hier nicht eingegangen werden (vgl. Braun 1967; Kievenheim & Leisewitz 1973). Es sei nur kurz auf eine Arbeit von Hortleder (197o) zum Gesellschaftsbild einer den Angestellten zuzurechnenden Gruppe , den Ingenieuren , hingewiesen. Hortleder kommt zu dem Schluß, daß ein primär "technizistisches Gesellschaftsbild" bei den Ingenieuren vorliegt und sich diese mit der gegebenen Wirtschaftsordnung unreflektiert identifizieren und von sich selbst das Bild eines schöpferischen, der Allgemeinheit dienenden Fachmannes haben.

Untersuchungen zum politischen Interesse der Deutschen wurden u.a. vom Allensbacher-Institut durchgeführt.In einer Studie(Allensbach 1977) antworteten auf die Frage " Interessieren Sie sich für Politik" 49% der Gesamtbevölkerung mit "Ja", 42% mit "Nicht besonders" und 9% mit "Gar nicht". Bei näherer Betrachtung zeigen sich deutliche geschlechtsspezifische Unterschiede: 66% der Männer antworten mit "Ja" gegenüber 33% der Frauen. Mehr als die Hälfte der befragten Frauen teilte mit, sich nicht besonders für Politik zu interessieren; bei den Männern waren es nur 31%.
Schlüsselt man die Ergebnisse noch nach Alter auf, so steigt das politische Interesse mit zunehmendem Alter und fällt dann wieder leicht ab.Während 42% der 16-29jährigen mit "Ja" antworten, waren es bei den 3o-44jährigen 53%, bei den 45-59jährigen noch 51% und bei den 6ojährigen und älteren nur noch 49%.

Was das demokratische Bewußtsein anbetrifft, so deuten empirische Untersuchungen darauf hin, daß sich die Bevölkerung tendenziell von obrigkeitsstaatlichen Traditionen löst und sich demokratischen Verhaltensweisen zuwendet. Greiffenhagen & Greiffenhagen (1979,S.77f) resumieren:

- Die Bevölkerung zeigt insgesamt demokratischere Einstellungen als vor 20 Jahren
- Die jungen Generationen weisen fast durchweg demokratische Einstellungen auf .
- Die besser Ausgebildeten haben vergleichsweise demokratischere Einstellungen. Da das Ausbildungsniveau der ganzen Bevölkerung steigt, darf man für die Zukunft auch aus diesen Gründen ein zuverlässigeres Demokratiepotential vermuten".

Im Vergleich zu den anderen Völkern in der Europäischen Gemeinschaft sind die Bürger der Bundesrepublik mit ihrer Demokratie zufrieden. Für die meisten Bundesdeutschen ist die Demokratie als Staatsform effektiv (vgl. M.&S. Greiffenhagen 1979,S.1o2). Allerdings sind die Bundesbürger 1978 noch immer stolzer auf ihre Wirtschaft als auf ihr politisches System (4o% gegenüber 31%).Berücksichtigt man das Alter, so läßt mit zunehmendem Alter der Stolz auf das politische System nach während der Stolz auf die deutsche Wirtschaft sich vergrößert. (Wildenmann 1978).

Auf eine Frage, die das Vertrauen in das politische System und in den Staat berührt, nämlich " Haben Sie persönliches Vertrauen in die Gerechtigkeit der Behörden?" antworteten 1971 39% mit "Vertrauen" und 42% mit "Kein Vertrauen" (Koch 1972,S.42f). Bei genauerer Analyse zeigen die Personen der Mittelschicht im Vergleich zu denen aus Unter- und Oberschicht ein größeres Vertrauen, sind also systemkonformer.

Der Freiheitsspielraum wird in der Bundesrepublik als insgesamt groß angesehen. Auf die Frage " Haben Sie den Eindruck, daß bei uns in der Bundesrepublik der Freiheitsspielraum des einzelnen Bürgers eingeengt wird?" reagieren 28% mit " Habe diesen Eindruck " und 7o% " Ist nicht richtig ".Bei der ersten Gruppe wird vor allem der Radikalenerlaß angeführt. Er wird von 54% der 22-25 jährigen, von 46% der 26-29jährigen und 31% der 4o-49jährigen als problematisch beurteilt(Infratest 1978, nach Spiegel Nr. 42,1978,S.38).

Hinsichtlich Einstellungen zu Reformen, äußerten sich 197o zu dem Satz "Man muß unsere Gesellschaft Schritt für Schritt reformieren" 7o% positiv (EG-Kommission, nach M.&S. Greiffenhagen 1979,S.166). Eine andere über mehrere Jahre hin untersuchte Frage zur Reformbereitschaft der Deutschen lautete: " Es gibt Leute, die sagen, das politische und gesellschaftliche System in der Bundesrepublik ist so rückständig, daß es mit kleinen Änderungen nicht mehr getan ist, sondern grundlegende Reformen nötig sind.Stimmen Sie dieser Meinung zu oder nicht?" (Infas 1977, nach Greiffenhagen & Greiffenhagen 1979,S.385)(Vgl. Tabelle 2)

Tab. 2 : Frage zu grundlegenden Reformen (Infas 1977)

	Stimme zu %	Stimme nicht zu %	Weiß nicht, Keine Angabe %
November 1968	42	34	24
November 1971	32	44	24
Juni 1972	31	47	22
Juni 1974	23	54	23
November 1975	27	63	1o

Beim Vergleich der Angaben von 1968 bis 1975 ergibt sich aus der Tabelle ein deutliches Nachlassen gesellschaftskritischer, auf Veränderung bedachter Einstellungen, was auf dem Hintergrund der gesellschaftspolitischen Entwicklung der Bundesrepublik als Reformmüdigkeit oder Resignation deutbar ist.

Marsh & Kaase (1979) berichten Ergebnisse einer international vergleichenden Untersuchung zum "Repressionspotential", d.h. Einstellungen zu Maßnahmen zur Unterbindung unerwünschten politischen Verhaltens. Ein Beispiel:"Wenn die Teilnehmer einer Demonstration während der Hauptverkehrszeit den Verkehr lahmlegen, muß die Straße notfalls mit Prügeln und Schlägen geräumt werden".Westdeutsche und Österreicher präferieren rechtliche und gesetzliche Repressionsmittel. Man ist sehr für Verbieten und meint durch rechtzeitige Verbote,politische Spannungen erst gar nicht zum Konflikt kommen zu lassen.Nimmt man das Alter als differenzierenden Faktor, so sind die über 5ojährigen Westdeutschen am stärksten für Repression. Die ältere Generation zeigt damit eine autoritärere Haltung als die Jüngeren. Westdeutsche unter 3o Jahren zeigen neben jungen Holländern und Amerikanern wenig Neigung zu repressiven Maßnahmen - im Gegensatz zu jungen Briten und Österreichern.

Ein anderer Aspekt des Persönlichkeitsbereichs Einstellungen, nämlich Engagementbereitschaft, Verhaltensbereitschaft im Zusammenhang politischen Lebens wurden u.a. von Marsh & Kaase (1979) untersucht. Sie finden bei jüngeren Deutschen ein höheres politisches Protestpotential als bei älteren. Bereitschaft zu unkonventionellen politischen Verhaltensweisen ist bei Männern stärker ausgeprägt als bei Frauen. Ein hohes Protestpotential weisen 33% der Männer und 22% der Frauen in der Altersgruppe der 16-29jährigen auf gegenüber 7% der Männer und 3% der Frauen in der Gruppe der 5ojährigen und älteren. Wie andere Untersuchungen zeigen, existiert in der Bevölkerung jedoch eher das Gefühl geringer Einflußmöglichkeiten. Auf die Frage "Haben Sie das Gefühl, daß man als Bürger einen Einfluß auf die Entscheidungen der Bundesregierung hat, oder ist man machtlos?" sprechen sich 47% für Machtlosigkeit aus (Allensbach 1977,S89). Andererseits ist die Bereitschaft zur Teilnahme an Bürgerinitiativen nach Befragungen von Emnid (1976b) als recht hoch anzusehen. Auf die Frage "Wenn sich in einer Angelegenheit, die auch Sie selbst betrifft, eine Bürgerinitiative bilden würde, wären Sie auch bereit, dabei aktiv mitzumachen?" antworteten 51% " Ja, wäre bereit" und 47% " Nein, wäre nicht bereit". Jüngere hatten eine positivere Einstellung als ältere; so waren 62% der 2o-29jährigen im Vergleich zu 43% der 5o-64jährigen zu Aktivitäten bereit. Wie andere Arbeiten gezeigt haben, ist die Bereitschaft zu politischem Engagement und das Gefühl, persönlich auf das politische Feld Einfluß nehmen zu können, am stärksten bei Personen mit höherer Bildung, d.h. bei Personen ab Mittelschicht aufwärts (vgl. Barnes & Kaase 1979; Schneider 1979).

Versucht man eine Zusammenfassung empirisch untersuchter elterlicher Wertorientierungen und Einstellungen, so lassen sich tendenziell, getrennt nach vereinfacht dichotomisierter Unterschicht und Mittelschicht, folgende Feststellungen treffen:

Unterschicht:	Mittelschicht:
- passivistisch-resignativ	- aktivistisch-engagementbereit
- gegenwartsorientiert	- zukunftsorientiert
- konsumorientiert-materialistisch	- eher ideenorientiert
- eher unmittelbare Bedürfnisbefriedigung	- Bedürfnisaufschub
- autoritär-konservatives Einstellungssyndrom	- eher liberales Überzeugungssystem
- familistisch	- individualistisch

Unterschicht:	Mittelschicht:
- Betonung traditioneller Erziehungswerte wie Gehorsam,Respekt, Sauberkeit	- Betonung von Selbständigkeit,Selbstverantwortlichkeit, Leistung
- große informative und affektive Distanz zum Bildungsbereich	- große Nähe zum Bildungsbereich
- geringes Aspirationsniveau für Schul- und Berufsziele	- hohes Aspirationsniveau
- eher dichotomisches Gesellschaftsbild	- differenzierteres Gesellschaftsbild
- Mißtrauen gegenüber Herrschenden	- größeres Systemvertrauen, jedoch nicht nicht unkritische Haltung
- Gefühl der Machtlosigkeit	- Gefühl von Einflußnahmemöglichkeit und Einflußkompetenz

Die unterschiedlichen Bewußtseins- und Verhaltensorientierungen und Verhaltensweisen von Angehörigen der Unterschicht, Mittelschicht oder Oberschicht dürfen nicht als subjektiv beliebige Formen und Inhalte betrachtet werden. Sie sind vielmehr funktionale und lebensnotwendige Anpassungsleistungen der jeweiligen Personen an ihre Arbeits- und Lebensbereiche. Sie sind Produkte der Auseinandersetzung des Individuums mit seinen Umweltgegebenheiten und ein gebrochenes - nicht mechanistisches - Spiegelbild seines Lebensraums. Sie sind deshalb nicht beliebig austauschbar und veränderbar oder mit moralisches Kategorien zu kritisieren.

Auf den Persönlichkeitsbereich "Motive" (Wertorientierungen, Einstellungen) wurde relativ ausführlich eingegangen, da hierzu die meisten empirischen Arbeiten vorliegen. Im Gegensatz dazu gibt es nur relativ wenige empirische Untersuchungen zu den Persönlichkeitsbereichen Selbstbildaspekte, Gefühle, Verhaltensstile, Leistungen und biologisch-physiologische Merkmale bei Eltern (vgl. Kap.I,1.(2)). Auf einige Aspekte soll im weiteren noch kurz eingegangen werden.

(b) Selbstbildaspekte. Wie die bereits dargestellt Arbeit von Schneewind & Lortz (1978) gezeigt hat, ist ein positives Selbstbild u.a. ein wesentlicher Faktor für ein konfliktfreies, lebendiges und gefühlsoffenes Familienklima. Negative Selbsteinschätzungen und Unzufriedenheit mit sich selbst, nicht selten verbunden mit Selbstunsicherheit, tragen dagegen mit bei zu angespannten, konfliktbeladenen familiären Spannungen. Arbeiten aus der Politischen Psychologie (vgl. Milbrath 1965; Schneider 1979) weisen auf enge Beziehungen zwischen Selbstvertrauen und dem Gefühl der Kompetenz im politischen Bereich sowie politische Aktivitäten hin, wobei das Selbstvertrauen in sozioökonomisch besser gestellten Gruppen und Schichten ausgeprägter ist als in niedrigeren Schichten.

(c) Gefühle.Grundstimmunungen wie z.B. Depressivität, Traurigkeit oder massive Ängste von Eltern hinterlassen meist ungünstige Spuren in den elterlichen Beziehungen und in den Beziehungen zu Kindern.Klinische Berichte über gestörte Familienbeziehungen weisen nur zu deutlich auf die destruktiven Kräfte und Auswirkungen beispielsweise von Depressionen oder Stimmungslabilitäten hin (z.B. Schmidbauer 198o; Hautzinger & Hoffmann 1979). Stimmungslabilitäten führen meist zu Inkonsistenzen im Erziehungsverhalten gegenüber den Kindern. Kinder wissen dann nicht mehr, wie sie sich zu verhalten haben und werden selbst sehr launisch, unzufrieden oder aggressiv, was sich wiederum auf die Gefühle, Einstellungen und Verhaltensweisen der Eltern auswirkt. Depressive Reaktionen oder Stimmungslabilitäten können dabei selbst durch außerfamiliäre Gegebenheiten wie z.B. Arbeitsplatzsituation oder Arbeitslosigkeit (vgl. Gleiss u.a.1973; Hautzinger & Hoffmann 1979) verursacht werden. Empirische Arbeiten weisen auf deutliche Zusammenhänge zwischen ungünstiger Arbeitsplatzsituation (Unsicherheit, den Arbeitsplatz zu behalten; schlechtes Auskommen mit Vorarbeiter, Chef, Kollegen; keine Aufstiegsmöglichkeiten; zu geringer Verdienst und große, unüberschaubare Betriebe) und psychischer Erkrankung oder Neurosen hin (vgl.Gleiss u.a. 1973,S.54ff).

(d) Verhaltensstile. Solche Faktoren wie etwa Extraversion, emotionale Stabilität, Offenheit oder Flexibilität von Eltern wirken sich eher positiv auf die Gestaltung des Familienklimas aus und führen eher zu Ausgeglichenheit, Anregung und Abwechslung in den familiären Beziehungen. Demgegenüber werden z.B. emotionale Labilität, Übersensibilität, Ich-Schwäche oder Rigidität eines Elternteils oder beider eher zu Konflikten und Schwierigkeiten in der Familie beitragen (vgl. Schneewind & Lortz 1978). Verhaltensstile wie Dominanz, Extraversion und Kontaktfreudigkeit, Reflektivität und psychische Stabilität haben sich auch in Bezug auf Engagementbereitschaft für soziale und politische Fragen, d.h. also auch für politisches Verhalten als sehr förderlich erwiesen (vgl. Schneider 1979).

(e) Leistungen. Der Persönlichkeitsbereich der Leistungen mit den Aspekten motorischer und physischer Fähigkeiten oder kognitiver und intellektueller Fähigkeiten und Fertigkeiten ist für das Verhalten von Eltern ebenso bedeutsam. So ist leicht vorstellbar, daß Eltern mit geringer Intelligenz auf komplizierte Anforderungen in der Erziehung wahrscheinlich weniger günstig eingehen können als Eltern mit durchschnittlichen oder hohen intellektuellen Fertigkeiten. Sprachliche Fertigkeiten sind in der Mittelschicht und Oberschicht besser entwickelt als in der Unterschicht. Bernstein (1960) spricht von einem "elaborierten Code" der Mittelschicht und einem "restringierten Code" der Unterschicht. Der erste Sprachstil ist gekennzeichnet durch ständige Neuorganisation der Worte, zahlreiche Alternativen der verbalen Planung und des sprachlichen Ausdrucks sowie individuelle, schwer vorhersagbare Gestaltung. Demgegenüber läßt der restriktive Sprachgebrauch der Unterschicht nur geringe Abstraktionen und Differenzierungen zu. Er ist stark vororganisiert, vorstrukturiert und besteht aus konventionell vorgegebenen, individuell kaum variierten Sprachmustern. Eigene Absichten oder Gefühle z.B. können durch die Sprache allein nicht mitgeteilt werden, sondern bedürfen der Unterstützung von Mimik und Gestik (vgl. auch Oevermann 1972). Der Sprachstil der Mittelschicht ist vielfach für die Bewältigung und Darstellung komplizierter Sachverhalte optimaler. So können Mittelschicht-Mütter zu bewältigende Aufgaben durch Sprache angemessener strukturieren und haben gezieltere sprachliche Verstärkungstechniken, wodurch für Kinder eine größere Sicherheit zur Problemorientierung gegeben wird.

(f) Biologisch-physiologische Merkmale. Die oben erwähnten Stimmungslabilitäten können durch Störungen physiologischer Abläufe im Organismus bedingt sein. Das gleiche gilt auch beispielsweise für Depressionen, die sich im emotionalen Bereich als Niedergeschlagenheit und Verstimmtheit äußern, im kognitiven Bereich als geringe Selbstbewertung, Selbstbeschuldigung und negative Erwartungen, im motivationalen Bereich als Vermeidungs- und Fluchtverhalten sowie Selbstmordwünsche, im vegetativen Bereich als Appetitverlust, Schlafstörungen, leichte Ermüdbarkeit und verschiedenste körperliche Beschwerden, im motorischen Bereich als Retardierung und Apathie oder Agitiertheit (vgl. Beck 1967). Die funktionellen Störungen im Organismus müssen dabei nicht unbedingt konstitutionell vorgegeben sein, sie können durchaus das Ergebnis starker Belastungen durch familiäre Probleme oder ungünstige Arbeitsverhältnisse sein. Biologisch-physiologische und hormonelle Besonderheiten tragen auch zu unterschiedlichen Verhaltensweisen von Männern und Frauen bei. Beispielsweise sind Frauen während ihrer Periode empfindsamer und nicht ganz so belastbar wie an anderen Tagen und können während dieser Zeit bei schwierigen Erziehungssituationen eventuell nicht ganz so optimal reagieren wie es möglicherweise Väter könnten. Man kann auch festhalten, daß die konstitutionellen Gegebenheiten von Eltern u.a. mitverantwortlich sind für ihre Belastbarkeit, Robustheit und Sensibilität und Einfluß haben auf die - nur aus analytischen Gründen getrennt dargestellten - übrigen Persönlichkeitsbereiche.

Abschließend sei nochmals festgestellt, daß die Gesamtheit der interaktiv verbundenen Persönlichkeitsbereiche und -aspekte für das konkrete Verhalten der Eltern konstitutiv ist, d.h. Wertorientierungen, Einstellungen, Interessen, Bedürfnisse sowie Selbstbildaspekte, Gefühle, Verhaltensstile, Leistungen und biologisch-physiologische Besonderheiten tragen neben den vorher dargestellten Umweltvariablen zum Verhalten von Eltern untereinander und zu ihren Kindern bei.

II. MÖGLICHKEITEN DER VERHALTENSBEEINFLUSSUNG BEI LEHRERN UND ELTERN

In den vorhergehenden Kapiteln wurden allgemeine Grundlagen des Verhaltens und spezifische Bedingungen des Verhaltens von Lehrern und Eltern ausgeführt. Dabei wurde sehr deutlich, daß Verhalten allgemein und Erzieherverhalten im besonderen sowohl durch externe als auch durch interne Faktoren determiniert werden. Soll Verhalten nun beeinflußt und geändert werden, so ist es erforderlich, die früher beschriebenen Faktoren der beiden Bereiche zu berücksichtigen. Interventionen und Veränderungen in lediglich einem Bereich sind unzulänglich, sie greifen zu kurz und werden der Komplexität der Realität nicht gerecht. Im Gegensatz zu vorliegenden Ansätzen der Verhaltensänderung und Verhaltensmodifikation (13) wird Verhaltensbeeinflussung nicht ausschließlich psychologisch betrachtet. Die rein psychologische Sichtweise muß als reduktiv, verkürzt und im Grunde genommen als naiv bezeichnet werden. Auf dem Hintergrund der bisherigen Ausführungen erscheint eine Erweiterung der psychologischen Modifikations- und Interventionsansätze, die sich primär und ausschließlich auf "interne" Faktoren der Verhaltenssteuerung beziehen, dringend erforderlich. Veränderungen im Bereich der "internen Faktoren" müssen ergänzt werden durch Veränderungen der "externen Faktoren". Vielfach wäre es erforderlich, zuerst die externen, strukturellen Bedingungen des Verhaltens, gerade bei strukturell verursachten Störungen, zu modifizieren. Und welche psychologischen Störungen haben nicht auch strukturell-externe Ursachen? Nicht selten erübrigten sich dann Interventionen auf primär psychologischer Ebene, die oft nur Feuerwehrcharakter haben und letztlich erfolglos bleiben, weil die strukturellen Störungsquellen nicht beseitigt wurden. Beispielsweise werden bei einem völlig überlasteten, hypernervösen Facharbeiter oder Angestellten in der Industrie Entspannungsübungen oder sonstige psychologische Bemühungen von wenig Erfolg gekrönt sein, wenn die strukturell bedingten Überforderungen am Arbeitsplatz (z.B. zu wenig Mitarbeiter, zuviel Arbeit, übermäßige Lärmbelästigung) nicht abgestellt werden.

Veränderungen der externen Faktoren sollen im weiteren als politische Veränderungen etikettiert werden, worunter strukturelle Eingriffe in soziale, gesellschaftliche und ökonomische Systeme zu verstehen sind.

Unter Berücksichtigung der in Kapitel I dargestellten Sachverhalte wird Verhaltensbeeinflussung hier definiert als das Insgesamt an gezielten Interventionen auf psychologischer und politischer Ebene mit der Intention der Veränderung des Verhaltens und Erlebens von Individuen und Gruppen in Richtung auf mehr Selbstverwirklichung, mehr Freiheit, Gerechtigkeit und Solidarität. Damit wird von einer bloß "technologisch", sich angeblich "neutral" verstehenden Verhaltensmodifikation abgesehen und eine normative Haltung hinsichtlich wissenschaftlich fundierter Änderungsaktivitäten eingenommen. Auf die Diskussion von Normativität, Werteproblematik und Begründung von Werten in der Wissenschaft kann hier nicht eingegangen werden (vgl. Adorno u.a. 1972; Albert & Keuth 1973; Albert & Topitsch 1971; Beck 1974; Habermas 1969; Heimann 1978; Holzkamp 1972; Lührs u.a. 1975; Prim & Tilmann 1977; Spinner 1978; Meyer 1978; Weisser 1971).

Der Definition entsprechend sollen im folgenden Veränderungsmöglichkeiten im psychologischen und im politischen Bereich dargestellt werden. Dabei wird im psychologischen Sektor zunächst auf allgemeine theoretische Grundlagen und Möglichkeiten der Verhaltensbeeinflussung eingegangen, um dann vorliegende Ansätze der Verhaltensänderung bei Lehrern und Eltern vorzustellen und diese kritisch zu betrachten. Die psychologischen Ansätze werden dann erweitert durch politische Interventionsmöglichkeiten in verschiedenen Teilsystemen, die das Verhalten von Lehrern und Eltern tangieren.

A) PSYCHOLOGISCHE MÖGLICHKEITEN DER VERHALTENSBEEINFLUSSUNG

1. ALLGEMEINE THEORETISCHE ANSÄTZE UND ASPEKTE PSYCHOLOGISCHER MODIFIKATION

Innerhalb der psychologischen Literatur werden verschiedene Grundlagen der Verhaltensbeeinflussung angesprochen. So unterscheidet Rohr (1972) lerntheoretische, kognitionstheoretische, rollentheoretische und gruppentheoretische Ansätze. Heller und Nickel (1976) sehen für die Verhaltensmodifikation und Verhaltenssteuerung die Ergebnisse, Techniken und Theorien verschiedener Disziplinen als relevant an. Hierzu zählen sie " Lernpsychologie (reaktives und operantes Konditionieren, Modellernen, Imitationslernen, Regellernen), Verhaltenstherapie, Verhaltensanalyse, Verstärkungssysteme, Kontingenzverträge, Selbstkontrolle, Sozialpsychologie (Einstellungsänderung, Differenzierung der sozialen Wahrnehmung, Gruppendynamik) und Kommunikationstheorie." (Heller & Nickel 1976,S.264).

Wie breit gefächert die Ansätze und Strategien innerhalb der psychologischen Verhaltensänderung sind, wird besonders auch bei Kanfer & Goldstein (1977) ersichtlich. Sie unterscheiden 13 Bereiche:

- Methoden zur Verbesserung von Beziehungen
- Methoden der Einstellungsänderung
- Kognitive Methoden der Verhaltensänderung
- Methoden des Modellernens
- Simulations- und Rollenspiele
- Operante Methoden
- Methoden der Angstreduktion
- Aversive Methoden
- Selbstmanagement-Methoden
- Methoden der Selbstinstruktion
- Therapieerwartung, Hypnose und Suggestive Methoden
- Gruppenmethoden
- Automatisierungsverfahren.

Die Vielfalt an Interventionsmethoden kommt auch bei Schraml (197o) zum Ausdruck, wo zwischen psychologischer Beratung und psychagogisch bzw. allgemeinpsychotherapeutischen Verfahren, Verhaltenstherapie, Client-centered-Gesprächspsychotherapie, psychoanalytische und neoanalytische Techniken und Richtungen, Gruppenpsychotherapie, Sozialarbeit und Milieutherapie, Hypnose und Entspannungsverfahren unterschieden wird.

Ziel dieses Buches kann es nicht sein, auf alle diese Ansätze einzugehen und sie auch auf die Brauchbarkeit für die Veränderung von Erziehungsverhalten zu untersuchen. Im folgenden sollen nur lerntheoretische, kognitionstheoretische, überzeugungs- und kommunikationstheoretische sowie gruppenzentrierte Ansätze und Aspekte dargestellt werden. Es sei betont, daß hierbei nur Schwerpunkte gesetzt werden können und nicht der Anspruch auf Vollständigkeit aller Modifikationsmöglichkeiten eingelöst werden kann. Unberücksichtigt bleiben vor allem psychoanalytische und spezielle therapeutische Ansätze, die aus Platzgründen ausgespart werden, auch wenn sie im Einzelfall wesentliche Anregungen bieten könnten (vgl. Eicke 1976,1977; Houben 1975; Pongratz 1978; Toman 1978; Wyss 1970)

Der Darstellung des Folgenden liegt die Annahme zugrunde, daß es keine genaue Trennungslinie zwischen normalem und abweichendem Verhalten gibt. Es wird davon ausgegangen, daß eine diesbezügliche Setzung letztlich auf Wertungen basiert, die nie allgemeinverbindlich sein können. Was von einer Person bereits als abweichend oder "gestört" angesehen wird, kann für eine andere durchaus ganz normal sein. Deshalb werden im weiteren dann auch keine Unterschiede gemacht zwischen sogenannten "therapeutischen" und "allgemeinen" Verfahren und Techniken zur Veränderung von Verhalten. Bei der Beschreibung von Beeinflussungsmöglichkeiten wird eine Unterscheidung von Verhalten und Erziehungsverhalten nicht vorgenommen, da Erziehungsverhalten selbst sehr breit definiert wird (vgl. Einleitung). Sie erscheint nicht als sehr sinnvoll, wenn man bedenkt, wie etwa Persönlichkeits- und Verhaltensschwierigkeiten von Erziehern sich unmittelbar auf das konkrete Erziehungs- und Sozialisationsverhalten auswirken oder wie etwa Partnerprobleme ebenfalls direkt in das Erziehungsgeschehen miteinfließen und ein Teil dessen sein können.

1.1 Lerntheoretische Ansätze

Lerntheoretische Modellvorstellungen gehen davon aus, daß konkretes Verhalten gelernt wird. Dies gilt für "normales" wie für "abweichendes" oder "störendes" Verhalten. Als wesentliche Lernarten gelten das operante Konditionieren, das klassische Konditionieren, das Modellernen und in neuerer Zeit auch Teilaspekte kognitiven Lernens sowie die Selbstkontrolle. Es kann hier nur auf einige besonders wichtige Arten eingegangen werden. Weiteres findet sich bei Kanfer & Phillips (1975), Kanfer & Goldstein (1977), Kuhlen (1973), Pongratz (1978) Hartig (1975), Mahoney (1977), Vogl (1974), DGVT (1980).

Die frühen lerntheoretischen Ansätze basierten auf einer sehr reduktiven Verhaltensformel, die sich nur auf "Stimulus" und "Response" (S-R) bezog. Kanfer & Phillips (1975) erweiterten die "S-R"-Formel um drei Elemente zur "S-O-R-K-C"-Formel. Die einzelnen Bestimmungsstücke bedeuten folgendes:

S (Stimulus)	:	- das Ereignis bzw. die Situation, die dem Verhalten vorausgeht (unkonditionierte, konditionierte und diskriminative Reize)
O (Organismus)	:	- der biologische und physische Zustand eines Individuums (körperliche und geistige Verfassung, Krankheiten u.a.)
R (Reaktion)	:	- das sichtbare Verhalten
K (Kontingenzverhältnis)	:	- die Art des Zusammenhangs von "S" und "R" (z.B. Häufigkeit, zeitliche Reihenfolge, Regelmäßigkeit, Intensität der Konsequenzen "C", die auf "R" folgen)
C (Konsequenzen, englisch = consequences)	:	- alle Ereignisse, die auf ein Verhalten "R" folgen und dieses beeinflussen und positiv wie negativ sein können.

Mit dieser Formel wird Verhalten in den lerntheoretischen Ansätzen vielfach analysiert und aufgrund der damit gesammelten Daten werden Modifikationspläne entwickelt. Zur Datensammlung werden dabei verschiedene Methoden wie Beobachtung oder Exploration (vgl. Braun 1978; Tismer u.a. 1976) herangezogen.

1.1.1 Verhaltenstherapeutische Aspekte

Sehr häufig stehen bei den verhaltenstherapeutischen Modifikationsversuchen die Lernprinzipien des operanten Konditionierens wie Verstärkung, Bestrafung, Löschung, Diskrimination und Generalisation im Vordergrund.

Bei der Verstärkung wird häufig zwischen positiver und negativer Verstärkung unterschieden. Von "positiver Verstärkung" wird gesprochen, wenn die Wahrscheinlichkeit des Auftretens eines bestimmten Verhaltens (R) durch eine angenehme Konsequenz (C) erhöht wird. Beispielsweise liegt eine positive Verstärkung vor, wenn der Sohn den Wagen des Vaters öfter wäscht (R), weil er dafür Geld (C) erhält.
Angenehme Konsequenzen werden auch als Verstärker bezeichnet, wobei drei Arten unterschieden werden: (1) als "materielle Verstärker" können z.B. Geld, Süßigkeiten, Blumen, Spielsachen oder "Tokens " gelten. Unter "Tokens " werden Chips, Punkte oder Spielmarken verstanden, die man für positive Aktivitäten bekommen und dann für andere erwünschte Dinge nach Vereinbarung eintauschen kann. (2) "Soziale Verstärker" können Lob, Zuwendung, Anerkennung oder die Anwesenheit einer geliebten Person sein. (3) "Handlungsverstärker" sind möglicherweise Spielen, Fernsehen, Freizeit, Lesen, Spazieren u.a...
"Negative Verstärker" sind solche Reize bzw. Verhaltenskonsequenzen, die eine Zunahme des Verhaltens bewirken, wenn sie entfernt werden. Ein Reiz, der verstärkend wirkt, wenn er entfernt wird - also ein negativer Verstärker -, muß unangenehme und aversive Qualitäten besitzen. Negative Verstärker reichen von übelriechenden Substanzen, "grimmigen Blicken" und verbalen Angriffen bis zu physischem Schmerz und Schock.

Ähnlich wie bei der Verstärkung wird auch bei der Bestrafung eine Zweiteilung vorgenommen. So wird von Bestrafung nach dem Typ I gesprochen, wenn auf ein spezifisches Verhalten hin eine bestehende angenehme Situation beendet und damit die Wahrscheinlichkeit erneuten Auftretens dieses Verhaltens verringert wird. Bestrafung vom Typ II ist das Einsetzen eines aversiven (unangenehmen) Reizes auf ein bestimmtes Verhalten, wodurch das Auftreten dieses Verhaltens ebenfalls weniger wahrscheinlich werden soll.

Als Löschung (Extinction) gilt, wenn auf ein operantes Verhalten (R) keine Konsequenz (C) folgt und ein eingeleiteter Lerneffekt rückläufig wird.

Der Diskrimination liegt das Faktum zugrunde, daß ein operantes Verhalten (R) durch bestimmte Hinweisreize gesteuert wird. Zum Beispiel lernt ein Lehrer, daß er lediglich bei der Person B offen reden darf, nicht jedoch bei der Person C. Die Person B wäre hier ein positiver Hinweisreiz "s_D+" für offenes Verhalten, die Person C dagegen ein negativer Hinweisreiz "s_D-".

Eine Generalisation (oder Transfer) liegt dann vor, wenn z.B. ein in einer spezifischen Situation gelerntes Verhalten auf andere Situationen übertragen wird.

Im Rahmen der lerntheoretischen Verhaltensmodifikation kommen sehr unterschiedliche Techniken zur Anwendung, wobei zwischen solchen zum (a) Aufbau und Aufrechterhaltung von Verhalten und (b) Abbau oder Beseitigung von Verhalten unterschieden wird.

(a) Für den Aufbau und die Aufrechterhaltung von Verhalten werden materielle, soziale und Handlungs-Verstärker, Kontingenzpläne, shaping (Verhaltensformung), prompting (Hilfestellungen), chaining (Verhaltensverkettung) und als differenzierte Systeme Kontingenzverträge und Tokenssysteme verwendet. Einige Techniken seien im folgenden kurz angesprochen. Eine ausführliche Darstellung findet sich bei Belschner u.a. (1975); Kanfer & Goldstein (1977); McMillan (1975); Pongratz (1978); Kanfer & Phillips (1975); Kuhlen (1973).

Unter shaping ist zu verstehen, daß ein angestrebtes Verhaltensziel nicht unmittelbar, sondern in sukzessiver Weise angesteuert wird. Es werden alle Teilelemente verstärkt, die zum eigentlichen Lernziel hinführen.

Chaining beinhaltet, daß bestimmte Verhaltenselemente gezielt in einer gewünschten Richtung verbunden werden. Hintergrund dieses Vorgehens ist, daß viele unangepaßte Verhaltensweisen auf einer ungünstigen Verkettung von Verhaltenselementen beruhen und eine Veränderung von Verhalten erst möglich wird durch Durchbrechen von Verhaltensketten und Neuarrangierung von Kettengliedern (vgl. Goldiamond 1965).

Ein differenziertes System der Verhaltensmodifikation stellen Kontingenzverträge oder Kontrakte dar, die beispielsweise zwischen Eltern und Kindern, Ratsuchenden und Therapeuten oder einer sich verändern wollenden Person mit sich selbst abgeschlossen werden können. Homme u.a. (1974) nennen 10 Regeln für Verträge mit Kindern. Kanfer (1977,S.365) beschreibt 7 Regeln bei der Formulierung von Verträgen, die hier wiedergegeben werden:

- Eine klare und detaillierte Beschreibung des erwünschten Verhaltens.
- Kriterien für den Zeitpunkt oder die Häufigkeit von Verhalten, nach welchen der Vertrag erfüllt ist.
- Der Vertrag muß die positiven Verstärker spezifizieren, die für die Erfüllung der Kriterien gegeben werden.
- Es sollen auch aversive Konsequenzen vereinbart werden, wenn der Vertrag in der vereinbarten Zeit oder mit der geforderten Auftretenshäufigkeit des spezifizierten Verhaltens nicht eingehalten wird.
- Es soll ein zusätzlicher Bonus festgelegt werden für Überbieten von im Vertrag festgelegten Anforderungen.
- Der Vertrag schreibt die Methoden fest, mit denen das vereinbarte Verhalten beobachtet, gemessen und registriert wird.
- Die Zeitspanne für die Vergabe von Verstärkern auf vereinbartes Verhalten soll kurz sein.

Eine besondere Form der Kontingenzverträge stellen die "Verhaltensverträge" dar, die in jüngster Zeit auch im schulischen Bereich Anwendung erfahren (vgl. Lischke &Lischke 1978).

Bei Tokensystemen wird anstelle der sofortigen Primärverstärkung durch z.B. Lob oder Süßigkeiten auf Ersatzbelohnungen wie Münzen (Token), Plastikchips, Pluspunkte u.a. zurückgegriffen. Diese Münzen können erst später in primäre Verstärker umgetauscht werden. Beispielsweise kann ein Kind, das im Laufe des Tages 10 Plastikchips für positives Verhalten gesammelt hat, diese erst am Abend gegen eine Tafel Schokolade eintauschen.

Als Vorzüge der Tokensysteme werden gesehen, daß sie z.B. eine Verstärkung jeder Reaktion zu jeder Zeit erlauben, sie das Zeitintervall zwischen dem Zielverhalten und der Primärverstärkung überbrücken oder ihre Effekte von Deprivations- und Sättigungszuständen verhältnismäßig unabhängig sind. Die Tokensysteme sind jedoch nicht unkritisiert geblieben, besondere Probleme bestehen u. a. im Transfer und in der Stabilität des Gelernten (vgl. Barkey & Eisert 1975). Tokensysteme wurden bisher zum Teil recht erfolgreich etwa in Erziehungsheimen oder in der Schule eingesetzt (vgl. Sommer u.a. 1978; Phillips 1968; Kern 1974; Scholz 1977).

(b) Zur Reduktion oder zur Beseitigung von Verhalten werden als Techniken "Auszeit" (time out), Verstärkerentzug, aversive Reize, Verstärkung inkompatiblen Verhaltens oder Löschung eingesetzt.

Unter Auszeit wird verstanden, daß eine Person bewußt und öffentlich aus einer für sie angenehmen Situation zeitlich begrenzt ausgeschlossen wird (vgl. Christoph-Lemke 1974). Häufiger wird diese Technik bei Kindern eingesetzt, wenn sie nicht "artig" sind und dann z.B. das Klassenzimmer kurzfristig verlassen sollen oder sich irgendwo in die Ecke stellen müssen. Bei Erwachsenen wird von dieser Methode weniger Gebrauch gemacht, obgleich sie auch dort zu finden ist. Beispielsweise werden bei bestimmten Straftaten die bürgerlichen Ehrenrechte für eine bestimmte Zeit entzogen; Parteimitglieder dürfen bei Verletzung der Parteidisziplin für bestimmte Zeit gewisse Rechte nicht mehr wahrnehmen oder müssen ihre Ämter zeitbegrenzt niederlegen.

Verstärkerentzug bedeutet, daß positive Verstärker entfernt werden, wenn jemand sich "unerwünscht" verhält. Von dieser Technik wird besonders bei Tokensystemen Gebrauch gemacht, indem z.B. Tokens zurückgegeben werden müssen.

Eine nicht unumstrittene, wenn auch zum Teil erfolgreiche Technik ist die des Einsatzes aversiver Reize wie Bestrafung durch Worte, körperliche Schläge oder sogar Elektroschocks (vgl. Sandler 1977). Neben ethischen Erwägungen muß man sich auch dessen bewußt sein, daß hier nur bestimmte Verhaltensweisen unterdrückt und keine neuen aufgebaut werden.

Diesem letzten Aspekt wird die Verstärkung inkompatiblen Verhaltens gerecht. Anstatt nicht angebrachtes Verhalten zu bestrafen, wird alternatives positives Verhalten bestärkt, besonders solches, daß mit dem unerwünschten unvereinbar ist, d.h. nicht gleichzeitig auftreten kann (z.B. leise sprechen statt laut herumschreien).

Als eine Methode, die allerdings nur eingeschränkt anwendbar ist, kann die Löschung oder Extinktion bezeichnet werden. Es wird dabei davon ausgegangen, daß Verhalten durch Verstärkung und Belohnung aufrechterhalten wird. Entfällt die Verstärkung, so wird ein allmähliches Löschen angenommen. In der Realität läßt sich dieses Prinzip meist nur schwierig umsetzen, da habituelles Verhalten intermittierend verstärkt wurde und damit besonders löschungsresistent ist.

Zur Kontrolle des Erfolgs von Modifikationstechniken werden in der experimentellen Forschung sehr häufig AB- oder ABAB-Pläne (Reversionspläne) herangezogen. ABAB-Pläne gestalten sich dabei wie folgt:

(A) Man stellt zunächst eine "baseline", d.h. die Grundrate des zu modifizierenden Verhaltens fest.

(B) Danach beginnt die erste kontrollierte Modifikation, in der bestimmte Verstärkerpläne (z.B. kontinuierliche oder Quotenverstärkung) durchgeführt werden. Verhaltensänderungen werden dabei mittels Beobachtungsverfahren festgehalten.

(A) In der kontrollierten Reversion wird der Verstärkerplan ausgesetzt, um festzustellen, ob die Verhaltensänderung tatsächlich durch diesen bedingt war. Meist verringert sich das bisher aufgebaute Verhalten, was als Nachweis für die Effektivität des Verstärkerplanes angesehen wird.

(B) In der 2. kontrollierten Modifikation wird der Verstärkerplan wieder eingesetzt und zu einer intermittierenden Verstärkung übergegangen.

Gelegentlich erfolgt noch eine Nachkontrolle nach einem längeren Zeitraum, um die Stabilität des früher Gelernten zu überprüfen. Auf die Problematik und die Kritik von Reversionsplänen kann hier nicht eingegangen werden (vgl. Kanfer & Phillips 1975).

Die Effektivität der genannten partiellen Prinzipien und Techniken ist in zahlreichen Bereichen wie schulische und familiäre Erziehung, Klinik, Gefängnissen u.a. vielfältig untersucht worden. Die Techniken erwiesen sich im großen und ganzen bei wenig komplexen Problemen als brauchbar und hilfreich (vgl. z.B. Belschner 1975; Kanfer & Phillips 1975; Kern 1974; Kuhlen 1973; Pielmaier 1979; Rost u.a. 1975). Bei komplexen Problemen sind sie jedoch als unzureichend zu beurteilen, weil sie der Differenziertheit und Vielfalt der Verhalten bedingenden Faktoren nicht gerecht werden können (vgl. Abb. 1).

1.1.2 Verdecktes Konditionieren

Neuere behavioristische Ansätze (vgl.Braun & Tittelbach 1978; Hartig 1975; Jaeggi 1978; Mahoney 1977) beziehen mittlerweile solche Faktoren wie Gedanken, Vorstellungen, Phantasien, Erinnerungen in ihre Verhaltenserklärungs- und Modifikationsmodelle mit ein, sprechen dann aber weiter in behavioristischer Terminologie von verdeckten Reizen, verdeckten Reaktionen und verdeckten Konsequenzen. So spricht man dann z.B. davon, daß verdeckte Reize (auch "symbolische Handlungen" genannt) zu verdeckten Reaktionen führen oder aber verdeckte Konsequenzen verdeckte Reaktionen verstärken.

Mahoney (1977) bezeichnet diesen Ansatz auch als "Modell des verdeckten Konditionierens". Dieser beinhaltet eine Verlagerung der behavioristischen Prinzipien und Methoden von außen nach innen, d.h. Abläufe im inneren des Organismus werden in Reiz-Reaktions-Begriffen beschrieben. Es wird dabei von einer Kontinuität oder Identität von offenem (also beobachtbarem) und verdecktem (nicht unmittelbar beobachtbarem) Verhalten ausgegangen, was gewiß nicht unproblematisch ist. (Vgl. auch Kendall & Hollon 1979; Hoffmann 1978).

Im "Modell des verdeckten Konditionierens" sind verschiedene Modifikationstechniken angesiedelt. Hierzu zählen u.a. verdecktes Gegenkonditionieren, Gedankenstopp, verdeckte Sensibilisierung, verdeckte Verstärkung, verdecktes Modellernen, wovon im folgenden die Grundgedanken dargestellt werden sollen.

Verdecktes Gegenkonditionieren: Dieses Verfahren spielt in der "Systematischen Desensibilisierung" von Wolpe (1958) eine große Rolle. Das Vorgehen soll anhand eines praktischen Beispiels verdeutlicht werden:

- Ein Lehrer mit Angst vor dem Unterrichtgeben wird gebeten, sich unterschiedliche Situationen vorzustellen, die in ihm Angst auslösen.
- Er soll diese Situationsreize in eine Rangreihe (Hierarchie) nach Stärke der angstauslösenden Reize bringen.
- Zunächst wird mit demjenigen Reizelement angefangen, das die geringste Angst auslöst. Der Lehrer führt sich dieses vor Augen.
- Gleichzeitig erfolgt eine tiefe Muskelentspannung (die vorher in mehreren Sitzungen schon trainiert wurde), d.h. das vorgestellte angstauslösende Element wird mit Entspannung gekoppelt. Es wird angenommen (und ist mehrfach empirisch bestätigt), daß die Angst durch das gleichzeitige Sich-Entspannen verschwindet. Die theoretische Erklärung nach Wolpe (1958,S.71) lautet:"Wenn eine der Angst antagonistische Reaktion in der Gegenwart angstauslösender Reize erzeugt werden kann, folgt darauf eine völlige oder teilweise Unterdrückung der Angstreaktion, die Verbindung zwischen diesen Reizen und den Angstreaktionen wird geschwächt werden."
- Wenn der Lehrer nach mehreren Durchgängen die Angst hinsichtlich eines Handlungselements verloren hat, wird zum nächsten Hierarchie-Element übergegangen und der Vorgang verläuft wie beschrieben.

Gedankenstopp: Hierbei geht es darum, nicht erwünschte Gedanken, Phantasien und Vorstellungen zu beseitigen oder zumindest zu unterdrücken. Wie dies erreicht werden kann, soll an einem kurzen Beispiel veranschaulicht werden: Ein im Unterricht erfolgreicher Lehrer hat den ständigen Zwangsgedanken, in seinen Unterrichtsstunden zu versagen. Diese Vorstellungen drängen sich ihm sehr häufig auf, ohne daß dafür reelle Grundlagen gegeben sind. Ein Berater würde diesen Lehrer dazu anhalten, die unzweckmäßigen und bedrängenden Gedanken aufkommen zu lassen und würde ihn dann mit dem Ausruf "Stopp" unterbrechen. Es dürfte sich dann eine Schreckreaktion seitens des Lehrers einstellen, die dann den Gedankenautomatismus unterbricht. Das weitere Vorgehen bestünde darin - verkürzt hier dargestellt -, daß der Lehrer lernt, seine ihm unangenehmen Gedanken durch ein leise gesprochenes "Stopp" selbst zu unterbrechen und zu beenden.

Verdeckte Sensibilisierung: Bei diesem Verfahren wird ein zu veränderndes Verhalten gedanklich sich vorgestellt und mit einem aversiven symbolischen Ereignis wie z.B. Übelkeit, Schmerz oder sozialer Lächerlichkeit verbunden (vgl. Cautela 1967).
Beispielsweise schlägt eine Mutter sehr oft ihr Kind und möchte dies eigentlich abstellen. Nach dem obigen Verfahren würde sie sich vorstellen, daß sie gerade ihre Hand hebt, um ihre Tochter zu bestrafen. Gleich darauf stellt sie sich vor, von einer Vielzahl ihr wichtiger Personen umringt zu sein, die sie wegen ihrer Verhaltensabsicht mit bösen Blicken überschütten.

Verdeckte Verstärkung: Jemand stellt sich gedanklich eine angenehme Aktivität vor, mit der er sich für irgendetwas belohnen will und koppelt sie mit einer erfolgreichen Reaktion.
Beispiel: Ein Lehrer ist sehr unsicher hinsichtlich seiner pädagogischen Fertigkeiten und möchte selbstsicherer werden. Er stellt sich vor, wie er in Gedanken mit einer schwierigen Klassensituation gut fertig wird (= erfolgreiche Reaktion). Er belohnt sich symbolisch, indem er in Gedanken chinesisch essen geht, was für ihn eine angenehme Aktivität bedeutet. Der betreffende Lehrer würde also versuchen, die unterschiedlichsten Situationen imaginativ durchzuspielen, in denen er selbstsicher sein möchte und würde sich dann anschließend gedanklich verstärken. Die Folge könnte - fiktiv gesprochen - eine Zunahme an Sicherheit sein.

Verdeckte Löschung: Bei diesem Verfahren wird man angewiesen, sich unerwünschtes Verhalten vorzustellen und keinerlei Konsequenzen (d.h. also nachfolgende Ereignisse) dazu zu assoziieren. Hierdurch soll das unangenehme Verhalten verschwinden, d.h. langsam gelöscht werden (vgl. Cautela 1971).
Beispielsweise könnte ein Lehrer, der in bestimmten Situationen im Klassenzimmer zum Stottern neigt (und deshalb auch von den Kindern geärgert wird), sich diese unangenehmen Reiz-Situationen mehrfach gedanklich vorstellen, ohne danach irgendwelche Sanktionen oder Konsequenzen zu erwarten.
Zur Verbesserung der Effektivität der verdeckten Löschung schlägt Cautela (1971) jedoch vor, diese Technik mit anderen Verfahren wie verdeckte Sensibilisierung oder verdeckte Verstärkung zu kombinieren.
An dieser Stelle sei angemerkt, daß die bisher genannten Verfahren sehr häufig mit anderen zusammen angewendet werden.

Verdecktes Modellernen: Das Verfahren besteht darin, daß sich eine Person A vorstellt, wie eine andere Modell-Person B mit einem Problem gut umgehen kann. Die Modell-Person muß aber nicht unbedingt eine fremde Person sein, sondern kann Person A auch selbst sein.
Beispielsweise könnte eine selbstunsichere Mutter, die nur schwer ihre Inter-

essen gegenüber ihren Kindern durchsetzen kann, gedanklich durchspielen, wie eine beliebte und selbstsichere Nachbarin mit einer ähnlich schwierigen Situation gut fertig wird. Die Nachbarin wäre dann das imaginative Modell, an dem die Mutter lernen würde.

Zu den bisher genannten Methoden liegen inzwischen auch empirische Untersuchungen vor - besonders im klinischen Bereich u.a. zu Zwängen und Ängsten (vgl. Braun & Tittelbach 1978; Mahoney 1977) -, die von positiven, zum Teil auch widersprüchlichen Ergebnissen berichten. Da dieser Forschungszweig erst relativ am Anfang steht, sind generelle Aussagen hinsichtlich der Wirksamkeit der Verfahren noch verfrüht.

1.1.3 Selbstkontrolle

Die eben ausgeführten neueren Ansätze des "verdeckten Verhaltens" stellen eine immer stärkere Abwendung von den Fremdkontroll-Techniken der früheren Jahre der Verhaltenstherapie dar. Nachdem die Euphorie hinsichtlich ihrer Wirksamkeit sich gelegt hat, geht der Trend der letzten Jahre innerhalb der sog. "verhaltenstherapeutischen" Modifikation auch hin zur Ermöglichung von Selbstkontrolle, von Eigensteuerung des Verhaltens (vgl. Braun & Tittelbach 1978; Fengler 1980; Goldfried & Merbaum 1973; Hartig 1975; Reinecker 1978; Perlwitz 1978; Teegen u.a. 1975; Thoresen & Mahoney 1974; Watson & Tharp 1972).
Die Selbstkontrolle ließe sich auch unter die kognitionstheoretischen Ansätze fassen, wird aber wegen ihrer verhaltenstherapeutischen Begrifflichkeit hier dargestellt.

Im Rahmen des Lernens von Selbstkontrolltechniken, besteht die Aufgabe des sog. "Therapeuten" in der Anleitung des Lernenden bezüglich bestimmter Interventionen und Strategien. Diese orientieren sich häufig an dem Selbstregulationsmodell von Kanfer (1971;1975). Beim Verfahren der Selbstkontrolle werden die Klienten zunächst über das Vorgehen informiert und es werden Hilfestellungen bei den einzelnen Teilprozessen gegeben.

Es lassen sich im wesentlichen drei Schritte unterscheiden:

- Selbstbeobachtung: das eigene aktuelle Verhalten wird beobachtet und registriert.
- Standardsetzung und Selbstbewertung: es werden realistische und verbindliche Verhaltensziele gesetzt und das aktuelle Verhalten wird mit diesen Zielen verglichen und bewertet.
- Selbstbekräftigung: bei Erreichen der Ziele erfolgt eine kontingente Vergabe von materiellen oder immateriellen Verstärkern.

Die Formen der Selbstkontrolle können sehr vielseitig sein. Eine Tabelle von Fengler (1980,S.94) aus Thorensen & Mahoney (1974,S.13) verdeutlicht dies (vgl. Tab. 3). Weitere Möglichkeiten der Eigenkontrolle ergeben sich auch aus Einzelaspekten der kognitiven Ansätze (s. nächstes Kapitel).

Einige empirische Untersuchungen konnten zeigen, daß allein ein Training in Selbstbeobachtung bereits zu deutlichen Verhaltensänderungen führen kann - wenn auch nicht muß (vgl. Kazdin 1974). Die Autoren Spates & Kanfer (1977) konnten im Rahmen der Untersuchung der Bedeutung von Teilprozessen bei der Eigensteuerung herausarbeiten, daß der Standardsetzung im Vergleich zu den übrigen Prozessen die größte Bedeutung hinsichtlich der Varianzaufklärung für Verhaltensänderungen zukommt.

Selbstregulierungstechniken wurden inzwischen in der Schule bei Verhaltensauffälligkeiten, Lernverhalten, schulischen Fertigkeiten, ferner im Bereich

Tab. 3 : Formen der Selbstkontrolle

Skinner (1953)
1. Physische Unterdrückung und physische Hilfe
2. Reizmanipulation (incl. Selbstdarbietung von Reizen)
3. Entzug und Sättigung
4. Manipulation emotionaler Bedingungen (Kontrolle von Dispositionen, Wiederholen früherer Konsequenzen, Selbstinstruktion)
5. Aversive Stimulation
6. Drogen (Betäubungsmittel, Anregungsmittel)
7. Operante Konditionierung (Selbstverstärkung und selbstvorgenommene Löschung)
8. Bestrafung
9. Unvereinbare Alternativreaktion ("etwas anderes tun")
10. Private Ereignisse (Setzung kognitiver Konsequenzen)

Bandura und Walters (1963)
1. Widerstand gegenüber Ablenkung
2. Regulierung selbstverabreichter Belohnungsquellen
3. Verzögerung der Belohnung

Ferster (1965)
1. Änderung der Beziehungen zwischen Verhalten und Umgebung zur Verringerung langfristig aversiver Konsequenzen
2. Leistungen, die langfristig eine Fähigkeit steigern (z.B. Musikunterricht)
3. Änderung des Milieus (vs. Änderung des Verhaltens des Individuums)

Goldiamond (1965)
1. Änderung spezifischer Umgebungsvariablen, die Verhaltenskontrollen ausüben
2. Anwendung der funktionalen Verhaltensanalyse

Cautela (1969)
1. Reziproke Hemmung (Entspannung, Desensibilisierung, Gedankenstop, verdeckte Sensibilisierung, Selbstsicherheits-Training)
2. Operante Verfahren

Kanfer (1970)
1. Verzicht trotz freier Verfügbarkeit von Verstärkern
2. Verhaltensausführung trotz Kenntnis seiner aversiven Konsequenzen

Stuart (1970)
1. Aversions-Verfahren
2. Verfahren der Ermutigung, Anleitung, Verhaltensprovokation

Kanfer (1971)
1. Konkurrierende Reaktionen
2. Manipulation aversiver Konsequenzen
3. Manipulation der Konsequenzen des Zielverhaltens(incl. Verringerung und Verzögerung positiver Konsequenzen, Setzung negativer Konsequenzen für in der Verhaltenskette vorausgehende Reaktionen, differentielle Verstärkung anderer Verhaltensweisen)
4. Manipulation der Umgebung
5. Selbstbelohnung

der Verbesserung von Studierverhalten und in der Therapie angewendet und zum Teil empirisch untersucht (vgl. Fengler 1980; Halisch u.a. 1976; Krepper & Winter 1978; Perlwitz 1978). Die Ergebnisse zeigen, daß sich Selbstregulationstechniken zur Modifikation vielfältiger Verhaltensprobleme einsetzen lassen und zum Teil auch erfolgreich sind. Die Effektivität hängt nach Ha-

lisch u.a. (1976) von mehreren Voraussetzungen ab:
"(1) Auf seiten des Individuums müssen die Bereitschaft zur Verhaltensänderung und damit zum Setzen verbindlicher Standards, gegebenenfalls durch Kontrakte erzeugt, und die Fähigkeit zur Selbstbeobachtung vorhanden sein. (2) Das Programm muß soweit wie möglich selbstreguliert sein; der Einsatz externer Bekräftiger, auch wenn sie verabreicht sind, ist nicht unproblematisch; werden sie dennoch benützt, müssen sie frei verfügbar sein und ihr Bekräftigungswert muß sichergestellt werden; erzielte Verhaltensänderung muß vom Klienten möglichst als selbstverursacht erlebt werden. (3) Persönlichtkeitsunterschiede und die Art des zu ändernden Verhaltens müssen in ihrer Wechselwirkung mit den Selbstregulationstechniken berücksichtigt werden."
Hiermit wird deutlich, daß Selbstregulationstechniken - ähnlich wie alle anderen Techniken auch - nicht in jedem Fall zum Erfolg führen müssen und ihre Grenzen haben.

1.2. Kognitionstheoretische Ansätze

Zu den kognitionstheoretischen Ansätzen werden hier solche gezählt, die sich mit der Verarbeitung von Informationen und Aspekten kognitiven Lernens beschäftigen. Es stehen damit Wahrnehmungs- und Denkprozesse im Vordergrund.

1.2.1 Modelle der Informationsverarbeitung

Beim Modell der Informationsverarbeitung werden oft strukturelle und funktionale Merkmale aus der kybernetischen Theorie, Linguistik, Wahrnehmung und dem Computerbereich herangezogen. Aus der Vielfalt der Aspekte können im folgenden nur einige wichtige Grundlagen angesprochen werden (vgl. sonst Anderson & Bower 1973; Mahoney 1977; Neisser 1974, 1979; Posner 1976; Wender 1979).

Als wesentlich gilt für diesen Ansatz, daß der Mensch - anders als bei den bisherigen Lerntheorien - nicht als passiver Organismus angesehen wird, an dem nur Reiz-Reaktions-Prozesse automatenhaft ablaufen. Der Mensch wird hier als aktiv bei der Verarbeitung von Stimuli, von Informationen betrachtet. Er reagiert nicht auf unmittelbare Reize seiner Umwelt, sondern auf vermittelte. Das beinhaltet, daß der Organismus Reize oder Informationen auswählt und verarbeitet.

Welche Aspekte bei der Verarbeitung von Informationen als zentral angesehen werden, geht aus dem folgenden, stark vereinfachenden Modell von Mahoney (1977, S. 147) hervor.

Abb. 6: Vermittlungsmodell nach Mahoney (1977)

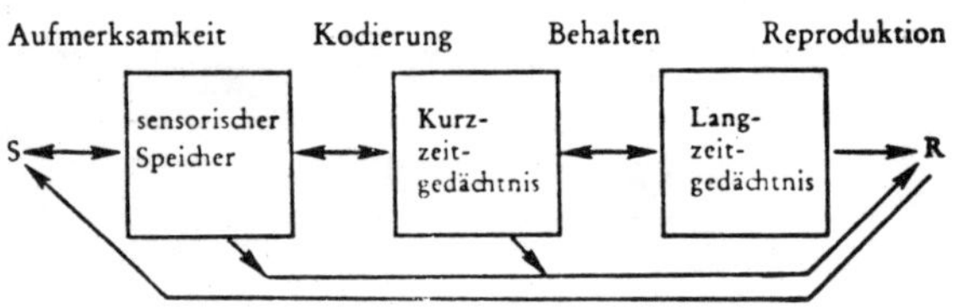

Es lassen sich nach diesem Modell drei strukturelle Merkmale unterscheiden: (a) ein sensorischer Speicher, der äußere und innere Reize aufnimmt; (b) ein Kurzzeit-Gedächtnis zur kurzfristigen Speicherung von Informationen; und (c) ein Langzeit-Gedächtnis zur langfristigen Aufbewahrung von Informationen.

Wichtige Kategorien bei der Informationsverarbeitung sind Aufmerksamkeit, Kodierung, Behalten und Reproduktion.

- Aufmerksamkeit: Die Aufmerksamkeitsforschung konnte sehr deutlich die Selektivität der Reizaufnahme nachweisen. Aus den unzählbar möglichen Informationen werden nur einige wenige, jeweils für die momentane Anpassung notwendigen herausgefiltert. Dieser Vorgang muß nicht unbedingt bewußt laufen.
- Kodierung: Reize und Informationen werden vom Organismus in einen inneren "Kode" transformiert, der sich auf Symbolsysteme wie die Sprache und deren begriffliche Kategorien oder auf visuelle Abbildungen beziehen kann. Die Verarbeitungskapazität des Organismus ist dabei begrenzt. Miller (1956) nimmt an, daß der Mensch ungefähr sieben plus minus zwei "bits" gleichzeitig verarbeiten kann. Er ist deshalb gezwungen, Informationen zu kleineren Einheiten zusammenzufassen. Verbale und klangliche Gedächtnisstützen können den Kodierungsprozeß

im Kurzzeitgedächtnis begünstigen und unterstützen.

- Speicherung: Die kodierten Informationen werden im Langzeitgedächtnis gespeichert. Es sei nur erwähnt, daß die Unterscheidung in Kurz- und Langzeitgedächtnis nicht unumstritten ist. Die Speicherung von Informationen wird durch verschiedene Aspekte beeinflußt wie (a) vorstellungsmäßige und/oder verbale Kodierung (b) den Umfang, den Kontext und die Bedeutung eines Reizes, (c) die Dauer der Beachtung, (d) die Darbietungshäufigkeit oder Wiederholung, (e) zeitliche Faktoren wie Positionseffekt, (f) assoziiertes affektives Erleben etwa in Form von Verstärkung oder Bestrafung.
- Reproduktion: Die gespeicherten Informationen werden angewendet und umgesetzt für Verhalten. Verschiedene Such- und Auswahlstrategien können dabei zur Anwendung kommen, beispielsweise vorstellungsmäßige, aber auch verbale, ferner passive wie auch aktive.

Störungen in den einzelnen genannten Bereichen bewirken bestimmte Defizite oder Auffälligkeiten im Verhalten. Sie können nur durch eine genaue Analyse und die Berücksichtigung der spezifischen Eigenschaften und Eigenarten des Verarbeitungsprozesses sowie durch spezifische Eingriffe beseitigt werden.

Bisher liegen kaum empirische Ergebnisse vor, die diese Prozesse im Bereich der Verhaltensmodifikation explizit untersuchen und miteinbeziehen. Der Bereich der Informationsverarbeitung befindet sich noch stark im Stadium der Grundlagenforschung. Dennoch lassen sich auf dem Hintergrund des Informationsverarbeitungsmodells einige vorläufige, wenn auch noch empirisch zu untersuchende Konsequenzen ableiten. Hierzu seien zwei Bespiele genannt.

- Eine Mutter kann mit ihrem Kind nicht richtig umgehen und nörgelt nur an ihm herum, weil sie ständig nur negative Verhaltensweisen ihres Kindes wahrnimmt und positive einfach ausblendet. Der Hinweis auf die selektive Wahrnehmung und die Aufforderung, auch einmal die positiven Seiten zu beachten, könnten verhaltensändernd wirken.
- Eine Mutter kann von einem Vortrag über Erziehungsverhalten nicht profitieren, weil sie zuviele Informationen, zu wissenschaftlich formulierte Details erfährt, die sie deshalb nicht brauchbar kodieren, speichern und auch nicht verhaltenswirksam reproduzieren kann. Verhaltenswirksame, abrufbereite Informationen wären jedoch bei einem die Informationsprozesse berücksichtigenden Vortrag möglich.

In dem Vermittlungs- und Informationsverarbeitungsmodell von Mahoney werden nur relativ wenige, wenn auch ganz zentrale Aspekte angesprochen. Umfangreicher demgegenüber, wenn auch nicht allumfassend, ist das Modell von Warr & Knapper (1968), das sich auf die Personwahrnehmung bezieht und in dem die Komplexität von Informationsverarbeitungsprozessen schon recht deutlich wird (s. Abb. 7). Warr & Knapper betrachten in ihrem Modell den einseitigen Wahrnehmungsprozeß, in dem eine Person A eine Person B wahrnimmt.

Das Modell beinhaltet, daß eine Person A eine Person B zu einem bestimmten Zeitpunkt wahrnimmt (1) und diese Wahrnehmungsinformation bezüglich der Person B in einem spezifischen Kontext erfolgt (2). Gleichzeitig können gespeicherte Informationen hinzutreten, wenn die Person schon aus früheren Kontakten bekannt ist (3). Diese Informationen werden in einem relativ statisch gedachten Eingangsselektor (4) gefiltert, d.h. es werden nicht alle Informationen aufgenommen. Diese Auswahl wird beeinflußt durch die körperlich-seelische Verfassung (5) und relativ konstante Eigenschaften der wahrnehmenden Person A (6) (z.B. Intelligenz, Fähigkeiten der differenzierten und richtigen Wahrnehmung von Persönlichkeitsmerkmalen anderer Personen, kognitive Komplexität und Strukturiertheit, Bedürfnisse und Wertvorstellungen, soziale Sensibilität, Selbsteinsicht u.a., vgl. auch Jahnke 1975; Stadler u.a. 1975).

Abb. 7: Modell der Personwahrnehmung nach Warr & Knapper (1968)

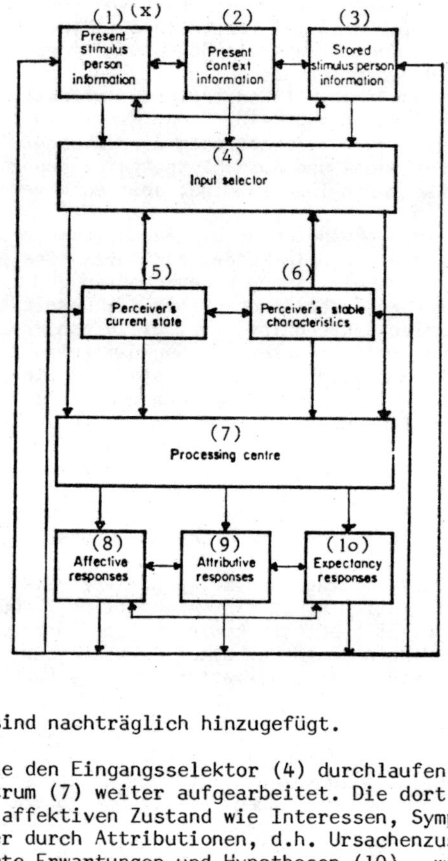

(x) Die Ziffern sind nachträglich hinzugefügt.

Informationen, die den Eingangsselektor (4) durchlaufen haben, werden dann im Verarbeitungszentrum (7) weiter aufgearbeitet. Die dort erfolgenden Prozesse werden durch den affektiven Zustand wie Interessen, Sympathie oder Angst, Antipathie (8), ferner durch Attributionen, d.h. Ursachenzuschreibungen(9)(s.S.63). und durch bestimmte Erwartungen und Hypothesen (10) - wie z.B. "der andere ist intelligent" - beeinflußt.
Die Bereiche (8), (9), (10) selbst wiederum haben deutlichen Einfluß auf die vorgenannten Bereiche (5) und (6) sowie (1) und (3).

Zum Modell von Warr & Knapper sei nur kurz angemerkt, daß es nicht alle Prozesse der Informationsverarbeitung einbezieht, dem Selektionsaspekt größere Bedeutung beimißt als Produktions- und Projektionsaspekten oder die Selbstwahrnehmung ausklammert. Vor allem werden die interaktiven Wahrnehmungsprozesse (A sieht B und B sieht A) und die wechselseitige Steuerung des Verhaltens von Personen (vgl. Laing 1971; Rosemann 1972) nicht berücksichtigt. Die Komplexität der Interaktionen der Verarbeitungsmerkmale (siehe Pfeile) ist noch größer als dargestellt. Wollte man diese Aspekte in einem Modell allerdings berücksichtigen, so ginge jedoch ein wesentliches Merkmal von Modellen, die Einfachheit und damit Überschaubarkeit, verloren.

Das Modell von Warr & Knapper und die eben genannte Kritik machen deutlich, wie kompliziert das Bedingungsgefüge für Verhalten selbst in einem so relativ eng umschriebenen Bereich wie der Informationsverarbeitung ist und wieviele Aspekte bei der Veränderung von Verhalten berücksichtigt werden müssen.

Die Auswirkungen einzelner am Informationsverarbeitungsprozeß beteiligter Aspekte (wie relativ konstante Persönlichkeitsmerkmale, Hypothesen oder Attributionen) auf das Verhalten wurden innerhalb der Sozialspychologie und Pädagogischen Psychologie inzwischen auch empirisch untersucht und als sehr bedeutsam festgestellt (vgl. Irle 1975; Secord & Backman 1976; Weiner 1976).
Für die Pädagogische Verhaltensmodifikation wurden die genannten Aspekte bisher jedoch kaum nutzbar gemacht.

1.2.2. Das Modell kognitiven Lernens

Das Modell kognitiven Lernens befindet sich erst in den Anfängen seiner Entwicklung, wenn auch schon eine weitgehende Differenzierung und Operationalisierung vorliegt (z.B. Bandura 1969, 1979; Breger 1969; Bauer 1979; Estes 1971; Kanfer & Karoly 1972; Staats 1972; Mischel 1973; Mahoney 1977). In diesem Ansatz wird der Mensch als ein komplizierter Organismus angesehen, der sowohl zu passiver Anpassung, zu passivem Reagieren, als auch aktiver Tätigkeit, d.h. aktivem und bewußtem Reagieren, fähig ist. Der Mensch steht im Wechselwirkungsverhältnis zu seiner Umwelt. Das bedeutet, daß er durch die äußeren Gegebenheiten beeinflußt und geformt wird, gleichzeitig aber auch auf die ihn mitprägende Umwelt wiederum selbst einwirkt. Das konkrete Verhalten wird weiterhin durch den biologisch-physiologischen Zustand (u.a. das zentrale, somatische und autonome Nervensystem) der jeweiligen Person, ihre individuelle Biographie, die gegebene Umwelt und eine Vielzahl kognitiver Prozesse (wie z.B. selektive Aufmerksamkeit, antizipierte Konsequenzen, Erwartungen, Denken usw.) beeinflußt. Wie im Informationsverarbeitungsmodell bereits dargestellt, werden die Milliarden an Reizen und Informationen der den Menschen umgebenden Welt von diesem selegiert, gefiltert, transformiert, kodiert, gespeichert und für konkretes Verhalten abgerufen. Der Mensch wird damit nicht durch sozusagen "objektive" Daten, sondern durch verarbeitete Daten gesteuert (14). Das Lernen in der umgebenden Umwelt und das Kennenlernen der eigenen Stellung in dieser Welt erfolgt beim Individuum in direkter oder stellvertretender Weise(15), aber auch durch symbolische Prozesse (z.B. durch Vorstellen und Denken). Der zentrale Angelpunkt des kognitiven Lernens ist das Moment der Vermittlung beim Lernen. Reize strömen nicht auf den Organismus nur ein und lösen direkt Verhalten aus, sondern zwischen beiden Elementen spielen sich eine Vielzahl von Vermittlungsprozessen ab. Über einen Teil der Vermittlungsprozesse und deren mögliche Störungen soll im folgenden gesprochen werden.

Es werden in teilweiser Anlehnung an Mahoney (1977) vier Aspekte betrachtet, die für unterschiedliches Verhalten verantwortlich sind. Es handelt sich dabei um (1) Faktoren der Aufmerksamkeit, (2) Intellektuelle Beziehungsprozesse, (3) Merkmale des Reaktionspotentials und (4) Feedback aus der Erfahrung.

(1) Faktoren der Aufmerksamkeit

Wie bereits an anderer Stelle ausgeführt, selegiert und filtert der Mensch Informationen seiner Umwelt. Die Aufmerksamkeit wird auf Dinge gerichtet, die für die Anpassung und das Überleben des Menschen wesentlich sind. Aufmerksamkeitsprozesse können aber auch zu fehlangepaßtem Verhalten beitragen. Es lassen sich diesbezüglich vier Faktoren nennen.

- Selektive Unaufmerksamkeit: Für Verhalten wichtige Reize oder Informationen werden übersehen.

- Fehlwahrnehmung: Auftretende Reize werden wahrgenommen, aber nicht richtig kategorisiert und etikettiert.
- Fehlangepaßtes Fokussieren: Es wird auf bestimmte äußere Reize oder Sachverhalte geachtet, die jedoch im Augenblick unwichtig oder schädlich für die betreffende Person sind.
- Fehlangepaßte Selbsterregung: Hierbei werden intern, also unabhängig von augenblicklichen äußeren Gegebenheiten, für das Verhalten irrelevante oder schädliche Reize geschaffen. So wird etwa durch symbolische Selbsterregung Kummer oder Fehlanpassung ausgelöst und aufrechterhalten, die dann die Aufmerksamkeit absorbieren.

(2) Intellektuelle Beziehungsprozesse
Nachdem die Informationen selektiv aufgenommen sind, werden sie weiterverarbeitet, sei es durch Klassifikations-, Vergleichs-, Schlußfolgerungs- oder Beziehungsprozesse. Durch fehlerhafte Weiterverarbeitung der Informationen können eine Reihe von Verhaltensstörungen geschaffen werden. Einige Fehlermöglichkeiten seien kurz dargestellt.

- Klassifikationsirrtum: Eine bestimmte Information wird nicht richtig eingeschätzt und zugeordnet. Beispielsweise wird ein müde wirkendes Gesicht eines Schülers als Langeweile durch den Lehrer klassifiziert; in Wirklichkeit ist der Schüler krank. Zu den Klassifikationsirrtümern wird auch "dichotomes Denken" gezählt. Hierbei werden Ereignisse nur nach "gut-Schlecht", "entweder-so-oder-so" oder nach dem "Schwarz-Weiß-Prinzip" eingestuft, Zwischentöne gelten nicht.
- Vergleichsprozesse: Wir beurteilen uns und andere aufgrund bestimmter Maßstäbe. Diese können ihre Grundlage haben in (a) eigener Erfahrung, (b) stellvertretendem Verhalten, d.h. beobachtetem Verhalten anderer und (c) idealen, sozial erworbenen Verhaltenskriterien. Je nachdem welche Maßstäbe wir an uns legen, können wir uns wohl oder unwohl fühlen. Depressive Personen beispielsweise zeigen höhere Leistungsmaßstäbe als Nicht-Depressive, aufgrund derer sie dann schlechtere Selbstbewertungen vornehmen und pessimistischere Erwartungen an die Zukunft haben (vgl. Beck 1967).
- Gedächtnisstörungen: Sie können durch verschiedene Aspekte verursacht sein, so durch nicht ausreichendes Speichern von Informationen wie (a) Stimulus- und Kontext-Informationen, (b) Reaktionselemente, (c) Merkmale von Konsequenzen und/oder (d) Wechselwirkungen von a, b und c. Zur Verringerung von Gedächtnisschwächen können Gedächtnisstützen, Übungsanweisungen, übergreifende Kategorienbildung oder zusammenfassendes Etikettieren dienen.
- Schlußfolgerungsirrtümer: Es lassen sich drei Formen unterscheiden.
  (a) Bei "Induktiven Störungen" werden von einzelnen Erfahrungen weitreichende Verallgemeinerungen vorgenommen. Beispielsweise interpretiert ein Lehrer eigenes gelegentliches Versagen in der Schule als völlige pädagogische Unfähigkeit.
  (b) "Deduktive Störungen" können einmal dadurch zustande kommen, daß die Prämissen nicht genau sind oder nicht stimmen, von denen dann weitere Schlüsse gezogen werden. Es können aber auch unzureichende Denkleistungen für deduktive Störungen verantwortlich sein.
  (c) Die "Antizipation von Konsequenzen" beinhaltet folgenden Sachverhalt. Normalerweise werden bestimmte Aktivitäten wie z.B. Schreiben von Büchern, Sparen von Geld, Vorbereiten auf eine Prüfung durch die kognitive Antizipation, die positive Vorwegnahme von Belohnungen materieller oder immaterieller Art in der Zukunft gesteuert und aufrechterhalten. Ebenso kön-

nen jedoch auch dysfunktionale Erwartungen unser Verhalten bestimmen, indem negative Antizipationen vorgenommen werden. Etwa kann eine Person heute schon nicht mehr ruhig schlafen, weil sie im Jahr 2000 den 3. Weltkrieg antizipiert. Oder ein Student sagt: "Ich strenge mich erst gar nicht im Studium an. Ich bekomme so und so später keinen Arbeitsplatz mehr."

- Kognitive Kontingenzen: Menschen sehen Ereignisse oder beliebige Daten in einer jeweils regelhaften Beziehung. Sie strukturieren Erfahrungen und sehen sie in bestimmten Zusammenhängen. Beziehungsstiftungen können dabei mehr oder weniger mit der Realität übereinstimmen, sie können richtig oder falsch sein.
  Beispiele: (a) Wir haben soviel Elend, weil die Güter dieser Welt nicht richtig verteilt sind. (b) Wir haben soviel Elend auf der Welt, weil die Menschen von Gott abgefallen sind. (c) Ein Schizophrener behauptet, ihm ginge es im Augenblick sehr schlecht, weil Gott ihm mit einem Laserstrahl das Rükkenmark zerstört habe..
  Im Rahmen der kognitiven Kontingenzen läßt sich auch das dritte Axiom von Watzlawick u.a. (1974) "Interpunktion von Ereignisfolgen" anführen. Es besagt, daß Kommunikationsabläufe von Interaktionspartnern strukturiert, d.h. interpunktiert werden. Dabei kann es vorkommen, daß zwei Partner ihre Interaktionen ganz verschieden sehen, weil sie verschiedene Elemente der Kommunikation in Beziehung setzen und diese für ihr Verhalten als verursachend betrachten (vgl. Kap. 1.4.1).

Eine besondere Variante im Zusammenhang von Schlußfolgerungsprozessen ist die "Attribution". Hierbei handelt es sich um das Phänomen, daß Menschen versuchen, ihrem eigenen und fremdem Erleben und Verhalten Ursachen zuzuschreiben. Je nach Art und Überzeugungsintensität der kausalen Ursachenzuschreibung wird das konkrete individuelle Verhalten dann auch mitbeeinflußt (Vgl. de Charms 1968; Görlitz et al. 1978; Jones et al. 1971; Harvey et al. 1976; Kelly 1972; Meyer & Schmalt 1978; Weiner 1976). Rotter (1966) unterschied besonders die beiden Attributionsarten externale und internale Kontrolle. Externale Kontrolle bedeutet, daß Personen glauben, ihr Verhalten (oder das Verhalten anderer) werde durch Glück, Zufall, äußere Mächte oder situativ-objektive Verhältnisse gesteuert. Internale Kontrolle dagegen meint, daß Menschen ihr Verhalten in Abhängigkeit von eigenem Bemühen, persönlicher Anstrengung, eigenen Fähigkeiten, d.h. inneren Zuständen und subjektiven Bedingungen sehen. Eine internal motivierte Person wird etwa mehr Initiative und Verantwortung zeigen als eine external orientierte Person, die eher passiv abwartet. Die Art der Attribution selbst wird durch verschiedene Faktoren geprägt wie Erfahrung, Art und Umfang der gegenwärtig verfügbaren Informationen, soziale Macht, sozialer Status oder auch Selbstwertgefühle u.a..
Attributionen müssen nicht immer zutreffend sein. Fehlattributionen werden besonders im klinischen Bereich untersucht (z.B. Geer & Pigg 1973; Davison et al. 1973; Valins & Ray 1967; Seligman 1975). Als ein Beispiel für Fehlattributionen kann folgendes gelten:
Ein Lehrer führt seine seit langer Zeit auftretenden Konzentrationsschwierigkeiten auf krankhafte Veränderungen in der Großhirnrinde zurück und wird deshalb immer nervöser und ängstlicher. Nach gründlicher Untersuchung stellt sich heraus, daß die massiven Konzentrationsstörungen durch mangelnden Schlaf und starke persönliche Schwierigkeiten bedingt sind. Durch die neue Ursachenzuschreibung lassen seine Angst und Nervosität nach.

(3) Merkmale des Reaktionspotentials

Selbst wenn Aufmerksamkeits- und Beziehungsprozesse normal ablaufen, ist damit noch nicht gewährleistet, daß eine Person sich angemessen verhält. Störungen im Verhalten können nämlich dann noch auftreten, wenn bestimmte Handlungsmuster, also bestimmte Reaktionspotentiale, nicht richtig aktiviert werden. Dafür können physiologische Defizite, nicht ausreichendes Lernen oder falsches Anwenden von Reaktionen verantwortlich sein. Störungen in den Such-, Speicher- und Wiederauffindungs-Operationen können weiterhin ein angemessenes und sinnvolles Verhalten erschweren oder verunmöglichen. Eine Möglichkeit zu Verbesserungen im Reaktionspotential besteht im systematischen Training in Problemlösungsfertigkeiten und Bewältigungsfertigkeiten (Mahoney 1977).

(4) Feedback aus der Erfahrung:

Als letztes Element der Determinanten von Verhalten im kognitiven Modell ist das Feedback zu nennen, das in der Erfahrung gewonnen wird. Daß Verhalten durch seine Konsequenzen, durch Feedback geformt wird, gehört schon zu den Gemeinplätzen innerhalb der Verhaltensmodifikation und hat einen zentralen Platz auch in den übrigen lerntheoretischen Ansätzen, wie bereits dargestellt worden ist. Dem Feedback kommt deshalb so große Bedeutung zu, weil die Konsequenzen wesentlichen Einfluß auf die Motivierung von Verhalten haben und für den Aufbau, die Aufrechterhaltung oder den Abbau von Verhalten mitverantwortlich sind.

Es lassen sich drei Arten von Feedback unterscheiden:

(a) Von außen verabreichte materielle und immaterielle Verstärker (z.B. Geld, Token oder Lob);
(b) an anderen Modellen beobachtete Verstärker (beim stellvertretenden Lernen);
(c) eigene Rückmeldung; Selbstbewertung und eigene materielle oder symbolische Verstärkung.

Besondere Aufmerksamkeit wird in letzter Zeit dem Punkt (c) im Rahmen der Verhaltensänderung geschenkt. Ziel neuerer Modifikationsansätze ist, Personen zur eigengesteuerten Rückmeldung, zur Selbstkontrolle und zur Selbstbelohnung zu bringen, um diese damit selbständiger und unabhängiger von äußeren Verstärkern und anderen Personen werden zu lassen (vgl. Kap. 1.1.3).

Festzustellen ist noch, daß nicht nur gegenwärtige, sondern auch vergangene Konsequenzen (z.B. Belohnung für geleistete Arbeit) sich auf künftiges Verhalten im Sinn von Antizipation bestimmter Zustände (z.B. wiederholte Belohnung von verrichteter Arbeit) auswirken können. Damit wird deutlich, wie stark Verhalten durch symbolische Prozesse, in diesem Fall Erwartungen aufgrund gemachter Erfahrungen, geformt oder auch aufrechterhalten wird.

1.2.3 Kognitive Veränderungsstrategien

Die in den Teilkapiteln 1.2.1 und 1.2.2 dargestellten Aspekte haben zum Teil in neueren Modifikationsansätzen ihren Niederschlag gefunden. Im folgenden wird nur auf Verfahren der "Kognitiven Umstrukturierung", "Selbstinstruktion" und "Problemlösen" eingegangen. (Vgl. u.a. Hoffmann 1978; Meichenbaum 1979).

(1) Kognitive Umstrukturierung

Im Zusammenhang mit der kognitiven Umstrukturierung oder kognitiven Restrukturierung ist besonders der Ansatz von Albert Ellis, dem Begründer der rational-emotiven Therapie (RT), wichtig (Ellis 1977). Er wurde in neuerer Zeit stärker in die Verhaltenstherapie integriert, blieb jedoch auch nicht unkritisiert (vgl. Mahoney 1977).

Ellis bezieht sich bei der psychologischen Behandlung von Verhaltensstörungen nicht nur auf deren emotionale und verhaltensmäßige Aspekte, sondern ganz besonders auf die kognitiven Komponenten. Aus seiner Sicht beruhen psychische

Probleme auf Fehlwahrnehmungen und falschen Kognitionen. Bewußte und unbewußte Bewertungen, Interpretationen und bestimmte irrationale Gedanken und Philosophien werden für seelische Schwierigkeiten und Abnormitäten als verursachend angesehen.

Nach Auffassung von Ellis sind es im wesentlichen 12 irrationale Ideen, die für emotionale Störungen verantwortlich sind und diese auch aufrechterhalten. Hier seien nur 4 wiedergegeben (Ellis 1977, S. 64 ff):

Nr. 1: Die Idee, daß ein Erwachsener unbedingt in allen seinen Handlungen geliebt werden muß - anstatt sich auf seine eigene Selbstachtung zu konzentrieren, auf das Gewinnen von Anerkennung für praktische Ziele und auf das Lieben anstelle auf das Geliebtwerden.

Nr. 3: Die Idee, daß es entsetzlich ist, wenn die Dinge nicht so sind, wie man es gern hätte - anstelle der Idee, daß das sehr schade ist und daß man besser versuchen sollte, die Bedingungen zu ändern oder zu kontrollieren, so daß sie befriedigender werden und wenn das nicht möglich ist, man ihre Existenz lieber zeitweilig akzeptieren sollte.

Nr. 8: Die Idee, daß man in allen möglichen Bereichen äußerst kompetent, intelligent und erfolgreich sein sollte - anstelle der Idee, daß es besser wäre, es zu tun als gut tun zu müssen und sich als ganz unvollkommenes Wesen annehmen sollte, das allgemein menschliche Grenzen und spezifische Schwächen hat.

Nr. 10: Die Idee, daß man sichere und perfekte Kontrolle über Dinge haben muß- anstelle der Idee, daß die Welt voll ist von Wahrscheinlichkeit und Zufall und daß man trotzdem das Leben genießen kann.

Das Vorgehen von Ellis besteht nun darin, daß die kognitiven Anteile, also Fehlwahrnehmungen, falschen Prämissen und falschen Weltbilder herausgearbeitet und bearbeitet, d.h. umstrukturiert werden. Rationales und logisches Denken auch in Form des Sokratischen Dialogs stehen dabei im Vordergrund.
Besonders kennzeichnend für die RT ist, daß sie Verhaltensstörungen im wesentlichen im Kontext der Gegenwart sieht, auch wenn sie deren Verursachung in der Vergangenheit zugesteht. Ferner wird der Klient in der RT angehalten, vom Therapeuten langsam unabhängig zu werden und seine Einstellungssysteme selbst zu analysieren.
Die RT bleibt nicht bei der kognitiven Analyse stehen, sondern versucht durch "Hausaufgaben", d.h. durch konkrete Handlungsanweisungen, das kognitiv Erkannte auch in Handeln umzusetzen. Beispielsweise soll eine Mutter, die ständig auf alles für sich verzichtete ("eine Mutter hat ja nur für ihre Familie da zu sein"), ihre Wünsche in der Familie anmelden und durchsetzen.

Weitere Möglichkeiten des Vorgehens beim kognitiven Umstrukturieren werden aus der abgekürzten Gedächtnisformel "ADAPT" von Mahoney (1977,S. 203) ersichtlich:

A "Acknowledge": Erkenne die bedrückenden Gefühle (Angst, Depressionen, Ärger).

D "Discriminate":Unterscheide die gerade aufgetretenen inneren Ereignisse (sowohl Gedanken als auch bildhafte Vorstellungen, d.h. wiederhole sie verdeckt).

A "Assess":Schätze die logischen Grundlagen und Anpassungsfunktion Deiner bildhaften Vorstellungen und Selbstaussagen ein.

P "Present": Stelle Dir Alternativen vor (d.h. erzeuge innere Monologe oder bildhafte Vorstellungen mit angemessenerem, bewältigendem Inhalt und dann

T "Think praise (!)": Denke daran, Dich zu loben (d.h. belohne Dich dafür, daß Du die Folge durchgeführt hast).

Neben Einzelfallberichten liegen inzwischen empirische Untersuchungen vor, die die Auswirkungen und die Wirksamkeit der kognitiven Umstrukturierung belegen (vgl. Mahoney 1977,S. 205 ff). Allerdings muß festgehalten werden, daß die diesbezügliche Forschung eher noch in den Anfängen steckt und methodisch oft nicht ganz ausgereift ist. Eine abschließende Bewertung ist deshalb bisher noch nicht möglich.

(2) Selbstinstruktion

Verhaltensänderungen sind auch durch Selbstinstruktionen, durch "innere Monologe" möglich. Dies wird bereits in der fernöstlichen Literatur, beispielsweise in der Bhagavadgita, vor Jahrtausenden belegt. Yoga läßt sich auch in diesem Zusammenhang anführen. Auf die Kraft positiven Denkens weist u.a. auch der französische Psychiater Coué (1922) hin. Er benutzte als Methode zur Selbstbeeinflussung den Satz "Mir geht es mit jedem Tag immer besser" und war damit im therapeutischen Bereich zum Teil recht erfolgreich. Verfahren des autogenen Trainings lassen sich auch im Zusammenhang der Selbstinstruktion nennen. Hierbei geht es um die Beeinflussung unwillkürlicher, neurophysiologischer und vegetativer Prozesse des Organismus. Durch "innere Monologe" oder Autosuggestionen wie "ich bin ganz ruhig und gelassen", "mein rechter Arm ist warm", "Atem ganz gleichmäßig", "ich bin erfolgreich" wird versucht, auf das psychophysische Gleichgewicht therapeutisch einzuwirken. Die Ergebnisse sind beeindruckend (vgl. Hoffmann 1981; Lindemann 1977; Schultz 1951; Vaitl 1978).

Die heutigen, empirisch abgesicherten Selbstinstruktionsverfahren verdanken ihre Existenz besonders den Forschungsarbeiten von Luria (1961) und Vigotsky (1962) zur "verdeckten Sprache" und Arbeiten von Meichenbaum und seinen Mitarbeitern (Meichenbaum 1975). Im deutschen Bereich ist dieser Ansatz besonders von Wagner (1976) im Zusammenhang des Trainings von "impulsiven" Kindern aufgegriffen worden.

Betrachtet man die Selbstinstruktionsverfahren im Vergleich mit dem Ansatz von Ellis, so zeigen sich Gemeinsamkeiten und Unterschiede. Ähnlich wie bei Ellis wird bei den Selbstinstruktionsverfahren besonders die Bedeutung "innerer Monologe" für Verhaltensstörungen betont. Gemeinsame Elemente mit Ellis sind ferner systematische Beobachtung, Umstrukturierung gestörter Denkmuster, didaktische Instruktionen und gelenkte Selbstentdeckung, ferner graduelle Ausführung von Aufgaben und Prozesse des Modellernens.

Allerdings wird in der neueren Selbstinstruktionsforschung - besonders um Meichenbaum - der formalen logischen Analyse (wie der Isolierung und Bewertung von Prämissen) und der logischen Selbstüberprüfung, dem Sokratischen Dialog sowie der Arbeitsprämisse der unbedingten Selbstakzeptierung des Klienten nicht ein so großes Gewicht beigemessen. Stattdessen kommt der graduellen Aufgabenstellung, dem kognitiven Modellernen und dem gelenkten Vermittlungstraining größere Bedeutung zu.

Zur Veranschaulichung des Selbstinstruktionsverfahrens sei ein Trainingsbeispiel von Meichenbaum mit "impulsiven" Kindern vorgestellt, deren Verhalten sich durch kurze Reaktionslatenzen und hohe Fehlerzahl bei bestimmten Aufgaben auszeichnet. Das Vorgehen verlief dabei wie folgt (nach Mahoney 1977, S. 215):

- ein erwachsenes Modell führte zunächst die Aufgabe aus, während es laut zu sich selbst sprach (kognitives Modeling);
- dann führte das Kind die gleiche Aufgabe aus, wobei es den Instruktionen

des Modells folgte (offene externale Führung);

- das Kind führte dann die Aufgabe aus, indem es sich selbst laut instruierte (offene Selbstführung);
- das Kind flüsterte dann die Instruktion sich selbst zu, während es die Aufgabe durchging (ausgeblendete Selbstführung); und schließlich
- das Kind führte die Aufgabe aus, während es seine Handlung durch innere Sprache lenkte (verdeckte Selbstinstruktion).

Erweiterungen und Überarbeitungen des Selbstinstruktionsverfahrens führten z.B. zur Entwicklung eines "einsichtsorientierten" Therapieverfahrens zur Behandlung redeängstlicher Klienten (Meichenbaum u.a. 1971). Spezielle Selbstinstruktionsverfahren wurden bei Schlangenängsten oder Prüfungsangst im Vergleich mit anderen Verfahren erfolgreich angewendet. Gute Erfolge zeigten sich auch in den Bereichen der Kreativität, Angsterleichterung, Aufregung oder in der Geriatrie (vgl. Mahoney 1977,S.219f; Braun 1978,S.2326f; Eisert 1978). Was die empirische Fundierung von Selbstinstruktionsverfahren betrifft, so ist diese im Vergleich zur kognitiven Umstrukturierung breiter (vgl. Mahoney 1977). Allerdings ist noch weitere Forschung erforderlich, besonders hinsichtlich der Anwendung in unterschiedlichsten Bereichen oder bezüglich der Stabilität der Ergebnisse.

(3) <u>Problemlösen</u>

Ein im Zusammenhang mit Verhaltensänderungen bisher zu wenig gesehener Aspekt ist der des Problemlösens. Es wird hier davon ausgegangen, daß Veränderungen im Kognitiven sich im emotionalen und Verhaltensbereich niederschlagen. Beim Problemlösen handelt es sich um einen Verhaltensprozeß und eine bestimmte Form der Informationsgewinnung und -verarbeitung, durch die die Fähigkeit zu selbständigem Wissenserwerb und kritischem Urteil verbessert wird, um mit neuartigen Situationen besser umgehen zu können, wobei früher Gelerntes produktiv transformiert wird (vgl. Davis 1973; Dörner 1974; König & Otto 1979). Modelle des Problemlösens finden sich bei Guilford (1966), Miller, Galanter & Pribram (1960) oder D'Zurille & Goldfried (1971). Es lassen sich fünf Phasen im Problemlösungsprozeß unterscheiden:

- <u>Erkennen einer Problemsituation:</u> Jemand hat den Eindruck oder die Gewißheit, daß ein Problem vorliegt und möchte es in den Griff bekommen und verzichtet auf vorschnelle und unreflektierte Lösungen.
- <u>Definieren und Formulieren des Problems:</u> Nicht selten muß das Problem erst aus einem komplexen Zusammenhang herausgelöst werden, wobei wichtige von unwichtigen Aspekten gesondert werden müssen. Die Definition des Problems soll dann so konkret wie möglich erfolgen und die verschiedenen Facetten des Problems umfassen.
- <u>Finden von alternativen Lösungen:</u> Es sollen möglichst viele Lösungsalternativen gefunden werden, indem bestimmte Regeln von "brainstorming"-Prozessen berücksichtigt werden. Das heißt, daß Kritik an den spontan zu produzierenden Inhalten, Phantasien und Ideen unterbleibt, ausgefallene und originelle Beiträge von großer Quantität erwünscht und dann die Ideen integriert und verfeinert werden (vgl. Osborn 1963).
- <u>Entscheiden:</u> Erst hiernach erfolgt eine Entscheidung über die Brauchbarkeit der produzierten Ideen. Nachdem die Vor- und Nachteile und Realisierungsmöglichkeiten abgewogen worden sind, wird eine Entscheidung für die günstigste Lösung getroffen.

- Überprüfen einer Entscheidung: Diese Lösung wird in konkreten Situationen ausprobiert und auf ihre Nützlichkeit hin getestet. Sollte sie zur Problemlösung nicht beitragen, wird die nächst nützliche Idee in die Praxis umgesetzt, bis letztlich eine Lösungsalternative zum Erfolg führt.

Die bisherige Forschung zeigt, daß Problemlösungsfertigkeiten ein bedeutsamer und hilfreicher Bestandteil für anpassungsfähige Flexibilität und erfolgreiches Umgehen mit gestellten Aufgaben und Lebensproblemen sind (vgl. Mahoney 1977;, Davis 1973).
In der Industrie beschäftigte man sich besonders mit dem Aspekt des "brainstorstorming" als kreativem Finden von neuen Ideen zur Entwicklung neuer Produkte und Technologien.
Untersuchungsergebnisse zum Problemlösetraining in der Schule belegen, daß verschiedene Maße der Kreativität, der Denkfähigkeiten und der Handlungsflexibilität durch systematisches Problemlösetraining deutlich verbessert werden können (z.B. Davis & Scott 1971).
Wie sehr Problemlösedefizite für menschliche Verhaltensschwierigkeiten verantwortlich sind, wird besonders krass im klinischen Bereich deutlich. D'Zurilla & Goldfried (1971) schreiben beispielsweise, daß "vieles von dem, was wir klinisch als 'anormales Verhalten' oder 'emotionale Störung' ansehen, als ineffektives Verhalten mit seinen Konsequenzen betrachtet werden kann; dabei ist das Individuum unfähig, bestimmte situative Probleme in seinem Leben zu lösen und seine unangemessenen Lösungsversuche haben unerwünschte Effekte, wie Angst, Depression und das Schaffen zusätzlicher Probleme" (S.107).
Spivack & Shure (1974) konnten in einer Reihe von experimentellen Untersuchungen nachweisen, daß "normale" und "abweichende" Gruppen sich ganz deutlich hinsichtlich ihrer Problemlösefertigkeiten unterscheiden. Sie entwickelten ein Trainingsprogramm zur Verbesserung von Problemlösefertigkeiten, wobei sich stabile Wirkungen zeigten. Beispielsweise vergrößerte das Training alternatives, auf Konsequenzen gerichtetes Ursache-Wirkungs-Denken oder verminderte überflüssiges und irrelevantes Denken.
Von mehreren Forschern werden auch Selbstmordverhalten oder Sich-persönlich-unglücklich-Fühlen, mangelnde Leistungsfähigkeiten in enger Beziehung zu Defiziten im Problemlöseverhalten gesehen. Diesbezügliche Trainings, vor allem Trainings von "Denkfähigkeiten" sind in der Entwicklung begriffen (vgl. Mahoney 1977).

1.3 Überzeugungstheoretische Aspekte

Überzeugungen im Sinne von Werten, Normen, Einstellungen, Meinungen und Erwartungen sind wesentliche Determinanten für Verhalten, wie insbesondere die Einstellungsforschung zeigt. Um Verhalten ändern zu können, ist es unter anderem erforderlich, diese zu modifizieren. Diesbezüglich liegen sehr viele theoretische Ansätze vor, so die kognitive Dissonanztheorie von Festinger (1957), die Assimilations-Kontrast-Theorie von Sherif & Hovland (1961), die Kongruitätstheorie von Rokeach & Rothman (1965), die Gleichgewichtstheorie von Heider (1946) oder die Theorie der affektiv-kognitiven Konsistenz von Rosenberg & Abelson (1960) u.a.. Deren Darstellung kann hier nicht erfolgen (vgl. Fishbein 1967; Insko 1967; Oerter 1970, Rokeach 1968,1973; Secord & Backman 1976; Schmidt u.a. 1975; Triandis 1975).
Relevante Aspekte im Zusammenhang von Überzeugungen und deren Änderung sind Struktur- und Funktionsmerkmale sowie spezifische Merkmale zur Überzeugungsänderung.

1.3.1 Strukturmerkmale und Funktionen

Einstellungen, aber auch Werten werden von manchen Autoren drei Komponenten zugeschrieben. So sprechen beispielsweise Krech u.a. (1962) oder Rokeach (1968,1973) von kognitiven, affektiven und konativen Komponenten. Die kognitive Komponente bezieht sich dabei auf die inhaltliche, informationsbezogene Seite der Überzeugung, die affektive auf die emotionale, negativ, positiv oder neutral bewertende und die konative auf die handlungsbezogene Seite. Die drei Komponenten streben dabei nach Konsistenz und einem harmonischen Gleichgewicht. Diese Sichtweise wird allerdings nicht von allen Kognitionstheoretikern geteilt und auch kritisiert (vgl. Meinefeld 1977; Six 1975).

Es ist möglich, die Konsistenz der Komponenten zu stören, beispielsweise durch gezielte diskrepante Informationsvermittlung. Ein Beispiel für das Drei-Komponenten-Modell und für kognitive Änderungen durch Diskrepanz-Informationen: Ein konservativer Lehrer hat eine positive Einstellung zu einem bestimmten Schüler X. Durch einen Kollegen C wird ihm die Nachricht (kognitiver Inhalt) zugetragen, daß der Schüler "linke" Ideen in seinem Unterricht geäußert habe. Es besteht nun die Möglichkeit, daß der Lehrer A seinem Kollegen C glaubt und "sauer" auf den Schüler X ist, weil "linke" Ideen für den Lehrer A negativ bewertet sind (jetzt kommt die affektive Komponente von "linke" Ideen zum Tragen). Durch die neue Information entsteht im Einstellungskomponentensystem von Lehrer A Dissonanz oder Ungleichgewicht. Der Lehrer A wird nun versuchen seine Einstellungskomponenten wieder in Einklang zu bringen. Er wird die affektive sowie die konative Komponente gleichsinnig zur neuen Information verändern. D.h. er wird möglicherweise seinen ehemals positiv bewerteten Schüler negativ beurteilen und seine Verhaltenstendenz wird sich negativ färben, z.B. durch Rücknahme früherer positiver Aufmerksamkeit. M.a.W. eine diskrepante Information, die ein Ungleichgewicht im Einstellungssystem hervorgerufen hat, wird assimiliert und harmonisiert durch Veränderung der anderen Komponenten. Das dies nicht unbedingt so sein muß, und wovon Einstellungsänderungen im Detail noch weiter abhängen, wird im folgenden noch gezeigt.

Die kognitive Komponente wird in der Literatur (vgl. Bergler & Six 1972; Roth 1967; Schneider 1978b) weiterhin charakterisiert u.a. durch Gegenstandsbezogenheit, Komplexität, Systemzusammenhang, Stabilität und Gruppenspezifität.

- Gegenstandsbezogenheit: Sie besagt, daß Überzeugungen sich immer auf materielle oder immaterielle Objekte jeglicher Art beziehen, die auf unterschiedlichen Abstraktionsebenen (z.B. Einstellung zur eigenen Person oder Einstellung zur Menschheit) angesiedelt sind.
- Komplexität: Überzeugungen unterscheiden sich auch hinsichtlich ihrer Vielschichtigkeit. Ein Erwachsener mit nicht abgeschlossener Volksschulausbildung wird höchstwahrscheinlich weniger differenzierte Einstellungen zu den politischen Verhältnissen in der Bundesrepublik haben als ein Soziologe.
- Systemzusammenhang: Hierunter ist zu verstehen, daß eine Einstellung oder eine sonstige Überzeugung selten isoliert existiert, sondern in ein System von Überzeugungen integriert und dabei mit einer Vielzahl anderer Überzeugungen verbunden ist. Das System selbst ist als hierarchisch gegliedert zu denken (vgl. Schneider 1977,S.33ff). Nach Rokeach (1973) gehen in ein Überzeugungssystem sehr viele differenziert miteinander verbundene und hierarchisch strukturierte Elemente ein (vgl. Abb. 8).

Abb.8 : Matrix möglicher Beziehungen innerhalb von Überzeugungssystemen nach Rokeach (1973,S.217ff)

Organisation von:		A	B	C	D	E	F	G	H	I	J
Kognitionen über das Selbst	A										
Terminales Wertsystem	B										
Instrumentales Wertsystem	C										
Einstellungssystem	D										
Einstellung	E										
Kognition über eigenes Verhalten	F										
Kognition über Einstellungen von 'significant others'	G										
Kognitionen über Werte und Bedürfnisse von 'significant others'	H										
Kognitionen über das Verhalten von 'significant others'	I										
Kognitionen über das Verhalten nichtsozialer Objekte	J										

Die "Kognitionen über das Selbst" stellen bei Rokeach den innersten Kern eines Überzeugungssystems dar, gefolgt von den terminalen und instrumentalen Werten. Das Einstellungssystem hängt wiederum von letzteren ab und ist ihnen untergeordnet. Die übrigen Kognitionen werden weiterhin als hierarchisch untergegliedert angesehen (vgl. auch Schneider 1977,S.68ff).
- Stabilität: Einstellungen werden als relativ stabil bezeichnet und das impliziert, daß sie sich nicht von Augenblick zu Augenblick ändern. Dem Überzeugungselement "Wert" wird in der Literatur besondere Stabilität zugeschrieben (vgl. Schneider 1977). Festzuhalten ist jedoch, daß Überzeugungen unterschiedlich änderungsresistent sind, was mit ihrer Zentralität und ihrer Funktion für das Individuum zusammenhängt.
- Gruppenspezifität: Hierin kommt zum Ausdruck, daß Individuen bestimmten Schichten und Gruppen angehören, denen sie sich besonders nahe fühlen,

und in denen sie "gruppenspezifisch" sozialisiert werden, d.h. gruppenkonforme Überzeugungen erwerben. Beispielsweise werden in Arbeiterkreisen - verglichen mit Personen aus der Mittelschicht - stärker konservative Werte und Einstellungen vermittelt (vgl. Kap.I,3.4).

Im Rahmen der Änderung von Überzeugungen können u.a. die genannten Aspekte des Systemzusammenhangs und der Gruppenspezifität besonders nutzbar gemacht werden. So können Widersprüche in Überzeugungssystemen - etwa zwischen Werten und Einstellungen - als Voraussetzung zur Veränderung dienen. Dies gilt auch für Widersprüche zwischen Einstellungen oder Werten, die eine Person besitzt und als wichtig erachtet, und denen, die andere wichtige Bezugsgruppen (z.B. Freunde) aufweisen. Diesen Sachverhalt griff z.B. Rokeach (1973,S.235ff) in experimentellen Untersuchungen auf. In diesen wurden Versuchspersonen auf Widersprüche zwischen ihren Überzeugungselementen (z.B. die Werte "Gleichheit" und "Freiheit" und spezifische Einstellungen wie "Gleiche Rechte für Schwarze", "Anwesenheit der Amerikaner in Vietnam") aufmerksam gemacht und ferner darauf hingewiesen, daß ihre Überzeugungen von denen wichtiger Bezugsgruppen abwichen. Diese Rückmeldungen führten zu Unzufriedenheit mit sich selbst und dies hatte letztlich langfristige Änderungen von Einstellungen und Werten zur Folge, wobei Wertänderungen oft auch Einstellungsänderungen nach sich zogen. Zum Teil traten auch längerfristige Verhaltensänderungen ein.

Einstellungen und Werten werden neben den verschiedenen Komponenten und Aspekten verschiedene Funktionen zugeordnet (vgl. auch Schneider 1977,1978b). Man unterscheidet meist vier sich nicht ausschließende Funktionen.

- <u>Wissensfunktion:</u> Durch Elemente wie z.B. Einstellungen oder Werte, d.h. durch die Ansammlung von Wissen, wird eine unüberschaubare, hochkomplexe Welt strukturiert und für den einzelnen handhabbar.
- <u>Anpassungsfunktion:</u> Das Individuum sammelt während des Sozialisationsprozesses verhaltensrelevante Einstellungen, Normen u.a., die ihm helfen, sich seiner Gruppe anzupassen, um bestimmte Ziele zu erreichen. Diese entlasten ihn auch vor ständig neuer Reflektion seines Verhaltens. Konflikte werden ferner durch gemeinsame Werte und Einstellungen reduziert.
- <u>Selbstdarstellungsfunktion:</u> Einstellungen und Überzeugungen ermöglichen dem einzelnen sich selbst darzustellen, einen "eigenen" Standpunkt zu finden und eine eigene Identität aufzubauen. Dadurch, daß jemand ein eigenes Weltbild sich schafft oder übernimmt (z.B. von sich sagen kann "ich bin ein Konservativer"), gewinnt er Stabilität und Selbstsicherheit.
- <u>Abwehr- und Selbstbehauptungsfunktion:</u> Einstellungen und besonders spezifische Vorurteile gegenüber bestimmten Personen, Gruppen oder Völkern dienen dem einzelnen oft dazu, seine eigenen unterdrückten oder unbewußten Bedürfnisse und Wünsche zu vertuschen oder innere Konflikte zu bewältigen. Sie helfen dem einzelnen dann auch, sich in seiner Umwelt behaupten zu können.

Die oben genannten Struktur- und Funktionsmerkmale von Überzeugungen lassen deutlich werden, wie kompliziert im Grunde genommen Veränderungen von Einstellungen, Werten u.a. sind. So müssen dann auch eindimensionale Strategien wie z.B. Wissensvermittlung ohne Berücksichtigung der Bedeutsamkeit einer Einstellung eines Individuums für die Aufrechterhaltung seiner Identität oder Selbstsicherheit in seiner Gruppe zum Scheitern verurteilt sein.

Auf das vorher angeführte Lehrer-Beispiel angewandt, kann dies heißen, daß der Lehrer seine Einstellung zu Schüler X nicht unbedingt lediglich wegen einer einzigen diskrepanten Information ändern muß. Die Einstellungsänderung wird vielleicht erst dann erfolgen, wenn der Lehrer sich durch den Schüler z.B. in der Stabilität seines Wertsystems, in der Zugehörigkeit zu seiner Bezugsgruppe (z.B. anderen Lehrern, Schulklasse, Familie) oder in seinem Selbstsystem, in seinem Selbstverständnis und seiner Identität angegriffen und bedroht fühlt.

1.3.2 Faktoren der Veränderung

Eine erfolgreiche Änderung von Überzeugungen wird erst dann möglich sein, wenn deren strukturellen Merkmalen wie Komplexität, Systemzusammenhang, Stabilität, Gruppenspezifität und den verschiedenen Funktionen Rechnung getragen wird. Aber eine Berücksichtigung dieser Aspekte allein reicht noch nicht aus. Sie müssen ergänzt werden durch ein adäquates Einbeziehen von Eigenschaften der Informationsquelle, von Besonderheiten der Informationsgestaltung sowie von Merkmalen des Informationsaufnehmenden. Diese Aspekte wurden besonders im Zusammenhang der Einstellungsänderung untersucht (vgl. McGuire 1968; Mueller & Thomas 1974; Secord & Backman 1976; Triandis 1975).

- Informationsquelle: Am erfolgreichsten können z.B. Einstellungen, Werte und Vorurteile beeinflußt und verändert werden, wenn der Beeinflussende (d.h. Informationsquelle) wie etwa Lehrer, Eltern, Freunde, aber auch Massenmedien, von dem Rezipienten (d.h. der zu beeinflussenden Person) als kompetent, bekannt und vertraut, glaubwürdig, attraktiv und der eigenen Person eher ähnlich, sowie ferner relativ mächtig erlebt wird. Die Attraktionsforschung (vgl. Huston 1974) hat beispielsweise sehr deutlich gemacht, wie wichtig erlebte Ähnlichkeit oder Komplementarität von Bedürfnissen für positive Beziehungen und damit für Veränderungsprozesse sind.
Bei stark verankerten Einstellungen und Vorurteilen, die beispielsweise die psychische Sicherheit und Gesundheit einer Person gewährleisten, werden bloßes intellektuelles Überzeugen oder Überreden zu einer Kognitionsveränderung nicht ausreichen. Die betreffende Person muß sich in der Interaktionssituation sicher, geborgen und nicht angegriffen fühlen. Bloße Machtausübung oder bloßes Machtausspielen dürfte ebenfalls kaum längerfristig Veränderungen herbeiführen. Wirkungsvolle und komplexe Veränderungen sind nur in offenen, vertrauensvollen, emotional guten Beziehungen möglich, wie die Therapieforschung besonders gezeigt hat (vgl. Bommert 1977; Pongratz 1978; Tausch 1970).

- Informationsgestaltung: Es liegen vielfältige Untersuchungen dazu vor, wie Informationen dargeboten werden sollen, um bei der zu beeinflussenden Person Veränderungen zu ermöglichen (vgl. McGuire 1968; Secord & Backman 1976). Die Ergebnisse sind allerdings oft widersprüchlich, weil es schwierig ist, in Experimenten die Vielfalt von einwirkenden Faktoren zu kontrollieren.
Die empirische Forschung zeigt, daß neben der verbalen Informations- oder Kommunikationsgestaltung die nonverbale Kommunikation (also Mimik, Gestik, Phonetik, Physiognomie, Kleidung u.a.) eine große Rolle spielt (vgl. Scherer & Wallbott 1978). So konnten Argyle u.a. (1970) nachweisen, daß dem nonverbalen Aspekt in der Kommunikation, besonders bei der Eindrucksbildung, oft eine viel größere Bedeutung als dem rein verbalen Aspekt zukommt. Dies kommt auch in dem 2. Axiom von Watzlawik u.a. (1974) zum Ausdruck, das besagt, daß jede Kommunikation einen Inhalts- und Beziehungsaspekt beinhaltet. Dies hat zur Folge, wenn eine Beziehung gestört und negativ getönt ist, daß Informationsinhalte noch so attraktiv verpackt und geschickt dargeboten werden können und das Ziel der Veränderung dennoch nicht erreicht werden kann.

Einige Aspekte der verbalen Informationsgestaltung, die in der Literatur im Zusammenhang besonders von Einstellungsänderung genannt werden, seien kurz aufgeführt, wobei auf die Widersprüchlichkeit hingewiesen wird.
(a) Art des Appells: Secord & Backman (1976, S.130) schreiben in ihrer Zusammenfassung zu einem Aspekt innerhalb von Arten des Appells: "Erste Untersuchungen..

haben zu dem Schluß geführt, daß schwache Furchtappelle beeinflussender sind als starke Furchtappelle. Dies wird durch neuere Forschungen nicht bestätigt. Spätere Arbeiten stützen vielmehr die gegenteilige Annahme: Je stärker der Furchtappell, desto größer die Beeinflussung...".
(b) Art der Argumentation: Einige Arbeiten stellen fest, daß bei uninformierten und uninteressierten Zuhörern eine Beeinflussung umso eher möglich ist, wenn bei den Ausführungen die Schlußfolgerungen explizit ausgesprochen werden. Anders stellt sich die Situation bei motivierten und intelligenten Personen dar, wo sich ein Nichtaussprechen von Schlußfolgerungen als günstiger erwiesen hat (vgl. McGuire 1968).
(c) Einseitige und zweiseitige Kommunikation: Untersuchungen zeigen, daß einseitige Kommunikation im Vergleich zu zweiseitiger Information (also pro- und contra-Argumente) wirkungsvoller ist, wenn die zu beeinflussenden Personen bereits eine positive Beziehung zum Beeinflusser haben oder aber über kein Wissen bezüglich des dargestellten Problembereichs verfügen. Zweiseitige Informationen haben den Vorteil, daß Personen gegen spätere Gegenpropaganda immunisiert werden (vgl. Secord & Backman 1976,S.138).
(d) Reihenfolge der Argumentation: Oft wird geglaubt, daß Informationen zu Beginn eines Vortrages besser vom Zuhörer aufgenommen und behalten werden als später folgende. Empirische Untersuchungen zum Primacy- und Recency-Effekt zeigen aber, daß einfache Aussagen zur optimalen Reihenfolge von Informationen nicht möglich sind (vgl. Secord & Backman 1976; Irle 1975). Einige Arbeiten sprechen dafür, daß bei der Notwendigkeit, unerfreuliche Informationen mitteilen zu müssen, es günstiger ist, erst die angenehmen voranzuschicken (McGuire 1957). Dies verhindert, daß sofort Abwehrmechanismen aufgebaut werden und die weitere Aufmerksamkeit verloren geht.

- Informationsaufnehmender: Aspekte, die eine Beeinflussung von Einstellungen erschweren können, sind Unaufmerksamkeit, Desinteresse, Selektivität der Informationsübernahme, Verständnisschwierigkeiten, Nicht-Akzeptieren und Vergessen von Informationsinhalten durch den Rezipienten. Auf einige Faktoren wurde bereits an anderer Stelle eingegangen (vgl. Kap. II.1.2). Ein Kommunikator wird sich also bemühen müssen, diese Aspekte zu berücksichtigen und seine Informationen entsprechend zu gestalten.

Der Sachverhalt der Beeinflussung kompliziert sich weiter durch die Tatsache, daß Menschen sich in ihrer Beeinflußbarkeit oder Resistenz gegenüber Informationen unterscheiden. Noch diffiziler werden Beeinflussungsversuche dadurch, daß manche Menschen sich bei leicht erfaßbaren Kommunikationsinhalten eher sperren, Widerstand leisten, während sie für kompliziertere Informationen empfänglicher sind. M.a.W. Menschen unterscheiden sich nicht nur generell in ihrer Beeinflußbarkeit, sondern differentiell auch je nach Kommunikationsstruktur und Kommunikationsinhalt.

Untersuchungen zur Beziehung zwischen Persönlichkeitsaspekten und Beeinflußbarkeit erbrachten zahlreiche Unstimmigkeiten in den Ergebnissen. Ursachen dafür sind moderierende Effekte wie z.B. die jeweilige Situation (entspannt-gespannt), Status-Unterschiede zwischen Kommunikator und Rezipient, situationsbedingte oder chronische, stabile Persönlichkeitsmerkmale, Medienfaktoren (z. B. Kommunikation von Angesicht zu Angesicht) oder unterschiedliche Formen der Informationsverarbeitung. Einige wenige Aspekte wie (a) Persönlichkeitsfaktoren und (b) Distanz zwischen Informationsquelle und Rezipient seien nur kurz angesprochen. (Näheres McGuire 1968).
(a) Persönlichkeitsfaktoren: Ein speziell untersuchtes Merkmal ist die Intelligenz. Man könnte geneigt sein, anzunehmen, daß intelligente Personen weniger beeinflußbar sind. Wie oben jedoch bereits angedeutet, ist die Sachlage komplizierter. So finden sich in der Literatur sowohl negative als auch positive

Beziehungen zwischen Intelligenz und Beeinflußbarkeit (Hovland & Janis 1959; Hovland, Janis & Kelly 1953). Positive Beziehungen liegen vor allem bei der Übernahme hochkomplexer und schwierig verständlicher Informationen vor, deren Verarbeitung intelligenten Personen offensichtlich leichter fällt und die dann auch für sie attraktiver sind als zu simple Probleme und Beeinflussungsstrategien.

Neben der Intelligenz wurden Selbstwertgefühl, Aggressivität, neurotische Abwehrhaltung, Wahrnehmungsabhängigkeit, Innen- und Außengerichtetheit, Autoritarismus, Dogmatismus, soziale Isolierung, Phantasiereichtum und Geschlechtszugehörigkeit in ihrer Beziehung zu Beeinflußbarkeit untersucht. Es zeigten sich fast immer keine starken und konsistenten Relationen (vgl. McGuire 1969; Secord & Backman 1976). Dies ist allerdings nicht so zu interpretieren, daß Persönlichkeitsaspekte keinerlei Bedeutung im Rahmen der Beeinflussung von Personen zukommt. Oft sind auch methodische Untersuchungsprobleme für geringe Ausprägungen von Zusammenhängen verantwortlich (vgl. Guilford 1954).

(b) Distanz: Die Wirkung von Informationen auf einen Rezipienten hängt bei einseitiger Kommunikation sehr stark von der Nähe oder Ferne der Überzeugungsinhalte von Rezipient und Kommunikator ab. Liegen die Positionen von beiden Personen nicht allzuweit von einander entfernt, so wird der Rezipient die Inhalte des Kommunikators sogar noch näher erleben. In der Literatur wird diesbezüglich dann von "Assimilations-Effekt" gesprochen (Sherif & Hovland 1961). Informationen mit geringer Distanz haben auch eine relativ hohe Chance angenommen zu werden. Ein gegenteiliger Effekt, der "Kontrasteffekt", erfolgt oft, wenn die Positionen von Kommunikator und Rezipienten sehr weit entfernt sind und der Empfänger die Informationen des Kommunikators als weiter als in Wirklichkeit entfernt erlebt. Entsprechende Informationsinhalte werden vom Rezipienten auch seltener übernommen. Ein "Bumerang-Effekt" tritt auf, wenn die Positionen von Rezipient und Kommunikator (z.B. Eltern und Erziehungsberater) relativ weit entfernt sind und aufgrund durchschaubarer Überredungsversuche des Kommunikators die Distanz von beiden statt verringert noch vergrößert wird. Bisher sieht es so aus, als seien Einstellungsänderungen bei sehr unterschiedlichen Positionen nicht möglich. Daß die Wirklichkeit komplexer ist, machen verschiedene Untersuchungen deutlich (vgl. Secord & Backman 1976,S.146 unten). So sind Einstellungsänderungen trotz diskrepanter Positionen von Kommunikator und Rezipient möglich, wenn der Kommunikator als sehr glaubwürdig angesehen wird. Diese Aussage ist jedoch wiederum nur bedingt gültig für Inhalte, die für den Empfänger von geringerer Bedeutung sind. Ist der Rezipient innerlich sehr stark an dem Thema beteiligt (z.B. jemand ist übermäßig religiös), so sind die Aussichten der Einflußnahme seitens eines ausgesprochen glaubwürdigen Kommunikators sehr eingeschränkt, wenn die inhaltlichen Positionsunterschiede zu groß sind. Veränderungen sind dann nur über Teilschritte möglich.

1.4 Kommunikation und Beratung

Veränderungen von Verhalten und verhaltensbedingenden Überzeugungen sind durch Kommunikation oder durch gezielte Modifikationen im Kommunikationsbereich möglich. Die Beratung als Informationsvermittlung ist dabei eine besondere Variante des Kommunikationsprozesses. Menschliche Kommunikation unterliegt verschiedenen Gesetzmäßigkeiten und stellt ein komplexes System verbaler und nonverbaler interagierender Elemente dar (vgl. Argyle 1972; Graumann 1972; Kurtz & Prestera 1980; Reifarth 1976; Schefelen 1976; Scherer & Wallbott 1978; Secord & Backman 1976; Watzlawick u.a. 1974).(16)

1.4.1 Axiome menschlicher Kommunikation

Ein in der Kommunikationstheorie zentraler und oft angesprochener Ansatz ist der von Watzlawick, Beavon & Jackson (1974). In ihrem Buch "Menschliche Kommunikation. Formen, Störungen, Paradoxien." stellen die Autoren fünf Axiome oder Regeln heraus, die sie für das Kommunikationsgeschehen als besonders relevant beurteilen.

Ihr erstes Axiom formulieren sie als "Man kann nicht nicht kommunizieren". Sie gehen davon aus, daß Menschen sich immer verhalten und damit immer Mitteilungen und Informationen von sich geben, ob sie wollen oder nicht. Watzlawick u.a. verstehen unter Kommunikation nicht nur Worte, "sondern auch alle paralinguistischen Phänomene wie z.B. Tonfall, Schnelligkeit und Langsamkeit der Sprache, Pausen, Lachen und Seufzen, Körperhaltung, Ausdrucksbewegungen, Körpersprache usw. innerhalb eines bestimmten Kontexts." (Watzlawick u.a. 1974,S.51). Auch Schweigen ist letztlich kommunizieren. Kommunikation ist allgegenwärtig, man kann ihr nicht entrinnen.

Das zweite Axion lautet: "Jede Kommunikation hat einen Inhalts- und Beziehungsaspekt, derart, daß letzterer den ersteren bestimmt und daher eine Metakommunikation ist." (S.56). D.h. in Mitteilungen erfolgt eine inhaltliche Information, wie z.B. "Gib mir etwas zu trinken". Gleichzeitig kommt in der Art und Weise des Aussprechens, in paralinguistischen oder nonverbalen Elementen, die Beziehung zwischen Sender und Empfänger zum Ausdruck. Der Tonfall kann herablassend, befehlend oder partnerschaftlich und freundlich sein. In der Mitteilung ist stets neben einem Inhalt eine Beziehungsdefinition mitgegeben. Das Verhältnis ist dabei dergestalt, daß der Beziehungsaspekt der bedeutsamere ist, in dem Sinn, als er dem Empfänger einen Hinweis liefert, wie ein Inhalt zu verstehen ist. Er dominiert besonders bei gestörten Beziehungen. Dann ist nicht mehr das inhaltlich Gesagte entscheidend, sondern das "wie".

Watzlawick u.a. definieren das dritte Axion wie folgt: "Die Natur einer Beziehung ist durch die Interpunktion der Kommunikationsabläufe seitens der Partner bedingt." (S.57). Sie meinen dabei, daß die Kommunikation nicht als ein bloßer ununterbrochener Austausch von Mitteilungen anzusehen ist, sondern daß diese Mitteilungen und Ereignisketten interpretiert, strukturiert, d.h. interpunktiert werden. Konflikte in Beziehungen sehen sie oft durch Interpunktionsdiskrepanzen bedingt. So sagt z.B. ein Ehemann: "Ich meide Dich, weil Du nörgelst." und die Ehefrau gibt von sich: "Ich nörgle, weil Du mich meidest." Aufgrund der Tatsache, daß jedes Verhalten eines Kommunikationspartners sowohl Ursache als auch Wirkung für das Verhalten des anderen ist, können die eben genannten Interpunktionskonflikte zu einem Teufelskreis führen. Eine Möglichkeit aus diesem herauszukommen, besteht in der Metakommunikation, d.h. in einem Sprechen "über" das Gesprochene oder Sich-Ereignende.

Das vierte Axiom besagt: "Menschliche Kommunikation bedient sich digitaler und analoger Modalitäten." (S.68). In der digitalen Kommunikation werden klare Zeichen wie z.B. Ziffern, Buchstaben und Worte verwendet. Sie ist dadurch relativ eindeutig, komplex, vielseitig und abstrakt und es lassen sich logische Gesetzmäßigkeiten ausdrücken. Sie dient besonders der Übermittlung des Inhaltsaspekts. Die analoge Kommunikation findet dagegen ihren Ausdruck in Stimmqualität, Sprechweise, Blickaustausch, Körperbewegung oder Raumgestaltung zur Regulierung von Distanz und Nähe. Sie ist weniger präzise und eindeutig als die digitale Kommunikation (z.B. kann Lächeln für Sympathie und Verachtung stehen) und hat nicht die oben genannten Vorzüge. Sie definiert dagegen aber besonders den Beziehungsaspekt (z.B. kann Handauflegen auf die Schulter eines Gesprächspartners freundschaftliche Beziehung und Nähe signalisieren). Die digitale Kommunikation besonders in Form der Körpersprache ist in unteren Schichten stärker ausgeprägt, während das "Digitalisieren" (Gefühle, Empfindungen in Worte zu fassen) häufiger in der Mittelschicht und Oberschicht zu finden ist.

Das fünfte Axiom wird von den Autoren beschrieben mit: "Zwischenmenschliche Kommunikationsabläufe sind entweder symmetrisch oder komplementär, je nachdem, ob die Beziehung zwischen Partnern auf Gleichheit oder Unterschiedlichkeit beruht." (S.70). Symmetrische Beziehungen können Gleichheit in Schwäche, Stärke, Weichheit oder Härte u.a. bedeuten. Komplementäre Beziehungen liegen zwischen Berater und Ratsuchendem, Lehrer und Schüler, Eltern und Kind, Vorgesetztem und Untergebenem vor, wobei bestimmte Rollenbeziehungen und Abhängigkeiten gegeben sind. Komplementäre Beziehungen müssen aber nicht von vornherein negativ definiert sein. So hat die Überlegenheit des Vaters seinem Kind gegenüber eine positive Seite, indem dieser z.B. Schutz und Anregung vermitteln kann. Negativ wird Komplementarität erst bei Ausnutzung zu destruktiven Zielen, z.B. die Schwäche des anderen zum eigenen Vorteil auf dessen Kosten zu verwenden. (17)

1.4.2 Elemente hilfreicher Gespräche und Beratung

Fragt man danach, welche Bedingungen vorliegen müssen, um hilfreiche, Veränderung fördernde Gespräche führen zu können, so lassen sich bestimmte formale und inhaltliche Merkmale nennen (vgl. Graumann 1972). Formale Elemente sind die zur Verfügung stehende Zeit, Räumlichkeiten, Einzel- oder Gruppengespräch, Gesprächspartner. Zu den inhaltlichen Elementen lassen sich Beratercharakteristika, Thematik, Variabilität des Beraterverhaltens und spezielle Aspekte der Beratung zählen.

(1) Formale Elemente

- Zeit: Sie ist sehr entscheidend für die Art des Vorgehens und die Möglichkeiten der Beeinflussung von Personen. Liegen z.B. bei Eltern größere Schwierigkeiten vor, so wird mit ein oder zwei Stunden Gesprächszeit wenig zu erreichen sein. Steht nur wenig Zeit zur Verfügung, was in Beratungsstellen meist zutrifft, so wird der Berater auch viel direktiver, strukturierter und weniger gewähren lassend sich verhalten. Dies hat die mögliche Konsequenz, daß Eltern tiefer liegende, intimere Schwierigkeiten gar nicht richtig ansprechen können, weil hierzu viel Vertrauen notwendig wäre, das sich allerdings erst im Laufe längerer Zeit entwickeln kann. Der Mangel an Zeit kann dann mitverantwortlich sein, daß sich Gespräche nur an der Oberfläche bewegen und letztlich nicht hilfreich sind. Bei nicht allzu gravierenden psychischen Problemen können 5-8 Beratungsstunden ausreichen, wie empirische Untersuchungen gezeigt haben (Rogers 1960; Bommert 1977).
- Räumlichkeiten: Hinsichtlich der optimalen räumlichen Gestaltung für Gespräche wie Zimmergröße, Farben, Licht, Temperatur, Sitzordnung u.a. gibt es

wenig empirische Untersuchungen. Die vorliegenden stammen meist aus der Arbeits-, Organisations- und Betriebspsychologie (vgl. Brown u.a. 1966), auf die hier jedoch nicht eingegangen werden kann. Es sei nur ein Aspekt, der der Sitzordnung, angesprochen. So zeigt sich, daß ein direktes Gegenübersitzen und ein häufiges gegenseitiges Fixieren mit den Augen gerade in den ersten Kontakten oft als belastend erlebt wird. Ein Sitzen im rechten Winkel zueinander gibt einen größeren Spielraum für visuelle Interaktionen. Räumlich-soziale Distanz kann zum Wohlbefinden beitragen (vgl. Reifarth 1976,S.91ff). Genaue Angaben lassen sich aber kaum machen, da die situativen und persönlichkeitsspezifischen Bedingungen zu unterschiedlich sind.

- Einzelgespräch - Gruppengespräch: Beratungen können in beiden Formen erfolgen. Bei manchen Erziehungsproblemen kann es sinnvoll sein, mit Vater und Mutter getrennt zu sprechen, um differenzierte und unabhängige Informationen zu erhalten. Das Einbeziehen von Kindern ist oft auch geboten und so wird ein Kleingruppengespräch mit Eltern und Kindern oft recht sinnvoll zur Lösung von Problemen sein. Familientherapeutisch orientierte Berater werden auf die Zusammenarbeit mit der gesamten Familie größten Wert legen (vgl. Minuchin 1978; Satir 1978 ; Zuk 1978). Für Aufklärungs- und Informationsarbeit z.B. zur Vermittlung von entwicklungs- oder erziehungspsychologischem Wissen drängen sich Gruppengespräche regelrecht auf (vgl. Ohlsen 1970; Schuch 1977).

Gruppensituationen erfordern allerdings von Beratern eine Reihe von sozialen und therapeutischen Fähigkeiten und Fertigkeiten, gerade auch hinsichtlich des Umgangs mit gruppendynamischen Prozessen. Die Frage, ob sich homogene oder heterogene Gruppen besser zur Lösung von Problemen eignen, ist empirisch nicht eindeutig geklärt (Schneider 1975). Zur Größe der Gruppen kann nur soviel gesagt werden, daß sich kleinere Gruppen von 4-8 Personen meist besser zur Besprechung von persönlicheren Problemen eignen. Größere Gruppen erschweren oft das Entstehen von Vertrauen und Aktivität. Geht es dagegen lediglich um die Vermittlung allgemeiner Informationen, so ist die Beachtung der Gruppengröße nicht ganz so relevant.

- Gesprächspartner: Zur Lösung von Problemen können Gespräche mit verschiedenen Gesprächspartnern etwa mit Eltern, Lehrern, Kindern oder Jugendlichen erforderlich sein. Gespräche mit Erwachsenen gestalten sich dann leichter, wenn diese motiviert sind und Offenheit zur Lösung ihrer Probleme mitbringen. Ist das nicht der Fall, so sind spezielle Methoden und Techniken erforderlich (vgl. Bergin & Garfield 1971; Krumboltz & Thoresen 1969).

Gespräche mit Kindern und Jugendlichen sind oft schwieriger. Nicht selten liegt ein geringerer Leidensdruck vor oder geringe Motivation und geringe eigene Aktivität sowie ferner Unwille, über belastende (z.B. feindselige, sexuelle Gedanken) zu sprechen. Stärker psychotherapeutisch ausgebildete Berater gehen dann zu Formen über, bei denen das Gespräch weniger Raum einnimmt und beziehen das Spiel mit ein (z.B. Schmidtchen 1974). Ein Gesprächseinstieg mit Kindern oder Jugendlichen wird leichter, wenn man zu Beginn über ihre Interessen, Vorlieben und Freizeitbeschäftigungen spricht. Zwang, Druck, Konfrontation oder gezielte Problem-Thematisierung sind besser zu vermeiden.

(2) Inhaltliche Elemente

- Beratercharakteristika: Menschen unterscheiden sich hinsichtlich ihrer Fähigkeiten zur Beeinflussung anderer und ihrer Umgebung (Nick 1974; Secord & Backman 1976; Truax & Mitchell 1977). Als förderliche Eigenschaften und Verhaltensweisen erfolgreicher Berater werden angesehen differenzierte und genaue Wahrnehmung, sprachliche und gedankliche Flexibilität, breites Wissen, gutes Organisieren und Analysieren komplexer Sachverhalte und Lernbereitschaft. Weiterhin sind zu nennen eine positive Einstellung zu sich selbst, emotionale Offenheit und Ausgeglichenheit sowie Interessiertheit, Freundlichkeit, Ruhe, Zurückhaltung, Zuhören-Können und Echtheit.

Besonders wichtig ist es auch, daß der Berater nicht nur sach- oder problemzentriert, sondern auch personenzentriert sein können muß. Ja nach Problemlage, Thematik und Personenkreis wird er sich stärker sachzentriert oder personenzentriert verhalten. D.h. er wird im einen Fall mehr auf das Sammeln, Strukturieren und Vermitteln von Informationen achten und im anderen Fall sich stärker auf die emotionalen Inhalte der Probleme - wie es besonders bei der gesprächspsychotherapeutisch orientierten Beratung geschieht - konzentrieren.

- Thematik: Die Gesprächsthemen unterscheiden sich nach Problemlage. So können etwa bei Eltern rein persönliche Probleme im Vordergrund stehen (z.B. Minderwertigkeitsgefühle, Schwierigkeiten am Arbeitsplatz) oder aber weitergehende wie solche der Partnerbeziehung, der Kindererziehung oder des Mangels an bestimmten Informationen. Meist lassen sich die Themen gar nicht so sauber trennen. Beispielsweise gehen individuelle persönliche Probleme eines Partners (z.B. mangelndes Selbstwertgefühl) sehr schnell in Beziehungsprobleme oder Erziehungsprobleme über.
- Beratungsaufgaben: Je nach Thematik fallen unterschiedliche Beratungsaufgaben an. Auf vier Aspekte sei eingegangen.

(a) Kompetenz: Hierzu gehören die oben genannten Eigenschaften und Fähigkeiten, die zur Lösung von Problemen unterschiedlichster Art erforderlich sind.

(b) Informationsvermittlung: Je nach Problemstellung ist ein unterschiedliches Ausmaß der Vermittlung von Informationen notwendig. So werden Informationslükken - z.B. bei Eltern über entwicklungspsychologische Fakten etwa bei Pubertierenden - unterschiedlich groß sein. Ebenso unterschiedlich ist auch das Ausmaß problematischer Erziehungseinstellungen oder Erziehungspraktiken, die manche Eltern-Kind-Beziehungen ungünstig gestalten und auf die ganz spezifisch und individuell eingegangen werden muß. Im Rahmen der Informationsvermittlung ist besonders auf die Aufnahme und Verarbeitung der Informationen seitens der zu Beratenden zu achten. Begünstigt wird der Aufnahme- und Verarbeitungsprozeß, wenn die Informationen nicht zu komplex, sondern eher einfach, kurz, prägnant und strukturiert sind (vgl. Schulz von Thun u.a. 1972). Wichtig ist ferner, die Aufmerksamkeit des zu Beratenden zu sichern, die Information richtig zu dosieren, wichtige Informationen zu wiederholen, empfängerorientiert zu formulieren (d.h. Herkunft, Ausbildung, Intelligenz und Interessen des anderen zu berücksichtigen), den Gesprächspartner zur Mitarbeit und zum Mitdenken zu aktivieren (vgl. Neuberger 1973).

(c) Direkte persönliche Einflußnahme: Beratungsgespräche unterscheiden sich auch hinsichtlich der Unmittelbarkeit der Einflußnahme. Im vorhergehenden Punkt wurden Aspekte der direkten Einflußnahme durch inhaltliche Gestaltung und Darbietung von Informationen angesprochen. Indirekte Formen der Beeinflussung liegen auf nonverbaler Ebene durch Mimik, Gestik und Körperbewegungen vor (Argyle 1972; Reifarth 1976; Scherer & Wallbott 1978; Secord & Backman 1976). Der nonverbale Bereich ist sehr oft auch für die Entstehung von Sympathie- und Antipathie-Beziehungen entscheidend. Dieses "Hintergrundsgeschehen" ist mit dafür verantwortlich, wieweit und wie Inhalte des Beraters beim Gesprächspartner ankommen und verarbeitet werden (vgl. 2. Axiom von Watzlawick u.a. 1974). Hinsichtlich des Ausmaßes der Direktheit des Gesprächsverhaltens gibt es unterschiedliche theoretische Positionen. Gesprächstherapeutisch orientierte Berater halten sich eher sehr stark zurück und versuchen mehr, dem Gegenüber günstige Bedingungen zur Selbstexploration und selbständigen Lösung seiner Probleme zu schaffen. Es geht mehr um Hilfe zur Selbsthilfe (vgl. Rogers 1972; Mucchielli 1972). Verhaltenstherapeutisch orientierte Berater dagegen zeichnen sich durch starkes Fragen, Analysieren, Strukturieren, Einsatz unterschiedlichster Veränderungstechniken aus. Welches Vorgehen das günstigste und effektivste ist, läßt sich nicht unabhängig von der Schwierigkeit und den angestrebten Zielen sowie der Persönlichkeit von Berater und Ratsuchendem beantworten. Vergleichende Untersuchungen liegen bislang nur im Bereich der Therapie vor und zeigen, daß z.B. die beiden genannten Ansätze - aber auch andere hier nicht erwähnte - hilfreich sein können (Bommert 1978; Braun & Tittelbach 1978; Gottwald 1978; Grawe 1978; Pongratz 1978; Tausch & Tausch 1978).

(d) Ansprechen emotionaler Befindlichkeit: In Gesprächen lassen sich auch Unterschiede hinsichtlich dieses Elements feststellen. In gesprächspsychotherapeutisch-klientenzentrierten Beratungsrichtungen wird dem emotionalen Bereich große Bedeutung beigemessen. Es wird hier sehr stark auf die Befindlichkeit, die momentanen Gefühle, Bedürfnisse, Wünsche und Ziele des zu Beratenden eingegangen. Die Gefühle werden hier sozusagen als das Transportmittel für den Beratungsprozess angesehen. Wie empirische Untersuchungen gezeigt haben (vgl. Minsel 1974; Bommert 1977; Tausch & Tausch 1978), hat sich das Verbalisieren emotionaler Erlebnisinhalte (VEE) als sehr förderlich für die Selbstexploration des Klienten erwiesen, wenn gleichzeitig die anderen Kernvariablen Echtheit und emotionale Wärme mit realisiert werden (vgl. Schneider 1980). Bei komplexeren, stark persönlichkeitsbedingten Problemen, die durch bloße Information, Aufklärung oder Ratschläge von anderer Seite nicht gelöst werden können, ist die Selbstexploration ein wichtiger Schritt zum Finden von Lösungen (vgl. Nickel, Bonn, Fenner 1976; Kranz & Teegen 1973).

(e) Variabilität im Beratungsverhalten: Analysiert man Gespräche näher, so zeigt sich eine Vielzahl von Vorgehenselementen, die sich in unterschiedlichem Ausmaß als förderlich erweisen. Von gesprächspsychotherapeutischer Seite werden zahlreiche, positiv wirkende Gesprächselemente genannt, die zum Teil an anderer Stelle bereits angesprochen worden sind. Hierzu zählen entspannte und angstfreie Interaktionen, Ausgehen von gegenwärtigen Problemen, Methode der kleinen Schritte, Förderung der eigenen Aktivität des Klienten, positive Wertschätzung und emotionale Wärme, Verbalisierung emotionaler Erlebnisinhalte, Echtheit und Selbstkongruenz, Konkretheit, Ermutigung zu neuen Ansätzen und freundlich gewährendes Verhalten (vgl. Feuchter-Zimmer 1974; Mucchielli 1972; Schneider 1980; Weber 1974). Weitere im beraterischen und therapeutischen Bereich häufig angewandte Verhaltenselemente sind z.B. Amplifizieren, Unterbrechen von Handlungsketten, Vereinfachen, Konfrontieren, Selbstaktivieren, Modellieren, Attribuieren, Rückmelden, Akzentuieren, Fragen und Zusammenfassen und Schweigen (vgl. Bastine 1975; Harsch 1973; Hackney & Nye 1979).

Die ersten fünf Aspekte seien kurz angesprochen.

(a) Beim "Amplifizieren" erweitert der Berater das Problembewußtsein des zu Beratenden; Probleme werden definiert und Lösungswege gesucht (vgl.S.67f). Dabei werden z.B. alternative Ziele gesetzt, indem die Sichtweise des Klienten in Frage gestellt wird. Es werden Informationen gegeben, daß man die Dinge auch anders sehen kann. Im Rollenspiel und Rollentausch wird neues Verhalten ausprobiert.

(b) "Unterbrechen von Handlungsketten" äußert sich durch Anhalten und Veränderung von gewohnten Handlungs- und Gedankenmustern. Dies wird erreicht, indem um Konkretisierung von Handlungen und Gedanken in Form von Beispielen gebeten wird. Es wird empfohlen, z.B. beim Bettnässen des Kindes Weckgeräte zu benutzen, anstatt das Kind ständig auszuschimpfen. Bei depressiven oder zwanghaften Gedanken wird angeregt, Gedankenstopp einzusetzen (vgl.S.54).

(c) Unter "Vereinfachen" wird Redefinieren und Reduzieren von komplexen Situationen und Erlebnissen in einfache, überschaubare und lösbare Situationen verstanden. Es werden dabei Schwierigkeitsbereiche benannt und voneinander abgegrenzt, bestimmte Probleme ausgewählt und Problemhierarchien nach dem Grad der

Schwierigkeit aufgestellt. Mit dem einfachsten Problem wird angefangen.
(d) "Konfrontieren" bedeutet, daß der Berater den Klienten seinen Problemen gegenüberstellt und ein Ausweichen nicht zuläßt. Dies kann geschehen durch direktes Ansprechen; durch Überzeichnen von Schwierigkeiten; Aufgreifen diskrepanter Äußerungen entweder im eignen Verhalten oder im Vergleich zu Verhaltensnormen.
(e) "Selbstaktivieren" betrifft das Erhöhen der Eigenaktivität des Klienten. Dieser soll seine eigenen Probleme vermehrt selbst analysieren und lösen lernen. Günstig ist hierfür, wenn Ratschläge, Interpretationen, Erklärungen seitens des Beraters vermieden werden. Der Klient soll eigenes Verhalten beobachten, registrieren lernen. Er soll die Zielfestlegung, Analyse, Planung, Lösungsvorschläge, Bewertungen und Belohnungen selbst vornehmen. Eigeninitiative wird gelobt.

- Spezielle Aspekte der Beratung: Zu einer effektiven Beratung gehören Informationen, d.h. Wissen über die Art und die Genese der Probleme von Ratsuchenden. Um diesbezügliche Informationen zu erhalten oder um Diagnosen stellen zu können, werden unterschiedliche Methoden herangezogen wie z.B. offene, unstrukturierte oder strukturierte Interviews, ferner unterschiedlich differenzierte Explorationen oder Anamnesen oder des weiteren auch Testverfahren wie z.B. Leistungs- und Persönlichkeitstests (vgl. Braun 1978; Frank & Friedrich-Freisewinkel 1978; Kemmler & Eichelmeyer 1978; Jankowski 1978; Seitz 1977; Tismer u.a. 1976; Schmidt 1978).

Die Auswahl der Methoden hängt dabei von der jeweiligen theoretischen Orientierung des Beraters und seinen privaten Wertvorstellungen ab. Ein Blick ins Beratungswesen zeigt dabei eine fast verwirrende Vielfalt an verschiedenen Therapievorstellungen. So existieren tiefenpsychologische, individualpsychologische, lerntheoretische, klientenzentrierte, daseinsanalytische, kommunikationstheoretische, familientherapeutische, spieltherapeutische, gestalttheoretische, rationaltherapeutische, milieutheoretische Ansätze und andere mehr sowie deren Mischformen (vgl. Barclay 1972, Hornstein u.a. 1977; Junker 1977; Minsel 1975; Pongratz 1978; Wyss 1970). Sucht man nach einer übergeordneten Beratungstheorie, so wird man sie nicht finden. Cunningham & Peters (1973) nennen allein 42 Beratungstheorien im Bereich der Schulberatung.

Die genannten Theorien haben unmittelbaren Einfluß auf die Selektion und Sammlung von Informationen, auf das Erstellen von Diagnosen und letztlich auf die Art der Interventionen. So gehen beispielsweise in ein Anamneseschema von Kemmler (1965), das besonders in der Erziehungsberatung Anwendung findet, konstitutionspsychologische, heilpädagogische, entwicklungspsychologische und neurosentheoretische Aspekte mit ein. Diese schlagen sich in allgemeinen und speziellen Fragen nieder. Die allgemeinen Fragen betreffen dabei:

(1) Grund der Vorstellung
(2) Wohnort und äußerer Lebensrahmen
(3) Krankheiten
(4) Biographie: a) Schwangerschaft und Geburt, b) erstes Lebensjahr allgemein, c) orale Entwicklung, d) Sprachentwicklung, e) Reinlichkeit, f) Auseinandersetzung mit den Mitmenschen, g) Zärtlichkeit und Sexualität, h) frühe Kindheit allgemein, i) Einschulung, j) Schulalter, k) Pubertät, l) augenblickliche Situation
(5) Familiensituation und Umweltbeziehungen
(6) Familienanamnese

Spezielle Fragen beziehen sich demgegenüber dann auf einzelne Symptome und deren Verursachung, so z.B. auf Sprachstörungen, Kontakt- und Schulschwierigkeiten, hirnorganische Schäden, neurotisch gestörte Entwicklungen u.a..

Berater, die stärker lerntheoretisch orientiert sind, werden wiederum andere Fragen stellen und sich am S-O-R-K-C-Modell orientieren (vgl. Kap. II.1.1). Dabei stehen primär das auffällige Verhalten (R) mit seinen vorausgehenden und nachfolgenden Elementen (S) und (C) sowie Kontingenzverhältnisse (K) und Organismusbedingungen (O) im Vordergrund. Frühkindliche Ereignisse, die besonders bei psychoanalytisch geschulten Beratern betont untersucht werden, bleiben hier meist ausgeblendet.

Wie diagnostisch-therapeutisches Vorgehen in der Verhaltenstherapie sich gestaltet, kann aus Abb. 9 entnommen werden (nach Bommert 1978,S.28).

Abb. 9: Schema diagnostisch-therapeutischen Handelns in der Verhaltenstherapie

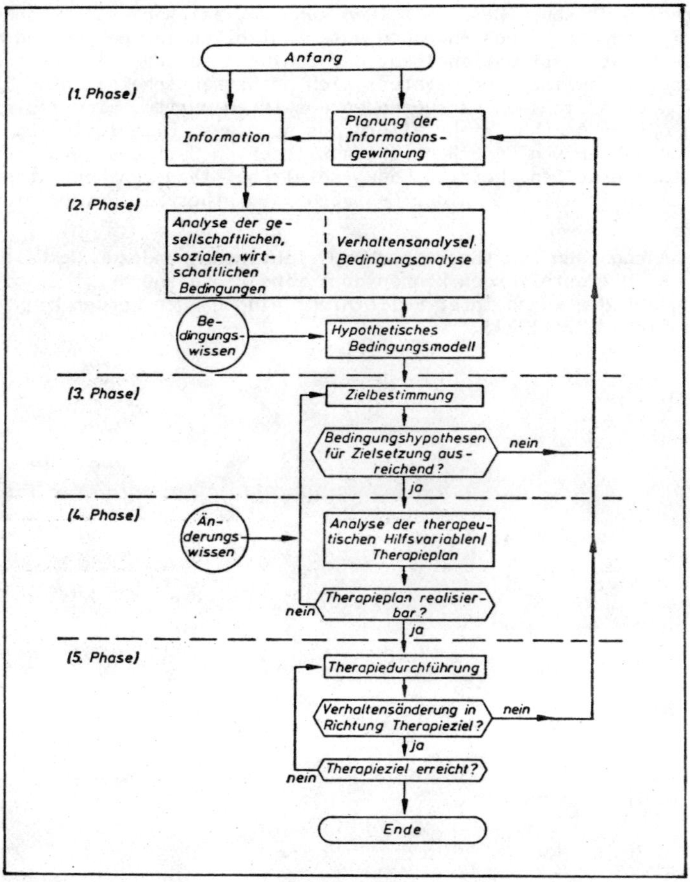

Das Erstellen von Anamnesen oder detaillierten Diagnosen (beispielsweise auch durch Einsatz von Leistungs- und Persönlichkeitstests) ist jedoch nicht unkritisiert geblieben. Von psychoanalytischer Seite wird auf die Gefahr des

Einbezogenswerdens in die "szenische Situation" des psychisch Gestörten hingewiesen und damit auf die Schwierigkeit, objektive Diagnosen zu finden. Familientherapeuten wenden ein, daß die diagnostische Kategorisierung oft verhindert, sich mit den Probanden pragmatisch therapeutisch zu beschäftigen. Ein allgemeiner Aufruf zur Abschaffung von Anamnese und Diagnose ist sicherlich bei der Fülle von unterschiedlichen Fragen und Problemen nicht sinnvoll, jedoch sollte die Berechtigung der Kritik nicht übersehen werden.

Es wurden im Vorhergehenden zahlreiche Aspekte hilfreicher Gespräche und hilfreicher Beratung dargestellt. Wann diese einzelnen Elemente eingesetzt werden, hängt von der Zielsetzung des Gesprächs, der psychischen Situation des Ratsuchenden, der zur Verfügung stehenden Zeit, der theoretischen Orientierung und letztlich der persönlichen Motivation des Beraters ab. Wie Truax & Mitchell (1971) im therapeutischen Bereich zeigen konnten, zeichnen sich besonders erfolgreiche Therapeuten durch Anwenden unterschiedlichster Behandlungsmaßnahmen aus. Für die Beratungssituation liegt der Schluß nahe, daß ein breites Repertoire an Verhaltensweisen des Beraters sich höchstwahrscheinlich positiv für das Lösen von Problemen von Ratsuchenden auswirken dürfte. Eine empirische Überprüfung dieser Annahme steht allerdings noch aus. Eine lediglich technizistische Handhabung von Gesprächsführungselementen dürfte sich allerdings als wenig fruchtbar erweisen. Letzten Endes spielt bei längeren Kontakten die Haltung, die "Echtheit" wie es in der Gesprächspsychotherapie heißt, <u>die</u> entscheidende Rolle.

Wichtige Anregungen zur theoretischen Orientierung und zur Gestaltung von Gesprächen und Hilfestellungen können noch eine Reihe anderer Therapierichtungen leisten, auf die wegen ihrer Fülle nicht eingegangen werden kann (vgl. Pongratz 1978; Eicke 1976,1977).

1.5 Gruppe

Bisher wurde nur angesprochen, wie Verhalten und Überzeugungen individualpsychologisch geändert werden können, welche Merkmale und Prozesse im Individuum selbst zu Modifikationen beitragen. Veränderungen sind aber auch bedingt durch Kommunikationsprozesse und -inhalte und Interaktionen in Gruppen, besonders in Bezugsgruppen. Es hat sich gezeigt, daß bestimmte Faktoren in Gruppen individuelle Veränderungen besonders fördern. Eine Richtung der Veränderung von Personen durch Gruppen stellen Gruppendynamische Trainings dar. Auf gruppentherapeutische Ansätze primär klinischer Richtung kann hier nicht eingegangen werden (vgl. Däumling u.a. 1974; Harper 1979; Hiebsch & Vorwerg 1980; Höck 1978; Liebermann 1977; Sandner 1978; Sbandi 1973; Schneider 1975; Secord & Backman 1976; Sjølund 1976; Yalom 1974 , Fatzer & Jansen 198o).

1.5.1 Faktoren von Veränderungsprozessen

Ein wesentlicher Faktor zur Veränderung von Überzeugungen wie Werten, Einstellungen und Meinungen oder von Verhaltensweisen sind Bezugsgruppen. Unter Bezugsgruppe ist eine soziale Einheit zu verstehen, von der eine Person glaubt, daß diese gemeinsame Werte, Normen, Einstellungen, Interessen vertritt. Diese Bezugsgruppe bildet dann auch die Basis für die Selbsteinschätzung und Einstellungsbildung. Bezugsgruppen können freiwillig ausgewählte Mitgliedschaften sein wie z. B. Sportverein, politische Partei, therapeutische Gruppe u.a.. Sie können aber auch unfreiwillige Zugehörigkeit zu Familie, Schule oder Militär darstellen. Solche Bezugsgruppen bilden für manche Personen regelrechte "negative" Bezugsgruppen (z.B. wenn ein 14jähriger gegen seine Familie rebelliert). Menschen können aber auch Bezugsgruppen haben, ohne diesen als Mitglied anzugehören. So kann für einen Arbeiter, der aufstiegsorientiert ist, die Mittelschicht zur Bezugsgruppe für sein Denken und Handeln werden.
Betrachtet man die Funktionen von Bezugsgruppen, so lassen sich normative und Vergleichs-Funktionen unterscheiden. Die erste besteht im Setzen und Durchsetzen von Maßstäben für Verhalten und Überzeugungen. Beispielsweise gelten die Werte "Sauberkeit" und "Ordnung" in manchen Familien als die zentralsten Maßstäbe (vgl. Schneider 1977). Die Vergleichsfunktion bedeutet, daß das Individuum die Bezugsgruppe als Maß oder Vergleichspunkt zur Beurteilung der eigenen Person und anderer Personen heranzieht. Bezugsgruppen können zur Stabilisierung, zur Sicherung und Identitätsfindung und Identitätsaufrechterhaltung ganz entscheidend sein.

Die Forschung hat nachgewiesen, daß Gruppen sowohl Determinanten für Kognitions- und Verhaltensänderungen als auch für Änderungsresistenz sein können (vgl. Secord & Backman 1976; Sjølung 1976). So konnte Newcomb (1958) in seiner Bennington-Studie zeigen, wie die Einstellungen von Studenten aus konservativen Elternhäusern sich durch den Besuch eines liberalen Colleges veränderten. Lediglich Studenten, deren primäre Bezugsgruppe weiterhin das Elternhaus war, behielten im wesentlichen ihre ideologischen Grundpositionen. D.h. Veränderungen der Bezugsgruppenzugehörigkeit können zu Veränderungen kognitiver, d.h. hier ideologischer Ansichten führen. Dies belegen auch deutsche Untersuchungen bei Lehrerstudenten und Lehrern (vgl. Koch 1972; Müller-Fohrbrodt 1973). So werden etwa Lehrerstudenten nach Verlassen der Hochschule und nach einiger Zeit der Berufserfahrung konservativer, d.h. der Wechsel von einer relativ liberalen Bezugsgruppe zu neuen anderen hat einen Wechsel im Bewußtsein zur Folge. Für die oben angeführte Änderungsresistenz können verschiedene Faktoren verantwortlich sein. So kann einmal die Kommunikationsstruktur innerhalb einer Gruppe als Filter für "fremde", d.h. dissonante Informationen dienen, wobei nicht gewünschte Daten z.B. von den Gruppenführern ausgesondert werden. Eine andere Möglichkeit der Resistenzbildung ergibt sich dadurch, daß Gruppen bestimmte Einstellungen ihrer Mitglieder unterstützen und fördern durch Belohnungen für konformes Verhalten oder Einsatz von Sanktionen bei Abweichen von Gruppenwerten und Gruppenvorstellungen. Zentrale Bedeutung für den Aufbau und die Aufrechterhaltung von Änderungsresistenzen kommt den Primärgruppen (z.B. den peergroups bei Jugendlichen) zu.

Durch den eben genannten Aspekt der Unterstützung, können Überzeugungen einzelner aber auch geändert werden. Beispielsweise kann eine Gruppe, z.B. die Familie, bestimmte Ansichten eines Gruppenmitgliedes nicht mehr tolerieren und läßt die Unterstützung fortfallen. Das Gruppenmitglied wird sich dann wahrscheinlich der Gruppenmeinung anschließen, wenn es befürchtet, sonst isoliert zu werden.

Überzeugungen können ferner auch dadurch Veränderung erfahren, indem eine als wichtig erachtete Bezugsgruppe bestimmte, von der eigenen Meinung abweichende Ansichten unterstützt oder für positiv hält. Dies kommt auch in einer Untersuchung von Kelly & Woodruff (1956) zum Ausdruck: Studenten hörten ein Tonband mit Informationen, die ihren Normen konträr waren, aber von einer ihnen ähnlichen Gruppe applaudiert wurden. Sie übernahmen die konträre Information eher als Studenten, nach deren Auffassung der Applaus von einer anonymen Außenseitergruppe stammte.

Änderungen von Überzeugungen werden weiterhin möglich durch Gruppendiskussionen, in denen verschiedene Positionen, auch Ansichten von Minderheiten, zur Aussprache kommen können (vgl. Klapper 1961). In welcher Richtung eine Änderung erfolgt, ist jedoch nicht unbedingt vorhersagbar.

Eine eindeutigere Kanalisierung kann allerdings durch Gruppenentscheidungen angezielt werden. Dies zeigen Untersuchungen von Lewin während des 2. Weltkrieges (Lewin 1958). In diesen ging es darum, Hausfrauen zu überzeugen, unpopuläre Fleischsorten wie Bries, Rinderherz und Nieren zur Überwindung der

Tab.4 : Mögliche Wirksamkeitsfaktoren bei Gruppenentscheidung im Vergleich zu Vorträgen

GRUPPENENTSCHEIDUNG	VORTRAG
Zuhörer nehmen aktiv teil und werden wahrscheinlich persönlich involviert	Zuhörer sind passiv; nehmen keinen Anteil
Mitglieder nehmen die Bereitschaft anderer Mitglieder zur Auflockerung von festgefahrenen Einstellungen wahr	Zuhörer schweigen; Mitglieder können Neigungen anderer nicht wahrnehmen
Die nachgiebige Haltung des Leiters gegenüber Einwänden kann den Wunsch, ihm zu helfen, stärken, indem man sich in der vorgeschlagenen Weise verhält	Zuhörer nehmen keinen Anteil; daher kann der Leiter keine Unterstützung durch Nachgiebigkeit gewinnen
Mitglieder müssen sich zu der gewünschten Handlung verpflichten	Zuhörer müssen keine Entscheidung über die gewünschte Handlung treffen
Mitglieder nehmen wahr, daß sich andere zu der gewünschten Handlung verpflichten	Zuhörer sind nicht in der Lage, private Entscheidungen wahrzunehmen

Lebensmittelknappheit zu verwenden. Gruppenentscheidungen führten zu einer gemeinsamen Überzeugung und stellten sich verschiedenen Vorträgen gegenüber als wesentlich überlegener heraus, mit dem Ergebnis, daß Frauen dann auch häufiger die obigen Produkte verwendeten. Entscheidungen in Gruppen wurden als verpflichtender erlebt (vgl. Tab.4 , nach Secord & Backman 1976,S.172).

Lewin sah in den Gruppenentscheidungsverfahren einen 3-Stufen-Prozeß: (1) "Auftauen" der Gruppeneinstellung und damit Abbau der Änderungsresistenz, (2) "Bilden" neuer Einstellungen und (3) "Einfrieren", d.h. Verfestigen der neuen Einstellungen.

Bennett (1955) beschäftigte sich mit der Wirksamkeit einzelner Faktoren bei Gruppenentscheidungen näher. Ihre differenziert durchgeführten Untersuchungen ergaben, daß Gruppendiskussion zur Handlungsmotivierung nicht wirkungsvoller als ein Vortrag ist. Ebenso war auch eine Entscheidung, die öffentliches Bekenntnis erforderlich machte, nicht wirksamer als eine weniger publik oder anonym gefallene Entscheidung. Als positiv zeigte sich, daß ein Sich-Entscheiden hinsichtlich späteren Handelns sich effektiver als ein Sich-nicht-Entscheiden auswirkte. Als handlungsfördernd erwies sich auch, wenn in der Gruppe starke Übereinstimmung bezüglich der Durchführung einer bestimmten Handlung vorlag.

Welch große Bedeutung der Beziehung von Leiter und Mitgliedern einer Gruppe zukommt, wird aus einer Untersuchung von Kipnis (1958) ersichtlich. Beim Vergleich einer partizipatorischen Leitung mit einer Führung im Vortragsstil zeigte sich u.a., daß bei partizipatorischer Leitung eine stärkere private Einstellungsänderung erfolgte als bei Führung im Vortragsstil, auch wenn der Leiter Vollmacht zur Belohnung hatte und keine Sanktionen ausübte. Wurde Strafe angedroht, so wirkte sich dies stärker verändernd unter der Bedingung der Führung im Vortragsstil aus.

Die Untersuchungsergebnisse machen deutlich, wie kompliziert Entscheidungsprozesse in Gruppen verlaufen und von wie vielen Bedingungen sie abhängig sind. Es ist letztlich sehr schwer, eindeutige Aussagen hinsichtlich der Auswirkung bestimmter Variablen zu treffen oder Generalisierungen vorzunehmen, da das Bedingungsgefüge von zu vergleichenden Gruppen zu unterschiedlich ist.

1.5.2 Gruppendynamische Trainings

Gruppendynamik ist ein Sammelbegriff für sehr heterogene theoretische und praktische Konzeptionen der Veränderung individuellen und gruppenbezogenen Verhaltens.

Nach Bödiker & Lange (1975) beinhaltet der Begriff "Gruppendynamik" die dynamischen Handlungsabläufe und sozialen Interaktionen in Gruppen, mit all ihren gefühlsmäßigen, verbalen und nonverbalen Ereignissen; er umschreibt ferner die Lehre und Theorie von den ablaufenden Gesetzmäßigkeiten und deren Auswirkungen in Gruppen; und er benennt schließlich eine Technik oder Methode zur Einwirkung auf Einstellungs- und Verhaltensweisen von Mitgliedern (S.10). Ursprünglich in der Sozialpsychologie beheimatet, breitete sich die Gruppendynamik sehr schnell auf andere Disziplinen aus und ist heute auch sehr stark im klinischen und pädagogischen Bereich anzutreffen. Die ehemals sozialpsychologisch fundierten theoretischen Grundlagen wurden erweitert durch Ansätze aus der Lerntheorie, existentialistischer Philosophie, humanistischer Psychologie und analytischer oder verhaltensorientierter Gruppentherapie. Die letzten Richtungen machen schon deutlich, daß eine Trennung von Gruppendynamischem Training (GDT) und Therapie kaum möglich sein dürfte, es bestehen fließende Übergänge.

Was die Ziele, Trainingsrichtungen, -formen und -techniken in der Gruppendynamik anbetrifft, so sind diese sehr vielfältig. Die Effektivität der Trainings wird sehr unterschiedlich beurteilt.

(1) Ziele:

Betrachtet man die Zielsetzungen von Gruppendynamischen Trainings (GDT), so reichen die Grobziele von Erhöhung der individuellen Sensitivität, Verbesserung sozialer Fertigkeiten und zwischenmenschlichen Beziehungen, Persönlichkeitsreifung, Neustrukturierung von Gruppen, Erhöhung sozialer Kompetenz in Institutionen bis hin zu Emanzipation als individueller und gesellschaftlicher Veränderung zur Befreiung von asymmetrischer gesellschaftlicher, d.h. ökonomisch-technologisch-politischer Abhängigkeit.
Die Verbesserung der Sensitivität des einzelnen steht im GDT besonders im Vordergrund und wird oft als Grundvoraussetzung für Veränderung von Individuen, Gruppen, Institutionen und Gesellschaft gesehen (vgl. Gibb 1972). Unter verbesserter Sensitivität werden die verschiedensten Inhalte verstanden wie z.B. eine größere Wahrnehmungs- und Einfühlungsfähigkeit für eigene und fremde Gefühle, Stimmungen, Einstellungen, Normen und Werte; vermehrte Kenntnisse und Bewußtheit über Kommunikations- Verhaltens- und Machtstrukturen sowie Ablaufprozesse in Gruppen, Institutionen und in der Gesellschaft.
In der emanzipatorischen Gruppendynamik (vgl. Horn 1972; Fritz 1974,1975,1977; Giere 1973), die allerdings weniger stark vertreten ist, wird ein besonderer Akzent auf das Erkennen der Abhängigkeit des Individuums von gesellschaftlichen und ökonomischen Strukturen sowie auf das Entwickeln von Handlungsalternativen gelegt.
Die Gruppendynamik und ihre Ziele sind nicht unkritisiert geblieben. Fritz (1974,S.84) schreibt "Das Laboratoriumstraining gibt nicht die Möglichkeit der Selbsterfahrung unter den verschiedenartigen und uneinheitlichen Bedingungen, unter denen die Teilnehmer tatsächlich im Alltag leben, sondern schafft künstlich einheitliche Bedingungen, in die die Menschen als 'Versuchspersonen' gestellt sind." Horn (1969,S.282) wirft der Gruppendynamik eine Verschleierung gesellschaftlicher Probleme vor. Diese Vorwürfe sind bei vielen Trainings nicht ganz unberechtigt, treffen aber nicht auf alle zu.

(2) Trainingsrichtungen und Trainingstechniken:

Eine genaue Kategorisierung der zahlreichen gruppendynamischen Strömungen und Trainingsformen ist wegen der vielfältigen Übergänge schwierig. Bödiker & Lange (1975) nehmen auf dem Hintergrund der geschichtlichen Entwicklung der Gruppendynamik eine Dreiteilung vor: (1) Sensitivity Training, (2) Encounter (Begegnungs-, Erfahrungsgruppen) und (3) Verhaltenstraining. Däumling u.a. (1974) unterscheiden neun verschiedene gruppendynamische Trainingsformen: (1) Skill-Training, (2) Human-Relations-Training, (3) Sensitivity Training, (4) Encounter-Training, (5) Marathon, (6) Partnerschaftstraining, (7) Themenzentriertes interaktionelles Training, (8) Organisationslaboratorien, (9) Efficiency-Training. Bei Gibb (1972) werden elf verschiedene Varianten allein für Sensitivitätsgruppen genannt. Einen detaillierten Überblick über verschiedene Richtungen von Trainings gewinnt man aus der folgenden Abb. 10 von Bödiker & Lange (1975,S.31), worauf inhaltlich hier nicht eingegangen werden kann.

Als ein Beispiel der Trainingsrichtungen sei hier lediglich die "Themenzentrierte Interaktion" (TZI) von Ruth Cohn (1976) erwähnt. Hierbei geht es um die Verbesserung der Kommunikationsstruktur im Lern- und Arbeitsprozeß durch Personalisierung. Die Teilbereiche "Thema", "ich" (die Bedürfnisse und Ziele des Individuums) und "wir" (die Bedürfnisse und Ziele der Gruppe) sollen in einem relativ ausgeglichenen Verhältnis stehen. Dies zu erreichen, ist neben Modell-, Experten- und Therapeutenfunktion eine wesentliche Aufgabe des Gruppenleiters. Die Gruppen sollen so groß sein, daß sie ausreichend Interaktionen erlauben (zwischen 10 und 25 Personen). Die TZI wird häufig in Kompaktsemina-

Abb. 10:

Trainingsrichtungen nach Bödiker & Lange 1975 entsprechend ihrer emotionalen Intensität

	Erfahrungsorientiert: Selbsterfahrung, Selbstausdruck — Emotionalität stark	Emotionalität schwach	Zielorientiert: persönliche, gesellschaftliche Veränderung — Emotionalität stark	Emotionalität schwach
generell	Mystik, Religion, Drogenkult	Psychoferien	Psychotherapie	Erziehung
Individuum-zentriert	Verbal-Encounter (E) Handlungszentriertes Encounter (E) Marathon (E) Bioenergetische Gruppen (E) Nacktencounter (E)	Kreativitätsgruppen (Persönlichkeits-entfaltungsgruppen (E)) Psychoferien (E) Spontangruppen (E) Gestalttraining (E) Psychodramagruppen (E)	Selbstbehauptungs-training (VT)	Balint-Gruppen (ST) Themenzentrierte Interaktion (ST,VT) Innovationstraining (VT)
Partner bzw. Gruppen-zentriert	Aggressionslaboratorien (E) Partner-Encounter (E) Ritualisierte Gruppen-erfahrungen Encounter-Messen (E)	T-Gruppen (ST) TORI-Versammlungen (E)	Konfrontations-laboratorien (ST) Daytop (ST) Synanon (ST)	Organisationstraining (ST) Instrumentelle Laboratorien (ST) Organisations-Entwicklungs-Training (ST) Kooperationstraining Konflikttraining (VT) Kommunikationstraining (VT) Gestaltkibbuzim (E) Emanzipatorische Gruppen (E)

Die Einteilung der Trainingsrichtungen (Typologie nach BACK) ist nicht so klar, wie die Übersichtstabelle das vielleicht vermuten läßt. Die Kategorien sind nicht unabhängig voneinander; zum Beispiel sind erfahrungsorientierte Veranstaltungen eher emotionsintensiv als zielorientierte Veranstaltungen.

ST = Sensivity-Training; E = Encounter; VT = Verhaltenstraining ren von 2-3 Tagen durchgeführt, aber auch im Rahmen wöchentlicher Sitzungen. Um die Gruppe funktionsfähig zu halten, werden mehrere Regeln eingeführt:

1. Sei Dein eigener Chairman	6. Sprich direkt
2. Störungen haben Vorrang	7. Gib Feed-back, wenn Du das Bedürfnis hast
3. Beachte Deine Körpersignale	8. Wenn Du Feed-back erhälst, hör ruhig zu
4. "Ich" statt "Man" und "Wir"	9. Es kann immer nur einer sprechen
5. Eigene Meinungen statt Fragen	

Ebenso vielfältig wie die Trainingsrichtungen sind auch die Trainingstechniken und Methoden. Sie sind auch in ständiger Entwicklung begriffen; so haben in den letzten Jahren auch fernöstliche Techniken (Yoga) Eingang gefunden. Die Techniken umfassen nonverbale Übungen und rein rationale Diskussionen. Einen Überblick vermittelt die Abb. 11 (nach Bödiker & Lange 1975, S.42). (Vgl. auch Antons 1973; Fritz 1977; Gudjons 1978; Malcher 1973; Küchler 1979; Vopel & Kirsten 1974; Schwäbisch & Siems 1974).

Im Rahmen von Trainings zur Verbesserung von Kommunikation und Interaktion werden beispielsweise häufig solche Techniken und Übungen einbezogen wie "Feedback", "Ich nehme wahr - ich stelle mir vor" oder "Kontrollierter Dialog". Bei der ersten Technik handelt es sich u.a. um das Rückmelden subjektiv erlebter und wahrgenommener Verhaltensweisen anderer Personen, wobei diese so konkret wie möglich und nicht bewertend und normativ beschrieben werden sollen.
In der Übung "Ich nehme wahr - ich stelle mir vor" sitzen zwei Personen sich gegenüber und beschreiben in einem 1. Durchgang abwechselnd objektiv am anderen Feststellbares (z.B. ich nehme wahr, daß Du eine Brille trägst). Im 2. Durchgang tauschen die Partner ihre Vorstellungen und Phantasien in bezug auf den anderen aus (z.B. ich stelle mir vor, daß Du sehr intelligent bist). Im letzten Übungsteil werden Wahrnehmung und Vorstellung gekoppelt (z.B. ich nehme wahr, daß Deine Hose exakte Bügelfalten hat und stelle mir vor, daß Du sehr korrekt bist). Abschließend wird über die gemachten Erfahrungen gesprochen. Ziel dieser Übung ist eine Sensibilisierung für Teilprozesse der Wahrnehmung wie Eindrucksbildung, Selektion, Attribution, Hypothesenbildung, Schlußfolgerungen u.a. (vgl. Kap. II.1.2.1).
Die Übung "Kontrollierter Dialog" dient demgegenüber der Sensibilisierung für hilfreiche und erschwerende Verhaltensweisen in der Kommunikation, dem Verstehen anderer sowie dem Einüben genauen Zuhörens und Wiedergebens. Sie gestaltet sich derart, daß eine Person A über etwas berichtet und eine Person B dies wiederholt, um dann selbst fortzufahren, woraufhin Person A wiederholt und den Dialog fortsetzt usw.. Eine Person C macht sich Notizen über das Geschehen und achtet auf die Einhaltung der festgelegten Gesprächsdauer. Anschließend wird das konkret Erlebte im Hinblick auf die Übungsziele besprochen.

(3) Effektivität von Trainings:

Was die Wirksamkeit von GDT betrifft, so ist eine einheitliche Aussage aufgrund der Heterogenität der Richtungen, Methoden und Techniken sowie forschungsmethodischer Vorgehensweisen nicht möglich. Sofern wissenschaftliche Begleituntersuchungen zu den GD-Trainings durchgeführt worden sind, wird oft aus methodischer Sicht kritisiert, daß häufig keine Kontrollgruppen (d.h. Gruppen ohne Training), keine Vorher-Nachher-Messungen durchgeführt wurden oder die Fragebogen nicht testtheoretisch überprüft waren.

Bezieht man sich auf empirische Untersuchungen zum Sensitivitätstraining, so finden sich hier deutliche Verbesserungen in den verschiedensten Aspekten

Abb. 11: Trainingstechniken entsprechend ihrer emotionalen Intensität nach Bödiker & Lange

Erfahrungsorientiert: Empfinden, Bewußtwerden, Ausdrücken — Zielorientiert: persönliche / gesellschaftliche Veränderung

	Emotionalität stark	Emotionalität schwach	Emotionalität stark	Emotionalität schwach
Indivi-duum-zentriert	Nonverbale Übungen: Selbstaktivierungs-übungen (E) Körperausdrucksübungen (E) Massagetechniken (E)	Infogramm (ST) Blitzlicht (ST) Befindlichkeitsfrageb.(E) Psychodrama u. Gestalt-techniken: Katathymes Bilderleben (E) Entspannungstechnik (VT,E)	Schleudersitz (E) Rollentausch (E) Alter Ego (E) Flooding (VT) Desensibilisierung (VT)	Kurzvorträge (ST) Anwendungsgruppen (ST) (Heimatgruppen) Feedback-Übungen: Killerphrasen (ST) Microteaching (VT) Simulated Social Skill Training (VT)
	Identifikation (E)			
		Zauberladen (E) Arbeiten mit Ton (E) Fingermalerei (E)		
	Tanzimprovisation (E) Rituelle Waschungen (E)			
		Yoga (E)	Durchsetzungs-übung (ST)	
Partner-bzw. Gruppen-zentriert	Soziogramme Gruppenlandkarte (ST) Feedback-Übungen: Heißer Stuhl (ST) Nonverbale Übungen: Fremdaktivierungs-übungen (E) Körperausdrucksübungen (E)	Prozeßanalysen (ST) Interaktionsanalysen ST) Rollenspiele (VT) Planspiele (ST) Soziogramme: Dynamisches Soziogramm(ST) Gruppenrollen (ST)	Durchsetzungsübung (ST) Stereotypen-Spiel (ST) Rollentausch (Psychodramaspiel) (E)	Rollenspiele (VT) Planspiele Intergruppen (ST) Konsens-u. Entscheidungs-übung: (ST,VT) 10 Mark-Sp. Kooperationsübung:(ST,VT) Brückenbau Komm.Übung: (ST ,VT) Kontrollierter Dialog (ST) Prozeß-u.Interaktions-analysen (ST) TZI-Diskussionen (ST,VT) Einweg-Zweiweg-Kommunikation (ST)
	Stegreifspiel (E) Abschiedsgeschenke			

Bei dieser Einteilung gilt das gleiche wie bei der Einteilung der Trainingsrichtungen. Die Kategorien sind nicht unabhängig voneinander, sie überschneiden sich. Es kann durchaus vorkommen, daß eine beschriebene Technik durch die spezielle Handhabung des Trainers auch in eine andere Kategorie eingeordnet werden und in einer anderen Trainingsrichtung auftauchen kann.

des Bewußtseins und Verhaltens bei Teilnehmern solcher Trainings. Ein Teil der Ergebnisse ist aber auch inkonsistent (vgl. Däumling u.a. 1974; Däumling & Fengler 1978). Es wird von vermehrter Sensitivität gegenüber eigenen Gefühlen berichtet, von einer Verringerung der Diskrepanz zwischen Selbstbild und Idealbild und Fremdbild. Ferner werden Verbesserungen beim Einfühlen in fremdseelisches Geschehen (Empathie) und von Fertigkeiten zur Beurteilung von Gruppenprozessen mitgeteilt. Gegensätzliche Ergebnisberichte liegen hinsichtlich der Veränderung von Einstellungen oder Persönlichkeitsmerkmalen vor.
Empirische Untersuchungen zur Auswirkung von Organisationstrainings belegen eine stärkere Berücksichtigung interpersonaler Aspekte im Verhalten, verbesserte Kompetenz im Erkennen und Lösen von Arbeits- und interpersonellen Problemen. Weiterhin wird von Verbesserungen im Entscheidungs-, Führungs- und Arbeitsverhalten sowie in der Integration von Sacharbeit und emotioneller Kompetenz berichtet (vgl. Däumling & Fengler 1978).
Vereinzelte positive Ergebnisse liegen auch zu Partnerschaftstrainings vor (Struck 1976).
Bezüglich der Auswirkungen von Marathontrainings (die sich auf Partnerschaft, konstruktive Aggression, Gestalt, Transaktionale Analyse, Bioenergetik beziehen) oder von anderen Encountergruppen (Bewußtseinsgruppen, Nacktencounter, Psychodrama, Kreativitätsgruppen, Erlebnisgruppen) gibt es meist nur Erfahrungsberichte (z.B. Bach 1967; Otto 1973; Sheppard & Lee 1972; Svensson 1972; Schwäbisch/Siems 1976) und kaum valide empirische Arbeiten. Die Erfahrungsberichte reichen von euphorischer Begeisterung hinsichtlich des Erlebten und der Veränderungen im persönlichen Bereich bis hin zu Aussagen über ganz negative Auswirkungen. Yalom & Liebermann (1971) berichten von bleibenden psychischen Schäden bei 9% der Teilnehmer an Psychotrainings noch nach acht Monaten (vgl. auch Liebermann u.a. 1974).
Insgesamt betrachtet ist die Effizienz der GDT nicht zu überschätzen. Veränderungen können eintreten, müssen jedoch nicht. Wie stabil diese Änderungen sind, dürfte im Einzelfall sehr unterschiedlich sein. Langfristige, tiefgreifende Veränderungen dürften bei einmaligem Besuch von gruppendynamischen Trainings kaum erwartet werden. Empirische Belege diesbezüglich stehen jedoch aus.

2. VERHALTENSBEEINFLUSSUNG BEI LEHRERN

Die allgemeinen theoretischen Ansätze und Aspekte der Modifizierung menschlichen Verhaltens aus psychologischer Sicht sind - wie dargestellt - sehr vielschichtig und differenziert. Sie spielen in bisher vorliegenden Versuchen (18) der Veränderung konkreten offenen und verdeckten Lehrerverhaltens eine unterschiedlich große Rolle. So beziehen sich einige Ansätze ausschließlich auf lerntheoretische Prinzipien, während andere diese nicht explizit erwähnen und eine andere theoretische Fundierung vorziehen. Weitere Modifikationsprogramme integrieren mehrere theoretische Positionen. Im folgenden soll deshalb eine Systematik der vorliegenden Beeinflussungsversuche nach lerntheoretischen, kognitions- und überzeugungstheoretischen, handlungsorientierten, gruppendynamischen und komplexen Ansätzen und Aspekten vorgenommen werden. Es sei jedoch darauf hingewiesen, daß die Zuordnung der Interventionstechniken und Programme zu diesen Bereichen nicht immer ganz eindeutig ist und Überschneidungen auftreten. Abschließend erfolgt ein kritisches Resumée mit weiterführenden Überlegungen. Zunächst soll jedoch auf die Rolle und Inhalte der Ziele der Beeinflussung eingegangen werden.

2.1 Ziele der Veränderung

Bei der Änderung offenen und verdeckten Verhaltens von Lehrern stellt sich natürlich die Frage, welche Verhaltensweisen zu modifizieren sind oder welche Ziele angestrebt werden sollen. Die Beantwortung dieser Frage hängt von verschiedenen Faktoren ab. Einmal spielen normative, ideologische Überzeugungen hinsichtlich der Präferenz von Erziehungszielen und impliziten Menschenbildern sowie wünschenswerte gesellschaftliche Ziele und deren implizite Weltbilder eine Rolle (vgl. Bath 1974; Bayertz & Holz 1978; Brezinka 1974,1978; Hammer 1979; Kerstiens 1974; Meyer 1978; Pöggeler 1980; Stschukina 1977).
Diese setzen die Standards, an denen das Verhalten von Lehrern gemessen und bewertet wird und aus denen mögliche Forderungen zur Verhaltensänderung abgeleitet werden. Solche Standards können so übergeordnete und abstrakte Erziehungsziele wie Emanzipation und Selbstbestimmung oder Anpassung an Vorgegebenes sein, ferner progressive oder konservative Menschenbilder sowie kommunistische und kapitalistische Welt- und Gesellschaftsbilder im Sinne der Ostblockstaaten oder sogenannter westlicher Demokratien. Es können aber auch Vorstellungen konkreter Utopie von einem humanitären und tatsächlich demokratischen System sein, in dem die Bedürfnisse von einzelnen und die der Gesamtgesellschaft befriedigt werden. Je nach Auswahl von Standards wird die Bewertung des Lehrerverhaltens unterschiedlich ausfallen,und es werden unterschiedliche Forderungen an das konkrete Lehrerverhalten herangetragen. Bei konservativer Zielsetzung wären solche Inhalte wie Ordnung, Sauberkeit sowie Anpassung an Traditionelles gegeben. Bei humanitären und demokratischen Zielen würden solche Inhalte gefordert wie Gerechtigkeit, Freiheit, Selbstbestimmung, Mitbestimmung, Einblick in und Wissen über politische, ökonomische, kulturelle und sonstige gesellschaftliche Zusammenhänge sowie Solidarität.
Neben diesen abstrakten ideologischen Grundüberzeugungen sind des weiteren konkretere fachspezifische Faktoren zur Beantwortung der Frage nach den Modifikationsinhalten bedeutsam. Diesbezügliche Standards sind ein breites Fachwissen und spezifische Lehrfertigkeiten sowie soziale Fertigkeiten und Fähigkeiten, wie sie bereits in Kap.I,2.4 angesprochen worden sind. Ein Teil dieser zu realisierenden Ziele und Standards sind allerdings nicht unabhängig von der Auswahl ideologischer Prämissen. So implizieren demokratische Ziele Fertigkei-

ten des Lehrers zum Einüben partnerschaftlichen, solidarischen Verhaltens seitens der Schüler sowie ein Ermöglichen partnerschaftlichen Verhaltens zwischen Lehrer und Schülern.

Als ein Beispiel für die Ausdifferenzierung eines ideologischen Grobziels, nämlich "demokratische Sozialerziehung", sei der Zielkatalog von Schulz von Thun und Fittkau (1974,S.58ff) wiedergegeben. Die Autoren unterscheiden drei Unterziele: (I) Freiheitliche Lernziele/Fähigkeiten, (II) Soziale Lernziele/ Fähigkeiten und (III) Demokratische Lernziele/Fähigkeiten.

I. Freiheitliche Lernziele/Fähigkeiten:

1. Grundwissen und Fähigkeiten zur Bewältigung der Umwelt

a) Einsicht in die wirtschaftlich-ökonomischen und politischen Zusammenhänge und Abhängigkeiten für Handeln und Handlungsfreiräume
b) Technisch-naturwissenschaftliches Grundwissen
c) Kritikfähigkeit, kritisches Denken insbesondere gegenüber sogenannten "Selbstverständlichkeiten"; Vorurteilsfreiheit
d) Flexibilität und Kreativität im Denken und Handeln
e) Fähigkeit der Verbalisierung eigner Interessen und Meinungen gegenüber anderen

2. Psycho-physische Grundlagen und Einstellungen für individuelle Freiheit

a) ausreichendes Selbstwertgefühl, Selbstachtung, persönlicher Mut, psychische Stabilität, Angstfreiheit
b) Selbständigkeit, Autonomie, Selbstbestimmungsfähigkeit
c) Bereitschaft, Verantwortung zu übernehmen, "Mündigkeit"
d) echtes, fassadenfreies, rollendistanziertes Verhalten
e) persönliche Ziele, für die man sich engagiert
f) Frustrationstoleranz, Ambiguitätstoleranz
g) experimentelle Grundhaltung, Ablehnung von Perfektionismus
h) körperliche Gesundheit

II. Soziale Lernziele/Fähigkeiten

a) Einsicht in die Notwendigkeit sozialer Konflikte in einer dynamischen Gesellschaft
b) Fähigkeit zur gewaltlosen Konfliktregelung
c) Einsicht in die Notwendingkeit (änderbarer) sozialer Ordnungen
d) Kooperationsfähigkeit, Team-Fähigkeit, Selbstdisziplin
f) Verständnis für Andersdenkende
g) Sensibilität für Auswirkungen des eignen Verhaltens auf andere sowie das Verhalten anderer auf einen selbst
h) Sensibilität für soziale Ungerechtigkeiten
i) verantwortungsbewußter Umgang mit der individuellen Freiheit und übertragenen Macht (Privilegien verpflichten)
j) Respektierung der Gleichheit und Würde aller Menschen

III. Demokratische Lernziele/Fähigkeiten

a) Einsicht in die Notwendigkeit einer Mitbestimmung bei Entscheidungen über eigene Belange und Fähigkeiten hierzu
b) Einsicht, daß Transparenz und Kontrolle von Entscheidungen notwendig sind und Ausnutzen der Möglichkeit
c) Einsicht, daß Mehrheitsentscheidungen (mit Minderheitenschutz) auf einem angemessenen Entscheidungsmodell für soziale Fragen beruhen und Beteiligungsfähigkeit an Entscheidungen
d) Einsicht in die Notwendigkeit von Appelationsinstanzen (Gewaltenteilung)

und Ausnutzen dieser Möglichkeiten

e) Einsicht in die Notwendigkeit, Organisationen politisch zu unterstützen, die die demokratischen Interessen und Ziele vertreten und entsprechendes Handeln

Andere konkrete Ziele, die noch stärker unterrichtsorientiert sind, können ferner sein: an den Interessen der Schüler anknüpfen und intrinsisch motivieren oder die Dominanz der Lehreraktivitäten ablösen und einen schülerzentrierten Unterricht durchführen. Oder aber einen abwechslungsreichen und strukturierten Unterricht geben unter Einsatz von Gruppenarbeit, Projektunterricht, verschiedener Medien und Materialien.
Darüberhinaus können die Ziele genannt werden, Schüler zu eigenständiger Problemlösung zu befähigen, die Unterrichtsanforderungen nach Leistungsstand und Arbeitstempo zu differenzieren oder aber Außenseiter zu integrieren und Problemschüler zu verstehen.
Des weiteren lassen sich noch solche Ziele anführen, wie Konflikte rational austragen, die Schüler als Partner betrachten oder aber den Schülern demokratisches Bewußtsein und Verhalten vermitteln.

Vergegenwärtigt man sich außerdem nochmals die empirischen Ergebnisse zur Lehrerpersönlichkeit (vgl. Kap.I,2.4), so lassen sich noch weitere Ziele angeben. Auf dem Hintergrund der Ergebnisse von Sustek (1975), Fend u.a. (1976) und Schön (1978) ließe sich etwa fordern, daß Lehrer an traditionellen Schulen progressiver werden sollten etwa im Hinblick der Ablehnung von Druckmitteln, der Befürwortung von Reformbereitschaft und des politischen Engagements innerhalb des Berufsfeldes. Oder aus Arbeiten von Müller-Fohrbrodt (1973), Becker u.a. (1968), Bongardt (1977), Melzer (1979) u.a. ließe sich die Notwendigkeit der Veränderung konservativen Lehrerbewußtseins und das Erfordernis der Verbesserung des Wissens bezüglich gesellschaftspolitischer und sozio-ökonomischer Zusammenhänge ableiten. Als weitere, aus der Literatur zu folgernde Ziele ließen sich formulieren, daß Lehrer sich hinsichtlich ihrer 'impliziten Persönlichkeitstheorie', ihrer "heimlichen Unterrichtstheorien", ihrer Attribuierungsmuster oder ihrer Einstellungen und Wertvorstellungen sowie anderer Persönlichkeitsmerkmale und deren Relevanz für ihr konkretes Verhalten bewußter werden sollten. Die Zielkataloge könnten beliebig fortgesetzt werden.

Ziele der Veränderung lassen sich aber nicht nur aus Menschen- und Weltbildern, aus fachspezifischen Notwendigkeiten oder empirischen Analysen ableiten, sie ergeben sich vielfach auch aus der konkreten Unterrichtspraxis heraus. An drei Beispielen sei dies veranschaulicht.

a) Lehrer A ist über den Schüler B sehr wütend, weil dieser während des Unterrichts in der Klasse herumläuft, laut herumschreit und nur Unfug treibt.

b) Lehrer C gibt Englisch-Unterricht. Er kam bisher mit seinen Schülern immer sehr gut aus. Seit kurzer Zeit hat sich das geändert. Er erlebt die Schüler als lästig, unaufmerksam und frech. Er selbst ist seit kurzem sehr unausgeglichen, launisch, unmotiviert und unkonzentriert. Er hat seit einiger Zeit starke persönliche Probleme mit seiner Frau wegen ständiger Differenzen in unterschiedlichsten Bereichen und wegen finanzieller Schwierigkeiten aufgrund des Baus eines Einfamilienhauses. Er hat das Gefühl, daß seine Frau und er sich auseinandergelebt haben.

c) Lehrer D hat 40 Schüler in einem kleinen Raum zu unterrichten. Die Schüler sind ausgesprochen aggressiv. Ein ordnungsgemäßer Unterricht kann aufgrund von Disziplinschwierigkeiten kaum mehr durchgeführt werden, weshalb sich die Eltern beim Rektor der Schule bereits beschwert haben. Lehrer D hat sich bereits mehrfach an den Schulleiter mit der Bitte um andere Räumlichkeiten und um Klassenteilung gewendet. Aufgrund der Sparmaßnahmen seitens des Kultusministeriums werden jedoch keine weiteren Lehrer eingestellt und der benötigte und geplante Ausbau der Schulräumlichkeiten wird um Jahre verschoben. Proteste beim Landtagsabgeordneten und im Kultusministerium bleiben ohne Wirkung. Der Kultusminister verweist auf seine knappen Haushaltsmittel, die aufgrund der schlechten Wirtschaftskonjunktur gekürzt worden sind. Eine Verbesserung der Wirtschaftslage ist auf dem Hintergrung einer allgemeinen Rezession der Weltwirtschaft mit Massenarbeitslosigkeit nicht zu erwarten.

Die Beispiele lassen eine Vielfalt von Änderungszielen deutlich werden, die von relativ einfachen Eingriffen bis zu sehr weitläufigen, komplizierten Interventionen reichen. Besonders das letzte Beispiel deutet die Komplexität der Wirklichkeit und die Notwendigkeit breiter strukturell-politischer Maßnahmen zur Verbesserung konkreten Lehrerverhaltens an. (Vgl. Kap. B).

Es sei an dieser Stelle nochmals daran erinnert, daß in die Zielforderungen sehr persönliche ideologische Wertungen und Weltbilder mit normativen Implikationen eingehen. Diese Interessengebundenheit und Parteilichkeit von Zielsetzungen verschleiern und "Neutralität" vorzugeben, wäre eine Vortäuschung falscher Tatsachen. Dennoch steht "Neutralität" in der wisschenschaftlichen Literatur, auch in der Verhaltensänderung, hoch im Kurs.

2.2 Ansätze und Aspekte der Modifikation

2.2.1 Lerntheoretische Aspekte

Verhaltensänderungen von Lehrern lassen sich auch durch die Berücksichtigung lerntheoretischer Aspekte und Techniken ermöglichen. In der Literatur finden sich empirische Arbeiten über die Auswirkungen operanten Lernens, von Rückmeldung und Modellernen. Die empirischen Untersuchungen sind allerdings im Bereich der Lehrerforschung nicht sehr zahlreich.

2.2.1.1 Verstärkung und Rückmeldung

Verschiedene experimentelle Untersuchungen von Margolius u.a. (1961a,b), Sheffield & Maccoby (1961), Lumsdaine (1961), Achesons (1964), McDonald & Allen (1967), Olivero (1964), Tuckman & Oliver (1968), Solomon u.a. (1964), Young (1968), Wragg (1971), Watts (1973), Sherman & Cormier (1974) u.a. zeigen, daß Verstärken - sei es im Rahmen operanten Konditionierens, sukzessiver Approximation, operanter Diskrimination, Selbstverstärkung - sowie Rückmelden sich positiv auswirken können.

Den Einfluß unterschiedlicher Aspekte positiver Verstärkung untersuchten beispielsweise McDonald & Allen (1967) in einem experimentellen Design mit vier Treatments, wobei jede Treatment-Gruppe 17-18 Lehrer umfaßte. Der Untersuchungsplan war wie folgt:
Gruppe (1): Selbstrückmeldung. Das eigene Verhalten wurde durch Videorecorder rückgemeldet. Zur Beurteilung des eigenen Verhaltens diente schriftliches Begleitmaterial, in dem Lehrer auf wünschenswerte verbale und nonverbale Schüleraktivitäten aufmerksam gemacht wurden und ihnen u.a. nahegelegt wurde, Schülerbeiträge sofort zu verstärken.
Gruppe (2): Einfache Rückmeldung. Diese Gruppe arbeitete mit demselben Begleitmaterial wie Gruppe (1). Die Videoaufzeichnungen wurden von den Lehrern gemeinsam mit dem Versuchsleiter betrachtet, der bekräftigende Lehreräußerungen für positives Schülerverhalten im Film nur mit "gut" oder "prima" kommentierte.
Gruppe (3): Bekräftigung und Diskriminationstraining. Zusätzlich zum schriftlichen Begleitmaterial der Gruppe (1) und der einfachen Verstärkung der Gruppe (2) absolvierten die Teilnehmer hier ein Diskriminationstraining. Dieses umfaßte Informationen hinsichtlich bestimmter zu verstärkender Verhaltensweisen (die während des Videoplaybacks zu sehen waren), ferner zur Art, zu den Auswirkungen und zur zeitlichen Abfolge von Verstärkungsmaßnahmen.
Gruppe (4): Kontrollgruppe. Hier sahen die Lehrer die Videoaufnahmen ohne Versuchsleiter an und mußten die Effektivität ihres Unterrichtsverhaltens mit Hilfe von schriftlichen Hinweisen beurteilen.

Diese vier Treatments wurden in ihrem Einfluß auf die Häufigkeit des verbalen und nonverbalen Verstärkens von Schülerbeiträgen (als abhängige Variable angesehen) untersucht. Sie wurden jeweils im Anschluß an eine von vier gefilmten Unterrichtsstunden eingesetzt. McDonald & Allen stellten fest, daß die Lehrer mit dem Verstärkungs- und Diskriminationstraining (Gruppe 3) vor den Lehrern mit der einfachen Verstärkung (Gruppe 2) am meisten profitierten. Gruppe 3 und 2 zeigten bedeutsam größere Verhaltensänderungen als die übrigen beiden, wobei überraschenderweise die Lehrer der Kontrollgruppe (Gruppe 4) ihr Verhalten stärker änderten als die Lehrer mit dem Treatment Selbstrückmeldung. Das letzte Ergebnis läßt sich nicht ganz schlüssig auf dem Hintergrund des vorliegenden Designs interpretieren. Es werden verdeckte Selbstbekräftigungsprozesse vermutet.

Welchen Einfluß die Quelle der Rückmeldung auf Verhaltensänderungen bei

Lehrern hat, damit beschäftigten sich Tuckman & Oliver (1968). Sie unterschieden vier Rückmeldungs-Treatments: (a) eine Lehrergruppe bekam Rückmeldung durch ihre Schüler, (b) eine zweite Gruppe durch Supervisoren, (c) eine dritte Lehrergruppe erhielt ihr Verhalten von Schülern und Supervisoren rückgemeldet, (d) die Kontrollgruppe bekam keine Rückmeldung.
Als Verfahren für die Rückmelde-Prozedur wurde das Student-Opinion-Questionnaire (SOQ) herangezogen, das u.a. verschiedene Aspekte zur Beurteilung auf einer 5-Punkte-Skala beinhaltet wie Kenntnis des Lerngegenstandes, Fairness, Fähigkeit, Disziplin aufrechterhalten, Interesse zu erzeugen, die Schüler zu selbständigem Denken hinzuführen u.a..
Das Experiment wurde mit 286 Berufsschullehrern und deren Schülern in den Klassen 10,11 und 12 durchgeführt. Pre- und Post-Test mit dem SOQ lagen 12 Wochen auseinander.
Die wichtigsten Ergebnisse der Untersuchung sind: (1) Die Veränderungswerte der Gruppe mit Schüler-Feedback sind signifikant positiver als die der Gruppe mit Supervisor-Feedback und der Kontrollgruppe. (2) Negative Veränderungen ergaben sich durch das Supervisor-Feddback. Die Unterschiede sind bedeutsam im Vergleich mit der Kontrollgruppe. (3) Die Gruppe (c) unterschied sich nicht von der Gruppe (a).
Für die negativen Auswirkungen des Supervisor-Feedbacks werden Abwehrhaltungen der Lehrer hinsichtlich der Urteile seitens der Supervisoren verantwortlich gemacht.

Neben der Rückmeldung durch andere Personen kann auch Selbstrückmeldung sich positiv auswirken. So konnte etwa Fengler (1980) in einer Untersuchung zur Effektivität lerntheoretisch orientierter Selbstkontrolle unter anderem bei Pädagogik-Studenten positive Veränderungen in ihrem Arbeitsverhalten (Konzentration) sowie Kontaktverhalten und Sprechsicherheit feststellen.

Andere Untersuchungen zur Auswirkung von Rückmeldeprozessen legen nahe, daß Schüler-Feedbacks am effektivsten für Veränderungen von Lehrerverhalten zu sein scheinen. Wenig veränderungswirksam ist dagegen das Rückmelden lediglich mittels Videorecorder (also Konfrontation). Die Selbstkonfrontation kann aber in ihrer Effektivität gesteigert werden, wenn sie kombiniert wird mit Rückmeldungen durch standardisierte Beobachtungsverfahren, erneutes Darbieten des Modellverhaltens, Schüler oder zusätzliches kontingentes Hinweisgeben. Die Effektivität des Feedbacks durch Supervisoren scheint stark von der Güte des Verhältnisses von Supervisor und Lehrer abhängig zu sein.

2.2.1.2 Modellernen

Einige wenige empirische Arbeiten legen nahe, daß bei Lehrern im Rahmen des Modellernens (vgl. Anmerk. (15)) bestimmte Informationsverarbeitungsprozesse in Bereichen wie Aufmerksamkeit, Behalten und motorischer Reproduktion bedeutsam sind; ferner scheinen auch solche Aspekte wie der Einfluß der Verstärkung des Beobachters und des Modells, Merkmale des Modells und Persönlichkeitsmerkmale des Beobachters für das Lernen wichtig zu sein.

McDonald & Allen (1967) führten eine Untersuchung zum Repräsentationsmodus des Modells durch. Das Modellernen bezog sich auf den Aspekt "Sondierungsfragen". Sie konnten zeigen, daß perzeptives Modellernen dem symbolischen Modelllernen überlegen ist, d.h. daß das Lernnen bei audiovisuell präsentierten Modellen günstiger ausfällt als bei schriftlich oder verbal vorgestellten Modellen. Weiterhin erwies sich eine Kombination von perzeptivem und symbolischem Modellernen effektiver als symboliches Modellernen allein.

Orme (1966) konnte das erstgenannte Ergebnis bestätigen. Er stellte allerdings fest, daß die Differenz der Leistung bei perzeptivem und symbolischem Modellernen dann kleiner wird, wenn der Versuchsleiter für beide Vergleichsgruppen ein zusätzliches Diskriminationstraining miteinbezieht, das Rückmeldeprozesse beinhaltet.

Eine Verbesserung des Lernens wurde erzielt, wenn ein Versuchsleiter den das Modell Beobachtenden auf bestimmte für das Verhaltenskriterium (z.B. "Sondierungsfragen") wichtige Reaktionen der Modellperson hinwies. Diese Technik wird auch "focusing" oder "cueing" genannt. Bestätigung für die Überlegenheit der Hinweis-Gebung im Vergleich zum Verzicht auf "focusing" lieferten Untersuchungen von McDonald & Allen (1967), Young (1968) und Claus (1969).

Modellernen, wird - wie jedes andere Lernen auch - beeinflußt durch die Häufigkeit der Darbietung von Stimuli. Je häufiger Informationen dargeboten werden, desto größer wird der Lernerfolg sein. Dies konnte auch Deschler (1970) bei Lehrern bestätigen. Er teilte 116 Lehrerstudenten in zwei Gruppen ein, wovon die eine Gruppe einen Unterrichtsprozess nur einmal, die andere diesen dreimal beobachten konnte. Es stellte sich heraus, daß die Gruppe mit dreimaliger Beobachtung das gleiche Geschehen präziser, richtiger, homogener, weniger extrem und intensiv beurteilte als die Gruppe mit einmaliger Darbietung.

Daß bestimmte Persönlichkeitsmerkmale oder spezifische Leistungen von Lehrern auch beim Modellernen intervenieren können, wurde von Koran u.a. (1971) nachgewiesen. In einem Experiment zur Untersuchung der Wirkung des Modellernens in Abhängigkeit von audiovisuell oder schriftlich vermittelten Verhaltensweisen stellten sie folgende Zusammenhänge fest: a) Lehrer, die beim Video-Modell besonders profitieren, zeigen gute Leistungen in einem Test zum Filmgedächtnis und in einem Satzreproduktionstest. b) Demgegenüber zeigen Lehrer mit guten Lernerfolgen beim schriftlich dargebotenen Modellverhalten gute Leistungen bei Labyrinthaufgaben und bei der Identifizierung "verborgener Figuren". Die Art bestimmter kognitiver Fertigkeiten scheint das Lernen bei bestimmten Präsentationsformen von Modellen zu begünstigen.

Weitere empirische Ergebnisse zur Effektivität lerntheoretisch orientierter Techniken und auch Hinweise auf die Problematik des Transfers des Gelernten finden sich bei Belschner u.a. (1973), Kern (1974), Rost u.a. (1975), Brunner (1976) und Günther & Massing (1980).

2.2.2 Kognitions- und überzeugungsorientierte Möglichkeiten:

Zukünftige Lehrer oder bereits in der Praxis stehende Lehrer können durch Informationen, durch Wissensvermittlung und Wissensaneignung in ihrem Denken und Handeln beeinflußt werden. Die Informationsvermittlung als eine stärker kognitionsorientierte Möglichkeit der Beeinflussung kann durch Informationsveranstaltungen im Rahmen von Seminaren und Übungen während der Lehrerausbildung selbst und während der Lehrerfort- und Weiterbildung erfolgen. Sie ist aber auch durch Eigenstudium von Literatur gegeben. Eine weitere Möglichkeit der kognitiven Beeinflussung besteht durch reflexionsfördernde spezielle Trainings.

2.2.2.1 Informationsvermittlung

Während des Studiums können oder müssen sich angehende Lehrer mit einer Vielfalt von Bereichen auseinandersetzen und sich je nach Studienwahl und Fächerkombination sehr differenzierte Inhalte verschiedener Disziplinen aneignen. An den Pädagogischen Hochschulen oder Pädagogischen Fakultäten sind es die folgenden Disziplinen:

- Allgemeine Pädagogik
- Schulpädagogik
- Philosophie
- Soziologie
- Politikwisschenschaft
- Theologie
- Deutsche Sprache und Literatur sowie ihre Didaktik
- Englische Sprache und ihre Didaktik
- Geschichte und ihre Didaktik und Politische Bildung
- Geographie und ihre Didaktik
- Mathematik und ihre Didaktik
- Physik und ihre Didaktik
- Chemie u.i.D.
- Biologie u.i.D.
- Hauswirtschaft u.i.D.
- Wirtschaftswissenschaft und Didaktik der Wirtschaftslehre
- Kunsterziehung und Werkerziehung
- Leibeserziehung
- Technik u.i.D.

Die Inhalte in den einzelnen Disziplinen sind je nach Qualität und Quantität sowie Interessenlage und wissenschaftstheoretischer Orientierung der Hochschullehrer, Dozenten und Assistenten an den einzelnen Hochschulen sehr unterschiedlich. Zumindest was die nicht-naturwissenschaftlichen Fächer anbetrifft, wirken sich hier die ideologischen Grundpositionen der Lehrenden mit auf die Inhalte aus. So spielt es durchaus eine Rolle, ob ein Lehrender sich stärker konservativen oder fortschrittlichen Positionen verpflichtet fühlt. Diese Inhalte beeinflussen dann natürlich z.B. das soziale, politische, moralische, ästhetische, religiöse oder das sonstige fachorientierte Wissen und Denken der Lehrer.

Mit welchen Inhalten, mit welchen Informationen werden nun Lehrerstudenten konfrontiert und in ihrem Bewußtsein, ihren Meinungen, Einstellungen, Normen und Werten, d.h. ihren Überzeugungen beeinflußt?
In der allgemeinen Pädagogik können etwa Themen zur Debatte stehen wie allgemeine Grundbegriffe, Erziehungsziele und Leitideen pädagogischer Klassiker, Studien zum sozialpolitischen Bezugsrahmen der Kindererziehung, Organisationsstrukturen und Ökonomie bei den Massenmedien, Drogenprobleme, spezielle Fragen zur psychoanalytischen Pädagogik und zur Erziehung auf individualpsychologischer Basis, pädagogische und philosophische Anthropologie u.a..
Versucht man einige Themen im Rahmen der Schulpädagogik zu nennen, so lassen sich hier solche anführen wie Allgemeine Didaktik, Prinzipien und Modelle des Unterrichts, Arbeitsmittel im Unterricht, Sexualerziehung, soziales Lernen,

Verkehrspädagogik und andere mehr.
Oder in der Psychologie werden beispielsweise im Bereich Methodenlehre Inhalte angeboten wie Statistik oder Planung und Auswertung empirischer Arbeiten. Andere Veranstaltungen beschäftigen sich mit erkenntnis- und wissenschaftstheoretischen Grundlagen und Methoden der Psychologie, etwa speziell mit dem Thema kritischer Rationalismus und Marxismus. Oder im Teilbereich Allgemeine Psychologie fallen solche Inhalte an wie Wahrnehmung, Lernen, Denken und Motivation. In der Pädagogischen Psychologie sind möglicherweise Themen zu finden wie motivationale Bedingungen schulischen Lernens, pädagogisch-psychologische Probleme der Einschulung. Oder aber es geht um die Klärung der Ursachen von Verhaltensstörungen und Möglichkeiten der Veränderung und des weiteren um Methoden des Lehrerverhaltenstrainings. Im Rahmen der Schulischen Diagnostik werden Themen dargestellt wie Methoden der Persönlichkeitsbeurteilung bei Kindern oder Beobachtung und Beurteilung des Schülerverhaltens. Weiterhin werden im Teilbereich der Beratung etwa unterschiedliche Theorien und Modelle vorgeführt wie z.B. gesprächspsychotherapeutisch orientierte gegenüber lerntheoretischen oder Themen wie Psychohygiene oder Prävention abgehandelt. Mit Aspekten wie familiäre Sozialisation, die Bedeutung von Werten und Einstellungen für Verhalten, Kommunikation oder Rolle beschäftigt sich die Teildisziplin Sozialpsychologie.
Greift man abschließend noch die Disziplinen Soziologie und Politikwissenschaft auf, so können sich Studenten in Seminaren oder im Selbststudium mit allgemeinen Perspektiven der Soziologie oder soziologischen Klassikern wie Comte, Durkheim, Spencer, Parsons, Weber oder Marx auseinandersetzen. Oder sie können sich mit Fragen der Familien-, Industrie-, Betriebs- und Politischer Soziologie, mit Bildungsökonomie oder ferner mit Theorien sozialer Konflikte u.a. beschäftigen. Die Politikwisschenschaft kann demgegenüber Wissen vermitteln hinsichtlich der politischen Systeme und Gesellschaftsstrukturen in Ländern wie z.B. der Bundesrepublik Deutschland, DDR, USA, Sowjetunion und China. Oder sie kann Einblick geben in die internationalen Beziehungen zwischen Ost und West oder Nord und Süd und auf Probleme und Konflikte in der Welt und auf Möglichkeiten der Spannungsminderung hinweisen.

Die Themen der lediglich fünf von neunzehn ausgewählten Disziplinen veranschaulichen bereits die Fülle an Informationen, die auf den zukünftigen Lehrer einströmen würden, wollte er sich mit allen beschäftigen. Er muß notgedrungen selegieren und Schwerpunkte nach unterschiedlichsten Kriterien und seiner Fächerkombination setzen. Durch ein meist sechssemestriges Sudium ist bereits strukturell ein eher Oberflächenwissen angelegt, für das der zukünftige Lehrer kaum verantwortlich gemacht werden kann.

Möglichkeiten sein Wissen zu erweitern und Kenntnislücken zu schließen, bieten sich dem Lehrer ferner in Veranstaltungen der Lehrerfort- und-weiterbildung an, die von städtischen und regionalen Institutionen angeboten werden. In Nordrhein-Westfalen gibt es beispielsweise in Köln ein "Gesamtseminar für die Ausbildung und Fortbildung der Lehrer" oder in Düsseldorf das "Landesinstitut für Curriculumentwicklung, Lehrerfortbildung und Weiterbildung". Einige Veranstaltungsthemen seien aus der Fülle herausgegriffen:

- Einführung in nicht-verbale Intelligenzverfahren für Lehrer an Sonderschulen
- Sprachauffälligkeiten bei Grundschülern
- Theorie und Praxis eines therapeutischen Sportunterrichts an Sonderschulen
- Diktate im Rechtschreibunterricht der Primarstufe
- Probleme der medialen Steuerung von Lernprozessen im Englischunterricht für lernschschwache Schüler

- Politisches und soziales Lernen
- Aspekte der Wirtschafts- und Sozialwissenschaften
- Standortplanung im Lernbereich Gesellschaftslehre an der Hauptschule
- Der Atlas im Geopraphieunterricht der Primar- und Sekundarstufe I
- Die Bedeutung und Funktion moralischer Urteile
- Bundeswehr und Schule
- Einführung in die Informatik
- Zahlenbereichserweiterungen im Mathematikunterricht der Sekundarstufe I
- Rutherfordstreuung im Schulversuch
- Musik in der Grundschule
- Arbeitslehre als didaktisches Zentrum der Hauptschule
- Technik in der Hauptschule
- Unterrichtsprobleme in den Klassen des Berufsfeldes Ernährung und Hauswirtschaft
- Sport an der Grundschule

Die Inhalte machen deutlich, wie breit gestreut das Angebot ist und daß bei vorhandenem Interesse immer die Möglichkeit der Erweiterung eigenen Wissens gegeben ist.

Weitere Angebote, insbesondere zur Vertiefung staatspolitischen Wissens, werden von parteinahen Stiftungen wie etwa der Konrad-Adenauer-Stiftung, der Friedrich Naumann-Stiftung, Georg-von-Vollmar-Akademie oder Friedrich-Ebert-Stiftung gemacht. In Wochen- oder Wochenendseminaren können sich Lehrer als Privatpersonen etwa in der Friedrich-Ebert-Stiftung bei Vorträgen und Diskussionen in Groß- und Kleingruppen mit Themen beschäftigen wie Konservatismus in Deutschland, Demokratischer Sozialismus in der Auseinandersetzung mit dem Marxismus-Leninismus, Modelle der Sozialisierung in Schweden und Jugoslawien, Geschichte der Arbeiterbewegung, Vergleich der Gesellschaftsordnungen in der Bundesrepublik Deutschland und der DDR. Weitere Veranstaltungen führen in andere spezielle Bereiche der Politik ein, so in die Sozialpolitik, Familienpolitik, Wirtschaftspolitik, Reformpolitik im Gesundheitswesen, Technologische Forschungspolitik oder in die Bildungspolitik mit speziellem Thema Gesamtschule und andere. Diese Seminare bieten eine gute Gelegenheit gesellschaftliche Zusammenhänge zu reflektieren und sich ein breiteres, differenzierteres politisches Bewußtsein zu erarbeiten, das eigentlich dringend erforderlich ist im Hinblick auf eine demokratische Erziehung. Diese Grundvoraussetzungen dürfen bei einem großen Teil der Lehrer auf dem Hintergrund einer mangelhaften Lehrerausbildung als nicht gegeben angesehen werden (vgl. Kap. I,2.4). Die genannten Seminare böten eine günstige Gelegenheit, Defizite zu beseitigen. Dies setzt allerdings Bereitschaft und Interesse voraus.

Lehrer werden in ihrem Bewußtsein und Verhalten aber nicht nur durch Informationsaufnahme in den bisher genannten Veranstaltungen beeinflußt. Sie werden auch verändert durch Informationen aus Presse, Rundfunk und Fernsehen. Die Medien stellen eine wesentliche Quelle der Beeinflussung dar. Wie differenziert und kompliziert dabei Veränderungsprozesse verlaufen, wurde bereits an anderer Stelle ausgeführt (vgl. Kap. II, 1.2 und 1.3). Weitere bewußte oder unbewußte Quellen der Beeinflussung stellen die Personen dar, mit denen Lehrer näheren Kontakt haben, angefangen von den Familienangehörigen bis hin zu Freunden, Bekannten und Kollegen. Gelegentlich kommt es auch vor, daß Lehrer mit einigen Schülern sehr große Schwierigkeiten haben und deshalb Hilfe suchen etwa bei Psychologen in den Schulpsychologischen Diensten. Durch die in den Gesprächen aufgenommenen Informationen können auch Einstellungen und Wertvorstellungen, aber auch konkrete Verhaltensweisen von Lehrern sich verändern. Durch gemeinsame Überlegungen oder durch Testinformationen kann der Lehrer etwa zu der Überzeugung kommen, bisher vorhandene Vorurteile z.B. in Bezug auf ganz aggressive Schüler zu ändern und mit ihnen auf eine andere Art und Weise umzugehen. Die Beispiele zu Einstellungs- und Verhaltensänderungen durch Informationen aus Kontakten mit anderen als bedeutsam, kompetent oder menschlich erlebten Personen ließen sich beliebig vermehren.

Die bisher dargestellten Informationsvermittlungsformen betonten stärker eine rezeptive, passive Art der Informationsaufnahme seitens des Lehrers. Die eingangs angesprochenen Themen oder darüber hinausgehende können ebenso auch im Selbststudium erarbeitet werden, sei es durch Beschäftigung mit Fachzeitschriften, Büchern oder mit sonstiger Literatur. So kann sich der Lehrerstudent oder der bereits tätige Lehrer je nach Interessenlage z.B. in Büchern von Brezinka (1974,1978), Hammer (1979), Pöggeler (1980), Günzler & Teutsch (1980), Bath (1974), Kerstiens (1974), Stolz u.a. (1971), Suchodolski (1972) oder Stschukina (1977) mit der Bedeutung von Werten und ideologischen Grundpositionen in der Erziehung und damit dem Spektrum von konservativer bis kommunistischer Orientierung beschäftigen. Dies ermöglicht dem Lesenden eine Auseinandersetzung mit verschiedenen geistigen Strömungen und eine eigene reflektierte, selbstverantwortete Standortbestimmung. Diesbezügliche Reflexionen können dem Aufbau eines relativ stabilen Wertsystems dienen, das zur Beurteilung unterschiedlichster Sachverhalte in sozialen, pädagogischen und politischen Bereichen sowie als Richtschnur für eigenes Verhalten förderlich sein kann. Will der Lehrer des weiteren sich ein übergreifenderes Wissen über gesellschaftliche, ökonomische und politische Grundlagen und damit auch über die Grundlagen des Erziehungssystems verschaffen, so können ihm Bücher von Beyme (1980), Kiss (1972,1973), Furt & Greffrath (1977), Burg u.a. (1973), Autorenkollektiv (1969), Bernholz (1972), Hofmann (1969) Gahlen u.a. (1978), Pilz (1974), Oberreuter (1980), Hahn (1974), Šik (1976), Autorenteam der HDS (1979), Vilmar & Sattler (1978), Meyer (1980), Henecka (1980), Tohidipur (1974), Preuß (1975) und Fend (1974) wichtige Denkanstöße geben.

Anregungen für konkretes Verhalten kann der Lehrer demgegenüber aus Büchern erhalten wie z.B. von Heinelt (1978): "Umgang mit aggressiven Schülern"; Huppertz (1979):"Wie Lehrer und Eltern zusammenarbeiten"; Rameckers & Wertenbroch (1977):"Verhaltensänderung bei Schülern"; Gunzler & Teutsch (1980):"Erziehung zur ethischen Verantwortung"; Perlwitz (1978):" Verhaltensformung in der Schule. Beiträge zur Praxis pädagogischer Verhaltensmodifikation" oder von Perlwitz (1978):" Lehrziel: Selbststeuerung. Ein Handlungsmodell zur Anleitung von Selbstmodifikation in der Schulklasse." Im letztgenannten Buch kann der Lehrer auch Informationen entnehmen, um sich selbst, um sein eigenes Verhalten zu verändern.(vgl. Anmerk. 18).

Die Zahl der Themen, mit denen der Lehrer sich aktiv im Eigenstudium auseinandersetzen und sich Anregungen für sein konkretes Verhalten erarbeiten kann, ist endlos. Die Möglichkeit der Selbstbeeinflussung und Selbständerung sowohl des inneren wie des äußeren Verhaltens ist damit immer gegeben, bis ins hohe Alter hinein. Grundvoraussetzungen sind allerdings Aufgeschlossenheit und Eigeninitiative.

2.2.2.2 Spezielle Trainings

Neben den bisher dargestellten Möglichkeiten zur Erweiterung und Ausdifferenzierung des Wissens und damit der sozialen, politischen und pädagogischen Einstellungen und Wertvorstellungen, kann ein zusätzliches Lernen auch in Trainings erfolgen, die sich ebenso rational und kognitiv mit anderen speziellen Problemen beschäftigen. Als ein diesbezügliches Training sei das von Becker, Dietrich und Kaier (1976) etwas detaillierter dargestellt, das sich mit "Konfliktbewältigung im Unterricht" beschäftigt.

Die Autoren unterscheiden Schein-, Rand-, Zentral- oder Extremkonflikte. Sie sehen diese sowohl durch individualpsychologische als auch durch strukturelle und gesellschaftlich bedingte Faktoren verursacht und beschäftigen sich primär mit solchen aus dem individualpsychologischen Bereich. Zur Verdeutlichung der Konfliktursachen sei ein Überblick von Becker u.a. (1976,S.25f) wiedergegeben.

Tab. 5 Konfliktursachen im Unterricht

1	In der Person der Beteiligten liegende Konfliktursachen
1.1	Schüler als Konfliktursache - frühkindliches Sozialisationsdefizit, mangelnde Begabungshöhe, besondere Behinderungen, Lernschwächen, entwicklungspsychologisch bedingte Schwierigkeiten...
1.2	Lehrer als Konfliktursache - labiler emotionaler Zustand, unzureichende fachwissenschaftliche Kenntnisse, mangelnde methodische Fähigkeiten...
1.3	Kollegen, Eltern als Konfliktursache
2	Durch die Institution Schule bedingte Konfliktursachen
2.1	Gesellschaftliche Ursachen - nicht gerechtfertigte Ansprüche der Gesellschaft an die Schule: Leistungszwang, Leistungsdruck, Kollektivismus, Zwang zur Normerfüllung...
2.2	Bildungspolitische Ursachen - Versäumnisse der Bildungsplanung, Finanzierung; Mängel im Bereich der Schulaufsicht und Schulverwaltung...
2.3	Schulische Ursachen - kommunalpolitische Fehlentscheidungen oder Versäumnisse, schlechte äußere Voraussetzungen für den Unterricht, unzureichende Ausstattung mit technischen Medien, Lehr- und Lernmitteln; starrer Zeitplan, Mängel der Gruppenbildung...
3	Gestörte Sozialbeziehungen als Konfliktursache
3.1	Familiale Sozialbeziehungen - gestörte Sozialbeziehung innerhalb der Familie, Spannungen zwischen den Generationen, Mißbrauch des Elternrechts...
3.2	Sozialbeziehungen im Freundeskreis - Ablehnung in der Peer Group, mangelnde Kontaktfähigkeit...
3.3.	Sozialbeziehungen im Raum der Schule - Ablehnung in der Lerngruppe, Ablehnung durch die Lehrer...

Die Tabelle macht recht deutlich, daß es dem Lehrer allein kaum möglich sein dürfte, alle Konflikte, besonders die durch die Institution Schule oder durch gestörte Sozialbeziehungen verursachte Konflikte zu lösen. In diesem Zusammenhang sei aber bereits angemerkt, daß sich Becker u.a. zu ausschließlich auf nur psychologische und individualtherapeutische Maßnahmen einlassen und strukturelle, d.h. gesellschaft- und bildungspolitische gar nicht reflektieren.

Welche möglichen Verhaltensweisen bei Konflikten sehen nun Becker u.a.? Sie geben die folgenden an (Becker u.a. 1976,S.28):

1	Verlagerung in die Lerngruppe
-	den Konflikt in der Lerngruppe zur Diskussion stellen
-	die Lerngruppe nach dem Ereignis befragen
-	die Lerngruppe nach den Konfliktursachen befragen
-	die Lerngruppe nach einem Ausweg suchen lassen
-	oder:...

2 Zuwendung des Lehrers	3 Engagement des Lehrers
- Verständnis zeigen - Gefühle akzeptieren und verbalisieren - Äußerungen umschreiben - ein Hilfsangebot machen - sich solidarisch erklären - oder:	- sich betroffen zeigen - sich enttäuscht zeigen - sich verärgert zeigen
4 Appelle des Lehrers	**5 Nicht klassifizierbare Indikatoren**
- auf eine Norm oder Regel verweisen - an die Einsicht der Beteiligten appellieren - nach der Allgemeinverbindlichkeit eines Verhaltens fragen - um eine Erklärung bitten - für den eigenen Standpunkt um Verständnis bitten - oder:...	- humorvoll reagieren - mit einer anderen Aktivität antworten - ignorieren - den Versuch der Konfliktbewältigung aufschieben - oder:...

Weitere Möglichkeiten erblicken sie in erzieherischen Maßnahmen oder in Disziplinierungstechniken. Bei ersteren wird keine Bestrafung, sondern eine Verhaltensänderung in zu erwartenden ähnlichen Situationen intendiert. Hierzu zählen sie beispielsweise bei Sachbeschädigungen, einen materiellen Schaden wieder gutmachen lassen; oder in einem anderen Fall einen Gegenstand wegnehmen wie z.B. ein Messer mit feststehender Klinge; oder für individuelle Betreuung durch befreundeten Mitschüler sorgen u.a.. Bei Disziplinierungstechniken geht es dagegen um die kurzfristige Eliminierung eines Konfliktverhaltens mit dem Charakter der Bestrafung. Sie sollten jedoch wohl überlegt eigesetzt werden. Disziplinierungstechniken könnten z.B. sein, Schüler zum Rektor oder Klassenlehrer schicken, Eltern benachrichtigen, Strafarbeiten erteilen, den Schüler an einen isoliert stehenden Tisch setzen.

Je nach Art des Konflikts und je nach Einschätzung des Zeit- und Handlungsdrucks sehen die Autoren unterschiedliche Handlungsstrategien als erforderlich an. Zu einer Verbesserung diesbezüglicher Fertigkeiten soll ihr "Entscheidungstraining" dienen. Sie nennen die folgenden Ziele (vgl. S.96):

- üben, Konflikte kooperativ zu bewältigen,
- versuchen, die jeweilige Situationsbeschreibung schnell und genau aufzufassen
- mögliche Alternativen des Handelns in diesen Situationen kennenlernen,
- sich in der Einschätzung unterrichtstypischer Konflikte üben, damit Sie später eine Über- bzw. Unterbewertung der jeweiligen Situation möglichst vermeiden,
- selbst nach weiteren Alternativen des Handelns suchen, um sich so in einem aktiven Problemlöse-Verhalten zu schulen,
- unter den vorgegebenen oder selbst gefundenen Handlungsalternativen eine begründete Auswahl treffen,
- lernen, Entscheidungen auch unter einem gewissen Zeit- und Handlungsdruck zu fällen,
- befähigt werden, für Ihr spezifisches Berufsfeld ein ähnliches Trainingsprogramm zu entwickeln.

Das Training verläuft dergestalt, daß als Trainingsmaterial 40 kurze Fallbeschreibungen mit 6 möglichen Handlungsalternativen vorgegeben werden. Das Material soll an vier Tagen nach Möglichkeit in Partner- und Gruppenarbeit bearbeitet werden, d.h. durch Reflexion und im Rahmen von Diskussionen. Als ein Beispiel aus dem Material sei der Fall 8 ausgewählt:

"In Ihrer 4. Klasse haben Sie einen erziehungsschwierigen Jungen, der sich kaum konzentrieren kann. Sie führen mit den Schülern ein Kreisgespräch und bemerken, daß der Junge seine Mitschüler immer wieder stört. Schließlich meldet sich ein Schüler und beschwert sich:"Der Läßt uns nie in Ruhe!"
Handlungsalternativen:
1. Sie weisen den Schüler in freundlichem Ton zurecht
2. Sie fragen ihn, ob er sich alleine still beschäftigen möchte
3. Sie ignorieren die Beschwerde und warten zunächst ab, was weiter passiert
4. Sie bestimmen einen Gesprächsleiter und wenden sich dem Schüler zu
5. Sie sorgen für eine räumliche Trennung im Klassenzimmer und geben dem Schüler eine Aufgabe
6. Sie machen diesen Schüler zum Gesprächsleiter und unterstützen ihn bei seiner Aufgabe

oder ..." (S.103).

Es liegen m.W. bisher keine Informationen vor, inwieweit sich das Konflikttraining in dieser eher rationalen und kognitiven Form empirisch als effektiv erwiesen hat. Gewiß dürfte es zu einer Sensibilisierung für die Komplexität von Situationen und Handlungsalternativen beitragen. Günstig dürfte sich wahrscheinlich eine ergänzende Bearbeitung der Konflikte durch Rollenspiele erweisen. Weiterhin sei angemerkt, daß man nach der differenzierten und problembewußten Darstellung der Konfliktursachen durch Becker u.a. eigentlich hätte erwarten können, daß sie auch strukturelle Maßnahmen auf politischer Ebene diskutierten. Es trifft zwar zu, daß Lehrer im Alleingang, d.h. individuell nichts erreichen können, wohl aber durch gemeinschaftliche Aktionen mit anderen Lehrern und Eltern und vor allem durch Mitarbeit in politischen Organisationen.

Andere Trainings in speziellen Bereichen liegen etwa zum Aspekt Problemlösefertigkeiten vor. So berichtet Mahoney (1977) von solchen bei Schulkindern, die von Lehrern angeleitet werden. Er weist auf Arbeiten von Suchman (1960, 1969), Torrance & Myers (1970), Feldhusen u.a. (1970), Davis & Scott (1971) u. a. hin. Da Lehrer hier als Trainer einbezogen werden, wird auf diese Autoren aufmerksam gemacht. In Programmen von Suchman (1960,1969) wird beispielsweise Kindern systematisch die Formulierung von Problemen, die Sammlung relevanter Informationen, das Aufstellen von Hypothesenund deren Überprüfung beigebracht, wodurch sie praktisch ein Training in formaler Logik und wissenschaftlicher Methodik erhalten. Es darf angenommen werden, daß Lehrer selbst bei der Durchführung dieser kognitiven Trainings profitieren.
Aspekte der Informationsverarbeitung werden in einem neuen Training zur Beeinflussung des Entscheidungsverhaltens von Lehrern im Unterricht von Thiele (1981) aufgegriffen und empirisch untersucht.

2.2.3 Handlungsorientierte Ansätze

Unterrichtsbezogenes Verhalten von Lehrern läßt sich auch durch Verfahren formen und verändern, die unmittelbar am konkreten Verhalten ansetzen, und hier als handlungsorientierte Ansätze bezeichnet werden sollen. Hierzu werden gerechnet das Microteaching und als spezielle Varianten davon Minicourses, Simulated Social Skill Trainings (SSST), Simulationsspiele und Stimulation-Discussion-Action-Training.

2.2.3.1 Microteaching

Als brauchbares und direkt auf das Unterrichtsgeschehen und Unterrichtsfertigkeiten bezogenes verhaltensmodifikatorisches Verfahren kann das in den USA 1963 entwickelte Microteaching bezeichnet werden (vgl. Allen & Ryans 1972 ; Cooper & Allen 1971 ; Olivero & Brunner 1973). Es wurde von deutscher Seite Ende der 60er Jahre aufgegriffen und vor allem von Meyer (1966); Zifreund (1967) und Becker (1971,1973) weiterentwickelt und verbreitet.

Im Microteaching werden verschiedene Elemente realisiert, die ein Veränderungslernen begüngstigen. Hierzu gehören Modellernen, Diskriminationstraining (cueing), variable und exakte Rückmeldeprozesse, operante Verstärkung und systematische Übung. Bei dem aus behavioristischer Tradition herkommenden Microteaching geht es darum, Fertigkeiten unterschiedlicher Komplexität neu zu erwerben oder zu verändern. Das Vorgehen gestaltet sich der Art, daß mit nur wenigen Schülern (3-10) gearbeitet und die Unterrichtszeit verkürzt (5-20 Minuten) wird sowie nur wenige Verhaltensaspekte ausprobiert, trainiert und kontrolliert werden. Schüler, Kollegen, Supervisoren, Kommilitonen und/oder Videorecorder und Tonbänder dienen zur unmittelbaren Rückmeldung. Welche Verhaltensweisen trainiert werden können, diesbezüglich liefert Tab. 1, S. 26 einen Überblick. Brunner (1976,S.120f) beschreibt den Ablauf eines Microteaching-Trainings in Anlehnung an Allen & Ryans(1972), Cooper & Allen (1971), Zifreund (1971) und Olivero & Brunner (1973) wie folgt:

1. Vorbereitungsphase

Entscheidung über die zu trainierende Lehrfertigkeit; Rezipieren von Informationen über Bedeutung und Ausgestaltung der Lehrfertigkeit; Entscheidung über die zu unterrichtenden Inhalte, die teilnehmenden Schüler und den Einsatz von Rückmeldesystemen.

2. Erstversuch und Beobachtungsphase I

Unterricht vor einer Gruppe von drei bis zehn Schülern (Micro-Klasse) in einer Zeit von fünf bis fünfzehn Minuten. Der Versuch wird vom Trainingsleiter oder von Kollegen beobachtet und/oder mit Hilfe der Fernsehkamera und des Videorecorders aufgezeichnet. Bei der unmittelbaren Beobachtung kann der Einsatz von formellen und/oder informellen Beobachtungssystemen erfolgen.

3. Kritikphase I

Wurde der Versuch aufgezeichnet, so schließt sich zunächst die Beobachtung der Video-Aufnahme an. Der Lehrversuch wird dann vom Traningsleiter und/oder von den Kollegen und evtl. auch von den Schülern mit dem Trainierenden besprochen. Die Kritik liefert vor allem Rückmeldung auf Grund der in der Vorbereitungsphase festgelegten Ziele bzw. Kriterien (Soll-Wert) und der Ergebnisse der Beobachtungsphase I bzw. der Beobachtung der Fernsehaufzeichnungen (Ist-Wert).

4. Vorbereitung des Zweitversuchs

Der Trainierende bereitet den Zweitversuch unter Berücksichtigung der erhaltenen Rückmeldung in der Kritikphase I vor.

5. Zweitversuch und Beobachtungsphase II

Bei der Durchführung des Zweitversuchs werden die gleichen Lehrfertigkeiten und die gleichen Inhalte berücksichtigt. Der Zweitversuch wird vor einer anderen Schülergruppe als Erstversuch durchgeführt. Dieser Versuch wird wie der Erstversuch durch den Trainingsleiter (Supervisor) und/oder Kollegen beobachtet und/oder mit Hilfe des Videorecorders aufgezeichnet.

6. Kritikphase II

Rückmeldung durch die Beobachter und/oder durch die Schüler. Wurde der Zweitversuch aufgezeichnet, so erfolgt ein Replay. Die mittelbare Beobachtung des Zweitversuchs durch Wiedergabe der audiovisuellen Aufzeichnung stellt für den Trainierenden eine Art der Selbstkonfrontation dar.

Daß das Microteaching eine effektive Methode darstellt, um unterschiedlich komplexe Aspekte des Lehrerverhatlens (z.B. Frageverhalten oder sozial-kommunikatives Verhalten) zu ändern, konnten eine Reihe mehr oder weniger exakter Untersuchungen zeigen wie die von Kallenbach & Gall (1969), Steimle (1971), Murphy (1971), Jensen & Young (1972), Kelly (1973), Becker (1973), Perlberg u.a. (1973), Schmitz (1974) und Beumer (1975). Detaillierte Beschreibungen der Experimente finden sich auch bei Brunner (1976). Wieweit die neu gelernten Verhaltensweisen auch über einen längeren Zeitraum stabil sind, hierzu liegen bisher widersprüchliche Ergebnisse vor (vgl. Schmitz 1974; Jensen & Young 1972; Stukat 1972). Skeptisch beurteilt wird auch der Transfer der Fertigkeiten aus der Microteaching-Situation auf die normale Situation im Unterricht.

Trotz der positiven Ergebnisse muß jedoch auch gesehen werden, daß das Microteaching kein "Wundermittel" für die Ausbildung und Weiterbildung von fähigen Pädagogen ist. Pädagogische Situationen stellen ein komplexes, ganzheitliches und sinnbezoges System dar und bestehen nicht nur aus Verhaltensatomen, die nur wie ein Puzzlespiel zerlegt und zusammengesetzt zu werden brauchen. Im Microteaching liegt tatsächlich die Gefahr, daß menschliche Beziehungen und Interaktionen zwischen Lehrer und Schüler zu atomistisch und mechanistisch gesehen werden. Als problematisch muß ferner das primär auf Effektivität abzielende Denken angesehen werden, bei dem nach Inhalten und übergeordneten Zielen und Werten - ganz typisch für den amerikanischen Pragmatismus und Behaviorismus - kaum mehr gefragt wird.

2.2.3.2 Minicourses

Bei den seit 1967 am "Far West Laboratory Educational Research and Development" in San Francisco entwickelten Minicourses (Borg u.a. 1970) handelt es sich um fertige Trainings-Pakete für Lehrer, die sehr unterrichtsnah sind und die die Mitarbeit von Trainingsleitern oder Supervisoren unnötig machen. Sie wurden inzwischen auch auf deutsche Verhältnisse übertragen (Krumm 1972).

Die Trainings-Pakete sind für ein Training von drei Tagen zusammengestellt und enthalten ein Handbuch mit Arbeitsanweisungen und Informationen über durchzuführende Lernfertigkeiten sowie Verhaltens-Beurteilungen. Die schriftlichen Arbeitsanweisungen werden ergänzt durch einen Instruktions- und einen Modellfilm, worin weitere Informationen und zusätzliche Hinweise für günstige Modellern-Bedingungen gegeben werden.

Die am ersten Tag vorbereitete zehnminütige Unterrichtseinheit soll am nächsten vor fünf bis sechs Schülern der eigenen Klasse während der regulären Unterrichtszeit durchgeführt, audivisuell festgehalten, rückgespult und mittels schriftlichem Beobachtungssystem (im Handbuch) analysiert und bewertet werden. Am dritten Tag erfolgt ein Zweitversuch mit anderen Schülern der eigenen Klasse, der wiederum wie gehabt beurteilt wird. Zur Beurteilung und Erarbeitung von Alternativverhalten können auch noch Kollegen herangezogen werden.

Evaluierungen liegen inzwischen für mehrere Teilelemente des Minicourse-Paketes vor (Borg u.a. 1970). Beispielsweise wurde die Effektivität des Minicourses 8 überprüft, bei dem es um die "Organisation unabhängigen Lernens" von Kindern geht. Neben Verhaltensänderungen von Lehrern wurden auch die der Kinder erfaßt. Die Unterschiede von 17 Verhaltensweisen in Pre- und Post-Test erwiesen sich bis auf einen Verhaltenscourse als auf dem .05-Level statistisch signifikant. Andere Evaluierungsuntersuchungen (Kallenbach 1969; Shea 1974) belegen auch die Effizienz der Minicourses.

2.2.3.3 Simulated Social Skill Training (SSST)

Das "SSST" von Flanders (1970) wird meist in Kleingruppen von drei bis fünf Personen durchgeführt. Inhaltlich geht es dabei darum, daß bestimmte unterrichtsrelevante Verhaltensweisen (wie etwa unterschiedliche Frageformen durchprobieren; Beiträge von Schülern aufgreifen; Gründe für Lob, Kritik und Lenkung darstellen u.a.) simuliert und trainiert werden. Methodisch wird bei dem Training wie folgt vorgegangen:

(1) Es werden drei Rollen verteilt; jeder Teilnehmer soll einmal Trainierender, Stichwortgeber für verbale oder nonverbale Aktivitäten und Beobachter sein.

(2) Es werden zu trainierende Fertigkeiten oder geeignete Diskussionsthemen durchgesprochen und ausgewählt.

(3) Es wird entschieden, wer beginnen soll, wie sich Trainierender und Gruppenleiter verhalten sollen und wann aufgehört wird.

(4) Es wird überlegt, welche Daten zur Evaluierung durch den Beobachter gesammelt und wie sie rückgemeldet werden.

(5) Die erste Trainingssitzung erfolgt mit anschließendem Feed-back für den Trainierenden. Das bisherige Vorgehen wird diskutiert und, sofern nötig, verändert. Stellen sich keine Schwierigkeiten mehr ein und war jeder einmal in der Rolle des Trainierenden, so ist eine Erhöhung des Schwierigkeitsgrades der Aufgabe möglich.

(6) Der Trainingsverlauf wird modifiziert, Themen werden gewechselt oder neue Fertigkeiten ausprobiert.

Hinsichtlich der Anwendungsmöglichkeiten und der Wirksamkeit des SSST wird bisweilen kritisch angemerkt, daß das Verfahren artifiziell sei, situative Variablen des "normalen" Unterrichts verändert seien und damit kein großer Transfereffekt zu erwarten sein dürfte.
Für die Veranschaulichung spezieller Interaktionstechniken dürfte das SSST jedoch gut geeignet sein und verglichen mit dem gruppendynamischen Training auf jeden Fall unterrichtsnäher. U.W. liegen jedoch noch keine Effektivitätsuntersuchungen zum SSST vor.

2.2.3.4 Simulationsspiele

Simulationsspiele sind schon jahrhundertealt und fanden und finden im Militär als Planspiele, in der Industrie als Unternehmensspiele oder im politischen Bereich als Krisenspiele statt. Ihre Übertragung auf den schulischen Bereich ist jedoch relativ neu (vgl. Taylor & Walford 1974). Eine diesbezügliche Variante und ein Verfahren, das dem SSST von Flanders sehr ähnlich, jedoch realitätsnäher als dieses ist, stammt von Borg u.a. (1970) und wird von diesen als "Simulations-Modell" bezeichnet. Es stellt eine wirksame Ergänzung des Microteaching- und des Minicourses-Modells vor allem dadurch dar, daß hier auch Schüler direkt und nicht nur als passive Teilnehmer einbezogen werden. Es können hier auch Konflikte zwischen Lehrer und Schüler aufgegriffen und bearbeitet werden. Für das Simulationsmodell sind fünf Schritte kennzeichnend:

- Festlegung und nähere Beschreibung des zu trainierenden Verhaltens;
- das Ziel-Verhalten wird durch einen Modell-Lehrer vorgeführt;
- das Verhalten (oder Fertigkeit) wird mit Kollegen in Trainingssitzungen ausgeführt, wobei ein Austausch der Rollen von Lehrer und Schüler vorgenommen wird;
- das gezeigte Verhalten wird in einer Rückmeldephase besprochen;
- das bisher trainierte Verhalten wird in einer Trainingssitzung mit Schülern wieder durchgeführt, die bestimmte Rollen zu übernehmen haben.

Emmer (1971) konnte zeigen, daß in Simulationsspielen gelernte Fertigkeiten recht gut von Studenten auf reale Unterrichtssituationen übertragen wurden. (Vgl. auch Taylor & Walford 1974).

2.2.3.5 "Stimulation-Discussion-Action"-Trainingsmodell

Zielte das Microteaching auf relativ eng umschriebene unterrichtsbezogene Verhaltensweisen und deren Änderung ab, so ist das "Stimulation-Discussion-Action"-Trainingsmodell (SDA) von Borg u.a. (1970) wesentlich umfassender angelegt, als es Verhaltens- und Einstellungsänderungen auf breiter Basis intendiert. Angezielt werden Interaktionsprobleme und Konflikte im Schulbereich. Durch die starke Betonung der Diskussion wird auch Raum geschaffen für gesellschaftskritische Betrachtungen der Ursachen von Konflikten und deren Änderungsmöglichkeiten. Es geht hier also nicht mehr allein um "technologische" Probleme des "wie" des Unterrichtens. Bei diesem Modell können auch Eltern, Schüler sowie Schul- und Kommunalbeamte einbezogen werden. Brunner (1976,S.227) beschreibt die Elemente des SDA-Modells wie folgt:

1. Stimulation: Um das Interesse der Teilnehmer für ein bestimmtes Interaktionsproblem wachzurufen, wird ein Film gezeigt, der in verschiedenen Situationen mit unterschiedlicher Intensität das spezifische Problem dokumentiert.

2. Diskussion: Die Lehrer diskutieren in Gruppen (je 6 Teilnehmer). Der Diskussionsleiter zielt dabei auf folgende Bereiche ab:
   a) Einsicht in das Problem gewinnen. Was ereignete sich tatsächlich im Film?
   b) Verbindungen zwischen den Ereignissen im Film und den Verhältnissen an der eigenen Schule herstellen;
   c) Lösungsmöglichkeiten für die Probleme an der eigenen Schule finden. Diskussionen über spezielle Aktionen. Wie können die vorgeschlagenen Lösungen umgesetzt werden?

3. Aktion: Es werden erste Schritte durchgeführt, um die Lösungsvorschläge

zu realisieren.

Dieses Modell ließe sich sehr gut auch in der "emanzipatorischen" Gruppendynamik anwenden, in der es nicht nur um Reflektion oder Sensibilisierung für Probleme geht, sondern auch um deren Beseitigung durch Aktion.
Empirische Ergebnisse zur Effektivität des Verfahrens liegen m.W. nicht vor.

2.2.4 Gruppendynamische Ansätze

In Kap. II, 1.5 wurde die Vielfalt der Trainingsrichtungen und Trainingsmethoden innerhalb der Gruppendynamik (GD) kurz dargestellt. Auf dem Hintergrund der vielfältigen Ansätze ist das Ausmaß der Anwendung der GD innerhalb des schulischen Bereichs und der Lehrerbildung als recht bescheiden zu bezeichnen. Dies hat sicherlich zahlreiche Ursachen, von denen nur drei angesprochen seien. Ein Grund ist, daß die GD zumindest auf den ersten Blick nicht unmittelbar auf die Situation von Schule und Lehrer bezogen ist. In den mehrtägigen Trainings mit Kleingruppen von 6 bis 15 Teilnehmern, die meist von Experten geleitet werden, geht es um sehr breit gefächerte Lernerfahrungen und Bewußtseinssprozesse, die über technologische Fertigkeiten des Unterrichtsverhaltens - wie z.B. im Microteaching der Fall - weit hinausgehen. Ein weiterer Grund dürfte die Annahme von Außenstehenden sein, daß GD therapeutischen Verfahren sehr nahe steht - was sicherlich bei einigen Formen zutrifft (vgl. Kap. II,1.5) - und hierdurch eine gewisse Scheu und Zurückhaltung auftritt. Des weiteren wird GD wegen ihrer gesellschaftspolitisch kritischen Potenz, die in emanzipatorischen Trainingsveranstaltungen möglich wird, von kulturpolitisch Verantwortlichen nicht unbedingt gefördert.

Zur Gruppendynamik im Schulverwaltungs- und Lehrertrainingsbereich liegen empirische Arbeiten in verschiedenen Ländern vor. Im englischsprachigen Bereich sind u.a. Untersuchungen von Zimet & Fine (1955), Miles (1965) und Boller & Boller (1973) zu nennen; französische Erfahrungen werden von Filloux (1972) referiert und im deutschen Bereich liegen Arbeiten von Minssen (1965), Lutz & Ronellenfitsch (1971), Prose (1973) sowie Freudenreich & Wagner (1973) vor.

Als Ziele von gruppendynamischen Veranstaltungen in Deutschland werden beispielsweise bei Lutz & Ronellenfitsch (1971) genannt die Verbesserung der Sensitivität für die Wahrnehmung sozialer Situationen, Abbau irrationaler Autoritätsängste, Bewußtmachung der Schizophrenie zwischen demokratischem Bewußtsein und autoritären Formen des Verhaltens sowie Ablösung konformen Gruppenverhaltens durch autonomes Verhalten. Angestrebte Ziele bei Freudenreich & Wagner (1973) sind: Bildung kohäsiver, arbeitsfähiger Gruppen; Verbesserung der Selbst- und Fremdwahrnehmung; Analyse von Gruppenprozessen; Analyse von Entscheidungsvorgängen; Erhöhung der kommunikativen Kompetenz; individuelle Verhaltensänderung und Auseinandersetzungen mit gruppendynamischen Theorien.

Zur Veranschaulichung gruppendynamischer Trainings soll hier stellvertretend für andere ein einwöchiges Training von Prose (1973) vorgestellt werden, dessen Hauptziel das Lernen "sozial-integrativer Verhaltensweisen" bei Lehrern von Gesamtschulen war. Die drei von Prose genannten Unterziele lauten: (a) "Sensitivität": Erkennen von Gruppenprozessen, von Verhaltensweisen und Emotionen der Gruppenmitglieder; (b) "Diagnostische Fähigkeit": Ursachen für Gruppenprozesse, Verhaltensweisen und Emotionen der Gruppenmitglieder; (c) "Verhaltensfertigkeiten": Verhaltensweisen zur Erfüllung von Gruppenfunktionen, bewußte Behandlung von Gruppenkonflikten, Förderung der Gruppenmitglieder sowie Methoden der Gruppenarbeit lernen. Die genannten Ziele sollen durch vier, der Laboratoriumsmethode entlehnte "Bausteine" erreicht werden wie (a) T-Gruppen (Trainingsgruppen, Selbsterfahrungsgruppen), (b) gezielte Verhaltensübungen, (c) Informationssitzungen, (d) Übertragungsübungen.

Kursprogramm von Prose (1973, S.128ff)

Montag (Vormittag)

a) Begrüßung, Vorstellung der Mitarbeiter (Trainer, Beobachter),

b) Vortests, anonyme Ausfüllung (code), Einstellungsfragebogen, Persönlichkeitsfragebogen.
c) Diskussion des Trainingskonzepts, mündliche Erläuterung mit Hinweis auf Praxisbezug einzelner Elemente, Einzelstudium des Kursplanes (Lernziele, Methoden, Aufbau); Diskussion und Abklärung der Teilnehmererwartungen in verschiedenen Kleingruppen; Diskussion und Klärung mit dem Mitarbeiterstab im Plenum.

Montag (Nachmittag)

a) Einteilung der T-Gruppen (Kriterien: gemischt aus Lehrern verschiedener Ausbildung, verschiedenen Alters und Geschlechts).
b) Beginn der T-Gruppenarbeit. Erläuterung der Ziele, Regeln der Rolle des Trainers und Beobachters.
c) Sensitivierungsübung in der T-Gruppe: Diskussion über Lehrerverhalten (Leitungsstil) und soziale Lernziele in der Gesamtschule. Teilnehmer notieren nach Diskussion, was ihnen am Gesprächsverhalten aufgefallen. Überprüfung der Beobachtungen anhand der Tonbandprotokolle. Danach Austausch über Beobachtungen, ergänzt durch Bericht des geschulten Beobachters, Erläuterung seiner Beobachtungskategorien.
d) Brainstorming: Verhaltensweisen in Gruppen, die kooperative Arbeit fördern. Entscheidung für Verhaltensweisen, die in der T-Gruppe (Kurs) realisiert werden sollen.
e) Erneute Sensitivierungsübung: Diskussion über Untersuchungen zum Lehrerverhalten (s. Arbeitspapiere), dabei Beobachtung der selbst aufgestellten Verhaltenskategorien. Wechselweise Beobachtung durch Gruppenmitglieder. Rückmeldung der Beobachtungsdaten unter Beachtung von Feedback-Regeln ("psychische Sicherheit" usw.).
f) Ausfüllen einer "Prozeßanalyse" über den Verlauf der Gruppenentwicklung, Klarheit der Ziele, Kohäsion usw.

Dienstag (Vormittag)

a) T-Gruppe: Besprechung der ausgewerteten Prozeßanalyse, Vergegenwärtigung der Ergebnisse des Vortages (Verhaltensregeln).
b) Kurzer Überblick über Ziele und Verlauf des Tages.
c) Information, schriftlich und mündlich, über Möglichkeiten der Verhaltensänderung (vor allem Modell- und Bekräftigungslernen).
d) Übung: Aufgabe von Beschreibungen von Problemsituationen in der Schulklasse. Einzelarbeit: Analyse der Situation nach vorgegebenen Regeln. Angabe von konkreten Lehrerverhaltensweisen in der Situation.
e) T-Gruppe: Besprechung der individuellen Lösungswege (s.4,S.120), gegenseitige Beratung. Aufgabe: Anwendung der am Vortag gefundenen Verhaltensregeln und der Regeln für T-Gruppenarbeit. Rückmeldung von Beobachtungsdaten durch Teilnehmer und Beobachter über Diskussionsverhalten.

Dienstag (Nachmittag)

a) T-Gruppe: Erarbeitung und Einübung von grundlegenden Variablen der Interaktion Lehrer-Lehrer, Lehrer-Schüler
b) Rollenspiel "Kommunikation": Aufmerksamkeit, Reflektieren, Paraphrasieren usw.
c) Rollenspiel "feedback": Geben von fördernder Rückmeldung, Bekräftigung, Verhaltensalternativen.
d) Übung "Soziale Wahrnehmung": Selbst- und Fremdeinschätzung nach vorgegebenen Kategorien. Wahrnehmungsfehler. Beobachtungsschulung. Auswirkung von Verhaltensweisen. Rolle.
e) Austausch aller Übungseffekte
f) Analyse der Gruppenprozesse (s. Vortag)

Mittwoch (Vormittag)

a) T-Gruppe: Rekapitulation der Gruppenentwicklung. Prozeßanalysen. Erfassung der Verteilung von Gruppenfunktionen und Teilnehmern durch verschiedene soziometrische Verfahren. Diskussionen über Gruppenfunktionen. "Aufgaben"- und "sozio-emotionale" Funktion. Anknüpfung an grundlegende Kontaktvariablen (s. Vortag).
b) Übung: Systematisches Training operational definierter Gruppenfunktionen in mehreren Rollenspielen. Verteilung von Funktionen auf alle Mitglieder. Beobachtung, Rückmeldung.

Mittwoch (Nachmittag)

a) Übung: Planspiel "Entscheidungen, Problemlösen in Gruppen". Mehrere Diskussionsgruppen, gemischt aus verschiedenen T-Gruppen. Jeder Diskutant hat einen Beobachter mit schriftlich vorgegebenen Beobachtungskategorien (Gruppenfunktionen). Diskussion über formuliertes Problem aus Schulpraxis. Auftrag an Diskukanten: Ausübung von Gruppenfunktionen, kooperatives Verhalten. Einsatz von Video-Aufnahmen.
b) Diskussion über Auswirkung verteilter Gruppenfunktionen auf Problemlösen in Gruppen und individuelle Rückmeldung über Realisierung der Funktionen durch Beobachter.
c) Informationssitzung: Leitungsstil in Schulklassen, Formen der Gruppenarbeit.

Donnerstag (Vormittag)

a) Übertragung: Gemischte Arbeitsgruppen aus verschiedenen T-Gruppen, Ausarbeitung konkreter Möglichkeiten der Gruppenarbeit und verteilten Leitung. Fach-, Schul-, altersspezifische Gesichtspunkte. Protokolle, Anwendung der gruppenfördernden Verhaltensweisen in der Arbeitsgruppe.
b) T-Gruppe: Austausch über Arbeit in Arbeitsgruppen. Verhaltensanalyse. Analyse der Gruppenentwicklung.

Donnerstag (Nachmittag)

Planspiel "Schulkonferenz". Thema: Soziale Lernziele in der Gesamtschule, Möglichkeiten ihrer Realisierung. Vorbereitung von Diskussionsbeiträgen in Arbeitsgruppen. Delegiertenkonferenz zur Vorbereitung eines Beschlusses der Konferenz über soziale Lernziele und konkrete Verwirklichungsmaßnahmen.

Freitag (Vormittag)

a) T-Gruppe: Erfahrungsaustausch über Lernprozesse im Kurs. Bestandsaufnahme. Anwendungsmöglichkeiten und -probleme.
b) Übertragung: Grenzen und Anwendungsbereiche gruppendynamischer Methoden in der Schulpraxis. Rollenspiele zu Problemsituationen mit Verhaltensalternativen

Freitag (Nachmittag)

a) Nachtests
b) Stellungnahme der Teilnehmer zum Kurs, Verbesserungsvorschläge, Kritik, Abschlußgespräch.

Das Trainingsprogramm gibt einen guten Einblick in die Komplexität gruppendynamischen Arbeitens und die Möglichkeit der Praxisnähe gruppendynamisch orientierter Lehrertrainings.

Zum Trainingsprogramm liegen auch empirische Ergebnisse vor. Prose berichtet Resultate von zwei Veranstaltungen, wobei sich die Daten auf Persönlichkeitsfragebogen, Prozeßanalysen durch Fragebogen, Beobachtung und

Rückmeldung über den Gesamtkurs beziehen. Einige Ergebnisse seien mitgeteilt: a) In den Persönlichkeitsfragebögen (Vortest-Nachtest) zeigt sich keine Veränderung in Extraversion, jedoch eine tendenzielle Abnahme in Rigidität und Dirigismus sowie eine signifikante Verringerung des Neurotizismus-Wertes. b) Die Prozeßanalyse ergibt, daß die gemeinsamen Ziele der Gruppe zunehmend klarer wurden; die Mitglieder das Empfinden haben, individuelle Hilfe von der Grüppe zu erhalten; die Bereitschaft zur Offenheit in der Gruppe wächst; gemeinsame aufgestellte Normen und Erwartungen zunehmend als für die eigene Person verbindlich erlebt werden; Gruppenkohäsion und Wohlbefinden in der Gruppe sich vermehren u.a.. c) Aus den Beobachtungsdaten ist eine Zunahme der Wahrnehmung der Gruppenfunktionen und ihre Verteilung auf die Gesamtgruppe festzustellen. d) Die Rückmeldung ergibt, daß die Kurse gefallen haben, durch sie viel gelernt wurde und neue Anregungen für die eigene Arbeit erfolgen und anderes mehr.

Überblickt man die Ergebnisse der Untersuchungen zu gruppendynamischen Trainings, so bewirkten diese Veränderungen in Einstellungen und Verhaltensweisen bei Lehrerstudenten (Lutz & Ronellenfitsch 1971; Prose 1973; Freudenreich & Wagner 1973), bei Lehrern (Minssen 1965; Filloux 1972; Boller & Boller 1973) und Angehörigen von Schulbehörden (Zimet & Fine 1955; Miles 1965; Filloux 1972). Allerdings müssen die Trainingseffekte aus methodischen Gründen vorsichtig interpretiert werden. Die meisten Untersuchungen mit Ausnahme der von Miles weisen eine Reihe methodischer Schwächen auf. So fehlen geeignete Kontrollgruppen; die Stichproben sind meist recht klein; es werden keine Kriterienvariablen für rollenspezifisches Verhalten eingesetzt oder es finden keine standardisierten Beobachtunsverfahren zur Messung des Verhaltens nach dem Training - also in der realen Heimsituation - Verwendung. Die Ergebnisse müssen außerdem weiterhin kritisch betrachtet werden, da die eingesetzten Verfahren (z.B. Rating-Skalen, Fragebogen, freie Änderungsbeschreibungen) nicht alle sehr reliabel oder valide sind. Weitere, methodisch besser geplante Untersuchungen sind nötig, um eindeutigere Aussagen hinsichtlich der Effizienz gruppendynamischer Trainings im Bereich der Schule oder Lehrerausbildung fällen zu können. Andererseits sollte auch mitbedacht werden, daß durch einmalige Trainings kaum übermäßig stabile Veränderungen erwartet werden dürfen. Diese Probleme gelten aber nicht nur für gruppendynamische Lehrertrainings (vgl. Kap.II,1.5.2). Insgesamt gesehen sind die Ergebnisse aber dennoch positiv.

Als Vorteil gruppendynamischer Trainings muß auf jeden Fall ihre prinzipielle Offenheit für die unterschiedlichsten Vorgehensweisen und Methoden gesehen werden, die von ganz gezielter Modifikation spezieller unterrichtsnaher oder nicht unmittelbar unterrichtsbezogener Verhaltensaspekte (im Sinne des Microteaching) bis hin zur Anvisierung emanzipatorischer Ziele reichen können. Verglichen mit anderen Trainingsformen kann man aber sagen, daß gerade das GDT noch dasjenige ist, in dem individuumbezogene Probleme und Erscheinungen eher nicht verkürzt gesehen werden. Hier wird noch eher der Versuch gemacht, individuelles Verhalten in Abhängigkeit und Interaktion mit Schul- und Gesellschaftsstrukturen zu betrachten. Im GDT sind die Spielräume für innovative Kritik noch am größten.

2.2.5 Komplexe Trainingsansätze

In den komplexen Trainingsansätzen werden im Vergleich zu den bisher aufgeführten und meist nur einer Theorierichtung verpflichteten Beiträgen mehrere theoretische Orientierungen berücksichtigt; insbesondere spielen kommunikationstheoretische Aspekte eine Rolle. Im weiteren werden einige Trainings auswahlsweise vorgestellt. (19)

2.2.5.1 Sozialintegratives "Erfahrungstraining" nach Tausch & Tausch

Tausch & Tausch (1973) haben sich in Deutschland um die Übertragung von Elementen der non-direktiven Methode der Gesprächspsychotherapie von Rogers (1972) in den Erziehungsbereich bemüht. Sie stehen für eine Richtung, die sich als "sozialintegrativ" bezeichnet und in deren Mittelpunkt so zentrale Werte wie Verständnis, Wertschätzung, Echtheit, Selbstbestimmung, Achtung der Würde anderer, soziales und demokratisches Verhalten stehen. Die Bemühungen von Tausch & Tausch zielen ab auf eine Schulung der Sensibilität für intra- und interpersonelle Prozesse bei Erziehern - und damit auch bei Lehrern - sowie Schülern und Jugendlichen. Sie versprechen sich von diesem individuumzentrierten Ansatz gleichzeitg allmähliche und tiefgreifende Auswirkungen auf strukturelle Gegebenheiten unserer Gesellschaft und ihrer reformbedürftigen Institutionen und Organisationen.

Die Möglichkeit der Umsetzung ihrer Ziele sehen sie in einem sogenannten "Erfahrungstraining". Dieses kann als Seminarkurs mit 2 Semester-Wochenstunden und maximal 30 Teilnehmern durchgeführt werden. Kleingruppenarbeit (3-6 Teilnehmer) ist ein wesentliches Element. Tausch & Tausch nennen mehrere Varianten des Erfahrungstrainings: (1) Erfahrungslernen aufgrund der Darbietung visuellen Modell-Verhaltens, (2) Erfahrungstraining in differenziertem Wahrnehmen von realisiertem Lehrer-Erzieher-Verhalten, (3) Erfahrungstraining in angemessenem Verhalten in Erziehungskonflikten, (4) Erfahrungstraining in hilfreicher Gesprächsführung mit Jugendlichen, (5) Training in Ordnung-Gliederung-Kürze sowie Einfachheit-Konkretheit-Anschaulichkeit des Sprachverhaltens, (6) Erfahrungstraining durch fortlaufende Selbst- und Fremdeinschätzung des eigenen Unterrichts- und Erziehungsverhaltens.

(1) Darbietung visuellen Modellverhaltens: Zum Lernen eines Lehrerverhaltens mit geringem Ausmaß an Lenkung und größerer Wertschätzung befürworten Tausch & Tausch Modellernen über den Einsatz von Life- oder Video-Lehrern. Sie stellten zu diesem Zweck selbst zwei Filme her (Erdkunde-und Sozialkunde-Unterricht), die zur Diskussion und zum Lernen anregen sollen.

(2) Differenziertes Wahrnehmen: Hier wird so vorgegangen, daß den Teilnehmern wörtliche Lehreräußerungen aus realen Unterrichtssituationen (z.B. "Benimm Dich endlich anständig", "Hör auf zu Quatschen") schriftlich zur Beurteilung hinsichtlich des Ausmaßes bestimmter Merkmale vorgelegt werden. Beurteilungsmerkmale können sein Wertschätzung, Ermutigung, Pessimismus, Förderung von Selbständigkeit, Lenkung, die auf einer siebenstufigen Skala (-3 über Null bis + 3) eingeschätzt werden sollen. Die Einschätzungen erfolgen zunächst individuell und werden dann in Kleingruppen diskutiert. Hierdurch soll eine Sensibilisierung der Wahrnehmung für Erziehungsverhalten erfolgen.

Ein anderes Verfahren besteht darin, daß die Teilnehmer kurze Filme oder Video-Ausschnitte mit Lehrerverhalten nach den erwähnten Merkmalen oder nach den Dimensionen Lenkung-Dirigierung sowie Zuneigung-Abneigung einstufen. Weiterhin sollen die Teilnehmer diskutieren, welche Auswirkungen das spezifische Lehrerverhalten bei Schülern haben könnte. Die Teilnehmer sollen sich also in fremdes Erleben einfühlen.

(3) Verhalten bei Erziehungskonflikten: Die Teilnehmer sollen erlebte schwierige und kritische Erziehungssituationen notieren (z.B. "Klaus wirft seine volle Kakaotüte durch das Klassenzimmer"). Auf die gesammelten und zuvor selegierten Situationen sollen die Teilnehmer dann anonym in wörtlicher Rede kurz festhalten, was sie gesagt hätten. Die schriftlichen anonymen Äußerungen werden in Kleingruppen diskutiert. Daran anschließend werden als angemessen oder unangemessen bezeichnete Erziehungsäußerungen an der Tafel notiert und im Plenum weiter diskutiert und begründet. Weiterhin versucht man sich in die Konfliktsituation des Jugendlichen hineinzuversetzen und schreibt dessen mögliche gefühlsmäßigen Erlebnisinhalte auf. Ferner sollen die Teilnehmer ihre eigenen Gefühle und persönlichen Gedanken, die in ihnen bei diesen Konflikten durch das Verhalten des Jugendlichen auftreten, festhalten und darüber ins Gespräch kommen.
Bestimmte Erziehungssituationen können auch in Rollenspielen dargestellt werden.

(4) Hilfreiche Gesprächsführung: Die Durchführung erfolgt in Anlehnung an das Vorgehen bei Erziehungskonflikten. Der Hauptakzent der Übungen liegt analog zum klienten-zentrierten Psychotherapeuten-Verhalten darin, ein Verbal-Verhalten zu fördern, das vom Schüler oder Jugendlichen als gefühlsmäßig hilfreich erlebt wird. Dieses Verhalten wird von Tausch & Tausch als "Verbalisierung emotionaler Erlebnisinhalte" (VEE) etikettiert. Der Erzieher versucht, sich die emotionalen, inneren Vorgänge des anderen zu vergegenwärtigen und ihm diese Gefühle in verständnisvoller Form mitzuteilen. Er verzichtet auf praktische Ratschläge, schnelle Ermunterungsversuche oder irgendwelche Ablenkungsmanöver. Ein Beispiel nach Tausch & Tausch (1973,S.352): "Ein 10jähriges Mädchen sagt zu seinem Lehrer in der Pause: 'Jeden Nachmittag spielen die Mädchen aus meiner Klasse Völkerball, und nie lassen sie mich mitspielen. Ich darf nur immer zusehen und den Ball holen, wenn er mal weit fortrollt'." Als mögliche verständliche Äußerungen nennen Tausch & Tausch dann:"Du fühlst Dich ausgeschlossen und möchtest gerne mitspielen?." Oder:" Du möchtest so gerne mitspielen und Dich bedrückt es, daß Du es nicht kannst!".

(5) Training in Ordnung-Gliederung-Kürze sowie Einfachheit-Konkretheit-Anschaulichkeit des Sprachverhaltens: Tausch & Tausch meinen, daß die Arbeit mit Schülern und die Zufriedenheit, das Interesse und die Motivation der Schüler im Unterrichtsgeschehen wesentlich beeinflußt werden durch das Ausmaß der oben genannten Merkmale des Sprachverhaltens. Als Trainingsverfahren schlagen sie vor: Kursteilnehmer geben ohne jede Vorbereitung eine Erklärung von Begriffen wie z.B. Inflation, Parlament u.a. in kurzer Form. Die Inhalte sollen auf ein Tonband gesprochen oder schriftlich notiert und anschließend von Kursteilnehmern in Kleingruppen hinsichtlich der verschiedenen Gestaltungsmerkmale beurteilt werden. Weitere Aufgaben bestehen darin, Arbeitsinstruktionen für Schüler zu geben, komplexere Informationen aus einem speziellen Fachgebiet darzustellen u.a.. Diese Aufgaben werden dann wiederum hinsichtlich der Merkmale Ordnung-Gliederung u.a. eingeschätzt und diskutiert.

(6) Fortlaufende Selbst- und Fremd-Einschätzung des eigenen Unterrichts- und Erziehungsverhaltens: Mögliche Vorgehensweisen bestehen darin, daß Lehrer oder Lehrerstudenten ihr Unterrichts- und Erziehungsverhalten a) in konkreten Situationen direkt oder aber über Videorecorder durch anwesende Beobachter hinsichtlich verschiedener Merkmale einschätzen lassen, b) mittels Tonband festhalten und zufällig ausgewählte Stichproben (z.B. 2 bis 4 Minuten) selbsteinschätzen oder fremdeinschätzen lassen, c) von Schülern beurteilen

lassen.

Das Erfahrungstraining von Tausch & Tausch wurde von anderen aufgegriffen und zum Teil modifiziert, worauf hier nicht eingegangen werden kann. Einen Überblick über die von anderen durchgeführten und zum Teil veränderten Trainings und ihre Ergebnisse findet man bei Signer (1977).

Effektivitätskontrollen zum erziehungspsychologischen Verhaltenstraining von Tausch & Tausch und seinen Modifikationen liegen bei Teegen & Kranz (1972), Minsel & Minsel (1973), Schulz von Thun & Schwarzenbach (1973) sowie Nickel, Schwalenbach & Ungelenk (1974) und Roloff & Zoeke (1981) vor. Kürzere Ergebnisberichte finden sich auch bei A. Tausch (1963), A. Tausch & Langer (1971) und Teegen & Fittkau (1972). Die Effektivitätskontrollen werden von Signer (1977) insgesamt quantitativ wie qualitativ als verbesserungsbedürftig angesehen. Ergebnisse der in ihren Inhalten und Methoden recht unterschiedlichen Trainings seien kurz erwähnt.
A. Tausch (1963) teilt signifikante Änderungen im Sprachverhalten von Lehrer-Studenten mit. So verbesserten sich sog. "verständnisvolle" Äußerungen sehr deutlich; ebenso deutlich war die Abnahme sog. "verständnisloser" Äußerungen.
Die Ergebnisse von Teegen & Kranz (1972) besagen, daß durch gesprächspsychotherapeutisches Trainerverhalten Selbstexploration, self-disclosure, Akzeptierung und Verständnis für andere bei Lehrern positiv beeinflußt wurden.
Minsel & Minsel (1973) schreiben in ihrer Ergebniszusammenfassung, daß die Lehrer den Kursus für sich und den schulischen Alltag als wirksam erlebten, die persönlichen Ergebnisse allerdings in den standardisierten Meßverfahren nicht richtig nachweisbar waren. Von den einzelnen Trainingselementen wurden besonders das Sprach- und Ermutigungstraining als hilfreich erlebt.
Von positiven Einstellungsänderungen berichten Nickel, Schwalenberg & Ungelenk (1974) bei ihrem "erziehungspsychologischen" Verhaltenstraining. Fast alle der 30 Teilnehmer konstatieren, daß ihr Bemühen größer geworden sei "in Erziehungssituationen bewußter zu reagieren, auf den Partner besser einzugehen, sich in ihn hineinzuversetzen und ihn zu verbalisieren" (1974,S.72). Es ergaben sich allerdings keine signifikanten Veränderungen hinsichtlich der direktiven Einstellung, was möglicherweise auf Unzulänglichkeiten des zugrundeliegenden Meßverfahrens (FDE von Bastine) rückführbar ist.
In einer neuen Arbeit von Roloff & Zoeke (1981), in der Aspekte der interaktiven Beziehung von Lehrer und Schülern sowie des Encodierens und Decodierens von Nachrichten Berücksichtigung finden, werden Verbesserungen der Fertigkeit "akzeptierenden Verhaltens" mitgeteilt.

An dem Ansatz von Tausch und seinen Modifikationen lassen sich verschiedene Aspekte kritisieren. Besonders zu bemängeln ist die generelle Tendenz der Reduktion der komplexen Wirklichkeit. Beispielsweise wird nicht von einer wechselseitigen Beziehung und Beeinflussung von Lehrer und Schüler ausgegangen: der Lehrer ist bei Tausch die unabhängige, die Schüler sind die abhängige Variable (mit Ausnahme von Roloff & Zoeke,1981). Ferner wird bei Tausch u.a. der Einfluß von Gruppenprozessen unter den Schülern, das außerpsychologische Beziehungsfeld oder objektivierte Determinanten wie die Schulstruktur ausgeklammert. Im Kommunikationsbereich werden paralinguistische und averbale Kommunikationselemente kaum berücksichtigt. Die Tausch'schen Vorschläge zum Erwerb hilfreicher Formen der Gesprächsführung bergen die Gefahr der Übernahme einer bloßen mechanischen und stereotypen Verbalisierung emotionaler Erlebnisinhalte in sich. Techniken zum Transfer des Gelernten und dessen Stabilisierung werden kaum angeboten. Trotz aller Kritik dürfen jedoch die positiven Elemente des Tausch'schen Ansatzes nicht übersehen werden.

2.2.5.2 Emanzipatorisches Training nach Fittkau

Anders als die Mehrzahl der Autoren von Erziehertrainings sieht Fittkau (1974) individuelles Verhalten auf dem Hintergrund struktureller und gesellschaftlicher Bedingungen. Er glaubt nicht daran, daß ein Lehrertraining allein zur Verhaltensänderung und Einstellungsänderung bei Erziehern und Lehrern ausreicht. Gesellschaftspolitische Innovationen in Form struktureller Reformen müssen parallel laufen, u.a. auch in den Erziehungsinstitutionen. Fittkau bezieht in seine Trainings sehr stark emanzipationsfördernde Inhalte mit ein und erweitert das Trainingskonzept von Tausch & Tausch durch eine Vielzahl gruppendynamischer Verfahren. Das übergreifende Trainingsziel ist für Fittkau "Emanzipation". Er sieht "Emanzipation" sowohl auf individueller wie auf gesellschaftlicher Ebene angesiedelt, wobei beide Ebenen sich wechselseitig bedingen. Nach Fittkaus Auffassung stellt Emanzipation mehrere von einander abhängige Prozesse dar:
"einmal einen kognitiven Prozeß der Erkenntnis von Widersprüchen (Unterdrükkung, Abhängigkeit , Herrschaftsmechanismen, Zwänge etc.; zum anderen den Prozeß des gleichzeitigen Erwerbs von Fähigkeiten in zwei Persönlichkeitsbereichen: im emotionalen Bereich (Abbau von emotionalen Barrieren wie Abhängigkeitswünsche, Perfektionsansprüche, Machtwünsche, Aggressivität, Egoismus, irrationale Ängste, Minderwertigkeitsgefühle ...) und im Bereich von Sozialverhaltens- und Kommunikationstechniken (Abbau eingeschliffenen autoritären Verhaltensrepertoires durch systematisches Training in freiheitlich-demokratisch-sozialem Kommunikationsverhalten)." (Fittkau 1974,19). Diese genannten Aspekte stellen Unterziele seines Trainings dar. Weitere Unterziele sind hier im Text (Kap. II, 2.1) im Zusammenhang einer "demokratischen Sozialerziehung" zu finden.

Das Erzieher-/Lehrer-Training von Fittkau läßt sich in 9 Elemente untergliedern (vgl. Fittkau 1974,S.35-51).

(1) Teilnehmerorientierter Trainingsbeginn:

- Das Trainingsprogramm wird gemeinsam (kooperativ-demokratisch,S.35) festgelegt.
- Befürchtungen und Erwartungen werden abgeklärt.
- Die in einem Brainstorming —Prozeß aufgetretenen Interessenschwerpunkte werden zu einem Programmkonzept nach einer Planungs- und Entscheidungsphase ausgehandelt und schriftlich festgelegt.
- Es wird über die mit Video-Aufzeichnungen festgehaltenen Verhandlungs- und Diskussionsprozesse metakommuniziert (Interaktionsanalysen nach Flanders oder Bales, Verhaltenseinschätzung sind möglich).
- Trainer schlagen möglicherweise noch Ergänzungen und Konkretisierungen für das Programm vor.

(2) Argumentationstraining:

- In einem Rollenspiel wird z.B. über die Notwendigkeit individueller und gesellschaftlicher Emanzipation als schulisches Erziehungsziel diskutiert. Das Rollenspiel im Plenum wird mit Tonband oder Video festgehalten.
- In einer Feedback-Phase werden die vorgetragenen Argumente zusammengefaßt und beurteilt.
- Argumentations- und Kurzvortragstrainings auf der Grundlage von den Trainern erstellter Merkblätter zu bestimmten Themen sind möglich.

- Durch Gruppen- und Video-Rückmeldung soll eine Sensitivierung für Merkmale sprachlicher Verständlichkeit und emanzipatorischer Inhalte gefördert werden.
- Zur weiteren Vertiefung der Verständlichkeit liegt ein programmiertes Training zur Selbstdurchführung vor.

(3) Demokratische Bewältigung von Konflikten:

- Das Vorgehen erfolgt analog zu Tausch & Tausch (Verhalten in Konfliktsituationen).
- Rollenspiele dienen zur Konkretisierung und Einübung.

(4) Demokratisches Gruppenleiterverhalten:

- Es erfolgt eine kurzzeitige Gesprächsleitung im Rotationssystem. Die Themen beziehen sich dabei z.B. auf "oberflächliche" oder "systemimmanente" Konfliktursachen.
- Das Gesprächsleiterverhalten wird hinsichtlich emotional-sozialer Aspekte besprochen.

(5) Partnerzentriertes Kommunikationsverhalten:

- Mit der Übung "Kontrollierter Dialog" soll gelernt werden, besser zuzuhören, auf den anderen einzugehen und ihn besser zu verstehen.
- Übungen in klientenzentriertem Gesprächsverhalten (vgl. Tausch & Tausch).

(6) Soziale Wahrnehmungs-Sensitivität für emanzipationsförderndes und -hemmendes Sozialverhalten:

- Es werden erziehungsschwierige Situationen vorgegeben und dabei ähnlich wie bei Tausch & Tausch (hilfreiche Gesprächsführung) vorgegangen.

(7) Abbau kooperations- und lernhemmender emotionaler (Beziehungs-) Barrieren in Gruppen:

- Zur Verbesserung der Kooperation und des Lernens werden relativ unstrukturierte, langdauernde Gruppentreffen (z.B. Wochenende) in Anlehnung an die Basic Encounter Groups nach Rogers (1970), themenzentrierte interaktionelle Methode von Ruth Cohn (1970) und nicht-verbale Kommunikationsspiele nach Schutz (1973) durchgeführt.
- Zur Erhöhung der Offenheit in Gruppen und zur Verringerung von Unechtheit dienen "Alter-Ego"-Übungen (Antons 1973).
- Zur Feststellung des Lerngewinns und der Zufriedenheit werden standardisierte Prozeßanalysen nach Prior (1970), Brocher (1967) und Antons (1973) eingesetzt.

(8) Training einiger weiterer die individuelle und gesellschaftliche Emanzipation fördernder Funktionen:

Fittkau reiht unter diesem Punkt 8 Trainingsbereiche kurz auf:

- Intelligenz- und Kreativität
- Selbstbewußtsein
- Sensibilität der Körpersinne
- sexuelle Empfindungsfähigkeit
- Kommunikation mit Kindern zur Lösung von (Alltags)konflikten
- Abbau von Zwängen in Partnerbeziehungen
- Hilfe-zur-Selbsthilfe

- Entscheidungsprozesse bei Planungs- und Organisationsproblemen

(9) Trainingsabschluß: Zukunftsbezogenes Trainings-Feedback:

- Es wird geklärt, wieweit Ziele, Inhalte und Methoden des Trainings in die Alltags-Situation übertragen werden können.
- Das Training wird kritisiert, Verbesserungsvorschläge zusammengetragen und Möglichkeiten für Aufbau- und Selbstraining geprüft.
- Selbst- und Weitertrainingsaktivitäten der Teilnehmer werden organisiert.

Die Fülle der angesprochenen Bereiche läßt verständlich werden, daß ein derartiges Programm kaum in allen Aspekten auf einmal durchgeführt und überprüft werden kann. Bisher liegen m.W. keine empirischen Evaluierungsuntersuchungen von Fittkau zu seinem Trainingsansatz vor.

Eine detaillierte, zum Teil polemische Kritik des Ansatzes von Fittkau unternimmt Signer (1977). Er stellt fest, daß Fittkaus Überlegungen bezüglich des Begründungszusammenhangs von Trainings im Vergleich zu Tausch & Tausch differenzierter und realitätsangemessener sind. Signer begrüßt ferner die Ausdifferenzierung von Lernzielen (was er bei Tausch & Tausch vermißt), kritisiert diese aber selbst als "vage Leerformeln" und "modernistische Schlagwörter". Fittkau schlägt nach Signers Ansicht eine sehr große Anzahl von Trainingsmethoden vor, die weit über die von Tausch & Tausch hinausgehen, allerdings bemängelt er das Fehlen eines in sich geschlossenen Trainingskonzepts. Seiner Meinung handelt es sich um eine bloße Ansammlung von Methoden. Signer kritisiert weiter, daß die Methoden nicht aus den Zielen deduziert und nicht in sozialwissenschaftlichen Theorien und Konzepten verankert sind. Abschließend meint er reichlich überspitzt, daß die Ansätze von Fittkau "weder in theoretischer noch praktischer Hinsicht befriedigen und kaum zu praxisrelevanten, vertretbaren und durchgearbeiteten Resultaten für die Weiterentwicklung bestehender Konzepte von Lehrertrainings verhelfen können". (S.192).

2.2.5.3 Das Integrative Lehrertraining von Signer

Signer (1977) setzt sich kritisch und sehr detailliert mit bisher vorliegenden Ansätzen von Verhaltenstrainings im Lehrerbereich auseinander (Tausch & Tausch 1973; Minsel & Minsel 1973; Fittkau 1974; und andere der Tausch-Schule) und entwickelt daraufhin ein eigenes "Integratives Lehrertraining". Darin wird beabsichtigt, den zukünftigen Lehrer auf die "reale Berufssituation" (nur: was ist "real"?) vorzubereiten und vor dem oft beschriebenen Praxisschock mit seinen negativen Folgen zu bewahren. Sein Modell unterscheidet sich von den bisher vorliegenden nicht so sehr in dem angewandten Methodenarsenal als in seinem Aufbau. Er betont besonders "die unterrichtliche und erzieherische Gesamtsituation, die didaktische Dimension des Unterrichtens als auch paralinguistische und averbale Kommunikationsinhalte"(S.205). Die von Fittkau so stark betonte gesellschaftliche Dimension von Erziehung wird bei ihm voll ausgeblendet. Er beschränkt sich - wie alle anderen Autoren - ausschließlich auf das "Berufsfeld", auf "agogische Aktion" und siedelt seinen Ansatz in der "Praxistheorie" an.

Signer unterscheidet eine Lehrerausbildungs-Phase während des Studiums und eine Lehrerfortbildungsphase während des Berufs, die eng aufeinander bezogen sind. In der ersten Phase umfassen die Trainings: (a) "Selbsterfahrung" zur Verbesserung der Selbst- und Fremdwahrnehmung und zum Aufbau einer sozio-emotionalen Grundhaltung unter Einsatz gruppendynamischer Übungen, Awareness-Übungen, Gestalttechniken; (b) "Unterrichts- und Erziehungsverhalten", wobei

modifizierte und erweiterte Trainingsformen nach Tausch & Tausch Anwendung finden; (c) "Antizipatorisches Rollentraining", wobei Grundelemente sozialintegrativer Interaktionsformen berufsfeldbezogen weiterentwickelt und mögliche Kollisionen in der künftigen Berufssituation sowie organisationsbezogene Innovationsstrategien in Rollen- und Planspielen erprobt und trainiert werden.
Die zweite Phase bezieht mit ein: (a) "berufsbegleitende Praxisberatung" zur Bearbeitung aktueller Problem- und Konfliktsituationen des Berufsalltags unter Einsatz von Trainingssitzungen und Rollenspielen sowie Einbeziehung von Beratern; (b) "Selbsttrainingsaktivitäten" autonom arbeitender Lehrergruppen.

Aufgrund des starken Praxisbezuges sind die Chancen der Realisierung sozialintegrativer Interaktionsformen und anderer Lehr- und Lerntechniken sowie die Lösung aktueller Berufsprobleme durch Zusammenarbeit mit anderen positiv anzusehen. Empirische Ergebnisse liegen jedoch m.W. nicht vor. Der Vorteil des Ansatzes von Signer im Vergleich zu Tausch & Tausch ist, daß er Verhaltensprobleme und Schwierigkeiten von Lehrern nicht allein am Individuum festmacht, sondern das Umfeld der den Lehrer beeinflussenden Bedingungen sieht und sein Trainingsprogramm entsprechend plant. Allerdings greift er theoretisch zu kurz, wenn er die Schule nicht als eine Organisation und als Teilsystem in einem spezifisch strukturierten Gesellschaftssystem sieht (vgl. Kap. I.2). Er beschränkt seine Wirkfaktoren-Analyse nur auf den unmittelbaren schulischen Bereich und klammert gesellschaftspolitische und sozio-ökonomische Zusammenhänge aus. Nachdem er selbst sehr hohe Ansprüche an andere Modelle stellt, ist ihm eine verkürzte Sichtweise vorzuhalten. Im Grunde genommen müßte er die dialektische Beziehung von Erziehung und Gesellschaft ansprechen (vgl. Kap.I, 2) und aus einer allgemeinen Gesellschaftstheorie eine entsprechende Erziehungstheorie ableiten, um daraus wiederum spezielle Verhaltenstrainings zu deduzieren. Dies ist allerding bisher nicht geleistet worden. Erziehung und damit Beeinflussung bleiben bei Signer im unverbindlichen Raum und beliebig ausgestaltbar. Die politischen Prämissen werden bei Signer - anders als bei Fittkau - nicht deutlich. Bei ihm besteht sehr stark die Gefahr, daß primär Anpassungs- und Überwinterungs-Strategien gelernt werden, da übergeordnete politische und soziale Zielvorstellungen nicht explizit vorliegen.

2.2.5.4 Training in Gesprächsführung und Beratung vom Verfasser

Lehrer haben zahlreiche Funktionen und Aufgaben zu erfüllen (vgl. Kap.I,2). Sie müssen nicht nur Sachwissen vermitteln, sondern vielfach auch intensive Einzelgespräche mit Schülern und Eltern führen, in denen es um Beratung und Hilfe geht. Die Beratung kann sich dabei z.B. auf Fragen der Schullaufbahn, der Verbesserung von Arbeitsverhalten und Disziplin, aber auch auf Hilfen bei persönlichen Schwierigkeiten von Schülern beziehen. Zur Verbesserung von Kompetenzen bei Gesprächen und beraterischen Aktivitäten soll ein Training dienen, das vom Verfasser erstellt und durchgeführt wird.
In dem einwöchigen Kurs für ungefähr 20 Teilnehmer geht es um die Sensibilisierung von Lehrern für die Verhaltensweisen, Überzeugungen und Gefühle von Schülern und Eltern sowie für eigenes Verhalten, eigene Überzeugungssysteme und eigene Bedürfnisse und Gefühle. Das Training wird primär strukturiert durch Elemente der Wahrnehmungs- und Sozialpsychologie sowie der Kommunikationstheorie. Über individual- und gruppenpsychologische Aspekte hinaus wird auch auf die Abhängigkeit individuellen Verhaltens und individueller Konflikte und Störungen von gesellschaftlichen Strukturen eingegangen (vgl. Kap. I; Kap. II, S. 106, Tab. 5) und dies mitreflektiert und in die beraterischen Aktivitäten miteinbezogen.

Das Training ist angelegt auf Erfahrungslernen und weniger auf Informationsvermittlung. Der Kurs ist gruppendynamisch orientiert und es werden Übungen zur Erhöhung der Sensibilität für Wahrnehmungs-, Gesprächs- und Interaktionsprozesse durchgeführt. Besonders herausgearbeitet werden Elemente und Prozesse der Eindrucks-, Urteils- und Vorurteilsbildung sowie der Personwahrnehmung. Ferner wird, durch die Übungen angeregt, auf die Bedeutung von Werten, Einstellungen, Bedürfnissen und Interessen für die Wahrnehmung, Kommunikation und konkretes Verhalten eingegangen. Hinsichtlich der Kommunikation werden die Axiome der Kommunikationstheorie von Watzlawick u.a. und bedeutsame Variablen der Gesprächspsychotherapie von Rogers durch Übungen oder Kurzinformationen im Rahmen von Videoaufnahmen aufgezeichneter Gespräche eingeführt. In Beratungsrollenspielen erarbeiten sich die Teilnehmer hilfreiche und blockierende Gesprächsvariablen und den günstigen Aufbau von Gesprächen. Einzelelemente wie z.B. VEE (Verbalisieren emotionaler Erlebnisinhalte), Paraphrasieren oder Zusammenfassen von Inhalten werden in Rollenspielen und Kurzberatungsgesprächen geübt (vgl. Kap.II,1.4.2). In Feinanalysen aufgezeichneter Beratungsrollenspiele werden Interaktionsprozesse von beratenden oder hilfegebenden Lehrern und hilfesuchenden Schülern oder Eltern untersucht. Dabei wird ferner auf Interaktionsstörungen eingegangen und es werden alternative Verhaltensweisen durchgesprochen. Sensibilisierung für das Kommunikationsgeschehen und konkrete Kommunikationsaktivitäten werden eng miteinander verzahnt. Kleingruppenarbeit, Rollenspiele und Diskussionen von Videoaufnahmen oder Kleingruppenergebnissen im Plenum sind die wesentlichen Arbeitsmethoden. Es wird immer an den konkreten Erfahrungen, Wünschen und Interessen der Teilnehmer angeknüpft. Gegen Ende des Trainings fassen die Teilnehmer ihre Erfahrungen unter dem Thema "Meine Beratungsphilosophie" zusammen.
Besonderer Raum wird vor allem der Diskussion über die Grenzen individueller Hilfe gegeben, wobei speziell auf strukturell determinierte individuelle Probleme von Schülern und Eltern eingegangen wird. Dabei soll deutlich werden, daß Kommunikationstrainings zwar ein wichtiges Element zur Lösung von Problemen sein können, aber neben den individuellen Problemlösungsansätzen strukturelle und damit politische Eingriffe oft erforderlich sind oder parallel laufen müssen, z.B. im Sinne gesetzgeberischer Maßnahmen oder der Veränderung ungünstiger Arbeitsbedingungen. Die individualpsychologische Sichtweise soll in den Diskussionen erweitert werden; gesamtgesellschaftliche Bezüge individuellen Verhaltens und Erlebens sowie individuelle Störungen werden reflektiert und politische Möglichkeiten der Verhaltensänderung einbezogen. In diesem Sinne ließe sich das Training auch als "emanzipatorisch" bezeichnen.
Der Kurs wird dann abgeschlossen durch die Reflexion dessen, was der einzelne für sich künftig ändern möchte und wie sich dies realisieren läßt.
Der Ablauf des Trainings gestaltet sich wie folgt:

M O N T A G (nachmittags)

Begrüßung der Teilnehmer;
- Besprechen organisatorischer Fragen (Unterbringung, Freizeitmöglichkeiten, Essenszeiten...);
- Darstellen der Arbeitsmethoden (Übungen, Kleingruppenarbeit, Plenumsdiskussion, Tonband- und Videoaufzeichnungen und -auswertung, Selbsterfahrung).

1. Ziel:

- Sich-kennen-Lernen; "Anwärmen";
- Erwartungen und Befürchtungen klären;
- Ziele der Woche erarbeiten.

2. Durchführung:
- (1) In Kleingruppen (5-6 Personen) sich kennen lernen; mögliche Themen: Situation am Arbeitsplatz, Probleme, Sorgen; Erwartungen und Befürchtungen hinsichtlich des Kurses diskutieren und schriftlich festhalten; Gruppensprecher für Plenum bestimmen;
- (2) Gesamtauswertung im Plenum: Gruppensprecher trägt das Papier der Gruppe vor und wird von seinen Gruppenmitgliedern dabei unterstützt;
Gesamtpapier der gewünschten Themen und Ziele sowie ein Papier der "Befürchtungen" werden erstellt; Themen werden eventuell schon strukturiert und gewichtet;
- (3) Zusammenfassen des Tagesgeschehens; Einschätzen der Befindlichkeit der Teilnehmer; Verschiedenes;

3. Auswertungshilfen:
- Einschätzskala: "Befindlichkeit" (1 bis 10)

4. Materialien:
- große Papierbögen, Filzstifte, Wandpapier

D I E N S T A G (vormittags)

Klären von Teilnehmerfragen

1. Ziel (1):
- Kennenlernen von möglichen Regeln des gemeinsamen Miteinanderumgehens;

2. Durchführung:
- Durchlesen des Papiers "Cohn'sche Regeln" und Diskussion der einzelnen Punkte im Plenum;

3. Auswertungshilfen:
- Fragen, wie z.B.: wie sinnvoll sind diese Regeln?

4. Materialien:
- Papier "Möglichkeiten zur Verbesserung von Kommunikation und Kooperation ("Cohn'sche Regeln")"

1. Ziel (2):
- Sensibilisierung für Wahrnehmungsprozesse (Selektion; Eindrucksbildung, Urteilsprozesse wie Attribution, Hypothesenbildung...)

2. Durchführung:
- Übung: "Wahrnehmung-Vorstellung" (vgl. S.92)

3. Auswertungshilfen:
- Sofern nicht erwähnt, auf folgendes noch hinweisen: Aspekte der Selektion, Produktion, Projektion, Etikettierung, Vereinfachung, Verzerrung; Einfluß von Selbstaspekten, Werten, Normen, Bedürfnissen, Interessen auf Wahrnehmung; Modell von Warr & Knapper (vgl. S.60)
Bedeutung der Wahrnehmung für 1. Eindruck und die Bildung von Vorurteilen;

4. Materialien:
- Modell von Warr & Knapper "Aspekte der Personwahrnehmung"; Schreibmaterial;

D I E N S T A G (nachmittags)

Klären von offenen Teilnehmerfragen

1. Ziel (1):
- Sensibilisierung für Gesprächsprozeß sowie für hilfreiche und erschwerende Kommunikationsverhaltensweisen zum Verständnis des anderen; Einüben in genaues Zuhören und Schulung des genauen Ausdrucks;

2. Durchführung:
   - Übung "Kontrollierter Dialog" (vgl. S.92)
   - Austausch der Erfahrungen im Plenum
3. Auswertungshilfen:
   - Fragen: welche Faktoren erschweren oder erleichtern das Verständnis? Bedeutung der Übung für die Praxis?
4. Materialien:
   - Instruktionspapier für Übung "kontrollierter Dialog";

1. Ziel (2):
   - Sensibilisierung für den Inhalts- und Beziehungsaspekt von Gesprächen;
2. Durchführung:
   - Übung "Alter-Ego". Es wird ein Innenkreis von ungefähr 7 Personen gebildet, die sich über ein gemeinsames Thema unterhalten. Die Personen im Außenkreis verbalisieren den Beziehungsaspekt. Diskussion der Erfahrungen im Plenum.
3. Auswertungshilfen:
   - Frage: was bedeutet die Übung für die Praxis; Tonbandaufnahmen detaillierter untersuchen auf Inhalts- und Beziehungsaspekt.
4. Materialien:
   - Tonband

Zusammenfassen des Tagesgeschehens; Einschätzen des Tages hinsichtlich "Lernen" und "Befindlichkeit" auf 10-Punkte-Skala und frei.

M I T T W O C H (vormittags)

Klären offener Teilnehmerfragen

1. Ziel:
   - Erhöhen der Sensibilität für Gesprächsverhalten, für hilfreiche und hemmende Verhaltensweisen, sich in die Lage des Partners hineinversetzen;
2. Durchführung:
   - (1) Übung "Beratungsrollenspiel". 3 Rollen: A=Klient (Eltern, Schüler); B=Berater (Lehrer); C=Beobachter. Es wird ein 10 bis 15 Minuten dauerndes Beratungsgespräch von A und B durchgeführt über ein vorher individuell vereinbartes Thema (z.B. Eltern beschweren sich bei Lehrer über dessen Notenvergabe). C achtet auf die Zeiteinhaltung und macht sich Notizen über das Gesprächsgeschehen.
   - (2) Nach jedem Gespräch wird auf folgendes eingegangen: (a) wie habe ich mich als Klient gefühlt? und woran lag das? (b) wie habe ich mich als Berater gefühlt und woran lag das? (c) was war günstig oder ungünstig für den Verlauf des Gesprächs?
   - (3) Das Beratungsrollenspiel wird 3x durchgeführt, so daß jeder einmal Berater gewesen ist.
   - (4) Besprechung im Plenum: (a) spontane Äußerung von Erfahrungen; (b) welche Verhaltensweisen des Beraters sind für den Klienten hilfreich, welche nicht? Aussagen notieren.
   - (5) Diskussion der Bedeutung der Übungserfahrungen für die Praxis
3. Auswertungshilfen:
   - Darstellung des Ablaufs des Beratungsrollenspiels an der Tafel; Instruktionsblatt für Einzelgruppen; Fragen s.o.
4. Materialien:
   - Schreibpapier und -materialien, Tafel oder Wandpapier;

Einschätzen des Vormittags bezüglich "Lernen" und "Befindlichkeit". Stellungnahmen zum Tagesverlauf.
Nachmittags frei.

D O N N E R S T A G (vormittags)

1. Ziel:
- (a) Erkennen weiterer hilfreicher und blockierender Gesprächsvariablen durch Verhaltensanalyse;
- (b) Kennenlernen der ersten 3 Axiome von Watzlawick u.a. (man kann nicht nicht kommunizieren; Inhalts- und Beziehungsaspekt; digitale und analoge Kommunikation); (s.S.75)
- Unterscheiden von Sach- und Gefühlsebene;

2. Durchführung:
- (1) Rollenspiele: 2 x 2 Personen suchen sich ein Thema; jedes Paar führt nacheinander ein Gespräch von 15 Minuten, das mit Video aufgezeichnet wird. Die Restgruppe beobachtet den Verlauf in einem anderen Raum.
- (2) Die Darsteller und Zuschauer berichten ihre spontanen Eindrücke
- (3) Auswertung des 1. Gesprächs unter Berücksichtigung der Ziele a, b, c soweit sich günstige diesbezügliche Situationen ergeben. Dozent bringt die Axiome an entsprechender Stelle ein.
  Hilfreiche und blockierende Verhaltensweisen werden an der Wandtafel notiert, ebenso Axiome mit Erläuterungen.
- (4) Auswertung des 2. Gesprächs unter besonderer Berücksichtigung bisher nicht genannter Zielaspekte
- (5) Zusammenfassen des bisher Gelernten

3. Auswertungshilfen:
- Notieren wichtiger Erkenntnisse an der Tafel; zusätzliche Beispiele zu den Axiomen erarbeiten oder Axiome in kurzen Übungen vertiefen;

4. Material:
- Video; Schreibmaterial und Wandtafel;

D O N N E R S T A G (nachmittags)

1. Ziel:
- (a) Erkennen von Interaktionsabläufen und wechselseitiger Steuerung der Partner
- (b) Kennenlernen der weiteren Axiome von Watzlawick u.a. (Interpunktionen von Ereignisfolgen; Symmetrische und komplementäre Interaktionen) (s.S.76)
- (c) Kennenlernen der GT-Variablen (Echtheit; Wertschätzung-emotionale Wärme; Empathie-VEE)

2. Durchführung:
- (1) Rollenspiele: (A) Vorgesetzter (z.B. Schulrat) - Untergebener (Lehrer); (b) aggressiver Klient (Schüler) und Berater (Lehrer). Gesprächsdauer je Spiel 10 bis 15 Minuten.
  Videoaufnahme erfolgt im Nebenraum; Restgruppe beobachtet den Ablauf.
- (2) Darsteller und Zuschauer berichten ihre spontanen Eindrücke über den Verlauf und die Qualität des Gesprächs.
- (3) Abspielen des 1. Films in einem Stück und anschließend Feinanalyse unter Berücksichtigung der Zielaspekte (a) und (b). Dozent greift günstige Situationen auf und erklärt Abläufe und Axiome.
- (4) Abspielen des 2. Films und unterbrechen bei günstigen Beispie-

len für Ziel (c); anschließend Feinanalyse unter Berücksichtigung der Zielbereiche a-c;
- (5) Zusammenfassen und Erarbeiten.

3. Auswertungshilfen:
- Teilnehmer vor Abspielen der Videoaufnahmen besonders hinweisen, auf Interaktionsverhalten der Gesprächspartner zu achten und sich Notizen zu machen.
Axiome und GT-Variablen an Tafel mit Beispielen festhalten

4. Material:
- Video; Schreibmaterial und Wandtafel

Einschätzen des Tages nach "Lernen" und "Befindlichkeit".

F R E I T A G (vormittags)

1. Ziel (1):
- Erkennen von Teilfertigkeiten der Gesprächsführung (z.B. offene Fragen; paraphrasieren, akzentuieren, konkretisieren, zusammenfassen, Gespräch beenden)

2. Durchführung:
- Ausschnitte von bisherigen Videobändern auf o.a. Teilfertigkeiten untersuchen und verdeutlichen.

3. Auswertungshilfen:
- Teilfertigkeiten an die Tafel schreiben

4. Material:
- Vorliegende Videoaufzeichnungen; Schreibmaterial

1. Ziel (2):
- Einüben von Teilfertigkeiten, anwenden des bisher Gelernten

2. Durchführung:
- (1) Staffettenrollenspiel: 1 komplizierter Klient (z.B. Vater eines Schülers) und 4 Berater hintereinander. Videoaufzeichnung
- (2) Berater berichten über ihr Verhalten; spontane Äußerungen der Teilnehmer darüber, was ihnen auffiel.
- (3) Auswertung des Rollenspiels: welche Teilfertigkeiten wurden realisiert, wie gelangen sie, was könnte man verbessern, Alternativvorschläge für Verhalten. Vergleiche des Verhaltens der 4 Berater.

F R E I T A G (nachmittags)

1. Ziel:
- Kognitives Strukturieren des Gelernten und Feststellen ungelöster Fragen

2. Durchführung:
- (1) Kleingruppenarbeit. Thema: Was habe ich gelernt; was halte ich für eine hilfreiche Gesprächsführung als wichtig. Anfertigen eines gemeinsamen Papiers.
- (2) Wandpapiere der Gruppen werden ausgehängt. Die Gruppen betrachten ihre Arbeitsergebnisse an den Wänden und diskutieren untereinander darüber, geben Erläuterunten (walking session).
- (3) Diskussion: Möglichkeiten und Grenzen des helfenden Gesprächs. Meine Beraterphilosophie. Fragen der Psychohygiene und Prophylaxe.

3. Auswertungshilfen:
- Mögliche Fragen: Was sind meine persönlichen Ziele in helfenden Gesprächen; wieweit lassen sie sich realisieren; wieweit

setzen strukturelle gesellschaftliche Gegebenheiten Grenzen für individuelle Hilfe (hierzu Papier "Determinanten individuellen Verhaltens" von Schneider); welche prophylaktischen Möglichkeiten gibt es, Konflikten vorzubeugen;

4. Material:
- Schreibmaterial; Papier Schneider "Determinanten individuellen Verhaltens" (vgl. Kap. I.,1).

S A M S T A G

1. Ziel:
- (1) Kleingruppenarbeit (4-5 Personen). Diskussion und individuelles schriftliches Fixieren der Ergebnisse zu den Themen: Was möchte ich in bezug auf mein Kommunikationsverhalten ändern? Wie kann ich das machen? Welche Schwierigkeiten können sich ergeben, lassen sie sich überwinden?
- (2) Plenumsdiskussion. Thema: Welche Möglichkeiten gibt es zur Beseitigung von Schwierigkeiten bei der Umsetzung meiner neuen Ziele?
- (3) Ausfüllen des Fragebogens zur Einschätzung des Kurses; Vorlesen der ausgetauschten Fragebögen.

3. Auswertungshilfen:
- Fragebogen

4. Material:
- Schreibmaterial; Kursbeurteilungsfragebogen.

Zu dem Trainingsprogramm gibt es bisher keine statistisch abgesicherten Evaluationsergebnisse, wohl aber sehr positive Rückmeldungen von Lehrerstudenten und Kursteilnehmern aus der Sozialverwaltung. Positive Äußerungen liegen auch nach einem halben Jahr vor von Teilnehmern, die weiterführende Vertiefungskurse besuchten.

2.2.5.5 Kooperative Verhaltensmodifikation von Redlich & Schley

Redlich & Schley (1978) entwickelten, angeregt durch die "klassische Verhaltensmodifikation" (Belschner u.a. 1973) und den Ansatz der "Konfliktbewältigung ohne Niederlage" (Gordon 1972), das Konzept der "Kooperativen Verhaltensmodifikation". Sie intendieren "die in den Schulen vorhandenen Möglichkeiten besser zu nutzen, die Lernatmosphäre zu verbessern, die Schülerinteressen am Lernen zu aktivieren, Kommunikationsstörungen aufzulösen, gegenseitige Ablehnung von Lehrern und Schülern konstruktiv zu überwinden, Gefühle zu äußern und bei anderen besser wahrzunehmen und insgesamt weitergehende Ziele sozialen Lernens zu erreichen" (S.10f).

Theoretisch beziehen sich die Autoren auf die "klassische" Verhaltensmodifikation und kognitive Selbstbewertung sowie ferner auf ein Kooperationsmodell in dem alle Beteiligten (Lehrer, Schüler, Berater) zusammenarbeiten und auf eine Handlungsstrategie zur Orientierung und Steuerung im Problemlöseprozeß.
In ihrem Ausbildungsprogramm versuchen sie kognitives Lernen (Erwerb von Kenntnissen), affektives Lernen (Umgang mit eigenen Gefühlen) und aktionales Lernen (Erwerb von Fertigkeiten) miteinander zu verbinden. In einem kompakten Grundkurs von 3 bis 4 Tagen mit 10 Arbeitseinheiten erfahren die Lehrer überblickshaft das Programm (vgl. Abb. 12, nach Redlich & Schley 1978, S.65).

Abb. 12: Übersicht über den Aufbau des Grundkurses von Redlich & Schley (1978)

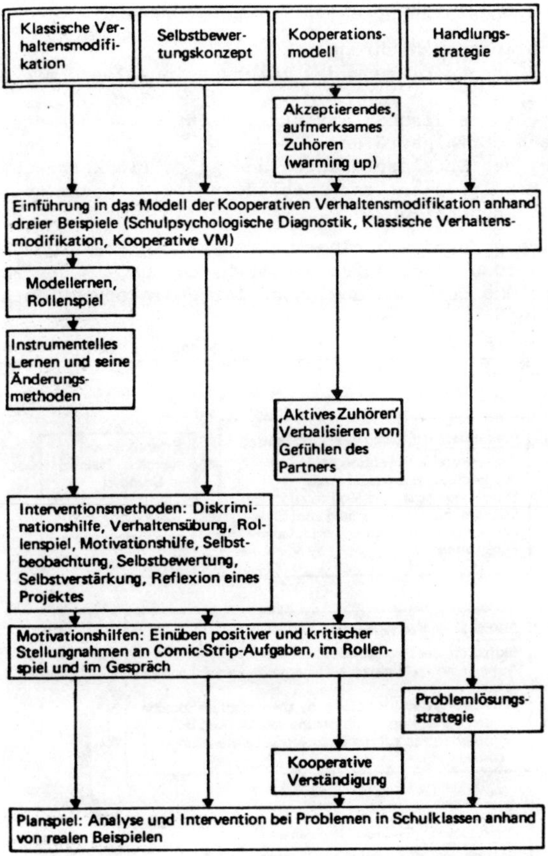

Die einzelnen Bausteine werden schrittweise im Plenum, in Gruppen und Einzelarbeit vorgestellt. Auf Ernstsituationen wird anhand eines Planspiels vorbereitet. Ein wesentliches Element ist dabei die 'Handlungsstrategie', die in 3 Phasen mit insgesamt 12 Teilschritten zerfällt (vgl.S.41).

1. Phase: Diagnose des Problems
   (1) Erfassung der Sichtweise des Lehrers von Problemen
   (2) Erfassung der Sichtweise der Schüler von Problemen
   (3) Konfrontation der Lehrersicht mit der Schülersicht
   (4) Erstellen eines von allen Beteiligten akzeptierten Bedingungsmodells des Problems

2. Phase: Planung der Intervention
   (5) Bestimmung eines von allen akzeptierten Zieles
   (6) Zerlegung des Zieles in Teilziele
   (7) Planung konkreter Interventionsmethoden für jedes Teilziel
   (8) Zeitplanung und Planung der Erfolgsüberprüfung

3. Phase: Interventionsdurchführung
   (9) Einführung und Festlegung des Interventionsplanes mit allen Beteiligten
   (10) Durchführung des Planes: Einsatz von Interventionsmethoden und laufende Erfolgsprüfung
   (11) Auswertung der Erfolgsprüfungen und ggfs. Plankorrekturen
   (12) Abschluß der Intervention: Ausblenden der Methoden und abschließende Beurteilung

Der Gesamtkurs wird gefolgt von einer mehrmonatigen Praxisphase, in der Details vermittelt werden (z.B. Befragungsmethoden) und in der an konkreten Problemen von Lehrern und Schülern und an gezielten Interventionen gearbeitet

Abb. 13: Ausbildung in 'Kooperativer Verhaltensmodifikation' nach Redlich & Schley (1978)

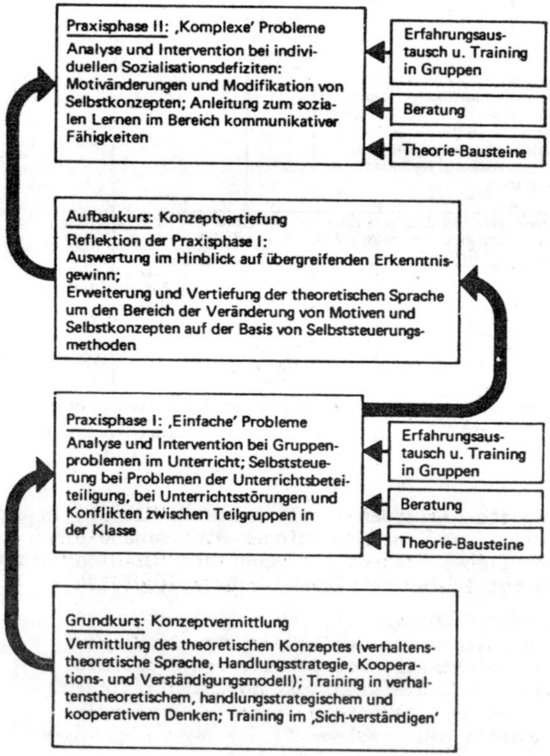

wird. Fehlende Informationen und Vorgehensvorschläge werden durch einen Berater gegeben. Des weiteren erfolgt ein Erfahrungsaustausch in einer Bezugsgruppe, wobei die experimentierenden Lehrer voneinander lernen können. Auf diese Praxisphase I folgt ein Aufbaukurs zur Konzeptvertiefung, an den sich eine Praxisphase II zur Beschäftigung mit komplexen Problemen anschließt. Einen Überblick über die Ausbildung in kooperativer Verhaltensmodifikation vermittelt die Abb.13 (aus Redlich & Schley 1978,S.84).

Redlich & Schley teilen mit, daß 1977 50 Ausbildungsprojekte durchgeführt worden seien, wovon vier Fünftel von den Teilnehmern als positiv eingestuft wurden. Die Projekte bezogen sich z.B. auf die Verbesserung der Aufmerksamkeit zu Unterrichtsbeginn, Unselbständigkeit im Arbeitsverhalten, Aufbau pünktlichen Erscheinens im Unterricht oder Leistungsverbesserung schwacher Schüler. Der komplexe Ansatz von Redlich & Schley darf als ein positives Beispiel der Verzahnung von Theorie und Praxis im Rahmen der Lehrerweiterbildung bezeichnet werden.

2.3 Resumée

Die berichteten Möglichkeiten der Verhaltensänderung bei Lehrern sollen abschließend hinsichtlich ihrer Ziele, ihrer Nähe zur Praxis, aber auch im Hinblick auf ihre Effektivität und den Transfer und die Stabilität des Gelernten betrachtet werden. Einen groben Überblick über die Leistungsfähigkeit der verschiedenen Ansätze vermittelt die Abb. 14.

Abb. 14: Tendenzielle Einschätzung der Modifikationsansätze bei Lehrern

Techniken u. Trainings	Ziele	Praxisnähe	Effektivität	Transfer	Stabilität
1. lerntheoretische	(1)	+	+-	?	?
2. handlungsorientierte	(1)	+	+-	+-	+-
3. kognitions- u. überzeugungsorientierte	(1)(2)	+-	?	?	?
4. gruppendynamische	(1)(2)	+-	+-	?	?
5. komplexe	(1)(2)	+	+	?	?

(1)=pragmatisch
(2)=übergeordneten Zielen verpflichtet

\+ = positive Einschätzung
\- = negative Einschätzung
? = keine Aussage möglich

Bezüglich der in den Untersuchungen und Trainings berichteten Zielvorstellungen kann man eine primäre Orientierung an pragmatisch ausgewählten, sehr konkreten Verhaltensweisen konstatieren. In den meisten Fällen geht es um eine Verbesserung technologischen Handelns, d.h. von Fertigkeiten zur besseren Bewältigung des Unterrichts. Dies kommt in ganz besonderem Ausmaß in den lerntheoretisch und handlungsorientierten Ansätzen und Techniken zum Ausdruck, aber nicht nur dort. Dieses Anliegen der Erhöhung unterrichtlicher Handlungskompetenzen soll keineswegs geschmälert oder in Frage gestellt werden. Es wäre jedoch wünschenswert, wenn die Zielsetzungen darüber hinausgingen und ebenso eine Erweiterung und Ausdifferenzierung des politischen und sozialen Bewußtseins mehr mit eingeplant würde, wie dies etwa in der emanzipatorischen Gruppendynamik und in Ansätzen von Fittkau oder Schneider intendiert ist. Dies sei deshalb besonders betont, weil Lehrer in nicht unwesentlichem Maß das politische und soziale Bewußtsein der Schüler und damit zukünftiger Generationen mit beeinflussen. Wie empirische Untersuchungen belegen (vgl.Kap. I,2.4), ist das Wissen über gesellschaftspolitische Zusammenhänge eher dürftig und das ideologische Bewußtsein als eher konservativ zu kennzeichnen. Ein politisches System, das vorgibt, demokratische Ziele zu verfolgen, bedarf aber gerade bewußter Demokraten. Daß dies in größerem Ausmaß gegeben ist, muß bei den Lehrern in der Bundesrepublik Deutschland eher bezweifelt werden.

Betrachtet man die Ziele der Modifikationsansätze näher, so fällt auf, daß sie primär auf konkrete Handlungsziele beschränkt sind und in den meisten Fällen nicht aus übergeordneten Zielvorstellungen abgeleitet oder mit ihnen verknüpft sind. M.a.W. die Handlungsziele sind in keiner übergeordneten Theorie, sei es Gesellschafts- oder Bildungstheorie mit expliziten Zielen, verankert. Der Ansatz von Fittkau stellt diesbezüglich eine Ausnahme dar. Signer versucht sich zwar einen übergeordneten Rahmen in der 'Praxistheorie' zu verschaffen, ist aber in Bezug auf das wechselseitige Verhältnis von Gesellschaftssystem und Erziehung reichlich blind, wie die Mehrzahl der Autoren im Bereich der Verhaltensänderung. Bei den meisten vorliegenden Modifikationsansätzen ist die Gefahr bloßer Handwerkelei und von blindem psychologischem Aktionismus sehr groß. Im Grunde genommen wäre es aber erforderlich, Trainings aus übergeordneten Zielen und damit verbundenen Gesellschafts-, Bildungs- und Erziehungstheo-

rien abzuleiten. Gewiß ist dies ein hoher Anspruch, auf den allerdings letztlich nicht verzichtet werden sollte. Er wurde bisher noch nicht eingelöst; der Versuch müßte noch unternommen werden.
In Bezug auf zukünftige Modifikationsansätze wäre als Minimallösung zu fordern, ein bloß pragmatisches Vorgehen zu vermeiden und zumindest breitere Zusammenhänge mitzureflektieren. Das scheuklappenhafte Beharren auf rein psychologisch-pädagogische oder "agogische" Aspekte (vgl. Signer 1977) wäre aufzugeben. Die verantwortlichen "Modifikateure" müßten sich bewußter werden, welchen übergeordneten Zielen sie sich verpflichtet fühlen, in welchem größeren Zusammenhang ihre Arbeit steht, welche Aspekte der Determinanten individuellen Verhaltens sie ausschließen (vgl. Kap.I) und welche Grenzen die jeweiligen Verfahren haben. Eine diesbezüglich kritischere Haltung würde auch den naiven Optimismus mancher 'Modifikateure' hinsichtlich der tatsächlichen Effektivität ihrer Verfahren zur Lösung komplexer Probleme vermeiden helfen.

Gerade was den letztgenannten Punkt anbetrifft, so ist anzuzweifeln, daß die vorliegenden Ansätze, die primär einer theoretischen Modifikationsrichtung verpflichtet sind, der Komplexität von Problemen und damit der Komplexität der Wirklichkeit gerecht werden. Damit wird nicht bestritten, daß der Bezug auf eine singuläre Theorie nicht legitim oder sinnvoll sei. Es können damit aber nur Datailprobleme angegangen werden - und nicht alle möglichen anstehenden Probleme, wie man den Eindruck besonders bei den primär lerntheoretisch-verhaltensmodifikatorisch orientierten Ansätzen hat. Es ist zwar ein Verdienst des Behaviorismus, das Augenmerk stärker auf 'Verhaltensatome' gelenkt und sie in die Modifikation einbezogen zu haben. Die Betrachtung von wenigen 'Atomen' ist zwar wichtig, reicht aber nicht aus; es fehlt der Blick für Gesamtzusammenhänge, was auch für die meisten anderen Ansätze gilt. Und dies hat negative Auswirkungen auf die richtige Einschätzung der Möglichkeiten und Grenzen einzelner Praktiken.

Was die Praxisnähe der hier ausgeführten Verfahren betrifft, so ist sie insgesamt als sehr positiv anzusehen. Lediglich bei manchen Themen in der kognitionsorientierten Wissensvermittlung während der Studienzeit stellt sich die Frage hinsichtlich der Relevanz für die konkrete Arbeit des Lehrers. Beispielsweise könnte man bei einem Thema wie "Wissenschaftstheorie: Hermeneutik - Kritischer Rationalismus - Kritische Theorie" sehr skeptisch sein. Bei näherem Hinsehen stellt es sich allerdings als sehr relevant und grundlegend für die wissenschaftliche Erkenntnis und die Interpretation wissenschaftlicher Aussagen und Ergebnisse heraus.
Manchen gruppendynamischen Trainings, die keinen unmittelbaren Bezug zur Schulpraxis haben, wird gelegentlich der Vorwurf von Praxisferne gemacht. Wieweit dies im Einzelfall zutrifft, ist zu überprüfen. Prinzipiell dürfte es durch Reflexion möglich sein, auch eher unterrichtsfernen Übungen positive Anregungen für den schulischen Alltag zu entnehmen.

Sinnvoll und erleichternd für den Lehrer oder Lehrerstudenten wäre allerdings ein systematischer und schrittweiser, vom Einfachen zum Komplexen fortschreitender Aufbau neuen Wissens und neuer Handlungsfertigkeiten mit der Zielrichtung auf die Praxis hin. Wissensvermittlung und praktische Tätigkeiten müßten während der Ausbildung bereits besser verzahnt sein. Dies vernünftig zu gestalten, wäre eine zentrale Aufgabe der Curriculum-Planung - und damit eine bildungspolitische Aufgabe -, die allerdings bisher sehr zu wünschen übrig läßt.
Insgesamt gesehen darf man die Ansätze als positiv beurteilen. Sie geben den Teilnehmern auf jeden Fall Anregungen und Chancen zur Veränderung, die allerdings von Person zu Person unterschiedlich aufgegriffen und verarbeitet werden dürften.

Geht man nach der Betrachtung der Aspekte Ziel und Praxisnähe zum Gesichtspunkt der Effektivität der Veränderungstechniken und -ansätze über, so liegen diesbezüglich relativ viele empirische Untersuchungen vor, die teilweise widersprüchlich sind. Der Bereich der kognitions- und überzeugungsorientierten Verfahren ist demgegenüber so gut wie nicht auf seine Effektivität hin überprüft. Empirische Forschung wäre in diesem Bereich dringend erforderlich, auch wenn von einer Wirkungslosigkeit der Verfahren nicht unbedingt ausgegangen werden dürfte.

Nicht unproblematisch ist allerdings der Transfer des Gelernten auf die schulische Situation. Dies gilt insbesondere für das im Studium Gelernte. Es ist meist nur kognitiv erarbeitet und liegt zeitlich weit zurück und ist damit kaum noch präsent. Deshalb dürften Trainings und Informationen in Lehrerweiter- und -fortbildungsveranstaltungen eine fruchtbare Hilfe für den Lehrer sein und einen Transfer neuer Erfahrungen und neuen Wissens leichter machen. Daß Transfer von im Studium und später Gelerntem stattfindet,darf jedoch allein aus der banalen Tatsache geschlossen werden, daß der Lehrer Unterricht gibt und nicht stumm vor seinen Schülern steht. Wie vollständig und optimal dieser Transfer allerdings ist, kann nicht präzise beantwortet werden. Die Unzufriedenheit von Berufsanfängern mit dem Studium und der Praxisschock (Hinsch 1979; Dann u.a. 1981) könnten evtl. als ein Beleg für die Schwierigkeit der Übertragung von Gelerntem gelten. Unzureichender Transfer kann mehrere Ursachen haben. Ein Grund kann sein - wie bereits genannt -, daß die Informationen zeitlich zu weit zurückliegen und nur noch unvollständig präsent sind. Übungssituation und Praxis können aber auch inhaltlich nicht genügend übereinstimmen, wie dies bei manchen gruppendynamischen Übungen der Fall ist oder zum Teil bezüglich des "Simulated Social Skill Training" kritisch angemerkt wird. Eine Übertragung des Gelernten kann aber auch durch ungünstige Bedingungen in der Praxis erschwert werden, wie z.B. zu große Unruhe in der Klasse, Hetze durch den Stoffplan, mangelnde Zeit. Insgesamt ist zur Verbesserung des Transfers zu fordern, daß Theorie und Praxis besser aufeinander abgestimmt und miteinander verzahnt werden müssen.
Wie aus Abb. 14 hervorgeht, gibt es zum Thema Transfer nur wenige empirische Arbeiten, was auch durch methodische Probleme der Erfassung komplexer Leistungen bedingt ist. Nicht zufällig liegen nur Ergebnisse zu handlungsorientierten Ansätzen vor, in denen mit eher wenig komplexen Verhaltensweisen experimentiert wird. Die Resultate sind nicht einheitlich. Angesichts der mangelhaften Ergebnislage wären empirische Untersuchungen zum Transfer dringend erforderlich.

Aber selbst wenn man davon ausgeht, daß ein positiver Transfer gelungen ist, so ist damit noch wenig über die Stabilität des Gelernten ausgesagt. Empirische Arbeiten im handlungsorientierten Bereich kommen zu positiven wie negativen Aussagen; in den anderen Bereichen liegen keine Resultate vor (vgl. Abb. 14). Einmal Gelerntes bedarf aber auch ständiger Wiederholung und Bekräftigung, um sich festigen zu können. Davon ausgehend ist zu fordern, daß Trainings oder Informationen nicht nur einmaliger Art sein dürfen, sondern häufiger erfolgen müssen. Die Lehrerfortbildung ist damit zu intensivieren, d.h. den Lehrern muß auch mehr Zeit zur Vertiefung und Bekräftigung ihres Wissens und ihrer Fertigkeiten eingeräumt werden. Dies hat letztlich auch bildungspolitische Konsequenzen in dem Sinn, daß Lehrer stärker zur Fortbildung veranlaßt und entsprechende Curricula und Institutionen geschaffen werden müßten. Zum Teil liegen solche Angebote bereits vor (vgl.Kap. II,2.2.3).

Vergleicht man die dargestellten Aspekte und Ansätze, die tendenziell die in der Literatur berücksichtigten Modifikationsbemühungen wiedergeben, mit den theoretischen psychologischen Möglichkeiten (vgl. Kap. II,1), so wurden einige

Aspekte bislang kaum berücksichtigt.
Geht man zunächst von den lerntheoretischen Ansätzen aus (Kap. II,1,1), so wird bisher von Möglichkeiten des verdeckten Konditionierens wie dem verdeckten Gegenkonditionieren, dem Gedankenstopp, der verdeckten Sensibilisierung, der verdeckten Verstärkung und Löschung sowie dem verdeckten Modellernen kaum Gebrauch gemacht. Eventuell erscheinen diese Methoden auf den ersten Blick zu klinisch und auch zu artifiziell und finden deshalb keine Berücksichtigung.
Zu den kognitionstheoretischen Ansätzen ist anzumerken, daß die Modelle der Informationsverarbeitung, der Personwahrnehmung und des kognitiven Lernens mit den spezifischen Aspekten der selektiven Unaufmerksamkeit, Fehlwahrnehmung, Klassifikationsirrtümern, Schlußfolgerungsirrtümern u.a. kaum in Trainings ihren Niederschlag gefunden haben. Erste Versuche der Berücksichtigung von Einzelaspekten finden sich bei Schneider (Kap. II,2.2.5.4) und Thiele (1981). Das Selbstinstruktionsverfahren müßte auch noch stärker in die pädagogische Verhaltensmodifikation Eingang finden.
Eine explizite und geplante Berücksichtigung von überzeugungstheoretischen Aspekten ist, außer in Lehrveranstaltungen mit diesem Thema, selten festzustellen; gelegentlich bei der Diskussion von Zielen und Erwartungen in komplexen Trainings. Die bewußte Reflexion von Zielen und Werten von Lehrern sollte allerdings systematischer erfolgen und dabei die besondere Bedeutung und die Funktion von Werten als zentralen Elementen von Überzeugungssystemen herausgearbeitet werden. In Lehrertrainings wäre wesentlich stärker auf die Selbstreflexion von Überzeugungssystemen, von Werten, Normen, pädagogischen, sozialen und politischen Einstellungen sowie Selbstbildaspekten zu achten, um den Lehrerstudenten oder den Lehrern ein Bewußtsein für ihre kognitiv-affektiven Strukturen und damit kritische Distanz zu sich selbst zu ermöglichen. Ein reflektiertes Bewußtsein ihrer selbst dürfte bei der Mehrzahl der Lehrer nicht anzutreffen sein, wie empirische Analysen (vgl. Kap. I,2.4) andeuten. Zu Reflexionen der eigenen Person und der eigenen Gesellschaft geben allerdings manche Trainings Raum, die gruppendynamisch orientiert sind und die vor allem einen emanzipatorischen Anspruch haben (vgl. Kap. II,1.5.2; 2.2.5.2; 2.2.5.4). Der Aufbau eines breiten kritisch-reflektierten Bewußtseins wird aber weder während der Ausbildung der Lehrer-Studenten noch während der Lehrerfortbildung betrieben. Zufall oder System? Letztlich ein Produkt des gesellschaftlichen Systems in der Bundesrepublik Deutschland.

Auf zwei Probleme, auf Gefahren und Grenzen, der Modifikationsansätze soll noch besonders hingewiesen werden. (1) Es besteht die latente Gefahr, daß bestimmte Techniken wie etwa Verstärken, Rückmelden oder Verbalisieren emotionaler Erlebnisinhalte u.a. lediglich mechanistisch und stereotyp angewendet und damit menschliche Beziehungen auf technologisch zu steuernde Akte reduziert werden. Dabei geht Menschlichkeit verloren, die sich ausdrückt in Echtheit, Wertschätzung, Mitfühlen und Mitleiden und Verantwortung für den anderen mittragen. Dies gilt ebenso für das in vielen Trainings zum Ausdruck kommende übertriebene Effektivitätsdenken. (2) Bei manchen Autoren klingt zwischen den Zeilen ein großer Optimismus hinsichtlich der Lösung von Problemen mittels ihrer Techniken an. Nicht selten werden zu wenig die Grenzen rein psychologischer Interventionen gesehen. Es wird oft übersehen, daß Probleme von Lehrern und Schülern nicht nur individuum-bedingt, sondern strukturell verursacht sind (vgl. Kap.I) und zu ihrer Beseitigung mehr als nur psychologische Maßnahmen notwendig werden. Dies heißt allerdings nicht, auf psychologische Interventionen zu verzichten, sondern sie zu ergänzen durch Maßnahmen, die letztlich als politisch zu kennzeichnen sind.

Abschließend seien in knapper Form mehrere Forderungen genannt, die an An-

sätze zur Verhaltensbeeinflussung von Lehrern gestellt werden müssen, wenn sie der Komplexität der Wirklichkeit und einer demokratischen "Erziehung der Erzieher" gerecht werden wollen.
Sie sollten folgende Elemente enthalten:

1. Informationen über gesellschaftliche, d.h. politische und sozio-ökonomische Bedingungen normalen und gestörten Verhaltens.
2. Informationen über psychologische Theorien und Determinanten individuellen Verhaltens.
3. Informationen über Grenzen psychologischer Interventionen.
4. Praktische Fertigkeiten zu psychologischen Interventionen zur Verhaltensänderung und zu präventiven Maßnahmen.
5. Wissen über Interventionsmöglichkeiten struktureller Art, d.h. in gesellschaftlichen Teilsystemen, und über Möglichkeiten gesellschaftlicher Innovation in Richtung mehr Humanität und Gerechtigkeit.

Diese Inhalte können selbstverständlich nicht auf einmal vermittelt werden. Sie müssen während des Studiums und in der Lehrerfort- und -weiterbildung angeboten werden. Zum Teil liegen auch diesbezügliche Angebote vor (besonders zu den Punkten 2 und 4). Sie müßten noch weiter ergänzt und systematisch aufeinanderbezogen werden. Damit sind curriculare Fragen angesprochen, die genauer betrachtet politische sind, was besonders in den Punkten 1 und 5 deutlich wird. Letztlich geht es um die Beantwortung solcher Fragen und um deren curriculare Umsetzung wie:

- Welche Gesellschaftsordnung ermöglicht ein menschliches, gerechtes und freiheitliches Zusammenleben, wie muß diese aufgebaut sein?
- Wie sind die gesellschaftlichen Teilsysteme zu organisieren?
- Wie sollen die bildungspolitischen Inhalte aussehen?
- Wie können diese in den Schulen umgesetzt werden?
- Wie müssen Lehrer ausgebildet werden, mit welchen Inhalten sollen sie sich in welchen Veranstaltungen und welchen Veranstaltungsformen beschäftigen?
- Welchen Einfluß sollen Lehrerstudenten und Lehrer selbst auf die Inhalte und in welcher Form nehmen dürfen?

Diese Punkte bringen sehr klar die Verzahnung von psychologischen, soziologischen, politologischen und philosophisch-normativen Bereichen zum Ausdruck. Fragen der Verhaltensbeeinflussung können nur interdisziplinär beantwortet werden.

3. VERHALTENSBEEINFLUSSUNG BEI ELTERN

Die Möglichkeiten der Beeinflussung des Elternverhaltens sind vielfältig. Die in der Literatur dargestellten Versuche und Programme lassen sich im wesentlichen als lerntheoretisch , überzeugungsorientiert und komplex etikettieren. Die weiteren Ausführungen erheben nicht den Anspruch auf eine vollständige Wiedergabe vorliegender Ansätze, sie versuchen aber die Grundtendenzen nachzuzeichnen. Diese sollen abschließend kritisch gewürdigt werden. Zunächst wird aber erst das Thema der Ziele der Verhaltensänderung bei Eltern aufgegriffen.

3.1 Ziele der Veränderung

Auch bei Eltern wird die Frage aufgeworfen, welches Verhalten eigentlich zu ändern sei und in welcher Richtung dies geschehen soll. Ein allgemeiner Konsens bei der Beantwortung dieser Frage ist kaum zu erwarten. Zu unterschiedlich sind übergreifende Wertvorstellungen und ideologische Orientierungen hinsichtlich dessen, was richtig oder falsch, wünschenswert oder ablehnenswert ist. Zu unterschiedlich sind aber auch die konkreten Probleme von Eltern, die bestimmte Ziele als Lösungsrichtung fordern. Und - zu komplex sind die Probleme, als daß die Benennung weniger Ziele erschöpfend sein könnte.
Zur Veranschaulichung der Komplexität von Problemen in Familien und der Vielfalt sich andeutender Veränderungsziele seien drei Beispiele genannt.

(a) Frau Z hat eine Tochter, die ihre Hausarbeiten nicht mehr machen will. Es gibt ständig Streit wegen der Schule. Frau Z. geht mit ihrer Tochter sehr hart um und fordert sie sehr stark. Sie gönnt ihrer Tochter keine Zeit zum Spielen.

(b) Frau B hat zwei Söhne im Alter von 7 und 12 Jahren, die in der Schule sehr erfolgreich sind und auch zu Hause bisher keine besonderen Schwierigkeiten bereiten. Dennoch nörgelt und kritisiert sie ständig an ihnen herum. Die Gründe für ihr Verhalten sind, daß sie durch die Kinder ihren Beruf, der sie sehr ausfüllte, aufgeben mußte und sie durch ihre nur "Mutter-Rolle" nicht ausgefüllt und unzufrieden ist. Die Beziehung zu ihrem Mann, der 15 Jahre älter ist, ist sehr gestört. Beide verstehen sich nicht mehr und leben aneinander vorbei.

(c) Herr A ist in der Familie seinen Kindern und seiner Frau gegenüber sehr aggressiv, intolerant, gereizt und unberechenbar in seinen Verhaltensweisen. Die Familie erlebt ihn seit drei Monaten völlig anders. Betrachtet man die berufliche Situation, so muß Herr A seit einiger Zeit eine Position bekleiden, für die er nicht ausgebildet ist, die ihn also überfordert. Weiterhin sind im Betrieb einige Personen ausgefallen, die ihm zuarbeiten sollten. Diese Arbeitsgänge muß er nun selbst durchführen und kommt vor sieben Uhr abends nicht nach Hause. Sich beim Chef zu beschweren,ist aufgrund der schlechten Arbeitsmarktsituation nicht ganz problemlos, da der Betrieb ständig Mitarbeiter entläßt aus Rationalisierungsgründen und zur Verbesserung der Konkurrenz gegenüber Firmen auf dem billiger produzierenden Weltmarkt.

Die unterschiedliche Komplexität der Verhaltensdeterminanten läßt deutlich werden, daß sehr verschiedene Ziele und Strategien zur Veränderung einzuschlagen sind.

Verfällt man trotz der eingangs genannten Kontroversität von Zielen und Werten nicht einem allgemeinen Wertrelativismus und allgemeiner Gleichgültigkeit und bezieht man eine Position mit humanitärer und demokratischer Orientierung, so lassen sich im wesentlichen auch bei den Eltern die gleichen, bereits bei den Lehrern genannten Ziele anführen, insbesondere die freiheitli-

chen, sozialen und demokratischen Ziele von Schulz von Thun & Fittkau (1974) (vgl. Kap.II,2.1).
Als zentrale, übergreifende und globale Ziele können auch hier Gerechtigkeit, Freiheit und Solidarität gelten. Diese äußern sich auf konkreterer Ebene beispielsweise in der Forderung nach Gleichberechtigung zwischen den Erziehungspartnern oder nach partnerschaftlicher Beziehung zwischen Eltern und Kindern. Dies impliziert als weitere Ziele, den Bedürfnissen und Wünschen des Partners oder der Kinder in realitätsangemessener Weise gerecht zu werden (d.h. auch sich in den anderen einzufühlen) und gleichzeitig sich aber selbst nicht zu vergessen. Es gilt dann für sich und die anderen angemessene Freiheitsspielräume für die individuelle und die gemeinsame Entwicklung zu ermöglichen. Konkret kann sich das dergestalt äußern, daß Eltern und Kinder gemeinsame Aktivitäten betreiben (z.B. Spielen, Spazieren, Musik machen), aber auch Zeit für sich selbst haben. Eltern und Kinder tragen dann auch gemeinsam Verantwortung füreinander und helfen sich gegenseitig.

Die Ziele der Veränderung des Elternverhaltens sollten aber nicht bei der Binnenstruktur der Familie stehen bleiben. Sie müssen auch den außerfamiliären Bereich mit einbeziehen. So gilt z.B. das Prinzip der Solidarität nicht nur für die Familie, sondern es sollte sich auch in den Beziehungen zu anderen zeigen. Die Solidarität kann sich niederschlagen in konkreter Unterstützung von Personen der Nachbarschaft (z.B. Behinderte, Alte) oder aber von weit Entfernten, z.B. Hungernden in Asien oder politisch Verfolgten in Argentinien. Ähnliches läßt sich auch zu den beiden anderen Grundwerten sagen. Es geht nicht nur um die Realisierung von Freiheit und Gerechtigkeit im familiären Bereich und um diesbezügliche Kompetenzen zu deren Verwirklichung, sondern auch um Freiheit und Gerechtigkeit in den Beziehungen zu anderen Menschen der näheren und weiteren Umgebung. So dürfte Gleichgültigkeit gegenüber Ungerechtigkeiten im eigenen gesellschaftlichen System sowie in anderen Ländern nicht angebracht sein, gleichgültig ob diese Staaten USA, Chile, Argentinien, Iran oder Sowjetunion heißen.
Damit soll zum Ausdruck kommen, daß es bei der Änderung von Erzieherverhalten nicht nur um die Modifikation von primär familienbezogenen Kompetenzen geht, wie Konsistenz der erzieherischen Disziplin, Vermeiden ängstlich-überprotektiven Verhaltens, Wissen über die Auswirkungen elterlichen Verhaltens auf das Kind, Modifikationsfertigkeiten zur Beeinflussung kindlicher Störung, partnerschaftliche Kommunikation. Vielmehr müßte das Ziel sein die "Erziehung der Erzieher" zu Persönlichkeiten, die sowohl die Belange der eigenen Person sowie die der Menschen der nächsten Umgebung und, darüber hinaus, die der gesamten Menschheit im Auge haben. Dies bedeutet eine Veränderung des individuumzentrierten und familienorientierten Bewußtseins und Denkens zu einem letztlich kosmopolitischen. (Davon ist die Mehrzahl der Weltbevölkerung nocht weit entfernt, wofür zahlreiche strukturelle und politische Ursachen verantwortlich sind). Dieser Anspruch mag auf den ersten Blick etwas überhöht erscheinen. Bedenkt man aber die gravierenden und ungelösten Probleme der Menschheit, wie z.B. Unterversorgung, Hungersnöte, Energieknappheit, Nord-Süd-Gefälle, Kriege, so ist ein über den individuellen Bereich hinausgehendes Bewußtsein dringend erforderlich.

Bezieht man sich ferner noch auf empirische Ergebnisse zum Bewußtsein und Verhalten von Eltern (Kap.I.,3), so lassen sich zusätzlich zu den in Kap.II.2.1 und den oben formulierten Zielen noch weitere nennen.
Aus industrie-soziologischen Untersuchungen (vgl. Kap. I, 3.1, z.B. Kornhauser 1965) wäre etwa abzuleiten die Notwendigkeit einer Verbesserung der psychosozialen Gesundheit bei Personen mit ungelernten und angelernten Tätigkeiten (aber nicht nur dort), d.h. eine Beseitigung von Unzufriedenheit, Entfremdung und

Frustration, die nicht selten mit psychosomatischen Störungen gekoppelt sind. Ferner wäre ein Abbau überhöhter psychophysischer Belastung etwa durch Nacht- und Schichtarbeit oder die zunehmende Luftverunreinigung zu fordern.
Außerdem wäre es wünschenswert, wenn besonders in Familien der Unterschicht ein liberaleres und nicht so konservatives Bewußtsein dominierender werden könnte, d.h. z.B., daß ein Wert wie Selbständigkeit größere Bedeutung erreichte oder Werte wie Gehorsam oder Unterordnung eine geringere Rolle spielten. Was das gesellschaftliche Bewußtsein anbetrifft, so läßt sich auf dem Hintergrund verschiedener empirischer Analysen (vgl. Greiffenhagen & Greiffenhagen 1979; Marsh & Kaase 1979; u.a. Kap.I,3.4) eine Erhöhung gesellschaftskritischer Haltungen, demokratischer Einstellungen und politischen Engagements wünschen.
Abschließend sei noch auf Zielvorstellungen mit dem Gedanken der Prävention hingewiesen, auf Maßnahmen, die ein Entstehen von Problemen im familiären Bereich zu verhindern suchen, seien es vorbeugende Erziehungstrainings oder vorbeugende, aufklärende Informationen.

3.2 Ansätze und Aspekte der Modifikation

3.2.1 Lerntheoretische Ansätze

Die lerntheoretischen Ansätze der Verhaltensmodifikation von Eltern werden oft auch mit dem Begriff "Elterntraining" umschrieben. Innerhofer (1978,S.2842) versteht darunter einen "pädagogisch-therapeutischen Ansatz, das Verhalten des Kindes über eine Einwirkung auf die erziehenden Eltern zu ändern." Die Eltern werden hier als Mittel zum Zweck, d.h. zur Veränderung störenden Verhaltens des Kindes angesehen. Eingeschlossen ist allerdings, daß Eltern selbst ihr Verhalten ändern lernen, das als mitverantwortlich für das des Kindes angesehen wird.
Das Globalziel von Elterntrainings ist die Beseitigung von Störungen, die über Teilziele realisiert werden soll. Bei Innerhofer (1978) beispielsweise werden diesem Globalziel drei Teilziele untergeordnet:

- Änderung des Elternverhaltens als Verursacher des störenden Verhaltens des Kindes.
- Hilfeleistungen für das Kind zur Erleichterung von Aufgaben, die zu lösen sind. Die Eltern lernen didaktische und heilpädagogische Hilfe zu geben, wie etwa "prompting", "shaping", Lernstrukturierungen.
- Veränderung für das Verhalten ungünstiger situativer Bedingungen. Hierzu zählen Veränderungen im Wohnraum, am Arbeitsplatz, im Spielbereich, in der Zeiteinteilung u.a.

Die Techniken und Vorgehensweisen im Elterntraining zur Realisierung verschiedener Ziele sind recht vielfältig. (20)

3.2.1.1. Diagnose und Trainingsmethoden

Im verhaltentherapeutischen Elterntraining wird sowohl das Verhalten des Kindes als auch das der Eltern diagnostiziert und einer funktionalen Verhaltensanalyse unterzogen (vgl. Kap.II,1.1). Häufig wird nur eine einseitige Verhaltensanalyse vorgenommen, d.h. die interaktiven Effekte zwischen Eltern und Kindern nicht berücksichtigt. Inzwischen liegen auch erste funktionale Interaktionsanalyse-Ansätze vor (Engeln et al. 1968; Bernal 1969; Patterson 1973). In dem Beobachtungs- und Analyseverfahren zur diagnostischen Interaktionsanalyse von Innerhofer (1974,1977) werden beispielsweise zunächst Informationen über Interaktionsverläufe in kritischen Situationen protokolliert. Danach erfolgt eine Analyse der Protokolle mit einem zweidimensionalen System, dessen erste Dimension die Steuerung durch "konsequente" Ereignisse, die zweite Dimension die Steuerung durch "präsequente" Ereignisse beinhaltet.
Das diagnostische Verfahren von Innerhofer unterscheidet sich von anderen lerntheoretischen Ansätzen darin, daß es neben den Informationen über Steuerungskategorien und Wahrscheinlichkeitswerten der Interaktionsmuster auch noch kognitive Inhalte wie Befürchtungen, Werte und Ziele der interagierenden Personen als Grundlage für das Training einbezieht. Eine Beschränkung liegt bei Innerhofer allerdings darin, daß die Daten in eher labor-ähnlichen Situationen gesammelt werden und möglicherweise dadurch viele,das Verhalten steuernde Ereignisse der realen Alltagswelt ausgeklammert bleiben. Sozio-ökonomische Variablen als Determinanten für Verhalten werden von ihm zwar gesehen, bleiben aber wie bei allen primär lerntheoretisch orientierten Autoren ausgeklammert.

Was die Trainingsmethoden betrifft, so lassen sich folgende unterscheiden:

(1) Manuale zur Vermittlung von Kenntnissen in den Lerntheorien: Dem Aspekt des kognitiven Lernens zur Veränderung von Verhalten wird durch ausgearbeite-

te Informationsmaterialien Rechnung getragen. Sie klären die Eltern über verhaltenstherapeutische Prinzipien auf (vgl. Cohen 1970; Patterson 1971; Becker 1971) und sollen zur Motivierung der Eltern beitragen. Die Bücher von Patterson und Becker liegen inzwischen auch in deutscher Sprache vor. Weitere deutsche Manuale wurden von Tunner (1970) und Innerhofer (1975) geschaffen, wobei sich das von Tunner an Eltern behinderter Kinder wendet, das von Innerhofer auf alltägliche Erziehungsprobleme zugeschnitten ist.
Wieweit Verhaltensänderungen von Erziehern durch die Vermittlung lerntheoretischen Wissens auftreten, ist noch wenig erforscht (Patterson 1972; O'Dell 1974).

(2) Beobachtung: Verhaltensänderungen von Erziehern kommen allein schon durch den Einsatz systematischer Verhaltensbeobachtung zustande (Walder u.a. 1967; Herbert & Baer 1972). Offensichtlich erfolgt dabei durch das Beobachten und die Rückmeldung eine Sensibilisierung für ablaufende Prozesse, die das Lernen neuer Reaktionsmuster ermöglichen. Eine Kombination von Beobachtung und Rollenspielen nimmt Innerhofer (1977) beim Training von Müttern der Unterschicht vor.

(3) Einzelne Techniken: Näher beschriebene und untersuchte Techniken im Elterntraining sind (a) mittelbares Feedback, (b) einfache Instruktionen und Anweisungen, (c) Rollenspiele.
(a) "Unmittelbares Feedback" auf richtige oder falsche Erzieherreaktionen erfolgte bisher durch Tonsignale (Bernal 1969), Signale über Funkgeräte (Welsh 1966; Stumphauzer 1971), einfache Lichtsignale (Johnson & Brown 1969) und Videoaufzeichnungen (Hanf 1969; Bernal 1969; u.a.). Als besonders effektiv hat sich das Videofeedback erwiesen, das eine echte Rekonstruktion der Situation erlaubt und das Durchdenken und Entwickeln von Alternativverhalten ermöglicht.
(b) "Einfache Instruktionen und Anweisungen" wurden inzwischen von sehr vielen Autoren bei ihren Trainings verwendet. Beispiele hierzu lassen sich bei Allen & Harris (1971), Hawkins et al. (1966), Wahler (1969) finden. In diesem Zusammenhang ist auch das "modelling" zu nennen, wobei der Berater oder eine andere geschickte Modellperson das anzustrebende Verhalten vorführt und das gezeigte Verhalten von den Eltern dann nachgeahmt und eingeübt werden soll. Die Eltern erhalten dabei Feedback und Unterstützung. Von positiven Ergebnissen zum "modelling" berichten Johnson & Brown (1969), Patterson & Brodsky (1966) und Seitz, S. & Hoekenga (1974).
(c) "Rollenspiele" bieten - ähnlich wie in anderen sozialen Feldern - auch beim Elterntraining eine günstige Möglichkeit, um relativ realistische Problemsituationen aufzuzeigen, durchzuarbeiten und neues Verhalten einzuüben. Beispielsweise griffen Johnson (1971) oder Innerhofer (1976,1977) auf Rollenspiele zurück.

3.2.1.2 Standardisierte Programme

Neben den bisher genannten einzelnen Techniken werden auch detailliert ausgebaute Trainingscurricula, die diese einzelnen Elemente meist umfassen, zur Verhaltensänderung herangezogen. Ihre Trainingsschritte sind zum Teil inhaltlich als auch zahlenmäßig sehr unterschiedlich. Beispielsweise umfaßt das Programm von Bernal (1969) sieben Schritte, während die Programme von Walder u.a. (1967), Patterson u.a. (1972) und Innerhofer (1976,1977) vier Lernschritte beinhalten.
Das siebenstufige Programm von Bernal hat folgende Teilschritte:

- Einschätzen des Verhaltens in erwünscht-unerwünscht; Ignorieren des unerwünschten Verhaltens,
- Bestrafen unerwünschten Verhaltens,
- differentielle Verstärkung, Zuwendung zu erwünschtem Verhalten,
- Unterscheiden zwischen akzeptablem und angemessenem Verhalten,

- Entscheiden, ob das Kind etwas tun oder lassen soll; erklären und Zeit geben; bei Nichtreagieren Aufforderung in ärgerlichem Ton wiederholen,
- Einweisung in die Lerntheorien,
- Erarbeiten alternativer Verhaltensweisen.

Die Trainingsprogramme sind zum Teil auf spezielle Personengruppen zugeschnitten. So bezieht sich das von Innerhofer (1976;1977) speziell auf Mütter der Unterschicht und das von Bentele u.a. (1976) allgemein auf Unterschicht-Eltern.
Patterson und seine Mitarbeiter (1972) entwickelten ein Programm für Eltern aggressiver Kinder und Phillips u.a. (1972) schufen eines zur Rehabilitation Prädelinquenter.
Beim letzten Programm geht es allerdings nicht um das Training "leiblicher" Eltern, sondern um "teaching parents", d.h. Personen mit Sozialarbeiterausbildung, die mit 6-8 Jugendlichen familienähnlich zusammenwohnen und diese verhaltenstherapeutisch betreuen.

Zur Veranschaulichung der Programme, ihrer Inhalte und ihrer empirischen Fundierung sowie zur Verdeutlichung der Arbeit in Elterntrainings werden Programme von Bastine (1978), Warnke & Innerhofer (1978) und das Berliner Eltern-Trainings-Projekt etwas näher dargestellt.

(1) <u>Elterntraining von Bastine</u>

Bastine (1978) berichtet von einem verhaltenstherapeutischen, empirisch untersuchten Elterntraining. Bei den Trainierten handelte es sich um Eltern, deren Kinder im Alter von 7 bis 10 Jahren waren und in Schule und Familie Konzentrationsstörungen und Verhaltensauffälligkeiten zeigten. Letztere äußerten sich in Nichtbefolgen von Aufforderungen, aggressivem Verhalten gegenüber Erwachsenen und anderen Kindern, Dazwischenrufen, Unaufgefordert-vom-Platz-Aufstehen, Passivität und Schüchternheit. Ausgehend von der Erkenntnis, daß viele Verhaltensstörungen oder Verhaltensschwierigkeiten bei Kindern eher selten durch angeborene Mängel, sondern häufig sehr stark durch inadäquate elterliche Erziehungsmaßnahmen bedingt sind, wurden die Eltern zur Behebung der kindlichen Schwierigkeiten einbezogen und lernten verhaltenstherapeutisches Vorgehen.

Die empirische Untersuchung wurde mit 18 Mutter-Kind-Paaren durchgeführt und auf den Teilbereich "Hausaufgaben-Machen" beschränkt. Drei Gruppen wurden gebildet. In der ersten Gruppe erfolgte eine Beratung der Mütter mittels verbaler Instruktion und Video-Rückmeldung. Die Mütter der 2. Gruppe (Gruppe M) erhielten Informationen über die Anwendung von Münz- (Token-)Systemen. Ihr Verhalten wurde ebenfalls über Video rückgemeldet. Die dritte Gruppe diente als Kontrollgruppe, wobei die Mütter lediglich an den Beobachtungssitzungen vor und nach dem Beratungsprogramm anwesend waren.

Bei dem gestaffelten Beratungs-Programm arbeiteten die Mütter mit 11 Modifikationsvorschlägen, wovon 6 das mütterliche Verhalten und 5 das Kind betrafen. Das Vorgehen gestaltete sich weiterhin so, daß in jeder zweiten Sitzung eine oder zwei neue Instruktionen erteilt wurden und die dazwischenliegende Sitzung für die Wiederholung des bisher Gelernten vorgesehen war. Das Instruktionsprogramm für die Beratungsgruppe und die Gruppe M (Tokensystem mit Münzen) war wie folgt (zitiert nach Bastine 1978,S.253f):

<u>1. Sitzung</u>

Mutter: 1) Kind genau beobachten
2) Lob und "Tadel" (dem Kind in sachlichem, ruhigen Ton sagen, was nicht richtig war.)
(Gruppe M: Münze, 1 für ein 1 Min. gutes Arbeiten.)

Kind : 1) Ruhig arbeiten für 5 Minuten (Uhr dabei, Zeiteinteilung erklären)

<u>3. Sitzung</u>
Mutter: 3) Ignorieren des Störverhaltens, während das Kind arbeitet. (Gruppe-M: dito)

<u>5. Sitzung</u>
Kind : 2) Selbstkontrolle; (Kind sagt selbst, was es gut gemacht hat, was nicht richtig war.) (Gruppe-M: dito)

<u>7. Sitzung</u>
Mutter: 4) Nicht in das Arbeitsmaterial des Kindes greifen und in bestimmtem Abstand von dem Kind sitzen bleiben. (Gruppe-M: nicht)
Kind : 3) Aufgaben laut vorlesen (Gruppe-M: dito)
4) Denkschritte laut sagen (Gruppe-M: dito)

<u>9. Sitzung</u>
Mutter: 5) Anregungen und Hilfestellungen geben, ohne vorzusagen (Gruppe-M: nicht)
Kind : 5) kontrolliert sein Ergebnis selbst: "Das ist richtig" (Gruppe-M: dito)

<u>11. Sitzung</u>
Mutter: 6) Herausnehmen der Zeitkontrolle (Gruppe-M: Vergabe von Münzen wird von der Mutter selbst eingeschätzt).

Die Ergebnisse aufgrund von Verhaltensbeobachtungsdaten von Müttern und Kindern zeigten, daß die Mütter beider Therapiegruppen nach gleicher Ausgangslage im Verlauf des Trainings bedeutsame Verbesserungen in ihrem Verhalten dem Kind gegenüber aufwiesen. Die Mütter der ersten Beratungsgruppe hatten im Vergleich zur zweiten einen leichten Gewinn. In Bezug auf die Kontrollgruppe ergaben sich bei beiden Beratungsgruppen größere Erfolge.
Bezüglich der Kinder war festzustellen, daß sie sich - ähnlich wie ihre Mütter - in ihrer Ausgangslage nicht unterschieden. Sie zeigten zu Beginn mehr negative als kooperative Verhaltensweisen. Kinder der zweiten Gruppe (Gruppe-M) hatten sofort nach Beginn der Therapie einen sehr starken Lerngewinn - bedingt durch den zusätzlichen Einsatz des Münzsystems. Sie steigerten sich dann allerdings nur mehr wenig. Die Entwicklung der Kinder der ersten Gruppe verlief nicht so stürmisch. Die erste Gruppe unterschied sich nach Beendigung des Vorgehens jedoch nicht wesentlich von der zweiten.
Aus Bemerkungen der Eltern war zu entnehmen, daß das auf den Bereich "Hausaufgaben-Machen" bezogene Training recht positiv eingeschätzt wurde. Es zeigten sich auch positive Auswirkungen auf den familiären Bereich. Die Mütter berichteten, daß sie auch mit den anderen eigenen Kindern besser zurecht kämen und sie auch ihre Ehe wieder harmonischer erlebten.
Wie stabil die Veränderungen jedoch sind, darüber liegen keine Daten vor.

(2) <u>Elterntraining von Warnke und Innerhofer</u>

Warnke & Innerhofer (1978) führten ein Training mit Müttern von lern- und geistig-behinderten Kindern durch, das gleichzeitig evaluiert werden sollte. Die acht beteiligten Mütter waren im Alter von 26 bis 43 Jahren.

Der Ablauf gestaltete sich so, daß nach einer Vorbereitungsphase mit Vorgesprächen und Interviews eine systematische Verhaltensbeobachtung von Mutter und Kind in einer standardisierten Hausaufgaben-Situation eine Woche vor dem Training vorgenommen wurde. Das Training erfolgte an einem Wochenende. In der 2. Woche danach fand wiederum eine systematische Verhaltensbeobachtung einer Hausaufgabensitzung statt, die ebenfalls gefilmt wurde. Daran schlossen sich Elterntage in vier- und sechsmonatigem Intervall über 1 1/2 Jahre zur Nachbetreuung und Aufarbeitung von Versäumnissen während des Trainings an.

Das Training setzt sich aus vier Lerneinheiten zusammen. In der ersten lernen die Eltern, sich selbst und das Kind hinsichtlich des Verbal-, Blick-, Ausdrucks- und grobmotorischen Verhaltens zu beobachten und den zeitlichen Verlauf der Verhaltenssequenzen zu beschreiben sowie Beobachtung und Interpretation nicht zu verwechseln. Die zweite Lerneinheit dient dazu, das kindliche Verhalten als funktional abhängig zu verstehen. Es wurden die wichtigsten Lerngesetze in Rollenspielen kennengelernt; Videoaufnahmen dienen zur Verdeutlichung. In der dritten Phase sollen die Eltern ihr neues Wissen praktisch für ihre Situation umsetzen. Es geht um die Teilschritte der schematischen Gliederung des Problemablaufs in zeitlich aufeinanderfolgenden Sequenzen des Verhaltens und die Bewertung der Funktion der Verhaltenssequenzen einer Interaktion, weiterhin um die Zielanalyse und das Finden von Fehlern und Lösungsansätzen. Die letzte Phase beschreiben Warnke & Innerhofer (1978,S.302) selbst wie folgt:

"Durchführung": In der vierten Lerneinheit stehen Probleme im Vordergrund, die durch Gestaltung der Situation, manuelle Hilfe, Vorwegnahme von Schwierigkeiten, Änderung von Tagesablauf und Zeitplänen, finanzielle Regelungen usw. präventiv angegegangen werden können. Die abschließenden Übungen des Trainings konzentrieren sich auf die Aufgabe der Mütter, die im Training entworfenen familiären Veränderungen in die Familie einzuführen und mit den Angehörigen zu besprechen. Die Verhaltensregeln für die Lösung der einzelnen Probleme werden den Müttern schriftlich mit nach Hause gegeben."

Die aufgezeichneten Filme wurden nach verschiedenen Beobachtungskategorien analysiert. Die statistische Auswertung der Verhaltensanalyse erbrachte, daß die Mütter nach dem Training signifikant mehr belohnende Zuwendung ausführten, signifikant stärker das Arbeitsverhalten und weniger das Fehlverhalten belohnten. Weiterhin bestraften die Mütter signifikant weniger. Nicht überzufällig war die Veränderung in dem Punkt, daß die Mütter mehr angemessene Hilfe realisierten. Die positivsten Auswirkungen des Trainings lagen darin, daß die Mütter seltener intervenierten und weniger überflüssige Wiederholungen von Instruktionen, Berichtigungen und Ermahnungen vornahmen. Ferner ließen sie die Kinder selbständig das Arbeitsmaterial vorbereiten, störten sie weniger bei der Arbeit und vermieden, Lösungen vorzusagen.

Warnke und Innerhofer kritisieren ihr vorgestelltes Beobachtungssystem selbst und weisen darauf hin, daß sie damit die Wechselseitigkeiten des Erziehungsprozesses nicht ausreichend berücksichtigt haben. Andererseits meinen sie auch, daß bloßes Untersuchen von Interaktionseinheiten zur Erklärung des Verhaltens von Mutter und Kind nicht ausreicht. Neben den aktuellen Bedingungen von Verhalten sind die Beziehung der Mutter zum Ehepartner, die Anwesenheit anderer Geschwister, ferner die Lerngeschichte und sozioökonomische Variablen miteinzubeziehen. (Neuere Ergebnisse vgl. Innerhofer & Warnke 1980).

(3) Das Berliner Eltern-Trainings-Projekt

Das Projekt am Institut für Psychologie der FU Berlin zielt auf die Entwicklung und Evaluation theoriebezogener Trainingsprogramme für Eltern ab, wobei es um die Steigerung der erzieherischen Kompetenz von Eltern bei alltäglichen Erziehungsproblemen in der Interaktion von Kindern und Eltern geht. Besondere Zielgruppe des Projekts sind "Unterschicht"-Eltern.

Von Bentele, Grix & Kreische (1976) wurde in diesem Zusammenhang eine empirische Untersuchung durchgeführt. In dem Trainingscurriculum sind Inhalte, Durchführungsvorschriften und Lernziele festgelegt. Es werden alltägliche, jedoch fiktive , schriftlich vorgegebene Erziehungssituationen beim Spielen, An- und Ausziehen, Waschen und Essen bearbeitet. Die Inhaltsbereiche sind in Anlehnung an die Taxonomie von Bloom (1974) nach psychomotorischer, affektiver und kognitiver Dimension aufgespalten. Die Dimensionen werden als Feinziele operationalisiert und in einer Lernzielmatrix hierarchisch geordnet (vgl. Eller & Winkelmann 1978).

Innerhalb des acht Wochen dauernden, jeweils zweistündigen Trainings geht es in den einzelnen Sitzungen um drei Aspekte:
(a) Vermittlung von Informationen, so zu Verhaltensbeobachtung, zur operanten Analyse einfacher Eltern-Kind-Interaktionen, zu Aspekten der Planung und der kontrollierten Durchführung von Strategien des Verstärkungs-, Beobachtungs- und Bestrafungslernens. (b) Üben bestimmter eben genannter Elemente. (c) Besprechen der Erfahrungen, die in der Familie mit dem neuen Wissen gemacht worden sind.
Didaktisches Material und Videofilme mit alltagsnahen Szenen dienen zum Lernen, Üben und Verfestigen des Gelernten.

Eller & Winkelmann (1978,S.272) fassen die Untersuchungsergebnisse von Bentele u.a. wie folgt zusammen:" Es kannn festgestellt werden, daß das Training in der Lage ist, bei der angesprochenen Population einen bedeutsamen Lernzuwachs zu bewirken hinsichtlich der Fähigkeit, erziehungstechnologisches Wissen auf fiktive, schriftlich vorgegebene Erziehungssituationen anzuwenden und korrekte Begründungen zugeben." Die vorliegende Untersuchung macht somit keine Aussagen über Auswirkungen des Trainings auf konkretes Erziehungsverhalten. Weitere Ergebnisse stehen noch aus. Die Evaluierung des Trainings wird inzwischen durchgeführt. So ist ein Beobachtungsverfahren zur Erfassung der Interaktion in der Familie in der Entwicklung und es werden Untersuchungen der langfristigen Wirkung des Trainings bereits durchgeführt.

Neueste Arbeiten im Berliner Eltern-Trainings-Projekt beschäftigen sich mit systemtheoretischer Planung von Elterntrainings und dem Einsatz lehrzielorientierter Tests sowie verhaltenstheoretischen Neukonzeptionen von Eltern-Kind-Interaktionen. (Näheres vgl. Eller & Winkelmann 1978).

3.2.2 Überzeugungsorientierte Ansätze

Die im folgenden dargestellten Möglichkeiten der Verhaltensänderung bei Eltern zielen auf die Beeinflussung von kognitiven Strukturen und Überzeugungen durch Wissensvermittlung ab. Durch die Weitergabe von Informationen in Elternbriefen, Zeitschriften und Büchern sowie durch Sendungen in Funk und Fernsehen und durch Beratung und Elternbildung wird letztlich eine Modifizierung des Verhaltens intendiert.

3.2.2.1 Literatur und Massenmedien

(a) Elternbriefe. Sie sind eine Variante der kognitiven Beeinflussung durch Literatur. In ihnen werden Eltern nach der Geburt des ersten Kindes in regelmäßigen Abständen über mehrere Jahre hinweg (manchmal ungefähr 6 bis 9 Jahre lang) informiert über die Entwicklung des Kindes und über Möglichkeiten der Pflege und Erziehung.

Die "Elternbrief-Methode" kommt aus den USA. Lloyd W. Rowland hatte die Idee und schuf zusammen mit anderen Fachleuten eine Briefserie für das erste Lebensjahr, die dann weiterentwickelt wurde. (Zur Geschichte der Elternbriefe vgl. Lüscher u.a. 1978). In den 50er Jahren wurde diese Form der Elterninformation in Deutschland aufgegriffen und von verschiedenen Gruppen, größtenteils aus kirchlicher Richtung verbreitet. Seit 1974 werden die Elternbriefe auch durch das Bundesministerium für Jugend, Familie und Gesundheit gefördert.

Die Themen, die in verschiedenen Elternbriefen behandelt werden, sind sehr vielfältig, wie aus der nachfolgenden Tab. 6 (aus Lüscher u.a. 1978,S.334) zu entnehmen ist. Die Inhalte finden sich in den Briefen des Arbeitskreises "Neue Erziehung" in Berlin (ANE), von "Pro Juventute" in Zürich (PJ) und in Briefen des "Katholischen Zentralinstituts für Eltern- und Familienfragen" in Köln (d + w) und beziehen sich auf das erste bis dritte Lebensjahr des Kindes.

Empirische Untersuchungen hinsichtlich des Einflusses von Elternbriefen auf Wissen, Erziehungseinstellungen oder Erziehungspraktiken von Eltern liegen kaum vor, werden aber seit jüngster Zeit in Angriff genommen (z.B. Lüscher & Fisch 1976; Lüscher u.a. 1978). Nach Lange (1975) finden die Briefe eine relativ hohe Aufmerksamkeit bei Eltern. Er glaubt aufgrund einer mündlichen Befragung von über 100 Eltern im Raum Bielefeld sagen zu können, daß sich die Elterneinstellungen in Richtung der in den Briefen vertretenen Erziehungseinstellungen verändern. Eine Untersuchung von Petri u.a. (1975) stellt fest, daß Elternbriefe (wie z.B. die "Peter-Pelikan"-Briefe) im Vergleich zu anderen Informationsquellen eher wenig beachtet und häufig nur von einem Elternteil gelesen werden. Insgesamt bestehen eher widersprüchliche Ergebnisse hinsichtlich der Bedeutung und des Einflusses von Elternbriefen (vgl. Lüscher u.a. 1978). Die vorliegenden Untersuchungen ergeben aufgrund ihrer methodischen Anlage eher nur Aussagen von Tendenzen. Die Forschung steht hier erst am Anfang.

(b) Zeitschriften und Bücher. Neben den Elternbriefen finden sich auch in Zeitschriften und spezifischen Elternzeitschriften Informationen zu Fragen der Erziehung, Bildung, Familie und Gesellschaft. Nach Angaben von IVO (1973) hatten pädagogisch orientierte Elternzeitschriften im Jahre 1973 eine Gesamtauflage von 1,8 Millionen Exemplaren. Dies soll einer Leserschaft von 3,8 Millionen Personen entsprechen. Dem Zweiten Familienbericht (1975) zufolge lasen zu Beginn des Jahres 1973 14% der befragten Mütter einer Repräsentativuntersuchung die Zeitschrift "Eltern", 48% der Mütter davon lasen die Zeitschrift gelegentlich. Die Zeitschrift "Sesamstraße" wurde von 3% der Mütter regelmäßig gelesen und von 10% gelegentlich. Andere teilweise beachtete Zeitschriften waren "Schule", "Unser Kind", "Spielen und Lernen". Es stellte sich auch heraus, daß die Zeitschriften von Eltern unterschiedlichsten Bildungsniveaus in fast

Tab. 6: Inhalte von Elternbriefserien nach Lüscher u.a. (1978)

Jahrgang	Gemeinsame Themen	Zusätzlich ausführlich behandelte Themen ANE	PJ	d + w
1	Körperliche Entwicklung, Sensibilisierung: Lernen, Elternschaft, Vater-Mutter, Kontrolluntersuchungen, Pflege, Spiel(sachen), Sauberkeitserziehung, Alleinstehende, Kleidung, Essen.	Berufstätigkeit der Mutter, Behinderte, Nachbarn, Adoption, Babysitter, Großeltern, Reisen, andere Kinder, Angst, Verbote, Strafen Wohnung.	Unfallverhütung, Pflege- und Heimkinder, Verbote, Strafen.	Reisen, andere Kinder, Angst.
2	Sprache, Familienplanung, Trotz, Strafe, Verbote, Essen.	Sexualerziehung, Urlaub.	Angst, Zwillinge, Fortbewegungsdrang, Haustiere.	Sexualerziehung, Fortbewegungsdrang, Berufstätigkeit der Mutter, Behinderte, Krankheit, Wohnung, Haustiere, Geschwister, Kameraden.
3	Trotz, Aggressivität Ordnung.	Sauberkeitserziehung, Kameradschaft, Kindergarten, Selbständigkeit, Vater Linkshändigkeit, Tod, Krankheit.	2. Kind, Überforderung, Vater.	Kameradschaft, Schenken, Fernsehen, Sexualerziehung.

gleichem Maße gelesen werden.

Hinsichtlich der Inhalte liegen kaum Analysen über die Qualität der Informationen oder über die vertretenen Wertorientierungen und ideologischen Überzeugungen vor. In der Zeitschrift "Eltern" wird dem Bereich der Sexualität und diesbezüglichen Erziehungsmaßnahmen breiter Raum gewidmet, während diese Aspekte in der katholischen Zeitschrift "Leben und Erziehen" fast völlig ausgespart

bleiben. In diesen beiden Zeitschriften werden nach Aussagen älterer Untersuchungen (Tullius 1972; Niese-Hermes 1972) eher traditionelle Familienbilder mit entsprechenden Vater- und Mutterrollen dargestellt. Der Trend der Zeitschrift "Eltern" geht allerdings in jüngster Zeit in Richtung weniger starrer Elternrollen.
Ähnlich wie bei den Elternbriefen liegen bei den Zeitschriften auch keine Wirkungsanalysen vor, die Aufschluß geben könnten über die Veränderung von Erziehungsverhalten durch diesbezügliche Publikationen. Das gleiche gilt auch für wissenschaftliche und populärwissenschaftliche Erziehungsliteratur wie etwa von Tausch & Tausch (1973), Stolz u.a. (1971), Hadfield (1971), Gordon (1972) oder Borchert u.a. (1977). (21)
Die Bedeutung von bloßer Information über günstiges Erziehungsverhalten für konkretes Verhalten wird meist skeptisch betrachtet. (Zur Veränderungswirksamkeit von Einsicht allein vgl. Schwarz & Sedlmayr 1971). Ob diese Skepsis auch in jedem Fall berechtigt ist, kann nicht ausreichend entschieden werden, da hierzu kaum empirische Untersuchungen vorliegen. In einer Arbeit von Minsel (1975/1976) wird festgestellt, daß Informationen im Vergleich zu Verhaltenstrainings weniger Auswirkungen auf das Erziehungsverhalten haben. Es ist anzunehmen, daß Informationen oder Einsicht allein nicht ausreichen zur Veränderung und vor allem zur Stabilisierung von neuem Verhalten. Bedeutsam sind in diesem Zusammenhang die tatsächlichen oder die zu erwartenden Konsequenzen in der Praxis.

Das Bewußtsein der Eltern wird aber nicht nur durch die genannten pädagogischen Publikationen beeinflußt. Es wird auch intensiv mitgeformt durch die Presse, sei es die Heimatpresse, die überregionale Presse wie die "Frankfurter Allgemeine", "Die Welt", "Handelsblatt/Deutsche Wirtschaftszeitung" und die "Bild-Zeitung" oder sonstige Publikationsorgane. Der "Bild-Zeitung" kommt dabei eine überragende Bedeutung mit einer Auflage von 4,8 Millionen und 10,5 Millionen fast regelmäßigen Lesern zu (Meyn 1979). "Bild" spricht überdurchschnittlich Volksschulabgänger und unterdurchschnittlich Personen mit höherem Schulabschluß an. Zoll & Henning (1970,S.182) charakterisieren Bild wie folgt: "In 'BILD' werden gesellschaftliche, wirtschaftliche und politische Zusammenhänge, Abhängigkeiten, Konflikte vereinfacht, auf Klischees reduziert, harmonisiert und über Personalisierung verschleiert. 'BILD' verhindert selbständiges Denken und eigene Entscheidungen, indem es die Gesellschaft in unverbundene, isolierte Teile zerlegt. 'BILD' emotionalisiert Politik und funktionalisiert das einzelne Interesse auf Sensationen." Die von Springer veranstaltete "Bild-Zeitung" ist ein Kronjuwel der Verdummungspresse in der Bundesrepublik, deren eminenter Einfluß auf das politische Denken nicht geringer Teile der Bevölkerung nicht unterschätzt werden sollte. Zur Verdummungspresse ist auch die "Regenbogenpresse" zu zählen mit einer Gesamtauflage von neun Millionen und einer Leserschaft von 20 Millionen. Dieser Zuspruch ist fast erschreckend, gibt er doch tendenzielle Hinweise auf den Bewußtseinsstand großer Teile der Bevölkerung. Die Leitbilder dieser Presse haben relativ wenig mit einer demokratischen Gesellschaft zu tun, sie sind eher hierarchisch-autoritär. Die Inhalte beziehen sich auf Lieben und Leiden von Prinzen und Grafen und den Kitsch des 19. Jahrhunderts. Die Sehnsucht nach einer heilen Welt trieft aus jeder Zeile und spricht besonders Frauen, über Sechzigjährige und untere soziale Schichten an. Im Grunde genommen sind diese Zeitungen ein Reflex auf die Entfremdung unserer Gesellschaft.

Bei den aktuellen Illustrierten bemühen sich Burdas "Bunte" und Bauers "Neue Revue" einerseits mit schönen Fotos und Berichten über den Geburts- und Geldadel und andererseits mit Sex und Charme um breitere Leserschichten. In "Quick" und "Stern" dominieren Klatsch und Tratsch über Kriminelles, Sexuelles und die sogenannte Prominenz oder Mode und Reisen. Des weiteren versucht man das Millionen-Publikum aus konservativer Warte bei "Quick" und aus sozialliberaler bei "Stern" über die große und die kleine Politik auf dem Laufenden zu halten.

Neben diesen großen Blättern versuchen des weiteren Wochenzeitungen wie die eher liberale "Zeit", der katholische "Rheinische Merkur" oder der kritikfreudige "Spiegel" (Auflage 1978: 932 000) ihre Leser über politische, wirtschaftliche und kulturelle Ereignisse zu informieren. Im Gegensatz zu solchen Frauenzeitschriften wie "Für Sie", "petra" oder "Frau", die fast ausschließlich über Mode, Kosmetik, Kochen und Wohnen, Gesundheit und sogenannte Lebenshilfe berichten. Um die Emanzipation der Frau dagegen bemüht sich insbesondere die Frauenzeitschrift "Emma" neben anderen kleinen. Zur Aus- und Fortbildung oder zur Vertiefung von Wissen dienen eine Reihe von Fachzeitschriften wie z.B. "medizin heute", "psychologie heute" oder "Spektrum der Wisschenschaft".

Die genannten Zeitschriften und Zeitungen und andere sind alle als parteilich zu bezeichnen und lassen sich mehr oder weniger auf einem Links - Rechts-Kontinuum anordnen. So gehört die Tageszeitung "UZ" eindeutig nach links, als linksliberal bis liberal sind die"Fraunkfurter Rundschau", der "Kölner Stadt-Anzeiger" , "Neue Ruhr/Rheinzeitung", der "Spiegel", die "Zeit" zu bezeichnen und als rechts gelten "Die Welt", der "Münchner Merkur", die "Kölnische Rundschau", "Quick", "Bayernkurier" und die "Deutsche Nationalzeitung". Beliebte Selbstbezeichnungen wie "unabhängig" mancher Zeitungen sind bloße Augenwischerei.

Ein Blick in die Medienlandschaft zeigt, daß jede gesellschaftlich relevante Gruppe versucht, ihre Interessen zu artikulieren, parteilich zu sein; angefangen von den Kirchen, den Wirtschafts- und Industrieverbänden, Gewerkschaften und Parteien. Sie versuchen alle auf die öffentliche Meinung und letztlich auf politische Entscheidungen und die Gesetzgebung einzuwirken. Die Inhalte der Presse wiederspiegeln sich im Bewußtsein ihrer Leser und damit auch von Eltern. Die Inhalte der Presse können aber auch verhaltensrelevant werden. So orientieren sich nicht wenige Leser an praktischen Lebenshilfe-Tips. Das Institut für Demoskopie in Allensbach schreibt etwa im Rahmen einer Leseranalyse:" Wenn in einer Nummer der Constanze ein Ratschlag stand, wie man einen schadhaften Hemdenknopf erneuert, so probierten das von den Leserinnen dieser Nummer eine Million aus... In der Art und Weise, wie man Kinder richtig bettet, hatten sich 700 000 Leserinnen nach einem Ratschlag der Constanze gerichtet. Nahezu 2 Millionen Leserinnen lagerten einige Tage oder Wochen lang stündlich fünf Minuten die Beine hoch, weil das in der Constanze gestanden hatte" (Noelle-Neumann 1960,S.218).

Neben den dargestellten pädagogischen Publikationen und sonstigen Zeitungen und Zeitschriften wird das Bewußtsein ferner durch gelesene Bücher mitgeprägt, deren Themen über Belletristik, Philosophie, Kunst und Kultur bis zu Zeitgeschichte und Politik u.a. reichen. Eine inhaltliche Beschreibung würde an dieser Stelle zu weit führen. Das Lesen anspruchvollerer Bücher dürfte allerdings in bezug auf die Gesamtbevölkerung der Bundesrepublik nicht allzu ausgeprägt sein.

(c) Rundfunk und Fernsehen. Eine weitere Möglichkeit der Einflußnahme auf das Bewußtsein und das Erziehungsverhalten von Eltern ist durch Rundfunk und Fernsehen gegeben. In Elternsendungen wird beispielsweise zu Fragen der Erziehung Stellung genommen. So gibt es Hörfunksendungen für Eltern in der Zeit von 9.oo bis 11.oo Uhr, in denen Ratschläge und Hinweise zu spezifischen Fragen erfolgen. Meist sind es nur kurze Spots. Demgegenüber sind die im Fernsehen ausgestrahlten erziehungsbezogenen Sendungen umfassender und dauern häufig eine Stunde (Zimmermann 1971). Den Sendungen von Rundfunk und Fernsehen liegen allerdings keine systematische Gesamtplanung oder ein bestimmtes Curriculum und auch kaum wissenschaftlich gesicherte Überlegungen zu Erziehungsfragen zugrunde. Journalistisches Interesse steht im Vordergrund. (Vgl. auch Pöggeler 1976).

Rundfunk und Fernsehen tragen aber auch - ähnlich wie die zuvor dargestellten Zeitschriften und Zeitungen - zur Ausbildung des ideologischen Bewußtseins, d.h. des sozialen, politischen und kulturellen Denkens bei, das in das konkrete Erziehungsgeschehen mit einfließt und die inhaltliche Seite ausmacht. Rundfunk und Fernsehen werden im Vergleich zu Zeitungen, Büchern, Zeitschriften und Illustrierten erheblich mehr benutzt (Meyn 1979,S.143).

Die Programmsparten beinhalten Nachrichten, Politik, Aktuelles; Kultur und Bildung; Familienprogramm; Unterhaltung; Hörspiele/Filme; Sport; Musik;Magazine; für Gastarbeiter; Werbespots. Bezieht man sich beispielsweise auf den Hörfunk des ARD I-III, so werden hier z.B. 14% der Sendezeit von Nachrichten, Politik und Aktuelles gegenüber 45% Musik bestritten. Im Fernsehprogramm des ARD I (Gemeinschaftsprogramm) entfallen 37% der Sendezeit auf Nachrichten,Politik und Aktuelles sowie 18% auf Unterhaltung, während im Regionalprogramm ARD I 35 Prozent sich auf die erstgenannte Sparte und 43% auf die zweite beziehen. Im ARD III dominieren dagegen die Sparten Nachrichten,Politik und Aktuelles mit 2o%,Bildung und Kultur mit 60% gegenüber Unterhaltung mit 7% der Sendezeit.(Vgl. Meyn 1979, S.111). Aus den Zeiten ist bei den einzelnen Sendern eine unterschiedliche Gewichtung der Programmsparten festzustellen. Insgesamt ist man bemüht, ein breites Programm anzubieten. Nicht selten ist die Forderung nach Ausgewogenheit des Gesamtprogramms zu vernehmen. Von manchen Politikern wird sogar auch Ausgewogenheit der einzelnen Beiträge verlangt. Dies hat den Fernsehreporter Lindlau zu der sarkastischen Bemerkung veranlaßt:" Ich warte auf den Tag, an dem wir der Ausgewogenheit zuliebe bei einem Bericht über die Hitlerschen KZs uns einen alten Nazi vor die Kamera holen müssen, der dann feststellt, die Konzentrationslager hätten schließlich auch ihre guten Seiten."(In Vorwärts, Null-Nummer vom 14. Juni 1976,S.31). Wie weit die Sorge um Ausgewogenheit gehen kann und wie sehr politische Standpunkte in das Informationssende-Geschäft einfließen, soll an Hand von zwei Zitaten veranschulicht werden:

" Als mein Kollege Heinz Schilling im Rahmen unserer Berichterstattung über die Hochschulentwicklung einen linken Studentenvertreter zu Wort kommen ließ, wurde er prompt gemaßregelt. Das Pluralismusgebot scheint nur noch für die politischen Gruppierungen zu gelten, die in den Aufsichtsratsgremien die Mehrheit haben..."

"Intendanten und ihre nachgeordneten Direktoren achten nicht mehr darauf, ob das Programm in seiner Gesamtheit oder ob einzelne Programmpartien ausgewogen sind, sondern es wird offenbar die simple Frage gestellt: Wer könnte sich getroffen fühlen? Wie kann der Ärger vermieden werden?"(Bernd Schulz, bis dahin Hörfunk-Chefreporter Kultur des Saarländischen Rundfunks, in: Medium VII,8 vom August 1977,S.4; nach Meyn 1979, S. 113).

Zeitkritische und nicht systemkonforme Beiträge haben es in der Bundesrepublik Deutschland schwer, gesendet zu werden. Politische Zensur ist keine Seltenheit und vor allem Selbstzensur gehört in den Medien - und nicht nur dort -aufgrund der allgemeinen Polarisierung des politischen Lebens, des Drucks seitens der Parteien und den Schwierigkeiten auf dem Arbeitsmarkt fast schon zum Tagesgeschäft (vgl. Meyn 1979; Broder 1976). Der relative Mangel an systemkritischen Sendungen dürfte nicht ohne Wirkungen bleiben - mit Absicht?

Bei den übertriebenen Forderungen nach Ausgewogenheit der Berichterstattung hat man den Eindruck, als traute man seitens der Programmgestalter und der im Proporz vertretenen gesellschaftlichen Kräfte (insbesondere der Parteien) in den Rundfunk- und Verwaltungsräten den Zuhörern und Zuschauern nicht mehr eine eigene Stellungnahme oder die Fähigkeit zu eigener Wertung zu. Vielleicht hat man auch bei einem Großteil der Bevölkerung recht - hält man sich die große Beliebtheit von verdummungsträchtigen Shows, Musik- und Unterhaltungssendungen im Fernsehen vor Augen. Die stellenweise Bevormundung seitens der "Programm-Obrigkeit" erinnert von Ferne an die "objektive" Berichterstattung in totalitären Systemen, wo nur die Partei oder die Führung weiß, was rechtens ist. Mehr Mut zur Kontroverse und zur wirklichen Pluralität - die de facto wirklich nicht gegeben ist, wenn man die verschiedenen sozialen und politischen Minderheiten betrachtet - wären in einem breiteren Maße wünschenswert und sollten nicht allein für Panorama und Monitor aufgespart bleiben. Allerdings sollte man unserem öffentlich-rechtlichen Rundfunk- und Fernsehsystem das Bemühen um ein breites Meinungsspektrum nicht absprechen. Es ist auf jedem Fall dem kommerziellen Fernsehen vorzuziehen, das auch die Christlich Soziale Union als explizite Vertreterin fester Wirtschaftsinteressen und konservativer Machtgruppen seit Jahren versucht Wirklichkeit werden zu lassen. Die seichten Blüten des amerikanischen, primär an den Wünschen der Werbe- und Profitwirtschaft orientierten kommerziellen Fernsehens sind alles andere als nachahmenswert.

Wie wirken sich nun aber die Sendungen von Rundfunk und Fernsehen auf das Bewußtsein und Verhalten des Publikums und damit auch auf erziehende Eltern aus? Der Beeinflussungsprozeß ist sehr kompliziert, wie bereits in Kapitel II, 1. dargestellt (vgl. auch Bergler & Six 1979),und aufgrund der Vielzahl von Faktoren der unmittelbare Anteil der Massenmedien schwer zu erfassen.Alltagsbeobachtungen legen nahe, daß bestimmte Informationen, wie z.B. für Hungernde oder von Katastrophen Betroffene Geld zu spenden, zu entsprechenden Handlungen führen. Kunczik (1975) kommt im Zusammenhang mit Gewaltdarstellungen zu dem Schluß, daß durch sie im allgemeinen Aggressionen weder abgebaut noch gesteigert werden. Allerdings seien sozial isolierte Menschen gefährdet oder solche, die bereits zu kriminiellen Handlungen neigen. Andere empirische Arbeiten berichten von Erfolgen und Mißerfolgen beim Wissenszuwachs; das gleiche trifft zu auf Untersuchungen zum Meinungswandel.(Vgl. Meyn 1979). Bergler & Six(1979, S. 73) resümieren die Ergebnisse der Wirkungsforschung dahingehend, "daß das Fernsehen zumindest indirekt und sekundär positive und auch negative Auswirkungen mit sich bringt...".

3.2.2.2. Beratung

Große Bedeutung zur Verhaltensbeeinflussung kommt der Informationsvermittlung in der Beratung von Eltern zu. Beispielsweise erhalten Eltern in Erziehungsberatungsstellen Informationen über die Relevanz von Lernprinzipien, über Ursachen ihrer Probleme in der Familie und mögliche Determinanten für aufgetretene Verhaltensstörungen oder -schwierigkeiten. Nicht selten werden mit den Eltern neue Verhaltensstrategien erarbeitet oder Erziehungshilfen und Ratschläge angeboten. Die Hilfen können sich auch in Therapieangeboten niederschlagen, sei es in Einzel- oder Partnertherapien für die Eltern oder in Gruppen- und Familientherapien. Bei den Familientherapien werden dann auch die Kinder miteinbezogen (vgl. z.B. Satir 1973; Harper 1979). Oder in gewissen Fällen werden Eltern dahingehend beraten, ihren Kindern eine Spieltherapie zu ermöglichen. Des weiteren können von Erziehungsberatungsstellen Informationsabende zu Themen wie Liebe und Sexualität bei Jugendlichen oder über Möglichkeiten der Verhaltensbeeinflussung u.a. angeboten werden.(Vgl.Keil 1975; Redl & Wineman 1976).

Neben der Erziehungsberatung gibt es auch andere Bereiche der Beratung, die für Eltern hilfreich sein und mit zur Veränderung elterlichen Verhaltens beitragen können. So finden sich als weitere Beratungsinstitutionen die Ehe- und Familienberatung, Bildungsberatung, Mütter- und Gesundheitsberatung oder Sexualberatung oder der Schulpsychologische Dienst. Allerdings ist zum Beratungswesen in der Bundesrepublik Deutschland festzustellen, daß es insgesamt unbefriedigend ist (vgl. Zweiter Familienbericht 1975). So existieren zu wenige Beratungsstellen und die Personalstruktur ist ebenfalls unzureichend. Ratsuchende müssen aufgrund dieser Situation lange Wartezeiten auf sich nehmen. Ferner bestehen aufgrund der personelllen Besetzung und der Ausbildung der vorhandenen Berater nicht ausreichende Möglichkeiten zur Durchführung von Einzeltherapien, Gruppentherapien, Spieltherapien u.a.. Hier sind entsprechende Veränderungen dringend erforderlich (vgl. Kap. II,B,4).

Wieweit und in welchem Ausmaß Informationen durch Beratung fruchtbar werden, hängt von einer Vielzahl von Faktoren ab, wie dies im Kapitel II, 1 ausgeführt worden ist. Hinsichtlich der Aufnahme, Verarbeitung und Verhaltenswirksamkeit von Informationen in Beratungsgesprächen gibt es keine empirischen Untersuchungen. Allerdings legen empirische Arbeiten im therapeutischen Bereich die Möglichkeit zu konstruktiven Veränderungen nahe (vgl. z.B. Pongratz 1978). Die Beantwortung der Frage nach der Effektivität von Beratung wird durch verschiedene Faktoren erschwert. So sind die Beratungsstellen meist überfordert, um Katamnesen zur Überprüfung positiver Veränderungen vorzunehmen. Die methodischen Probleme der Erfassung des Erfolges von Beratungen sind allerdings auch immens. So stellt sich z.B. die Frage, ob spätere Verhaltensänderungen tatsächlich mit der Informationsvergabe seitens des Beraters zusammenhängen, oder ob nicht "spontane Remissionen" im Sinne von Eysenck vorliegen oder nicht ganz andere Faktoren (z.B. Fortfall von äußeren Belastungen) für die Verhaltensänderung verantwortlich sind. Ein anderes Problem ist auch noch die Dauer des Erfolges durch die Beratung. Oft stellen sich nur kurzfristige positive Veränderungen ein.

3.2.2.3 Elternbildung

Veränderungen des Verhaltens von Eltern werden auch durch Veranstaltungen im Rahmen der Elternbildung (22) von verschiedenen konfessionellen und nichtkonfessionellen Gruppen intendiert (vgl. Bäuerle 1971; Comenius-Institut 1974; De Sotelo 1978; Kerstiens 1976; Schmitt-Wenckebach 1977; Sprey 1978). Zu diesen Gruppen gehören die Bundesarbeitsgemeinschaft katholicher Familienbildungsstätten, die Bundesarbeitsgemeinschaft evangelischer Familienbildungsstätten und die Arbeitsgemeinschaft von Einrichtungen für Familienbildung (Arbeiterwohlfahrt, Deutscher Paritätischer Wohlfahrtsverband, Deutsches Rotes Kreuz u.a.), die die Dachorganisationen für über 250 Elternbildungszentren in Deutschland darstellen (vgl. Psychologie heute 1977,S.39ff). Mit Erziehungsfragen beschäftigen sich aber auch Volkshochschulen, Mobile Elternschulen (vgl. Müller 1978) oder private Elterngruppen. Diese Institutionen oder privaten Gruppen haben zum Teil sehr unterschiedliche Ziele zum Inhalt. Vor allem bei privaten Elterninitiativen mit sozialkritischem Bewußtsein finden sich über den privaten und familiären Bereich hinausgehende Ziele, wobei die Verflochtenheit von Gesellschaft und Familie kritisch reflektiert wird. Im Zweiten Familienbericht (1975,S.107f) werden sechs Zielbereiche der Elternbildung angesprochen:

- Informationen der Eltern über die für heutiges Familienleben grundlegenden wissenschaftlichen Erkenntnisse,
- Revision der von Eltern gesammelten Erziehungserfahrungen mittels moderner erziehungswissenschaftlicher Kriterien,
- Stärkung des Erziehungswillens der Eltern, Ermutigung zu mündigem Handeln

innerhalb einer bewußt gemachten Elternrolle,

- Befähigung der Eltern, die vorschulische, schulische und berufliche Bildung ihrer Kinder verständig zu begleiten (u.a. durch sorgfältige Wahl der Erziehungseinrichtungen, durch ständigen Kontakt zu diesen),
- Solidarisierung von Elterngruppen (unter Umständen innerhalb von Eltern- bzw. Familienorganisationen) und Stimulierung von Elterninitiativen (z.B. Errichtung eines Kinderladens, eines Spielplatzes oder Organisation eines Services für Baby-Sitting),
- Vorbereitung besonders aktiver Eltern auf Funktionen in den Mitverantwortungsgremien (Elternbeiräte usw.).

Nach Angaben des Zweiten Familienberichts (1975) nahmen ungefähr 10% der Gesamtzahl der Erwachsenen an Veranstaltungen der genannten Einrichtungen teil, wobei weibliche Teilnehmer mit Kindern im Kindergarten- und Grundschulalter überwiegen. Im Vergleich zu Eltern mit mittlerer Reife oder höherem Schulabschluß sind Teilnehmer mit Volksschulabschluß unterrepräsentiert (vgl. auch Alheit 1976).
Die thematischen Inhalte der Elternbildung bezogen sich bis Mitte der sechziger Jahre auf die häusliche und Kleinkindererziehung sowie auf Gesundheitspflege und Haushaltsführung. Nach 1971 überwog das Angebot an hauswirtschaftlich-praktischen Themen (Wahl 1973,S.25). Außer älteren Stoffplänen gibt es keine Curricula für Elternbildung (Behren/Pöggeler 1973).
Methodisch wird heute häufig bei den Kursen in Form von kleinen Lern-, Arbeits- oder Gesprächsgruppen mit zehn bis zwanzig Personen gearbeitet (vgl. Kerstiens 1976,S.132f). Während früher Informationsvermittlung primär über Referate erfolgte, liegt heute die Betonung besonders auf gemeinsamen Gesprächen und Erfahrungsaustausch. Es wird meist bei konkreten und praktischen Problemen aus dem Familienalltag angesetzt. Als Diskussionsanreiz dienen oft auch kurze Filme mit konfliktträchtigen Erziehungssituationen mit Themen wie "Trotz", "Drohungen", "Wie rede ich mit meinem Kind - dargestellt am Beispiel von kindlicher Sexualität und Eifersucht" (vgl. auch Schmitt-Wenkebach 1977).
Inzwischen werden auch Veranstaltungen mit regelrechten Erziehungstrainings z.B. nach Gordon (vgl. Kap.3.2.3.1) durchgeführt, in denen es stärker um neue Handlungskompetenzen geht (Eglmaier 1976; Scharf/Widder 1976; Wahl u.a. 1976). Sie lassen sich ähnlich wie der neuere Ansatz der Familienbildung (vgl. Rahn u.a. 1974; Haus Neuland 1977; Sprey 1978; Liedtke 1979) nicht mehr im engen Sinn zu rein kognitionstheoretischen Ansätzen der Verhaltensmodifikation rechnen.

Elternbildung, die stärker auf die Vermittlung breiteren politischen Wissens abzielt, wird im Grunde genommen auch z.B. von den bereits früher erwähnten parteinahen Stiftungen wie der Konrad-Adenauer-Stiftung, Naumann-Stiftung oder Friedrich-Ebert-Stiftung oder aber von gewerkschaftlicher Seite geleistet. Hierbei kann es um Themen gehen wie Alltagserfahrungen und Politik, Situation und Rolle von Mann und Frau in beiden deutschen Staaten, Familienpolitik, Kommunalpolitik, Mitbestimmung in Wirtschaft und Verwaltung, Probleme der Wirtschaftspolitik und Wirtschaftsordnung, Energie und quantitatives Wachstum oder Friedenspolitik, Friedenserziehung - Friedensforschung.
Der Teilnehmerkreis ist allerdings in Bezug auf die Gesamtbevölkerung als sehr klein anzusehen. Von einem breiten Interesse an derartigen Veranstaltungen kann nicht gesprochen werden. Meist werden derartige Seminare nur von bereits politisch Interessierten besucht.

Daß Elternbildung eigentlich eine ausgesprochen politische Angelegenheit ist, wird insbesondere aus Thesen deutlich, die eine Arbeitsgruppe auf der

Berliner Tagung "Elternbildung" im November 1976 zu Problemen institutionalisierter Elternbildung formulierte. Sie seien hier zitiert (nach Psychologie heute 1977, S. 4o):

- Elternbildung, in der es nicht um die Aufrechterhaltung bestehender Strukturen geht, muß Einsicht in gesellschaftliche Zusammenhänge, Erkenntnis der eigenen und Gruppeninteressen und die Fähigkeit zu selbständigem wie solidarischem(politischem) Handeln fördern.

- Aufgrund der Ungleichheit gesellschaftlicher Chancenverteilung muß Elternbildung insbesondere Partei nehmen für sozial Benachteiligte.

- Elternbildung verstanden als Gemeinwesenarbeit muß von den gesellschaftlichen Ursachen der Lebensumstände, unter denen die Zielgruppen leben, ausgehen.

- Die Arbeits- und Wohnsituation der sozial benachteiligten Eltern und Kinder ist Voraussetzung der Arbeitsinhalte und -methoden von Elternarbeit, die soziale Ungleichheit zwar nicht aufheben, jedoch Lernprozesse in Bewegung setzen kann, die die Situation der Erwachsenen und damit die Entwicklung der Kinder verbessern.

- Um bei Unterschichtfamilien die Möglichkeit für Bewußtseins-, Einstellungs- und Verhaltensänderungen zu schaffen, ist es notwendig, ihnen konkrete Entlastung von psychischem und sozialem Druck zu ermöglichen. Beispielsweise durch Hilfe bei der Kinderbetreuung usw.
Darüber hinaus soll der Einzelne in der Gruppe erfahren, daß seine Schwierigkeiten nicht nur sein persönliches Problem sind, sondern daß andere sich in einer ähnlichen Situation befinden. Elterngruppen vermitteln die Erkenntnis, daß gegenseitige Hilfe möglich ist und Vorteile bringt, daß gemeinsames Handeln Erfolg bringen kann, daß neue Kontakte möglich sind, die Isolation Einzelner überwunden werden kann und daß die Lebensbedingungen der Betroffenen teilweise veränderbar sind.

- Auch institutionelle Elternbildung kann bei entsprechender personeller und finanzieller Ausstattung und bei kontinuierlicher praxisorientierter Supervision und Fortbildung der Mitarbeiter die genannten Ziele erreichen.

Was Evaluationsstudien zur Elternbildung anbetrifft, so sei abschließend angemerkt, daß diesbezüglich ein völliger Mangel herrscht.

3.2.3 Komplexe Trainingsansätze

Zur Modifikation von Elternverhalten sind in den letzten Jahren auch strukturierte Ansätze entwickelt worden, die eine Verbindung von Wissensvermittlung und praktischen Verhaltensübungen schaffen. In ihnen wird zum Teil explizit auf die in Kapitel II,A,1 dargestellten Aspekte theoretisch Bezug genommen. Sofern dies nicht geschieht, so sind diese dennoch in unterschiedlich großem Ausmaß relevant.
Empirisch teilweise untersuchte Programme oder solche mit relativ starker Verbreitung in der erzieherischen Praxis sind die von Gordon (1972), Minsel (1975, 1976), Perrez u.a. (1974), Wahl u.a. (1976) und Müller (1974).
Ein neuerer Ansatz, in dem Eltern und Kinder stärker miteinbezogen werden, ist der der Familienbildung. Deren Inhalte beziehen sich nicht nur auf Binnenstrukturen der Familie, sondern auch auf deren gesellschaftspolitischen Kontext (vgl. Haus Neuland 1977; Sprey 1978).

Auf weitere Elterntrainingsprogramme wie das "Westphälische Kooperationsmodell", "Elterntraining auf der Basis Themenzentrierter Interaktion an der Volkshochschule Norderstedt" u.a. (vgl. Psychologie heute 1977, S.43) kann hier nicht mehr eingegangen werden.

3.2.3.1 "Familienkonferenz" von Gordon

Ein im deutschen Sprachraum inzwischen sehr bekannter Ansatz ist der von Gordon (1972). In seinem Buch "Familienkonferenz . Die Lösung von Konflikten zwischen Eltern und Kind" stellt Gordon Prinzipien dar, die der besseren Kommunikation zwischen Eltern und Kindern dienen sollen. Diese Prinzipien sind im wesentlichen der klientenzentrierten Gesprächspsychotherapie nach Rogers (1972) entnommen und auf Alltags- und Erziehungssituationen übertragen. Die im Hintergrund stehenden zentralen Wertvorstellungen sind Echtheit, Wertschätzung und Akzeptieren des anderen.
Wesentliche Aspekte des kommunikationstheoretischen Ansatzes sind die Sprache der Annahme, Aktives Zuhören, Ich-Botschaften senden, Konfliktbeseitigung durch die "Niederlagelose" Methode. Diese Aspekte werden in regelrechten Elterntrainings vermittelt.

(1) Die Eltern werden dazu ermuntert, ihren Kindern in differenzierter Form mitzuteilen, daß sie sie annehmen und akzeptieren. Es wird auf die Bedeutung von Gestik, Mimik und Körperhaltung hingewiesen, aber auch auf die Möglichkeiten des Schweigens, des passiven Zuhörens und Nicht-Einmischens oder die Vielseitigkeit direkter, verbaler Äußerungen. Als ausgesprochen negativ werden bestimmte Verbalisierungselemente, die "typischen 12", bezeichnet:

1) befehlen, anordnen, kommandieren;
2) warnen, ermahnen, drohen;
3) zureden, moralisieren, predigen;
4) beraten, Lösungen geben oder Vorschläge machen;
5) Vorhaltungen machen, belehren, logische Argumente anführen;
6) urteilen, kritisieren, widersprechen, beschuldigen;
7) loben, zustimmen;
8) beschimpfen, lächerlich machen, beschämen;
9) interpretieren, analysieren, diagnostizieren;
10) beruhigen, bemitleiden, trösten, unterstützen;
11) forschen, fragen, verhören;
12) zurückziehen, ablenken, aufheitern, zerstreuen.

(2) Dem bloßen Zuhören, oder passivem Zuhören, setzt Gordon das seiner Mei-

nung nach weitaus effektivere "aktive Zuhören" gegenüber. Er beschreibt es wie folgt: "Beim aktiven Zuhören versucht der Empfänger also zu verstehen, was der Sender empfindet oder was seine Botschaft besagt. Darauf formuliert er sein Verständnis mit eigenen Worten (Code) und meldet es zur Bestätigung an den Sender zurück. Der Empfänger sendet keine eigene Botschaft - zum Beispiel ein Urteil, eine Meinung, einen Rat, ein Argument, eine Analyse oder eine Frage. Er meldet nur das zurück, was nach seinem Gefühl die Botschaft des Senders bedeutete - nicht mehr, nicht weniger." (1977,S.59).

Dem aktiven Zuhören werden verschiedene positive Auswirkungen zugeschrieben. So soll es dem Kind erleichtern, belastende Dinge anzusprechen. Das Kind hat in der Folge dann weniger Angst vor negativen Empfindungen und ist entspannter. Es ist weiter eher in der Lage, Probleme zu lösen und kann ferner den Gedanken und Ideen der Eltern gegenüber aufgeschlossener und offener sein. Insgesamt gesehen fördert das aktive Zuhören eine herzliche Beziehung zwischen Eltern und Kind.

Aktives Zuhören ist allerdings nicht als eine bloße Technik anzusehen. Ohne eine positive, akzeptierende und aufgeschlossene Einstellung der Eltern dem Kind gegenüber wirkt das aktive Zuhören unaufrichtig, inhaltslos und mechanisch.

(3) Gordon unterscheidet "Ich-Botschaften" von "Du-Botschaften". Letztere sind "Du hörst auf damit. Du sollst das nicht tun. Du darfst" (S.114). Durch derartige Aussagen kommt die wahre und eigentliche Empfindung der Eltern nicht zum Ausdruck. "Du-Botschaften" sollen deshalb nach Gordon in "Ich-Botschaften" umformuliert werden, in denen die echten Gefühle und Bedürfnisse der Betreffenden deutlich sind. Als Beispiele nennt er: "Ich habe keine Lust zum Spielen, weil ich müde bin." "Ich kann nicht kochen, wenn ich über Topf und Pfanne auf dem Fußboden steigen muß." (S.115).

"Ich-Botschaften" sollen nach Gordon deshalb verhaltensbeeinflussend sein, weil sie u.a. weniger bedrohlich sind, weniger Widerstand und Rebellion provozieren und die Verantwortung für die Änderung eines spezifischen Verhaltens in die Hände der Kinder legen.

(4) Die "Niederlage-lose " Methode der Konfliktbewältigung geht davon aus, daß es bei der Lösung von Konflikten keine Sieger und Besiegte geben soll. Eltern und Kinder suchen bei einer Bedürfnis-Konflikt-Situation gemeinsam nach einer für beide Seiten annehmbaren Lösung. Es werden nach Eintreten eines Konflikts Lösungsvorschläge und Verhaltensalternativen gesammelt, beurteilt und überprüft und die beste Lösung wird ausgewählt und als verbindlich akzeptiert. Es findet ein regelrechter Problemlösungsprozeß statt.

Gordon sieht die Vorteile und die Effektivität der Methode darin, daß Kinder mit motiviert werden, Lösungen zu finden; Lösungen von hoher Qualität erzielt werden können; das Denkvermögen der Kinder geschult wird; weniger Feindseligkeit und mehr Zuneigung sich entwickelt; Machtanwendung und -durchsetzung entfällt; die eigentlichen Probleme - und nicht Scheinprobleme - zum Ausdruck kommen; die Kinder mit ihren Wünschen und Bedürfnissen und in ihrer ganzen Person ernst genommen werden.

Zur Effektivität des Trainings berichtet Gordon, daß bereits bis zum Jahr 1970 über 15ooo Väter und Mütter sein Schulungsprogramm durchlaufen und davon profitiert haben. Gordon sieht sein Programm als geeignet an sowohl für Eltern mit sehr kleinen Kindern, mit Teenagern, weiterhin für Eltern behinderter und ganz "normaler" Kinder. Dem Programm sollen auch präventive Funktionen zukommen.

Außer positiven Selbstberichten der Kursteilnehmer liegen nur wenige methodisch exakte Effektivitätsuntersuchungen zum Trainingsprogramm von Gordon vor. Scharf & Widder (1976) teilen positive Veränderungen von Teilnehmern mit, ebenso auch Brunner & Wiehmann (1979) und Minsel & Biehl (1980).

Ein ähnliches Trainingsprogramm zur Vermittlung und Entwicklung von Erziehungskompetenzen liegt bei Signell & Scott (1973) und Signell (1975,1976) vor. Hier geht es um Kompetenzen im Hinblick auf Respektieren von Gefühlen, Fertigkeiten im Kommunikationsprozeß und Respektieren von Autonomie. Das Training wurde inzwischen von über 2000 Eltern erfolgreich durchlaufen. Die Effektivitätsaussagen beziehen sich allerdings auf Selbsteinschätzungen der Eltern.

Wieweit sich derartige Trainingsprogramme mit Erwachsenen auch langfristig präventiv auswirken, kann gegenwärtig nicht exakt beantwortet werden. Längsschnittuntersuchungen zur Überprüfung derartiger Erwartungen liegen noch nicht vor.

3.2.3.2 Elterntraining von Minsel

Minsel (1975/1976) versuchte in ihrem Elterntrainingsprogramm eine Integration von lerntheoretischen und klientenzentrierten Aspekten. Ziele ihres Programmes waren: (1) Sensitivierung der Eltern für gefühlsmäßige Empfindungen bei sich und ihren Kindern, (2) Beeinflussung der Eltern in ihrem Verbalverhalten, so daß sie ihren Kindern gegenüber mehr Verständnis und weniger Lenkung verwirklichen und (3) Verminderung von Schwierigkeiten in der Eltern-Kind-Beziehung und von Verhaltensauffälligkeiten bei Kindern.

Das Trainingsprogramm von Minsel, das vor allem für Elterngruppen gedacht war, enthielt mehrere Elemente, die zeitlich variabel angeboten wurden: (1) Erziehungszieldiskussion, (2) Sprachtraining, (3) Sensibilisierungstraining, (4) Informationen über Bekräftigungs- und Modellernen, (5) Beobachten des kindlichen Verhaltens, (6) Ausarbeiten von Bekräftigungsplänen, Besprechen der Erfolge und der Schwierigkeiten mit diesen Plänen. Die genaue inhaltliche und methodische Gestaltung des Trainings ist aus Abb. 15 zu entnehmen (zit. nach Minsel 1975,S.162-164).

Abb. 15: Elterntraining von Minsel (1975)

Trainingselement	Erziehungszieldiskussion
Ziel	Eltern sollen sich über die Ziele bei der Erziehung klar werden. "Fehlverhalten" beim Kind soll umformuliert werden in Defizit an erwünschtem Verhalten.
Material	Zettel und Bleistift für persönliche Notizen.
Tätigkeit der Teilnehmer	Nennen von allgemeinen Erziehungszielen (z.B."Selbständigkeit"), Erstellen eines Zielkataloges; kurze Schilderung der eigenen Erziehungsschwierigkeiten und Soll-Wert-Festlegung für das eigene Kind, dabei gegenseitige Rückmeldung über die Angemessenheit des erstrebten Kindverhaltens.
Tätigkeit des Trainers	Leitung der Diskussion, schreibt an die Tafel, reflektiert einzelne Teilnehmer, hilft bei Soll-Wert-Formulierung.

Trainingselement	Sprachtraining
Ziel	Eltern sollen die jeweils situationsspezifischen Empfindungen des Kindes ansprechen können. Sie sollen diskriminieren können zwischen Belehrung/Ermahnung, Bekräftigung, partnerzentriertem Ansprechen.

Material	4-stufige Skala zur Beurteilung von Erziehungsäußerungen mit Beispielen, Kinderäußerungen zur schriftlichen Beantwortung.
Tätigkeit der Teilnehmer	1) Beantworten der Kinderäußerungen (schriftlich). 2) Durchlesen der Skala und Beispiele. 3) Besprechen der Skala. 4) Freies Formulieren von Elternäußerungen zu jeder Skalenstufe. 5) Gegenseitiges Einschätzen der Elternantworten (s. 1) nach der Skala, gegenseitige Rückmeldung. 6) Nochmaliges Beantworten der Kinderäußerungen nach "Skalenstufe 4" (Zielverhalten). 7) Gegenseitiges Einschätzen der Elternantworten (s.6) nach der Skala, gegenseitige Rückmeldung.
Tätigkeit des Trainers	Vorgabe des Materials; Erklärung der Skalenstufen (wenn nötig); schriftliche Bearbeitung des Materials (wie Teilnehmer), dabei sollte der Trainer "Modelläußerungen" formulieren.

Trainingselement	Sensibilisierungstraining
Ziel	Teilnehmer sollen erkennen, aus welchem Gefühl heraus sie bestimmte Äußerungen dem Kind gegenüber machen; sollen überlegen, was in dem Kind in dem Falle vorgeht. Teilnehmer sollen lernen, Äußerungen zu erkennen und zu formulieren, die das angestrebte Erziehungsziel vermutlich fördern.
Material	4 schriftlich vorgegebene "schwierige Erziehungssituationen", dazu jeweils auf einzelnen Übungsbögen 1) 2 Erzieherreaktionen mit der Instruktion, sich vorzustellen und zu notieren, was in dieser Situation im Kind vorgeht, 2) 2 Erzieherreaktionen mit der Instruktion, sich vorzustellen und zu notieren, was in dieser Situation im Erzieher vorgeht. 3) 8 Erzieherreaktionen mit der Instruktion, sich vorzustellen und zu notieren, was im Erzieher beim Formulieren dieser Reaktion vorgeht und dadurch im Kind ausgelöst wird.
Tätigkeit der Teilnehmer	Zu 1) und 2) des Materials: Teilnehmer schreiben die vermuteten Gefühle auf und teilen sich gegenseitig das Geschriebene mit; voneinander abweichende Meinungen werden diskutiert; zu 3) wie 1) und 2), zusätzlich werden die Antworten nach der "Skala zur Beurteilung von Erzieheräußerungen" eingeschätzt, eine Beantwortung wird ausgewählt bzw. neu formuliert.
Tätigkeit des Trainers	Vorgabe des Materials, gleiche Tätigkeit wie die Teilnehmer Trainer gibt Modell für "Gefühle-Benennen", zusätzlich bei Punkt 3) des Materials: Erklärung und Veranschaulichung des Prinzips der reziproken Affekte.

Trainingselement	Information über Bekräftigungs- und Modellernen.
Ziel	Grundkenntnisse über Lernprinzipien.
Material	Buch "Mit Kindern leben" (Patterson & Gullion, 1968/74).
Tätigkeit der Teilnehmer	Lesen des Buches (zuhause). Anhören des Vortrages, Finden von Beispielen in Gruppendiskussion.
Tätigkeit des Trainers	Etwa 1/2-stündiges Referat mit Erläuterungen anhand von Beispielen aus dem Teilnehmerkreis. Beantworten von Fragen.
Trainingselement	Beobachten des kindlichen Verhaltens
Ziel	Teilnehmer sollen objektive Information über Frequenz bzw. Intensität des Störverhaltens liefern können.
Material	Beobachtungstabellen in Patterson & Gullion (1968/74).
Tätigkeit der Teilnehmer	Beobachtung des kindlichen Verhaltens gemäß Anweisung (zuhause), dabei sollten die sonst üblichen Reaktionen dem Kind gegenüber nach Möglichkeit unterbleiben.
Tätigkeit des Trainers	Hilfe bei der Operationalisierung des "Störverhaltens", Hilfe bei Festlegung der Beobachtungseinheiten auf der Tabelle, der Zeitintervalle, in denen beobachtet werden soll, usw.
Trainingselement	Ausarbeiten von Bekräftigungsplänen, Besprechung der Erfolge und Schwierigkeiten mit diesen Plänen.
Ziel	Selbständiges Ausarbeiten und Durchführen kleinerer Bekräftigungspläne.
Material	Patterson & Gullion (1968/74), selbst erstellte Beobachtungstabelle.
Tätigkeit der Teilnehmer	Im Kurs: gemeinsames Festlegen des Sollwertes, der Verstärker, der Schritte, in denen das Programm durchgeführt werden soll. Zuhause: Durchführung des Plans, Weiterführen der Beobachtung.
Tätigkeit des Trainers	Gleiche Tätigkeit wie die Teilnehmer, zusätzlich Beratung bei der Festlegung der Programmschritte des "Ausschleichens" der materiellen Verstärker usw.

Minsel nahm eine Evaluierung ihres Trainings vor und versuchte dabei methodische Schwächen (fehlende oder inadäquate Kontrollgruppen und mangelhafte Meßinstrumente) früherer Arbeiten zum Elterntraining zu vermeiden. An dem Training (Minsel 1975;1976) nahmen 82 Eltern teil. Es wurde von Trainern unterschiedlicher Kompetenz geleitet und dauerte 7 Wochen, wobei die 90 minütigen Sitzungen einmal pro Woche stattfanden und die Kleingruppen 5 bis 7 Personen umfaßten. Weitere 55 Mütter erhielten ein Informationsprogramm mit gleichen Anteilen von Vorträgen und Diskussionen über entwicklungspsychologische Sachverhalte und über begleitende pädagogische Maßnahmen für jede Altersstufe. 40 andere Eltern bildeten die Kontrollgruppe und warteten 7 Wochen, bis sie selbst zum Training zugelassen wurden. Zur Kontrolle des Erfolgs wurden alle Eltern vor und nach der Behandlung bzw. der Wartezeit mit einer umfangreichen Testbatterie untersucht.

Minsel fand die folgenden Ergebnisse:
Die trainierten Eltern wurden in ihrem Verbalverhalten im Vergleich zur Wartegruppe und zur Informationsgruppe verständnisvoller und weniger lenkend, sie benutzten weniger Belehrungen und Ermahnungen und stellten weniger direkte Fragen. Ferner zeigten sich zwischen Müttern und Vätern und zwischen jüngeren und älteren Teilnehmern keine Lerndifferenzen. Väter mit niedrigerem Sozialstatus erreichten im verwirklichten Lenkungsverhalten im Vergleich zu Vätern mit höherem Sozialstatus höhere Lerngewinne. Väter mit Hochschulausbildung zeigten besonders gute Lernfortschritte im Verständnisverhalten. Teilnehmer mit 4 Kindern unterschieden sich von denen mit weniger Kindern in einer deutlich größeren Lenkungsreduktion.
Ferner ergab sich, daß bei Trainern mit gesprächstherapeutischer Ausbildung die Eltern weniger Lenkung verwirklichten und in einigen Situationen mehr die Gefühle der Kinder ansprachen als bei Trainern ohne Therapieausbildung. In den Persönlichkeitstestdaten veränderten sich die meisten Eltern nicht wesentlich. Ebenso wenig konnten in den Erziehungseinstellungen bedeutsame Veränderungen nachgewiesen werden.
Eine Nachbefragung (Minsel 1976) der Kursteilnehmer nach drei Monaten ergab, daß der überwiegende Teil der Eltern Erleichterungen in geringem bis starkem Ausmaß durch den früheren Kurs erlebten. Das Ausmaß der Erleichterungen erwies sich als direkt abhängig von der Erfahrung der Trainer. Der Kurs wurde als hilfreich erlebt.
Minsel befragte die Eltern, wieweit sie sich bemüht hätten, sich nach dem Kurs anders zu verhalten. Dies wurde unterschiedlich stark bejaht. Am meisten bemühten sich die Mütter, die von Lehrern trainiert wurden. Als Änderungsaspekte am häufigsten genannt wurden die Anwendung positiver Verstärker, kritisches Selbstbeobachten, Ruhe und Gelassenheit sowie Eingehen auf das Kind. Die Eltern gaben an, daß nach dem Training das Verhältnis zu durchschnittlich der Hälfte ihrer Kinder sich gebessert hätte.
Neben den Eltern wurden auch deren Kinder in Bezug auf Veränderungen untersucht. Die Kinder der trainierten Eltern hatten sich allerdings weder in ihren Persönlichkeitsdaten noch in der Perzeption ihrer Eltern bedeutsam gegenüber Kindern der Eltern der Wartegruppe gewandelt. Minsel meint, daß dies möglicherweise durch die niedrige Reliabilität der Meßinstrumente bedingt sein könnte. Als weiteren Grund führt sie die Kürze der Behandlungsdauer, wodurch eventuelle Veränderungen von den Kindern noch nicht wahrgenommmen werden konnten, an.

3.2.3.3 Das Elterntraining von Perrez, Minsel, Wimmer

Perrez, Minsel, Wimmer (1974) stellten ein Elterntraining auf der Basis lerntheoretischer, kognitions- und überzeugungstheoretischer sowie kommunikationsorientierter Überlegungen zusammen. Sie gehen davon aus, daß sich Erziehungseinstellungen oder Erziehungsverhalten nicht durch Informationen und neue Einsichten allein verändern, sondern auch konkrete Übungen und neue Lernprozesse erforderlich sind.

Das Verhaltenstrainings-Programm ist für einen Kurs von 10-12 Personen mit einem Kursleiter vorgesehen und kann an 8 Abenden wöchentlich mit jeweils 2 bis 2 1/2 Stunden stattfinden. Es wird im Plenum und in Einzelgruppen gearbeitet. Informationen durch den Leiter wechseln mit Diskussionen und Übungen ab.

Inhaltlich geht es um die Vermittlung von Methoden zur Erleichterung der Verwirklichung von Erziehungszielen und um das Interaktionsgefüge von Eltern und Kind. Zu Beginn stehen lerntheoretisch wichtige Aspekte wie Verhaltensbeobachtung und Verhaltensbeschreibung sowie positive und negative Verstärkung,

Bestrafung durch Entzug positiver Verstärker oder durch unangenehme Konsequenzen im Mittelpunkt. Sie finden ihren Niederschlag in Übungen.

Des weiteren erfolgen Informationen über typisches Verhalten von Eltern und entsprechende Auswirkungen auf das kindliche Verhalten. Andere Informationen beziehen sich auf Erziehungsstile und auf die Erziehungsdimensionen Wertschätzung und Lenkung. Sie werden in Übungen umgesetzt. Auf die Übungsteile zu "Wertschätzung" und "Lenkung" wird zur Illustration des Trainings eingegangen.

Der Übungsteil "Wertschätzung" gliedert sich in 6 Schritte.

1. Übungsschritt: Kennenlernen der Skala

Zur Beurteilung von Wertschätzung wird eine Skala mit 4 Stufen vorgestellt, zu der dann auch Beispiele angeführt werden:

Stufe 1: Der Erzieher belehrt, ermahnt, beschimpft oder mißversteht das Kind. Seine Äußerung ist ohne Wertschätzung für das Kind und in keiner Weise partnerschaftlich. Er geht in keiner Weise auf die Gefühle, Empfindungen, Haltungen und Einstellungen des Kindes ein.

Stufe 2: Der Erzieher bemüht sich in seinen Äußerungen um Wertschätzung des Kindes und um Partnerschaft. Das heißt, der Erzieher versucht, auf die spezifischen situationsbezogenen Gefühle, gefühlsmäßigen Empfindungen, Haltungen und Einstellungen des Kindes einzugehen. Seine Äußerung enthält jedoch Belehrung, Ermahnung, Beschimpfung oder Mißverständnis.

Stufe 3: Dem Erzieher gelingt es, in seiner Äußerung dem Kind gegenüber Wertschätzung und Partnerschaft zu verwirklichen. Er geht auf die spezifischen situationsbezogenen Gefühle, gefühlsmäßigen Empfindungen, Haltungen und Einstellungen des Kindes ein.

Stufe 4: Dem Erzieher gelingt es (nahezu) vollständig, in seiner Äußerung dem Kind gegenüber Wertschätzung und Partnerschaft zu verwirklichen. Er geht auf die spezifischen situationsbezogenen Gefühle, gefühlsmäßigen Empfindungen, Haltungen und Einstellungen des Kindes ein. Zusätzlich bietet er konkrete Lösungsmöglichkeiten und Hilfestellungen an und stärkt das Gefühl der Gemeinschaft. (Zit. nach Perrez u.a.1974,S.15f).

2. Übungsschritt: Einschätzübungen

15 vorgegebene Elternäußerungen zu Kindern sollen bezüglich der kennengelernten Skalen eingeschätzt werden. Vorher abgedeckte Beurteilungen von Experten können im Anschluß daran nachgelesen werden und dienen zur Bestätigung oder Korrektur der eigenen Einschätzung. 4 Beispiele:

Eltern-Äußerung	Einschätzung	Begründung (abgedeckte Expertenbeurteilung)
1) Was fällt Dir bloß ein?	1	Die Äußerung ist ohne Wertschätzung. Sie beinhaltet einen Vorwurf
4) Auch wenn es Dir Spaß macht, kannst Du nicht alles tun, was Du willst	2	Die Äußerung versucht, auf das Gefühl (Spaß) des Kindes einzugehen, sie enthält jedoch eine Ermahnung.
6) Hast Du Dich über das Auto gefreut oder magst Du es nicht leiden?	3	Die Äußerung fragt nach den Gefühlen, die das Kind im Moment hat. Es ist weder Ermahnung noch Hilfestellung enthalten.

3) Du bist ganz enttäuscht davon. Wollen wir es noch mal zusammen versuchen?	4	Die Äußerung geht auf die Gefühle des Kindes ein und es wird eine Hilfestellung angeboten.

3. Übungsschritt: Das Formulieren von Äußerungen auf verschiedenen Stufen der Skala "Wertschätzung"

Es sollen nun eigene Äußerungen auf den Stufen 1 bis 4 zu vorgegebenen Erziehungssituationen gegeben werden. Als ein Beispiel unter anderen geben Perrez u.a. folgendes vor (S.19):
"Auf dem Hof spielen etwa 20 Kinder Völkerball. Der 10jährige Klaus steht daneben und schaut zu. Da kommt seine Mutter vom Einkaufen. Klaus sagt zu ihr: "Die da lassen mich nicht mitspielen." Seine Mutter sagt darauf:"

Stufe 1: ...
Stufe 2: ...
Stufe 3: ...
Stufe 4: ...

Zur Unterstützung und zum Lernen werden von den Autoren selbst auch Formulierungen angeboten.

4. Übungsschritt: Das Finden von wertschätzenden Antworten in eigenen schwierigen Situationen

Hier wird dazu aufgefordert, eigene schwierige Erziehungssituationen zu notieren und gemeinsam mit anderen mehrere Äußerungen auf den Stufen 3 und 4 zu verbalisieren.

5. Übungsschritt: Das Finden von wertschätzenden Antworten in eigenen schwierigen Situationen - als Rollenspiel

Im Rollenspiel reagiert der "Erzieher" auf eine Aussage des "Kindes" mit Antworten auf den Stufen 3 und 4. Wenn dies mehrfach positiv gelingt, erfolgen Aussagen im Wechselgespräch auf zwei Äußerungen, bis hin zu einem längeren Gespräch, das auf Tonband festgehalten wird.

6. Übungsschritt: Die Ernstsituation

Wenn sich der Teilnehmer sicher fühlt, soll er im Umgang mit seinen Kindern wertschätzende Äußerungen üben.

Ein ähnliches Vorgehen findet sich auch im Übungsteil "Lenkung". Es wird dabei ebenfalls von einer 4-stufigen Skala ausgegangen, die hier abschließend noch mitgeteilt wird (S.23):

Stufe 1: Der Erzieher äußert keinerlei Anweisung, er läßt das Kind gewähren oder er trifft eine sachliche Feststellung.

Stufe 2: Der Erzieher bietet innerhalb eines bestimmten Rahmens Alternativen an, oder er ermuntert zu einer bestimmten Handlung, oder er regt etwas an, läßt dem Kind aber weitgehend Entscheidungsfreiheit; oder er äußert Mißfallen, ohne jedoch eine bestimmte Handlung vorzuschreiben; oder er erlaubt eine bestimmte Sache.

Stufe 3: Der Erzieher macht einen ganz bestimmten Vorschlag; oder er bittet um etwas; oder er zeigt bestimmte Konsequenzen auf, die aus einem Nichtbefolgen einer Anweisung entstehen.

Stufe 4: Der Erzieher befiehlt oder ordnet etwas an; dem Kind wird keinerlei Entscheidungsfreiheit gelassen. Häufig wird das sofortige Befolgen gefordert ohne Rücksicht auf die augenblickliche Interessenlage des Kindes; oder er spricht ein Verbot aus.

Aufmerksamkeit wird ferner den Konflikten zwischen Eltern und Kindern und den Konsequenzen der Verletzung eingegangener Verpflichtung gewidmet. Besondere Bedeutung kommt in diesem Zusammenhang der "Niederlage-losen" Methode von Gordon (1972) zu (vgl. Kap. 3.2.3.1). Konfliktvermeidung wird auch im Zusammenhang mit Einstellungsänderungen seitens der Eltern gesehen.

Evaluierungsuntersuchungen zum Trainingsprogramm von Perrez u.a. sind m.W. bislang nicht veröffentlicht.

3.2.3.4 Elterntraining von Wahl, Eglmeier, Kopp

Wahl, Eglmeier, Kopp (1976) kritisieren verschiedene ihnen aus Veröffentlichungen und persönlichem Kontakt bekannte Elternseminare. Ihrer Auffassung nach sind die auf bloßer Informationsvermittlung beruhenden Veranstaltungen nicht geeignet, das Verhalten von Eltern zu ändern. Sie selbst arbeiten mit einem Programm, das sowohl den kognitiven Bereich (Informationen geben, Konsequenzen überlegen, Strategien entwerfen) als auch den emotionalen Bereich (Abbau von Ängsten, für Bedürfnisse anderer sensibel machen) und den Verhaltensbereich (Einüben günstiger Kommunikationsstile) umfaßt. Sie berichten von einem Seminar an der Volkshochschule Ebingen, das an neun Abenden und einem Nachmittag durchgeführt worden ist. An dem Seminar beteiligten sich 33 Personen (29 Frauen, 4 Männer) im Durchschnittsalter von 26 Jahren. Die Veranstaltung war wie folgt aufgebaut (S.31):

<u>Teil 1: MOTIVATIONSSEMINAR</u> (Dauer 2-4 Sitzungen zu 2 Std.)

Ziel:	Eltern motivieren, an sich bzw. an ihren Erziehungseinstellungen zu arbeiten.
Inhalt:	Erzeugen von kognitiver Dissonanz durch neue Information (z.B. zu Aggressivität, Intelligenz, Selbständigkeitserziehung); durch Diskussion (Partnerdiskussion, Kleingruppendiskussion); durch Selbsterfahrung (Partnerübungen, Tests).
Erfolgskriterium:	Eltern müssen Bereitschaft äußern, an ihren Erziehungsverhaltensweisen arbeiten zu wollen.

<u>Teil 2: SENSIBILISIERUNGSSEMINAR</u> (Dauer 4-6 Sitzungen zu 2 Std.)

Ziel:	Aufbrechen des bisherigen Erziehungsverhaltens und Hilfe zur verbesserten Selbstwahrnehmung.
Inhalt:	Auseinandersetzung mit dem bisher gezeigten Verhalten und Anbieten von Alternativen durch verbale Übungen (z.B. Formulieren von Erziehungsäußerungen in Einzel- und Gruppenarbeit); durch szenische Übungen (Rollenspiele).
Erfolgskriterium:	Eltern müssen positive Auswirkungen der Sensibilisierung berichten (bzw. erlebt haben).

<u>Teil 3: TRAININGSSEMINAR</u> (Dauer 4-6 Sitzungen zu 3 Std.)

Ziel:	Einüben alternativer Erziehungsverhaltensweisen
Inhalt:	Realisieren von Erziehungsverhaltensweisen in reduzierten Situationen (kurze Dauer; kleine Gruppen; Spielsituationen) mit nachfolgendem objektivem Feedback (Video, Tonband), selektivem Feedback (Auswertungsskala), Verbesserungsvorschlägen (Vorspielen von Alternativen in der Gruppe) und Zweitversuch.

Erfolgskriterium: Sichtbare Verhaltensänderungen während mehrerer Einzelversuche. Berichte über erfolgreichen Transfer in reale Situationen.

Zur Erfolgskontrolle wurden den Teilnehmern als Vor- und Nachtest kurze Konfliktfälle zur schriftlichen Beantwortung vorgegeben, die sich auf Aspekte wie Sorge um die Gesundheit des Kindes, Unterbindung aggressiven Verhaltens und hergebrachte Sauberkeits- und Anstandsnormen bezogen. Die Auswertung der schriftlichen Äußerungen ergab - im Gegensatz zu einer Kontrollgruppe - leichte positive Veränderungen (um einen Punkt), woraus jedoch keine weiterreichenden Schlüsse gezogen werden können. In Einzelfällen zeigten sich aber teilweise deutliche Veränderungen. Andere eingesetzte Methoden (z.B. Beobachtung und Fragebogen) ergaben eine hohe emotionale Zufriedenheit mit Inhalt und Verlauf der Veranstaltung.
Nach Auffassung von Wahl u.a. wäre eine Effektivierung von Elternseminaren möglich, wenn Eltern über einen längeren Zeitraum arbeiten könnten und eine Institutionalisierung von Gruppen unter Betreuung durch Experten erfolgen würde.

3.2.3.5 Das Präventive Elterntraining von Müller

Müller (1974) entwickelte auf dem Hintergrund kritischer Auseinandersetzungen mit verhaltenstherapeutischer Elternarbeit und Erfahrungen mit Eltern-Kind-Therapien ein "Präventives Elterntraining". Er sieht dieses jedoch als ein Element innerhalb einer umfassenderen Prävention an. Der Ansatz von Müller stellt eine Integration von Aspekten der Kommunikations-, Gesprächsspsychologie und Familientherapie dar. Müller geht davon aus, daß nicht erst eingegriffen werden soll, wenn starke Schwierigkeiten in der Eltern-Kind-Beziehung auftreten, sondern es soll vorbeugend gearbeitet werden.

Die von Müller (1978) genannten Trainingsziele beziehen sich auf das Erkennen von Konfliktsituationen und geeigneten Interventionsmöglichkeiten zur dauerhaften Verringerung von Konflikten zwischen Partnern sowie Kindern und Eltern. Es geht um die Lösung alltäglicher leichter Erziehungs- und Kommunikationsschwierigkeiten, nicht jedoch um eine eigentliche Therapie von massiven Eltern-Kind-Störungen.

Müller sieht Erziehungsschwierigkeiten und Verhaltensauffälligkeiten nicht als Eigenschaften des Kindes, sondern als Produkt der Interaktion von Kind und Erzieher. Zur Veränderung der Störungen wird allerdings nur auf der Seite der Eltern angesetzt, in der Hoffnung, daß sich dann auch das Verhalten des Kindes ändert.

Müller geht bei seinem Training davon aus, daß Vermittlung und Einübung lerntheoretischer Prinzipien und Techniken nicht allein ausreichen, sondern kommunikative Fertigkeiten nötig sind. Deshalb baut sich das "Präventive Elterntraining" aus einem Verhaltens- und einem Kommunikationstraining auf.

Das Verhaltenstraining setzt sich aus 7 Lernschritten zusammen.

1. Lernschritt: Lernen, die Voraussetzungen für Verhaltensänderungen zu schaffen. Ziel: Lernen, Verhalten spezifisch zu benennen und zu beobachten.

2. Lernschritt: Eltern lernen problematische Erziehungssituationen im Verhaltensspiel darzustellen. Ziel: Eltern sollen ihr Verhalten und das Kindverhalten darstellen und in der Darstellung die jeweiligen Auswirkungen selbst erleben, anstatt nur darüber zu berichten.

3. Lernschritt: Eltern lernen, Informationen zu erfassen, zu protokollieren und zu bewerten. Ziel: Erkennen der Entstehung und des Ablaufs von Verhal-

tens"ketten". Bewußtwerden der wechselseitigen Abhängigkeiten des Verhaltens aller Familienmitglieder.

4. Lernschritt: Eltern lernen, wie sich Verhalten am Erfolg orientiert. Ziel: Vertrautwerden mit den wichtigsten Prinzipien der Verhaltensmodifikation, deren Anwendung und Wirkung.

5. Lernschritt: Eltern lernen, Verhaltensregeln zur Veränderung problematischer Situationen zu entwickeln. Ziel: Das Familienleben soll für alle transparenter werden.

6. Lernschritt: Eltern lernen alternatives Verhalten einzuüben und einzusetzen. Ziel: Erweiterung des Verhaltensrepertoires.

7. Lernschritt: Eltern lernen, Selbstkontrolle anzuwenden. Ziel: Eltern soll die Anwendung der gelernten Methoden in der Praxis erleichtert werden. (aus Müller 1976).

Im Kommunikationstraining lernen Eltern (1) Gefühle wahrzunehmen und den Unterschied zwischen direktem und indirektem Ausdruck von Gefühlen, (2) Formen des aktiven Zuhörens, (3) die Wahrnehmung eigener und fremder averbaler Kommunikation, (4) konstruktive Rückmeldung zu geben und zu empfangen, (5) Konflikte mit Kind und Partner (in Verbindung mit Kenntnissen aus dem Verhaltenstraining) konstruktiv zu lösen (vgl. Müller 1976,1980).

Der Trainingsverlauf im Verhaltens- und Kommunikationstraining ist stark vorstrukturiert, es kann jedoch flexibel auf spezielle Bedürfnisse und Probleme der Eltern eingegangen werden.
Den Eltern stehen Arbeitsmaterialien mit Zusammenfassungen der Trainingsinhalte zur Verfügung. Schriftliche Hausübungen sollen das im Training Gelernte (z. B. Protokollieren von Verhalten) vertiefen und vor allem die Übertragung sichern. Die Eltern erhalten am Ende des Trainings zur Wiederholung und Auffrischung des Gelernten ein Buch (Müller & Moskau 1978).

Zur Untersuchung der Effektivität des Trainings verwendete Müller als Meßinstrumente im Verhaltenstraining (a) systematische Verhaltensbeobachtung, (b) Fragebögen zur Überprüfung des Wissenserwerbs ausgewählter lerntheoretischer Prinzipien und Techniken sowie (c) Fragebögen zur Einschätzung der elterlichen Zufriedenheit mit dem Training.
Als Meßinstrumente im Kommunikationstraining wurden herangezogen: systematische Beobachtung, Tonbandaufnahmen einer standardisierten Interaktionssituation Mutter-Kind, der projektive Test HABITAT von Baumgärtel (1975), Fragebögen zur Einschätzung der elterlichen Zufriedenheit mit dem Kommunikationstraining, Verbalisierung der individuellen Trainingserfahrungen und -erfolge.

Müller (1978) berichtet lediglich Ergebnisse zum Verhaltenstraining zu den Aspekten (b) und (c). Bezüglich des Wissenserwerbs (b) zeigen sich in der Post-Untersuchung signifikante Unterschiede zwischen Experimental- und Kontrollgruppe, d.h. die Experimentalgruppe profitiert. Müller interpretiert dies als eine kognitive Umstrukturierung hinsichtlich erzieherischen Verhaltens. Ungeklärt ist aber, wieweit sich das Wissen auch im konkreten Verhalten in Erziehungssituationen niederschlägt.
Die Ergebnisse des Fragebogens zur Einschätzung der elterlichen Zufriedenheit mit dem Verhaltenstraining (c) machen folgende Tendenzen deutlich: eine Steigerung der erzieherischen Kompetenz; ein besseres Beheben-Können von kleineren Erziehungsschwierigkeiten aufgrund der gelernten Methoden sowie eine bessere Eigensteuerung und dadurch weniger Schwierigkeiten mit den Kindern. (Vgl. ferner Müller 1980,S.51f).
Müller glaubt aufgrund seiner bisherigen Erfahrungen und deskriptiv-subjekti-

Berichte von Eltern noch nach 2 1/2 Jahren sagen zu können, daß das PET für viele Eltern hilfreich ist. Ergänzend zu seinem bisherigen Vorgehen, bei dem die Kinder nicht einbezogen worden sind, schlägt er die Entwicklung eines "Familientrainings" vor, in dem Eltern und Kinder zusammen die spezifischen Übungen machen.

Der von Müller betonte Gedanke der Prävention wird auch im strukturieten "Berner Präventiven Elterntraining aufgegriffen (Luthi & Vuille 1980). Es wendet sich an Eltern von Kleinkindern ab dem Alter von 18 Monaten und ist in einen bestehenden Säuglingsfürsorge- und Mütterberatungsdienst eingebaut, wo Laienhelfer, Ärzte und Psychologen zusammenarbeiten. In dem Berner Modell wird mit einem Manual, mit Arbeitsblättern, Video, praktischen Übungen und strukrurierten Hausaufgaben über einen längeren Zeitraum gearbeitet. Intendiert wird auf eher lerntheoretischer Basis eine Sensibilisierung und Kompetenzerweiterung für die erzieherischen Interaktions- und Kommunikationsprozesse. Die Autoren berichten von verschiedenen positiven Ergebnissen.

Über weitere präventiv orientierte Maßnahmen und Projekte informiert Gerlicher (1980).

3.2.3.6 Familienbildung

In der Familienbildung wird der Versuch unternommen, Eltern und Kinder gemeinsam an Veranstaltungen zu beteiligen. Bei den Familientagungen am Wochenende oder in der Ferienzeit wird intendiert, günstige Lernbedingungen durch entspannte Atmosphäre und Alltagsnähe zu schaffen. Die Familien und besonders die Eltern sollen von den täglichen Pflichten der Hausarbeit und des Berufs entlastet sein. Es wird die Möglichkeit zur Erholung außerhalb der Programmzeiten in landschaftlich reizvoller Umgebung und zu Unterhaltung und Geselligkeit geboten. Letztlich geht es auch darum, die Isolation der Familien aufzuheben.

Die Art und der Grad der Zusammenarbeit von Eltern und Kindern sind sehr unterschiedlich. Beispielsweise setzen sich Eltern mit ihren Kindern über bestimmte Probleme der Erziehung auseinander, z.B. über autoritäres Erziehungsverhalten. Bei anderen Veranstaltungen wiederum gibt es gemischte und getrennte Programmphasen oder aber Eltern "bilden" sich allein fort und die Kinder werden in der Tagungsstätte nur betreut.

Die Inhalte der Veranstaltungen können sich primär auf erziehungspsychologische Fragen beziehen, ähnlich wie bei den schon dargestellten psychologischen Programmen; sie können aber auch das politische und soziale Umfeld der Familie zum Thema haben (z.B. Haus Neuland 1977). In dem Programm des "Sozialen Dienst Familie" mit der Zentrale in Bad Honneff wurden beispielsweise 1981 solche familiennahen Veranstaltungen angeboten wie - Wege zu einer repressionsfreien Erziehung / - Familie und Freizeit / - Malen - Gestalten und Spielen in der Familie / - Familienleben mit psychisch Kranken / - Plastisches Gestalten in Ton / - Ganzheitliche Erziehung als Modell zur Bearbeitung von Familienkrisen / - Fragen der Arbeitslosigkeit in der Familie / - Entspannung für den Familienalltag (Hatha - Yoga) / - Gesund leben - aber wie? / - Familienkonferenz nach Gordon u.a.

Die Methoden der Arbeit sind recht vielfältig. Häufig werden gruppendynamische Übungen , Rollenspiele und lockere Gesellschaftsspiele herangezogen. Es lassen sich grob thematische und freizeitorientierte Aktivitäten und Methoden unterscheiden. Eltern beschäftigen sich z.B. mit Übungen und Spielen zur sozialen Wahrnehmung und Ausdrucksfähigkeit sowie zur Kommunikation zwischen Eltern und Kindern (vgl. auch Gudjons 1978). Während der Freizeit wird gekegelt oder etwas kreativ gestaltet. Demgegenüber wird in den Kindergruppen z.B. mit

Puppenspielen, Collagen, Wandzeitungen zu speziellen Problemstellungen oder Kommunikationsspielen gearbeitet oder in der Freizeit gebastelt, gemalt und mit Bewegungs-, Kreis- und Singspielen für Abwechslung gesorgt (vgl. Klippstein & Klippstein 1978). Gemeinsam werden aber auch Rollenspiele, Diskussionsgruppen, Nachtwanderungen u.a. durchgeführt.

Einige Ansätze der Familienbildung sollen kurz dargestellt werden. Twenhöven (1976) beschreibt Familienseminare, in denen Kommunikationsprobleme im Vordergrund stehen und ebenfalls Eltern mit ihren Kindern zusammenarbeiten. Eltern und ältere Kinder beschäftigten sich getrennt mit thematisch orientierten Problembereichen. Die Zeit war nicht voll durchgeplant, sondern es wurden bewußt große Freiräume gelassen, um Eltern und Kindern gemeinsame Aktivitäten zu ermöglichen. Die Freizeit sollte indirekt die Gelegenheit zur Umsetzung von bisher Gelerntem in die Praxis bieten.

Salaske (1976) berichtet von einer Veranstaltung der Familienferienstätte Hübingen, in der Probleme der Isolation von Soldatenfamilien im Mittelpunkt standen. Die Kinder der Familien erarbeiteten dabei Thesenpapiere und erstellten Videofilme zu bestimmten Themen.

Mit Binnenproblemen der Familie beschäftigen sich - wie schon erwähnt - auch Veranstaltungen des Trägers "Sozialer Dienst Familie". Liedtke (1979) berichtet z.B. über eine Tagung zum Thema "Ist befehlen in der Erziehung verpönt?". An dem Familienseminar nahmen acht Familien, davon vier Familien mit lediglich einem Ehepartner teil. Die Kinder waren im Alter von 2 bis 11 Jahren. Intendierte Ziele der Veranstaltung lauteten (S.121f):

- Eltern und Kinder sollen die besonderen Kennzeichen einer Situation, in der ein autoritärer Verhaltensstil praktiziert wird, erkennen und die Folgen reflektieren.
- Sie sollen dabei für die Gefühle der Beteiligten empfindsam werden.
- Die Eltern sollen erkennen, daß Kinder ihre Interessen selbst vertreten können und konstruktiv zu Problemlösungen beitragen können.
- Die Fähigkeit der Kinder, sich zu ihren Problemen zu äußern und Lösungen zu erarbeiten, soll entwickelt werden.
- Eltern und Kinder sollen gemeinsam Möglichkeiten einer Problemlösung auf partnerschaftlicher Grundlage finden können und entsprechende Verhaltensmerkmale erproben und üben können.

Der Verlauf der Veranstaltung gestaltete sich wie folgt (S.123f):

<u>Freitagabend:</u>

Anreise bis zum Abendessen, Eltern-Kinder-Spielrunde, Elterngruppenarbeit:
- Möglichkeiten zum Kennenlernen
- Abklärung der Erwartungen
- Erläuterungen des Tagungskonzepts

<u>Samstagvormittag:</u>

Kindergruppe I (2- bis 5-jährige): Spielen und Malen in der Spielecke

Kindergruppe II (6- bis 11-jährige): thematische Integration:
- Sammeln von häuslichen Konfliktsituationen zwischen Eltern und Kindern
- Vorbereitung und Durchführung eines Rollenspiels (Tonbandaufzeichnung)
- Auswertung des Rollenspiel und Herstellung einer Wandzeitung über die Ergebnisse

Elterngruppe:
Gruppengespräch über Erziehungsstile und ihre Auswirkung auf die Kinder

Samstagnachmittag:
K-Gruppe I: siehe Vormittag
K-Gruppe II und E-Gruppe: Thematisch-programmäßige Integration (Dauer schätzungsweise 90 Min.):
- Information der Eltern durch die Kinder anhand der Wandzeitung und des aufgezeichneten Rollenspiels
- Übung: Innenkreis-Außenkreis
  3 Eltern und 3 Kinder diskutieren in einem Innenkreis gemeinsam über einen Konflikt und suchen eine Lösung. Die übrigen Eltern und Kinder beoachten.

Anschließend: Auswertung dieser Übung in getrennten Gruppen.

Samstagabend:
- gemeinsamer Abendspaziergang
- E-Gruppe: Auswertung des Rollenspiels und der Übung, Gespräche über Gruppenverlauf.

Sonntagvormittag:
K-Gruppe I: Spiele im Freien
K-Gruppe II:
- je nach Neigung Basteln mit Kork oder Spielen mit Handpuppen
- Erarbeiten eines Liedtextes "Wir wünschen uns von unseren Eltern"

E-Gruppe:
Gespräche und Übungen zu den Möglichkeiten eines partnerschaftlichen Umgangs

Sonntagnachmittag:
alle Gruppen: Vorsingen des Liedes, Auswertung des Tages und Überlegungen zur Übertragbarkeit des Gelernten in den Alltag.
Abreise nach dem Kaffee.

Liedtke berichtet von einer positiven Bewertung der Tagung durch die Teilnehmer und bezieht sich dabei auf deren mündliche Aussagen. Die Erwartungen der Teilnehmer bezüglich der Möglichkeit, partnerschaftliches Verhalten zu erproben und zu üben, waren allerdings aufgrund der Kürze der Zeit zu hoch. Das Wochenendseminar gab primär nur die Gelegenheit zum Einsteigen in die Problematik und verschaffte mehr Sensibilität für die Probleme. Was die Umsetzung neuer Verhaltensqualitäten anbetrifft, so wird diese skeptisch beurteilt. Eigentliche Effektivitätsuntersuchungen wurden - wie in dem meisten Familientagungen - nicht vorgenommen. Nach seinen Erfahrungen mit mehreren Seminaren schätzt Liedtke die Möglichkeiten der Integration und Zusammenarbeit von Eltern und Kindern, die Sensibilisierung für das Verhalten und Empfinden des anderen sowie das Lernen partnerschaftlichen Umgehens miteinander und die Mitbestimmung des Ablaufs der Tagung als recht gut ein.

In einem Wochenendseminar von Haus Neuland (1977,S.16-19) im Jahr 1974 führten Eltern mit ihren über 12-jährigen Kindern gemeinsam Übungen und Rollenspiele zum Thema "Konflikte mit Heranwachsenden - Folgen verlorener Autorität?" durch. Die jüngeren Kinder beschäftigten sich in verschiedenen Gruppen ebenfalls mit dem Thema in Form eines improvisierten Hörspiels oder mittels einer Diskutierwand. Die Ergebnisse der Kindergruppen wurden von Eltern und Kindern zusammen besprochen und gemeinsam neue Wege zur Beseitigung von Konflikten gesucht.
Andere Veranstaltungen von Haus Neuland (1977) beschäftigten sich mit aktuellen politischen Fragen, Problemen im Zusammenhang mit Schule und Kindergarten oder der Stellung der Frau in der Gesellschaft. Es wurden dabei Bildungsprogramme angestrebt, an denen Eltern mit ihren Kindern teilnehmen konnten.

Geissner & Lewkowicz (1975) stellen eine Familientagung dar, die das Thema "Emanzipation und Arbeitsteilung in der Familie" zum Inhalt hat, wobei der

Binnenraum der Familie im Zusammenhang mit außerfamiliären Einflußfaktoren wie Berufstätigkeit und Wohnungsbau bsprochen wurde. Eltern und Kinder arbeiteten gemeinsam an Problemen wie "Mutter ist krank - wie verläuft die Woche?", "Familien planen Sonntage", "Entwerfen einer familienfreundlichen Wohnung". Die Themen wurden zum Teil in getrennten Gruppen von Eltern und Kindern bearbeitet, die Ergebnisse allerdings dann anschließend ausgetauscht.

3.3 Resumée

Die vorher beschriebenen Ansätze und Techniken der Verhaltensbeeinflussung bei Eltern sollen ähnlich wie die der Lehrer in Bezug auf ihre Ziele, ihre Praxisnähe, Effektivität, Transfer und Stabilität eingeschätzt werden. Es seien dabei weiterführende Überlegungen angestellt.

Betrachtet man zunächst die Ziele und damit auch die Inhalte, so sind diese bei den drei Modifikationsarten primär als pragmatisch zu kennzeichnen (vgl. Abb. 16). Es geht in den meisten Fällen um ganz konkrete, praxisrelevante Aufgaben, sei es die Beseitigung von Störungen und Konflikten oder um den Erwerb von Wissen und erzieherische Kompetenzen. Übergeordnete Ziele, wie eine demokratische Sozialerziehung (vgl. Schulz von Thun & Fittkau 1974) oder Erziehung zur Solidarität oder Erziehung zu kosmopolitischem Bewußtsein im Zusammenhang mit expliziten Gesellschaftstheorien, sind nicht zu finden. Übergreifende Ziele sind höchstens bei weltanschaulich gebundenen Organisationen, wie der Kirche und parteinahen Institutionen zu vermuten, jedoch nicht transparent gemacht. Von theoriebezogenen, in sich geschlossenen Zielsystemen etwa mit bildungspolitischem Hintergrund kann keine Rede sein. Die Ziele mit ihren Inhalten orientieren sich primär an den konkreten Bedürfnissen der Eltern, was nicht von Nachteil sein muß, und an psychologischen Theorien.

Abb. 16: Tendenzielle Einschätzung der Modifikationsansätze bei Eltern

Techniken u. Trainings	Ziele	Praxisnähe	Effektivität	Transfer	Stabilität
1. lerntheoretische	(1)	+	+	+	-?
2. kognitions-überzeugungsorient.	(1)(2)	+	+-?	?	?
3. komplexe	(1)	+	+?	+?	+?

(1) pragmatisch
(2) übergeordneten Zielen verpflichtet
+ = positive Einschätzung
- = negative Einschätzung
? = keine Aussage möglich

Es wäre allerdings begrüßenswert, wenn in Bereichen wie Eltern- und Familienbildung oder in den Medien wie dem Fernsehen eine Orientierung an übergreifenden Gesellschafts- und Bildungstheorien erfolgte oder, sofern vorhanden, diese in ihren politischen und sozialen Intentionen transparent gemacht werden würden. Zu wünschen wäre ferner eine stärkere Berücksichtigung gesellschaftspolitischer Themen in Richtung politischer Bildung mit Teilzielen, wie sie teilweise auch bei Schulz von Thun & Fittkau (1974) angesprochen werden, so etwa

- Einsicht in die wirtschaftlich-ökonomischen und politischen Zusammenhänge und Abhängigkeiten für Handeln und Handlungsfreiraum;
- Einsicht in die Notwendigkeit sozialer Konflikte in einer dynamischen Gesellschaft;
- Sensibilität für soziale Ungerechtigkeiten;
- Einsicht in die Notwendigkeit der Mitbestimmung;
- Einsicht in die Notwendigkeit, Organisationen zu unterstützen, die die demokratischen Interessen und Ziele vertreten, und entsprechendes Handeln;
- Einsicht in weltpolitische Zusammenhänge und Abhängigkeiten der Nationen der Welt voneinander und Verantwortungsbewußtsein füreinander.

Es ist nicht sehr beruhigend, wenn 42% der Bevölkerung in der Bundesrepublik wenig Interesse an Politik äußern oder in den letzten Jahren ein deutliches

Nachlassen der Reformfreudigkeit und gesellschaftskritischer Haltungen und ein Rollback konservativer Haltungen festzustellen ist. Wenig beruhigend ist auch die Tatsache, daß ein großer Teil der Bevölkerung ihr Wissen aus der Regenbogenpresse und aus "Bild" speist und billige Unterhaltungssendungen hohe Einschaltquoten erzielen. Der Geisteszustand großer Teile der Nation ist alles andere als erfreulich. Aber das kommt nicht von ungefähr und hat auch seine Geschichte: das soziale und politische Bewußtsein und Verhalten ist ein Produkt seiner Gesellschaft, seines historisch gewachsenen polit-ökonomischen Systems (vgl. Kap.I). Gegensteuerungsversuche allein auf psychologischer Ebene, mit salopp gesprochen "hier ein bißchen Verstärkung, dort ein bißchen Verstärkung" dürften nicht weit führen. Hierzu sind strukturell-politische Maßnahmen erforderlich, die allerdings bei parlamentarisch-demokratischer Grundorientierung auch nicht über Nacht und im Hauruckverfahren zu bewerkstelligen sind.

Wenn man die Ansätze der Verhaltensänderung bei Eltern weiter analysiert, so ist hier ein buntes Allerlei an Zielen und Inhalten zu entdecken, die recht interessant und bedürfnisorientiert erscheinen. Es liegt jedoch keine Systematik und kaum eine curriculare Planung der Ziele und Inhalte vor, weder was das genuine Erziehungsverhalten anbetrifft, noch das von politisch-sozialen Inhalten. Beispielsweise ist in den Massenmedien kaum ein Gesamtplan zur Förderung demokratischen Bewußtseins hinter den vereinzelt angebotenen zeitgeschichtlichen oder politischen Beiträgen zu entdecken (oder doch?). Ähnliches dürfte auch für viele institutionelle Einrichtungen der Eltern- und Familienbildung gelten. Hier müßte wirklich mehr getan werden für eine koordinierte, curricular aufgebaute, an übergeordneten Zielen einer freiheitlichen und demokratischen Gesellschaft orientierten Elternbildung. Damit soll keiner bis ins letzte Glied durchorganisierten Totalplanung das Wort geredet sein, wie dies in manchen totalitären Systemen gegeben sein mag. Dennoch sollte eine pluralistische Vielfalt nicht mit einer Anarchie von Zielen und Inhalten verwechselt werden. Die Pluralität der Inhalte und Ziele im Bereich der Elternbildung im weitesten Sinn (pädagogisch und politisch-soziale Aspekte umfassend) ist natürlich ein Spiegelbild der politischen und gesellschaftlichen Struktur der Bundesrepublik, ein Ausdruck des pluralistischen Systems (vgl. Oberreuter 1980) mit all seinen Vor- und Nachteilen. Hier spiegeln sich in komplexer Weise auch die Macht- und Kräftestrukturen der Gesellschaft (vgl. Kap.I oder auch Jaeggi 1976). Bemühungen um Veränderungen der Elternbildung müssen mit diesen maßgeblichen Kräften rechnen, besonders bei stark abweichenden Intentionen - etwa sozialistischer Orientierung.

Bezieht man sich nach den Zielen und Inhalten auf den Aspekt der Praxisnähe und der Modifikationsansätze, so sind diese wie schon zuvor erwähnt sehr pragmatisch und an den Bedürfnissen der Eltern orientiert. Man könnte sich nur wünschen, daß auch neue Bedürfnisse geweckt würden, nämlich solche nach Informationen über politische und gesellschaftliche Sachverhalte und Zusammenhänge. Für diese Inhalte scheint nur ein geringes Bedürfnis zu bestehen. Besonders zu bedauern ist die Abstinenz an vielen Veranstaltungsangeboten von Eltern aus unteren sozialen Schichten. Zur Motivierung dieser Gruppen muß noch viel Phantasie entwickelt werden. Erste Ansätze liegen zwar vor (z.B. Innerhofer 1976; Berliner Eltern - Trainingsprojekt) sie sind aber noch sehr bescheiden. "Ü"-Wagen-Aktionen des WDR in Nordrhein-Westfalen oder Mobile Elternschulen (Müller, R. 1978), die sich in die Wohngebiete von Arbeitern u.a. begeben, können ein fruchtbarer Beitrag zur "Aufklärung" sein. Es sind aber weitergehende strukturell-politische Überlegungen notwendig.

Was die Effektivität der Maßnahmen und Trainings anbetrifft, so existieren sehr unterschiedlich gut abgesicherte Ergebnisse. Zum Teil werden positive Resultate mitgeteilt, besonders in den weniger komplexen lerntheoretischen Ansätzen, in denen eine empirische Evaluation auch einfacher ist als in komplexeren Bereichen, wie etwa der Massenkommunikation. Weitere und vor allem umfangreichere empirische Forschung ist in bezug auf die Effektivität von Maßnahmen dringend erforderlich.

Dies gilt ebenso für die Untersuchung des Transfers und der Stabilität des Gelernten. Hier ist die Forschungslage besonders unbefriedigend, wie die zahlreichen Fragezeichen in Abb. 16 andeuten. Bei den einzelnen und einmalig durchgeführten Maßnahmen oder Programmen sollten keine zu hohen Erwartungen gehegt werden. Langfristige Erfolge können sich nur einstellen, wenn Transfer- und Stabilisierungsmaßnahmen miteingeplant werden. Diese implizieren dann in jedem Fall ein häufigeres sich Bewußtmachen des Gelernten und ein wiederholtes, längerfristiges Üben und Trainieren. Daran kranken viele Programme und Maßnahmen. Eine sinnvolle Hilfe zur Stabilisierung von einmal Gelerntem können sich häufiger treffende Elterngruppen sein, in denen über anstehende Probleme reflektiert und gemeinsam nach Lösungsmöglichkeiten gesucht werden kann. Ansätze in dieser Richtung deuten sich z.B. bei Warnke & Innerhofer (1978) an oder liegen in freiwilligen Elterninitiativen vor, wie etwa in "Kinderläden" oder Selbsterfahrungsgruppen (vgl. z.B. Richter 1974).

Betrachtet man die dargestellten Maßnahmen auf dem Hintergrund der theoretischen Ansätze psychologischer Modifikation (Kap.II,1), so fällt auf, daß die kognitions- und gruppenorientierten Ansätze und Aspekte in der Elternmodifikation kaum bewußte Berücksichtigung finden. Es gibt keine Elterntrainings, die in breiterem Maße sich z.B. mit Aspekten der selektiven Unaufmerksamkeit, mit Fehlwahrnehmungen, Klassifikations- und Schlußfolgerungsirrtümern, Attributionsmustern und Fehlattributionen beschäftigen. Viele Konflikte in der erzieherischen Tätigkeit oder auch im Zusammenleben von Partnern beruhen auf den genannten Fehlern. Elterntrainings mit diesen Inhalten oder mit kognitiven Veränderungsstrategien, wie kognitive Umstrukturierung, Selbstinstruktion und Problemlösen, sowie diesbezügliche Informationsveranstaltungen könnten auch ein wichtiger Beitrag zur Prophylaxe und Prävention von Störungen und psychischen Schwierigkeiten in der Familie sein.
Hier käme den Massenmedien, insbesondere dem massenwirksamen, häufig benutzten Fernsehen eine überragende Bedeutung zu. Durch das Fernsehen könnte ein großer Beitrag zur Prävention von Störungen und zur Aufrechterhaltung psychischer Gesundheit durch entsprechende, curricular geplante und häufiger ausgestrahlte Sendungen zu elternfreundlichen Zeiten geleistet werden. Der Aspekt der Prävention müßte überhaupt mehr im Rahmen der Elternbildung gefördert werden. Die Beiträge z.B. von Gordon (1972), Müller (1974) oder Luthi und Vuille (1980) sind erste Versuche in der richtigen Richtung. Präventive Informationen oder Trainings mit Präventivcharakter müßten aber wesentlich breiter, z.B. an Volkshochschulen, Mütterberatungsdiensten, in Erziehungsberatungsstellen oder selbst in Schulen, institutionalisiert werden. Dies erfordert letztlich sozialpolitische Entscheidungen.

Neben den kognitiven Aspekten werden aber auch gruppenorientierte Faktoren zu wenig bewußt berücksichtigt. So werden meines Wissens gruppendynamische Elterntrainings in der Literatur nicht erwähnt. Gruppendynamik findet zwar in jedem Elterntraining statt, dadurch daß mehrere Personen zusammen sind. Aber die dort sich abspielenden Prozesse sind eher selten Gegenstand der Betrachtung, höchstens bei auftretenden starken Konflikten in der Gruppe. Einzelne Elemente aus dem Standardprogramm gruppendynamischer Trainings wie etwa Rückmeldung, Blitzlicht, Metakommunikation, Aufwärmübungen (vgl. Kap.II,1.5) sind allerdings auch Inhalt vieler Trainings, die mit Gruppen arbeiten. Empirische Arbeiten

zur Wirksamkeit dieser Einzelelemente liegen aber nicht vor. Wenn in der Literatur zwar nicht von gruppendynamischen Elterntrainings explizit gesprochen wird, so gibt es aber Anlehnungen daran etwa in Selbsterfahrungsgruppen, in denen auch Eltern oder Elternteile vertreten sind (vgl. z.B. Richter 1974). Ein Ausbau gruppendynamischer Trainings wäre sehr zu begrüßen. Unter kompetenter Leitung wird dabei den Eltern nämlich ermöglicht, neue Erfahrungen über sich, über eigene pädagogische, politische, soziale Wertvorstellungen, Einstellungen und Interessen und die anderen Personen zu machen.
Weiterhin können neue Erfahrungen über Gruppenprozesse, über den Abbau von Konflikten und Chancen solidarischen Handelns und anderes mehr gesammelt werden. Besonders in Selbsterfahrungsgruppen mit emanzipatorischer Zielsetzung können sich Eltern bewußter werden, daß ihre individuellen Probleme meist nicht selbstverursachte sind, sondern eng mit ihrer persönlichen Entwicklungsgeschichte und mit der ihrer Gesellschaft, in der sie leben, zusammenhängen. In solchen Gruppen wird ein Bewußtwerden des engen und komplexen Zusammenhangs von Individuum und Gesellschaft und eine verstärkte Sensibilisierung für Ungerechtigkeiten innerhalb der Gesellschaft und ferner ein Bewußtsein für die Notwendigkeit gemeinsamen, organisierten Handelns möglich. Es kann dadurch eine Erfahrung für Möglichkeiten und Grenzen individuellen und gemeinsamen Handelns entstehen.

Abschließend wäre noch auf Möglichkeiten und Grenzen der dargestellten psychologischen Interventionen bei Eltern einzugehen. Des weiteren müßten noch auf dem Hintergrund humanitärer und demokratischer Ziele verschiedene Forderungen an Modifikationsbemühungen bei Eltern zusammenfassend formuliert werden. Diesbezügliche Ausführungen wären allerdings deckungsgleich mit dem im Kap.II,2.3 Dargestellten und es kann deshalb auf sie verwiesen werden. Es sei nur noch zum Schluß folgendes angemerkt. Die Realisierung des Ziels eines humanitären und demokratischen Elternverhaltens läßt sich - genau wie bei den Lehrern - nicht über psychologische Interventionen allein erreichen. Diese können und müssen parallel zu strukturellen, d.h. politischen Interventionen verlaufen.

B) POLITISCHE MÖGLICHKEITEN DER VERHALTENSBEEINFLUSSUNG

Die bisherigen Darstellungen zur Modifikation des Verhaltens von Lehrern und Eltern bezogen sich primär auf psychologische Möglichkeiten.Wie an anderer Stelle ausgeführt, sind jedoch auch politische, d.h. strukturelle Eingriffe in das polit-ökonomische, das schulische und das familiäre System erforderlich,um die Lebens- und Arbeitsbedingungen von Erziehern zu verbessern, ihre Probleme zu lösen und bestimmte Wertvorstellungen zu realisieren. Politische-strukturelle Maßnahmen unterschiedlicher Art tragen mit zur Verbesserung der Erziehungssituation und damit des Erziehungsverhaltens von Eltern und Lehrern bei. Sie schaffen zumeist erst günstige Rahmenbedingungen und günstige Voraussetzungen für eine fruchtbare und hilfreiche Erziehung. Wie früher bereits erwähnt (vgl. z.B. S.46), müssen politische und psychologische Interventionen sich ergänzen; sie müssen integrativ verbunden und aufeinander abgestimmt sein. Strukturelle Veränderungen externer Gegebenheiten (vgl. Kap.I) allein reichen zur Modifikation interner individueller Persönlichkeitsstrukturen und damit auch von Verhalten oft nicht aus,sie müssen einhergehen mit der Änderung von Bewußtseinsstrukturen der Erzieher. Dennoch ist die Veränderung externer Strukturen zur Modifikation interner individueller Strukturen und damit auch von Verhalten ganz zentral und grundlegend (vgl. Beispiele c,S. 93,135).

Politische Interventionen können zwei Aufgaben erfüllen. Sie dienen zum einen der Korrektur bestehender Mißverhältnisse und Unzulänglichkeiten in Teilsystemen. Sie dienen aber auch zur Prävention von Problemen, Krisen und Schwierigkeiten in Bereichen wie z.B. Familie und Schule, indem befriedigende strukturelle Voraussetzungen für das Leben von einzelnen geschafffen werden.

Welche politischen Maßnahmen zur Lösung von Problemen oder zur Schaffung günstiger gesellschaftlicher Rahmen- und Strukturbedingungen optimal erscheinen, darüber gehen die Meinungen in jeder komplexen Gesellschaft weit auseinander. Die verschiedenen politischen Gruppierungen (als Repräsentanten unterschiedlicher Macht- und Interessengruppen) und die verschiedenen politischen Systeme auf unserem Erdball sind ein deutlicher Ausdruck hierfür.Die folgenden Ausführungen zu strukturellen Interventionen sind als parteiliche Überlegungen zu sehen, welche Maßnahmen zur Verbesserung der Lebensbedingungen und des Erziehungsverhaltens von Lehrern und Eltern beitragen können. Sie sollen zur kritischen Auseinandersetzung anregen und dem besseren Verständnis des komplexen Ineinandergreifens gesellschaftlicher Teilsysteme und psychologischer und politischer Interventionen dienen. Die im weiteren aufgezeigten Möglichkeiten sind als Mosaiksteine politisch-struktureller Interventionen zu verstehen und nicht als kompletter, abgerundeter und unkritisierbarer Handlungskatalog zur Lösung komplexer Probleme. Es sei hier bereits darauf hingewiesen, daß bestimmte Interventionen nicht immer nur Vorteile haben, sondern gelegentlich auch ungünstige Nebenerscheinungen nach sich ziehen, worauf im einzelnen nicht immer im weiteren eingegangen werden kann.

Ausgehend von der in Kapitel I,1 dargestellten Systematik, in der dem politischen und ökonomischen System gegenüber anderen gesellschaftlichen Teilsystemen eine Schlüsselstellung im Sinne von Vor- und Übergeordnetsein zukommt, wird im folgenden zunächst mit strukturellen Interventionen in den eben genannten Systemen begonnen. Diese Maßnahmen haben deutliche Auswirkungen auf die hier berücksichtigten Teilsysteme Familie und Schule und damit auf das Erzieherverhalten und werden deshalb zunächst vor denen in den nachrangigen Systemen dargestellt. Zuvor wird jedoch noch die Richtung der Modifikationen diskutiert.

1. ZIELE DER VERÄNDERUNG

Bei strukturellen Veränderungen stellt sich wie bei den bisherigen Modifikationsintentionen ebenso die Frage nach den Zielen, auf die hin Veränderungen durchgeführt oder von denen diese abgeleitet werden sollen. Ein Blick in die Parteienlandschaft der Bundesrepublik Deutschland zeigt deutlich unterschiedliche Ziel- und Änderungsvorstellungen der politischen Gruppierungen hinsichtlich des Aufbaus der Gesellschaft und ihrer Machtstrukturen sowie hinsichtlich der inhaltlichen Gestaltung gesellschaftlicher Teilsysteme wie Wirtschaft, Finanzen, Bildung,Erziehung,Familie u.a. (vgl. Liese 1976; Kunz u.a. 1975; Karl 1976).

1.1. Ziele des Demokratischen Sozialismus

Verfolgt man weiterhin die bisher genannten Oberziele oder Grundwerte wie Humanität, Freiheit, Gerechtigkeit und Solidarität oder die Teilziele wie Verwirklichung einer demokratischen Staats- und Lebensordnung, einer demokratischen und emanzipatorischen Erziehung (23), einer Erziehung zur Kritikfähigkeit und zur allseitigen Entfaltung der Persönlichkeit, so müssen gesellschaftliche Veränderungen in einer Richtung verlaufen, wie sie von konservativen Parteien und Gruppierungen nicht zu erwarten sind. (Schumann 1974; Neumann 1977; Kaltenbrunner 1972; Lenk 1972). Konservative Strömungen zeichnen sich aus durch die Konservierung des status quo, die Wahrung von Privilegien und Besitzverhältnissen, die primäre Wahrnehmung der Interessen der wirtschaftlich Mächtigen, die Überbetonung der Werte Ordnung, Stabilität und Freiheit gegenüber Gerechtigkeit - und letztlich die Verhinderung von Emanzipation. Nach persönlicher Auffassung ist eine Realisierung der obengenannten Ziele am ehesten im Demokratischen Sozialismus möglich (Autorenteam 1979; Meyer 1978,1980,1981; Fetscher 1973; Vilmar 1975; Eichler 1972), der allerdings ständig fortzuentwickeln ist (24). Der demokratische Sozialismus ist als eine politische Richtung zwischen ungezügeltem Kapitalismus und bürokratischem Staatssozialismus zu verstehen, die von beiden bekämpft wird (vgl. Fetscher 1973; Modrshinskaja u.a. 1972). Er kann auch als "reformistischer" Sozialismus bezeichnet werden (vgl. Oertzen 1980,S. 95 ff) und enthält die Programmatik des freiheitlich orientierten Sozialismus in Europa seit fast einem Jahrhundert (Potthoff 1974; Steinberg 1972; Farner & Pinkus 1964; Meyer 1978; Heimann & Meyer 1978).

Im Demokratischen Sozialismus wird eine "neue und bessere Ordnung der Gesellschaft angestrebt", "eine Gesellschaft, in der jeder Mensch seine Persönlichkeit in Freiheit entfalten und als dienendes Glied der Gemeinschaft verantwortlich am politischen, wirtschaftlichen und kulturellen Leben der Menschheit mitwirken kann". (Godesberger Programm). Ziel des Demokratischen Sozialismus ist die "Verwirklichung der Selbst- und Mitbestimmung des Menschen in allen Bereichen des gesellschaftlichen Lebens..., die Aufhebung von Entfremdung, von sozialer und psychischer Verelendung, die Herstellung einer gesellschaftlichen Ordnung, in der es keine Macht, keine Herrschaft von Menschen über Menschen mehr gibt, die nicht realdemokratisch kontrolliert und auf das funktional unabdingbar notwendige Minimum reduziert wäre". (Vilmar 1975,S.585). Es soll eine Gesellschaft geschaffen werden, in der die freie Entfaltung eines jeden die Bedingung für die freie Entwicklung aller ist, d.h. das Interesse der Gesamtheit steht über den Einzelinteressen.

Zentrale Werte des Demokratischen Sozialismus sind Freiheit, Gerechtigkeit und Solidarität. Freiheit bedeutet geistige, materielle, demokratische und wirtschaftliche Freiheit, Freisein von entwürdigenden Abhängigkeiten. Gerechtigkeit heißt "Gleichheit zu verwirklichen, soweit sie Voraussetzung für Freiheit ist, das heißt vor allem, die rechtliche und politische Gleichheit ausbauen und unter Anerkennung der natürlichen Ungleichheiten des Menschen Ungleichheiten beseitigen" (Schlei & Wagner 1976,S.59). Dies impliziert u.a., die objektiv bestehenden sozial-strukturellen Ungleichheiten der kapitalistischen Gesellschaft zu verändern. Solidarität bedeutet gemeinsames Handeln und kämpfen gegen Abhängigkeit und Benachteiligung sowie für gleiche Rechte und Lebenschancen. (Zur detaillierten inhaltlichen Ausfüllung der Begriffe vgl. Schlei & Wagner 1976; Meyer 1978). Die zentralen Werte durchdringen sich gegenseitig; so kann z.B. Freiheit nicht losgelöst von Gleichheit und Gerechtigkeit gesehen werden und umgekehrt.

Der Demokratische Sozialismus, der in der klassischen Philosophie, im Humanismus und in fundamental demokratischen Traditionen der westeuropäischen Arbeiterbewegung verankert ist, muß deutlich vom marxistisch-leninistischen Sozialismus abgesetzt werden, wie er etwa in der Sowjetunion und anderswo vertreten ist. Dort haben sich auf dem Boden gesellschaftlichen Eigentums an den Produktionsmitteln und einer Staatsform des Demokratischen Zentralismus neue Formen der Ausbeutung, Unterdrückung und geistigen Entmündigung der Mehrheit der Bevölkerung durch eine privilegierte Minderheit in mehr oder weniger starkem Ausmaß etabliert (Kremendahl & Meyer 1981; Bahro 1977; Šik 1976; Stojanovic 1970). Die Situation im marxistisch-leninistischen Sozialismus beschreibt Autorenteam (1979,S.15) wie folgt: "Anstelle 'vollendeter Demokratie' beobachten wir:

- eine Diktatur der "Partei der Arbeiterklasse", der selbsternannten "Avantgarde", über ihre vermeintlichen Auftraggeber - die Arbeiter;
- eine neue Klassenherrschaft in allen Lebensbereichen: Im politischen System sind die bürgerlich-liberalen Freiheiten eliminiert worden, um deren Durchsetzung gerade die Arbeiterklasse fast ein Jahrhundert lang erbittert gekämpft hat und auf deren Druck sie schließlich zustande gekommen sind. Es sind dies vor allem: Freie, allgemeine und gleiche Wahlen, Recht auf Opposition und Minderheitenschutz, Meinungs- und Gewissensfreiheit, Koalitionsfreiheit, Freizügigkeit und Rechtsstaatlichkeit;
- im ökonomischen System hat die Verstaatlichung der Produktionsmittel keineswegs zur theoretisch postulierten Selbstbestimmung der Arbeiterklasse geführt: dagegen beherrscht eine demokratisch nicht kontrollierte Bürokratie-Oligarchie die Schaltstellen vermeintlich "sozialistischer Ökonomie": Streikrecht, Koalitionsfreiheit und Oppositionsrecht der unmittelbaren Produzenten sind weitgehend ausgeschlossen; Gewerkschaften fungieren ausschließlich als Transmissionen der Staatspartei;
- Repressionen gegen Kritiker des bürokratischen Sozialismus, die in ihrer überwiegenden Mehrheit "systemimmanente " Kritik üben und am Sozialismus festhalten: siehe die Ausweisung Biermanns, die Verurteilung Rudolf Bahros, die Isolierung Robert Havemanns, sowie Verhaftungen und Repressionen gegen andere sogenannte "Dissidenten" in der Sowjetunion, in Polen und der CSSR.

Der Demokratische Sozialismus ist aber auch von einem bloßen Reformismus zu unterscheiden," der im 'ornamentalen Ausbessern des Bestehenden' sein Heil sucht und somit objektiv eine nahtlose Anpassung an die Profitlogik kapitalistischer Wirtschaftsordnungen vollzieht" (Autorenteam 1979,S. 15; vgl. auch Duve 1973; Heimann 1975).

2. VERÄNDERUNGEN IM POLITISCHEN UND ÖKONOMISCHEN SYSTEM

Der Demokratische Sozialismus intendiert eine schrittweise und konsequente Veränderung der spätkapitalistischen Klassengesellschaft mit ihren strukturbedingten Problemen und Ungerechtigkeiten in eine solidarische klassenlose Gesellschaft (25) von Freien und Gleichen (vgl. unten). Die spätkapitalistische Gesellschaft selbst wird durch mehrere Aspekte gekennzeichnet (Autorenteam 1979; vgl. auch Neumann 1977; Kress & Senghaas 1973; Duve 1973; Jaeggi 1976):

- Privateigentum an den Produktionsmitteln und einer daraus resultierenden Produktionsweise sowie eine entsprechende Klassenstruktur;
- wirtschaftliche Machtkonzentration und damit politische Macht in den Händen weniger, die nicht demokratischer Kontrolle unterliegt (d.h. es existiert eine Gruppe (=Klasse) Kapital und Macht Besitzender und eine Klasse, die nur das Lebensnotwendige besitzt);
- Machtkonzentration und internationale Verflechtung, wodurch die Handlungsfähigkeit demokratisch gewählter Regierungen eingeschränkt wird;
- eine Kluft in der Verteilung der Einkommen und Vermögen trotz politischer Demokratie;
- den Grundwiderspruch der privaten und individuellen Aneignung gesellschaftlich produzierter Güter und Leistungen;
- eine Produktionsweise, in der die Produktivkräfte nicht entsprechend realer Bedürfnisse der Bevölkerung, sondern nach dem Gesetz der Kapitalverwertung mit dem Ziel optimaler Profitmaximierung entwickelt werden;
- strukturelle Instabilitäten, periodische Krisen, Disfunktionalitäten und damit verbundene Arbeitslosigkeit, Kurzarbeit, Inflation und soziale Unsicherheit;
- ein immanenter Zwang zum irrationalen Wachstum und damit Raubbau an den knappen natürlichen Ressourcen und Störung des ökologischen Gleichgewichts.

Die Umformung in eine solidarische "klassenlose" und gerechtere Gesellschaft soll aber auf dem Boden der Parlamentarischen Demokratie mit ihren Grundprinzipien der allgemeinen freien und geheimen Wahlen, Gewaltenteilung, Mehrparteiensystem, Unabdingbarkeit der Menschenrechte als oberste Gesetzesnormen sowie der Organisations-, Gewissens-, Meinungsfreiheit und Freizügigkeit erfolgen.
Es sei bereits hier betont, daß das Ziel einer solidarischen klassenlosen Gesellschaft eine konkrete Utopie (vgl. Bloch 1945; Frei 1979; Neusüss 1968) ist, die in absehbarer Zeit allerdings nicht realisiert sein dürfte, da hierzu neben den politischen auch die materiellen und ökonomischen Voraussetzungen erst geschaffen, d.h. die Produktivkräfte voll entwickelt werden müssen. Dabei muß nicht nur den besonderen Verhältnissen in einzelnen hochentwickelten Ländern, sondern auch der gesamten Welt Rechnung getragen werden. Wie schwierig die Einlösung einer solidarischen klassenlosen Gesellschaft ist, dürfte jedem bewußt sein, der die grotesken und fast gespenstisch anmutenden Unterschiede zwischen armen und reichen Ländern dieser Erde und die politischen Machtverhältnisse der Welt vor Augen hat. Es bedarf internationaler Solidarität, um die anstehenden Weltprobleme zu lösen und das Gefälle zwischen den Nationen des Nordens und des Südens, den Reichen und Armen und Hungernden auszugleichen (Brandt 1980). Es bedürfte einer gemeinsamen Weltpolitik aller Nationen. Sozialistischer Internationalismus ist aber auch nötig, um der Ausbeutung und dem Raubbau der Natur und damit der ökologischen Katastrophe entgegenzusteuern. Das gleiche gilt auch, um imperialistischer Wirtschaft- und Hegemonialpolitik in West und Ost Einhalt zu gebieten. Dabei dürfte allerdings in Bezug auf den

Osten ein blinder Antikommunismus, wie er gerne von bestimmten politischen Kreisen in der Bundesrepublik gepflegt wird, nicht besonders hilfreich sein. Es gilt die positiven wie negativen Seiten kommunistischer Staaten kritisch und realistisch zu benennen und bei Verhandlungen bewußt zu berücksichtigen.

Die Schaffung eines demokratischen Sozialismus macht eine Reihe schrittweiser systemverändernder Reformen notwendig (vgl. Näheres Autorenteam 1979; Duve 1973). Auf "revolutionäre" Veränderungen im Sinne von Gewalt wird verzichtet, weil davon ausgegangen wird, daß unter den Bedingungen des Spätkapitalismus und eines funktionierenden parlamentarisch-demokratischen Staates ein Frontalangriff auf die Kapitalherrschaft und den Staatsapparat nur die Möglichkeit einer echten Demokratie und eines genuinen Sozialismus zerstört würde und eher eine faschistische oder stalinistische Diktatur die Folge wäre. Zur Verwirklichung des Sozialismus reicht kein Putsch einer Minorität aus, sondern es bedarf einer breiten, in der gesamten Gesellschaft verankerten Bewegung, die Reformen fordert und deren Realisierung trägt. Die Arbeit in Partei, Parlament sowie Regierung und Verwaltung muß durch das Engagement der Bevölkerung für gesellschaftliche Ziele und Reformen ergänzt werden. Parlamentarische und außerparlamentarische Aktivitäten müssen integriert werden.
Um die Ziele des demokratischen Sozialismus zu erreichen ist eine Demokratisierung und Humanisierung aller gesellschaftlichen Lebensbereiche einschließlich der staatlichen Institutionen und eine Veränderung der kapitalistischen Gesellschaft erforderlich. (26)

2.1 Demokratisierung und Humanisierung gesellschaftlicher Bereiche

Versucht man die Verhältnisse in der Bundesrepublik Deutschland einzuschätzen, so kann man hier von einem demokratischen System sprechen, allerdings nicht selten von einem formal demokratischen. Von wirklich demokratischen Verhältnissen in Form der Mitbestimmung, Selbstverwaltung und Selbstregulierung gesellschaftlicher Bereiche wie Wirtschaft, Produktion, Bildung, Wohnungs-, Informations-, Parteien- und Verbändewesen kann hier jedoch nur bedingt die Rede sein. Die kapitalistischen Verhältnisse in der Bundesrepublik höhlen die obengenannten demokratischen Prinzipien vielfach aus und lassen sie " zu bloß äußerlichen 'Formen' und 'Spielregeln' entarten" (Vilmar 1975,S.585). Die Ohnmacht des Parlaments gegenüber den Multinationalen Konzernen bei der Preisgestaltung ist nur ein eklatantes Beispiel. (Zur Macht von Wirtschaftskonzernen vgl. Jaeggi 1976; Duve 1973; Jens 1980).

Fragt man des weiteren danach, wie human die Lebensverhältnisse in der Bundesrepublik sind, so wird man vielleich auf den ersten Blick nicht viel Negatives sagen können. Bei näherem Hinsehen fällt dann doch manches auf: eine zum Teil inhumane Arbeitswelt (vgl. S.30f), ein geringes Einbeziehen von Randgruppen (wie alte Menschen, sozial Schwache, Drogenabhängige u.a.), ein Überhandnehmen des Egoismus sowie des Materialismus, eine primäre Orientierung am "Haben" statt am "Sein", um in den Worten von Fromm (1981) zu sprechen. Die Charakterstruktur des "Habens" ist ganz massiv in der Bundesrepublik vertreten. Sie läßt sich kennzeichnen durch extremes Besitzen-Wollen, extremes Konsumieren und "ich bin, was ich habe und was ich konsumiere" (Fromm,1981,S.37). Wenig ausgeprägt ist dagegen die Existenzweise des "Seins", die sich ausdrückt in Lebendigkeit, Spontaneität und Menschlichkeit und "wahre Wirklichkeit...im Gegensatz zu trügerischem Schein" (Fromm 1981,S.35). Diese setzt "Unabhängigkeit, Freiheit und das Vorhandensein kritischer Vernunft" und Aktivität "im Sinne eines inneren Tätig seins, dem produktiven Gebrauch der menschlichen Kräfte" voraus (Fromm 1981). Diese Qualitäten des "Seins" scheinen in der Bundesrepublik in immer stärkerem Maße abzunehmen, hält man sich die Fernsehsendungen mit den höchsten Einschaltquoten (billigste Unterhaltung), die Auflagenhöhe der Boulevard- und Regenbogenpresse, den Auto-Kult, die Punk- und Popper-Kultur, die Zunahme der Flipperautomaten und den steigenden Alkohol- und Drogenkonsum vor Augen. Eine kaputte Gesellschaft. Eine inhumane Gesellschaft, die derartige Früchte zeugt.

Es bedarf zahlreicher Veränderungen im gesellschaftlichen System, um tatsächlich Demokratie und humane Verhältnisse zu erreichen. Dringend erforderlich sind u.a. eine Demokratisierung der Wirtschaft, die Kontrolle wirtschaftlicher Macht und Mitbestimmung, demokratische Rahmenplanung, Investitionslenkung und Arbeitsmarktpolitik, Humanisierung der Arbeit und Demokratisierung der Massenmedien und weitere Maßnahmen. Hierauf wird im folgenden eingegangen. Zum Teil wird den Ausführungen von Autorenteam (1979) und Vilmar (1975) gefolgt. (Vgl. auch Roth 1976; Vilmar 1973 a,b; Vilmar & Sattler 1978; Meißner u.a. 1981; Steffen 1974; Sost 1980; Ehrenberg 1976; Wagener 1980; Meyer 1980; Fromm 1980) Es ist noch anzumerken, daß Demokratisierung und Humanisierung in enger Beziehung stehen. So schreibt Vetter (1973) in bezug auf die Arbeitswelt: "Humanisierung spricht in erster Linie die inhaltliche Gestaltung der Arbeit an, die Struktur des Arbeitsprozesses, während Demokratisierung vor allem den Prozeß der Willensbildung und Entscheidungsfindung umfaßt. Humanisierung und Demokratisierung ergänzen sich also, müssen sich ergänzen, will sich Demokratisierung der Entscheidungsprozesse nicht nur auf eine formelle Veränderung der Zusammensetzung von Institutionen beschränken. Humanisierung der Arbeit läßt sich ohne Mitbestimmung auf allen Ebenen letztlich nicht verwirklichen."

2.1.1 Demokratisierung der Wirtschaft

Vilmar (1975) stellt fest, daß durch die Entwicklung der Demokratie im Kapitalismus eine unmittelbare Verelendung der Arbeiterklasse zum größten Teil nicht mehr vorliegt. Allerdings ist die Masse der Arbeitenden abhängig von einer kleinen Minderheit, in deren Händen sich eine riesige Vermögens- und Kapitalmacht (und damit politische Macht) konzentriert; ferner verfügt sie über alle wichtigen gesellschaftlichen Produktionsmittel, die von den Arbeitenden geschaffen worden sind. (Genaue statistische Daten vgl. Jaeggi 1976,S.55ff).Dies ist mit sozial-staatlichen und demokratischen Grundsätzen jedoch nicht vereinbar. Die Arbeitenden sind weiterhin von der Verfügung über die Produktionsmittel ausgeschlossen und gleichzeitig den Wirtschaftskrisen des privatwirtschaftlichen Systems ausgeliefert.
Auf diesem Hintergrund bedeutet Demokratisierung der Wirtschaft: Orientierung am Gemeinwohl und nicht am Profit und Beseitigung der kapitalistischen Strukturkrisen und damit verbundenen Unsicherheiten und Inhumanitäten. Statt einer Totalsozialisierung und Totalplanung sollen differenzierte Umgestaltungen vorgenommen werden, wie " Erhaltung (sogar Wiederherstellung!) funktionsfähiger marktwirtschaftlicher Strukturen (Wettbewerb; Angebot-Nachfrage-Funktionen; einzelwirtschaftlicher Dispositionsspielraum...) - aber Ergänzung, Veränderung, Ersetzung und gemeinwohl-orientierte Steuerung von marktwirtschaftlichen Systemelementen durch Kontrolle wirtschaftlicher Macht (einschließlich umfassender Mitbestimmung sowie möglicher Vergesellschaftung marktbeherrschender und Schlüsselunternehmen) und volkswirtschaftlicher Rahmenplanung einschließlich gezielter Investitionslenkung und planvoller Arbeitsmarktpolitik)." (Vilmar 1975,S.586). Die Beantwortung der Frage der richtigen Mischung von markt- und plan- bzw. gemeinwirtschaftlichen Elementen ist dabei noch völlig offen. Vilmar führt weiter aus, daß die unkontrollierte Verfügungsgewalt über die Produktionsmittel eine Demokratisierung von Wirtschaft und Gesellschaft verhindert, sowie die objektive Logik der Kapital-Macht-Prozesse und die bewußte Politik kapitalistischer Interessengruppen einen reform- und demokratie-feinlichen Einfluß auf die politische Willensbildung und die Staatsorgane ausüben.

Wirtschaftliche Machtkonzentration bedeutet politische Macht, sie ist der Kern der Klassenstruktur unserer Gesellschaft. Demokratische Kontrolle wirtschaftlicher Macht und damit über Entscheidungen des Wie, des Was und des Wo von Produktion und Absatz ist deshalb dringend erforderlich.

2.1.2 Kontrolle wirtschaftlicher Macht und Mitbestimmung

Zur Kontrolle wirtschaftlicher Macht wird besonders bei marktbeherrschenden Unternehmen (vgl. Jaeggi 1976,S.70ff; Duve 1973,S.58ff) nicht eine Verstaatlichung im Sinne einer zentralgesteuerten bürokratischen Lenkung von Unternehmen vorgesehen, sondern die Vergesellschaftung als Überführung in Gemeineigentum, wie dies durch Artikel 14 unserer Verfassung ausdrücklich möglich ist. An der Kontrolle und Lenkung der Unternehmen sollen unterschiedliche Gruppen und staatliche Instanzen mit ihren verschiedenen Interessenlagen beteiligt sein, z.B.:

(a) die Belegschaften und ihre gewerkschaftlichen Vertreter mit besonderem Augenmerk auf eine humane Gestaltung der Arbeitsbedingungen, gerechte Entlohnung und Arbeitsplatzsicherheit;
(b) staatliche Instanzen zur Berücksichtigung externer Effekte von Produktion und nachfolgendem Konsum sowie der notwendigen Abstimmung mit anderen Wirtschaftstätigkeiten im Rahmen einer gesamtwirtschaftlichen Planung;
(c) Verbrauchervertreter mit dem Blickwinkel auf gute und billige Güter und Dienstleistungen.

Andere, weniger direkte Formen der demokratischen Kontrolle wirtschaftlicher Macht werden im DGB-Grundsatzprogramm genannt, wie z.B.

- fortlaufende Erhebungen über den Umfang von Konzentrationsbewegungen und ihre Veröffentlichung
- Beseitigung konzentrationsfördernder Rechtsvorschriften
- wirkungsvolle Ausgestaltung der Monopol- und Kartellkontrolle
- Mitbestimmung der Arbeitnehmer und ihrer Gewerkschaften
- Mobilisierung des Wettbewerbs unter anderem durch öffentliche und gemeinwirtschaftliche Unternehmen
- Ausbau des Systems öffentlich gebundener Unternehmen.

Wird Vergesellschaftung primär für marktbeherrschende Unternehmen als günstiges Kontrollinstrument betrachtet, so wird für viele Klein- und Mittelunternehmen eine Verschärfung der Gewerbeaufsicht und die Ausweitung der Mitbestimmung als wirkungsvoller und weniger bürokratisch angesehen. Ergänzende Maßnahmen sind der Ausbau der gesetzlichen Auflagen zur sozialen Sicherung der Arbeiter und Angestellten in den Betrieben, eine Verbesserung des Arbeitsrechts zugunsten der Arbeitnehmer, Verbesserung der betriebsärztlichen Versorgung u.a..

Eine indirekte Form der Kontrolle wirtschaftlicher Macht ist die Mitbestimmung. Sie bedeutet unmittelbare Teilnahme der Arbeitenden oder von Arbeitsgruppen am betrieblichen Entscheidungsprozess sowie auch Einfluß von Arbeitnehmervertretern auf die Produktionsziele, Investitionen, Methoden der Produktion, Verteilung des Gewinns, Organisation der Arbeit, Personalentscheidungen und Sozialleistungen.
Auf überbetrieblicher Ebene stellen Strukturräte eine Ergänzung zur betrieblichen Mitbestimmung dar. In den Strukturräten sitzen paritätisch Vertreter der Arbeitgeber und des Staates, die gemeinsam über grundlegende Fragen struktureller Veränderungen der Wirtschaft, der Rohstoff- und Energiepolitik und den anderen wirtschaftsrelevanten Politikbereichen. Es sollen hier Vorschläge für die staatliche Ebene und für die Unternehmen oder Branchen entwickelt werden. Letzte Entscheidungen werden allerdings den traditionellen Entscheidungsebenen

vorbehalten.
Zur Mitbestimmung sei angemerkt, daß sie unmittelbare Selbstbestimmung, Selbstentfaltung und Emanzipation der Arbeitenden ist sowie gleichzeitig ein breites Feld des aktiven Aneignens demokratischer und solidarischer Verhaltensformen darstellt. Mitbestimmung ist nicht nur im Bereich der Wirtschaft zu unterstützen, sondern in allen gesellschaftlichen Teilbereichen.

2.1.3 Demokratische Rahmenplanung, Investitionslenkung und Arbeitsmarktpolitik

Eine echte Demokratisierung unternehmerischer Entscheidungsbildung in einem gesamtwirtschaftlich und gesamtgesellschaftlich vernünftigem Sinn wird nach Vilmar erst dann erreicht, wenn Mitbestimmung und andere eben genannten Formen der demokratischen Kontrolle wirtschaftlicher Macht an bestimmte volkswirtschaftliche und gesellschaftliche Orientierungsdaten gebunden sind. Die an den Bedürfnissen der Konsumenten und der Gesellschaft sich orientieren müssende Volks- und Europawirtschaft muß einer volkswirtschaftlichen Rahmenplanung, direkter und indirekter Investitionslenkung und planvoller Arbeitsmarkt- und Arbeitszeitpolitik unterliegen (vgl. auch Oertzen u.a. 1974; Voigtländer 1975; Jens 1980).

Im DGB Grundsatzprogramm werden diese volkswirtschaftlichen Steuerungsinstrumente näher dargestellt (zitiert nach Vilmar 1975,S.588f):

"Der Wirtschaftsprozess ist durch eine differenzierte Volkswirtschaftliche Gesamtrechnung überschaubar zu machen, so daß die Geld- und Güterströme, innerhalb der Wirtschaft und zwischen dem In- und Ausland sichtbar werden und die voraussichtlichen Auswirkungen bestimmter Einkommens- und Ausgabenänderungen beurteilt werden können.

Aus der Volkswirtschaftlichen Gesamtrechnung ist der Rahmenplan in Form eines Nationalbudgets zu entwickeln. Es enthält die Zielsetzung für die Entwicklung der Volkswirtschaft in einem bestimmmten Zeitraum. An seiner Vorbereitung ist der Deutsche Gewerkschaftsbund zu beteiligen.

Die Richtlinien eines solchen Nationalbudgets sind für die Organe der staatlichen Wirtschaftspolitik verbindlich. Sie geben die notwendigen Orientierungsdaten für die eigenen freien Entscheidungen in den Wirtschaftsbereichen und den Einzelwirtschaften.

Bei der Realisierung der Rahmenplanung (Nationalbudget) spielen die indirekten Beeinfussungsmöglichkeiten der Privatwirtschaft durch öffentliche Finanz-Steuer-, Regional und Investitionspolitik (samt der "deficit spending") eine wichtige, aber zur wirksamen demokratischen Wirtschaftssteuerung nicht ausreichende Rolle.

Daher ist zusätzlich eine Politik der Lenkung der privatwirtschaftlichen Invesitionen
- durch staatliche, unter Umständen regional und sektoral gezielte Kredit- und Steuerpolitik,
- durch Veröffentlichung präziser sektoraler Bedarfs- und Nachfragevoraussetzungen,
- notfalls durch Formen direkter Investitionslenkung erforderlich.

Da außerdem eine Wirtschaftspolitik unter den Bedingungen sich vermindernden Wachstums eine entscheidende wirtschaftspolitische Herausforderung der Zukunft sein wird, ist eine staatliche Politik mittel- und langfristiger Vorausschau des notwendigen Arbeitskräftebedarfs, der notwendigen Weiter- und Andersqualifizierung von Arbeitskräften sowie vor allem der schrittweisen weiteren Verminderung der Arbeitsszeit (zur Verhinderung von Arbeitslosigkeit und Verelendung eines Teils der Bevölkerung - bei überausgelasteter Beschäftigung und relativer Prosperität eines anderen Teils) notwendig."

Betrachtet man die bisherige Arbeitsmarktpolitik in der Bundesrepublik, so scheint sie am Ende zu sein: seit Jahren existiert Massenarbeitslosigkeit in einer Größenordnung von über einer Million Arbeitslosen. Im August 1981 waren es 1,3 Millionen. Ein Abnehmen ist in den nächsten Jahren nicht zu erwarten. Die Verwirklichung des Grundrechts auf Arbeit steht in der Bundesrepublik aus, "weil Arbeitsmarktpolitik weithin nur als abhängig von ökonomischer Wachstumspolitik konzipiert und realisiert worden ist" (Vilmar 1980,S.243). Vilmar sieht eine Wende nur durch systematische Arbeitszeitverkürzung, die sowohl von gewerkschaftlicher als auch von staatlicher Seite zu fördern wäre. Von staatlicher Seite müßten u.a. das Rentenalter gesenkt (bzw. günstigere Bedingungen für früheres Ausscheiden aus dem Arbeitsleben geschaffen) sowie gesetzliche Restriktionen gegenüber Überstundenarbeit vorgenommen werden. Die Gewerkschaften müßten parallel dazu eine Arbeitsmarktpolitik unterstützen, in der mit Hilfe der Tarifverträge, und damit durch gewerkschaftlich auszuhandelnde Arbeitszeitverkürzung, das Arbeitsangebot so dosiert wird, daß auch bei reduziertem volkswirtschaftlichem Wachstum eine Sicherung von Arbeitsplätzen für nahezu alle ermöglicht wird. Vilmar erwartet allerdings keine plötzliche Wirkung. Für den Erfolg des mittelfristigen wirtschaftsdemokratischen Teilkonzepts sieht er die Realisierung mehrerer Bedingungen als erforderlich an, die hier vollständig zitiert werden sollen, um beispielhaft einen Einblick in die Komplexität und Kompliziertheit wirtschaftspolitischer Maßnahmen zu bekommen.

1. Wir müssen davon ausgehen, daß Arbeitszeitverkürzung keine kurzfristige, sondern eine mittel- und langfristige Strategie ist. Sie wird relativ unmittelbare zusätzliche Arbeitskräfte-Nachfrage nur in großen Werken erzeugen, die auch bei nur wenig ansteigender Nachfrage den Wegfall von ein bis drei Prozent des Arbeitskraftvolumens nicht durch Rationalisierungsmaßnahmen kompensieren können (von Überstunden ist gesondert zu reden).
2. Langfristige (fälschlich "strukturell" genannte) Sockel-Arbeitslosigkeit - auch bei wieder zu erwartenden wirtschaftlichen Wachstumsraten von drei bis fünf Prozent - droht wesentlich dadurch bestehen zu bleiben, daß erhöhte Nachfrage nach Arbeitskräften durch immer wieder fortschreitende Rationalisierung und Automation kompensiert wird und daß zusätzlich durch diese Rationalisierung immer wieder Arbeitskräfte "freigesetzt" werden, die nicht mehr (wie in der bisherigen, stürmisch expandierenden wirtschaftlichen Entwicklung) in erweiterten Produktions- und Distributionsanlagen Beschäftigung finden können. Verknappung des Arbeitskräfte-Angebots würde in diesem Prozeß den Bestand von Massenarbeitslosigkeit allein schon dadurch vermindern, daß mit der Rationalisierung ein Prozeß von Arbeitszeitverminderung korrespondierte, der die immer weitere "Freisetzung" von arbeitenden Menschen verhindert.
3. Durch eine verstärkt solidarische Politik der Betriebsräte und Vertrauenskörper, durch zusätzlich tarifpolitisch zu erkämpfende Festlegungen, wenn nötig aber durch Gesetz, muß die Genehmigung von Überstunden in unserer Wirtschaft auf absolute Ausnahmefälle reduziert werden. Gleichzeitig sind - wesentlich systematischer als bisher - Möglichkeiten der Teilzeitbeschäftigung von zur Zeit Arbeitslosen, Gleitzeitregelungen und andere Maßnahmen durchzusetzen, die zur Flexibilisierung des Arbeitskräfteangebots führen.
4. Durch weitere tarifpolitische Maßnahmen muß Vorsorge gegen zu erwartende Versuche des Managements getroffen werden, durch Intensivierung der Arbeit (Erzwingung höherer Arbeitsleistungen) Arbeitszeitverkürzungen ohne Neueinstellungen zu kompensieren. (Vilmar 1980,S.245).

Vilmar erblickt in den eben dargestellten Maßnahmen eine stabilitätspolitische Alternative zur "Hinnahme langfristiger konjunktureller und struktureller Massenarbeitslosigkeit oder zur Unterwerfung der Gesellschafts- und Wirtschaftspolitik unter das Diktat irrationaler Wachstumspolitik und damit der unternehmerischen 'Investitionsregelung', d.h. der von Kapitaleignern als hinreichend profitabel erachteten Kapitalverwertung" (S.245).

Roth (1980) sieht auf dem Hintergrund vielfältiger Ursachen der Arbeitslosigkeit (z.B. Einführung arbeitssparender Techniken in Bereichen wie Dienstleistung, Verkehr und Verwaltung , in denen es bisher keinen technischen Fortschritt gab; drastischer Rückgang der Zuwachsraten im Welthandel, bei gleichzeitiger Verschärfung des Wettbewerbs um engere Märkte; strukturelle Änderungen aufgrund von Energie- und Rohstoffknappheit (-verteuerungen); u.a.) drei Gruppen von Interventionen als erforderlich an, die aufeinander abgestimmt werden müssen: Maßnahmen zur

- Stabilisierung und Entwicklung der gesamtwirtschaftlichen Nachfrage,
- Verknappung des gesamtwirtschaftlichen Angebots der Arbeit,
- Verbesserung der Angebotsstruktur der Wirtschaft.

Bei der Nachfragestabilisierung sind besonders ökologische, energiepolitische und strukturelle Gesichtspunkte zu berücksichtigen. Eine Politik, die auf Vollbeschäftigung in den achtziger Jahren abzielt, muß Programme zum Umweltschutz vorbereiten und beschleunigen, und sie muß die Energieversorgung zum richtigen Zeitpunkt verbessern, aber auch Energiesparprogramme ausbauen.
Maßnahmen zur Verknappung des Arbeitsangebots müssen nicht ausschließlich eine Verkürzung der Wochenarbeitszeit intendieren. Arbeitszeitverkürzung müßte aber besonders belastungsorientiert sein, d.h. es sollten zunächst besonders beanspruchte Arbeitnehmer- und Berufsgruppen in den Genuß kürzerer Arbeitszeit kommen. Zur Verknappung des Arbeitsangebots tragen auch verlängerte Urlaubs- und Bildungszeiten bei.
Zur Verbesserung der Angebotsbedingungen und -strukturen der Wirtschaft dient sicherlich nicht eine richtungslose Förderung privater Investitionen und Produktionen. Dienlich ist vielmehr eine Verbesserung der Rohstoffproduktivität und Energieproduktivität der Produktionsverfahren. Unterstützt werden sollte ferner die Schaffung von rohstoff- und energiesparenden Produkten. Diese Maßnahmen zur Verbesserung des Wirtschaftsangebots sollten dabei gleichzeitig neue Arbeitsplätze schaffen.

Wirtschaftspolitische Maßnahmen müssen dabei besonders ökologischen Erfordernissen Rechnung tragen. (Vgl. auch Müller-Witt,1980). Eine weitere, aus Profitinteressen motivierte rücksichtslose Ausbeutung der natürlichen Ressourcen ist zu verhindern. "Nicht alles was investiert wird und sich allmählich ein Angebot schafft, ist mit sozialen Notwendigkeiten der Produktion vereinbar. Nicht alles was Konsumenten nachfragen, ist mit ökologischen Gesichtspunkten vereinbar. Wer alles dem Markt anvertrauen will, der riskiert, daß aus der ökologischen Krise der ökologische Kollaps entsteht..." (Roth 1980,S.268). Wirtschaftspolitische Maßnahmen haben zur Regenerierung der natürlichen Lebensgrundlage und zum Abbau der Vergeudung der natürlichen Hilfsquellen beizutragen. Dies impliziert u.a. den Ausbau ernergie- und raumsparender Verkehrsmittel, den Abbau des verschwenderischen Individualverkehrs und die Einführung ökologischer Bedingungen in die Wirtschaft. Dies bei den gegebenen Macht- und Wirtschaftsstrukturen in der Bundesrepublik und im internationalen Umkreis umzusetzen (ökologische Probleme können nur weltweit gelöst werden), dürfte ein schwieriges Unterfangen sein. "Eine konsequente Versöhnung von Ökologie und Ökonomie wird nicht ohne handfeste Eingriffe in die Investitionsautonomie, also nicht ohne 'ökologische Investitionslenkung' zu erreichen sein" (Roth 1980, S.268). Dazu bedarf es allerdings politischer Macht.

2.1.4 Humanisierung der Arbeit

Die bisher angesprochenen strukturpolitischen Veränderungen stellen eher allgemeine Rahmenbedingungen dar und wirken sich nicht immer sofort unmittelbar aus. Die bereits konkretere und unmittelbarer ins Arbeitsleben reichende Demokratisierung des wirtschaftlichen Bereichs, verbunden mit Mitbestimmung, reicht jedoch nicht aus, um die Arbeitsbedingungen der Arbeitenden zu erleichtern. Sie muß ergänzt werden durch konkrete strukturelle Veränderungen der Arbeitsorganisation, durch eine Humanisierung der Arbeit selbst. Die früher genannte und angezielte Arbeitszeitverkürzung wäre bereits ein Beitrag zur Humanisierung, indem der physiologisch widersinnige und volkswirtschaftlich unnötig gewordene "Arbeitsstreß" reduziert werden würde.

Aus der Sicht einer demokratisch-sozialistischen Theorie der Wirtschaftsdemokratie sind eine Reihe von Maßnahmen zur Humanisierung des konkreten Arbeitslebens erforderlich. (Vgl. Vilmar & Sattler 1978; Autorenteam 1979, Vilmar 1980; Mendner 1976). Im folgenden seien nur stichwortartig die wichtigsten Momente wiedergegeben, wie sie von Vilmar (198o, S.24off) genannt sind:

1. Schutz am Arbeitsplatz:
   - Ausbau der Sicherheit am Arbeitsplatz,
   - Abbau gesundheitsschädigender Einflüsse,
   - bessere ergonomische Anpassung der Maschinen und technischen Anlagen an die Menschen zum Abbau unnötiger und unzumutbarer Belastungen.
2. Menschenwürdige Arbeitsorganisation:
   - Weitestmögliche individuelle bzw. gruppenautonome Arbeitszeitgestaltung durch eine verstärkte Gleitzeitpolitik,
   - Ausdehnung der Erholungszeiten wie Pausen und Urlaub,
   - schrittweise Einschränkung der Nachtarbeit und Schichtarbeit,
   - Abbau der Zerstückelung, Schematisierung und Standardisierung der Arbeitsgänge und des damit verbundenen Verlusts an Arbeitsinhalten, Erweiterung und Bereicherung der Tätigkeiten durch Job rotation, Job enlargement und Job enrichment,
   - Abbau der Trennung von Planung, Durchführung und Kontrolle: Ausweitung des Handlungs- und Entscheidungsspielraums, vor allem durch teilautonome Gruppen,
   - Abbau der betrieblichen Hierarchien.
3. Verbesserte Kommunikation und Information im Betrieb:
   - Verbesserung des Informationsflusses und Förderung dezentraler Übereinkommen, Absprachen, Versammlungen in Abteilungen und Betrieben,
   - Ausbau betrieblicher (gewerkschaftlicher und fachlicher) Bildungsarbeit.
4. Humanisierung des betrieblichen Einkommenssystems:
   - Abflachung der Einkommenspyramide,
   - Abbau überflüssiger Lohn- und Gehaltsgruppen durch Verminderung der Zahl der Gruppen und Reform der Einstufungskriterien,
   - Einführung fester Mindest-Monats- bzw. Jahreseinkommen für alle Arbeitnehmer,
   - Abschaffung der Akkordarbeit und strengere Limitierung möglicher prämierbarer Mehrleistung,
   - volle Mitbestimmung der Arbeitsgruppen bzw. des Betriebsrates bei der Einstufung der einzelnen Arbeitnehmer in bestimmte Lohn- und Gehaltsgruppen,
   - volle Transparenz der Lohnfindung und -differenzierung, der Einkommensbestandteile, -zuschläge und -abzüge sowie ihrer Begründung,
   - Abbau von diskriminierender Einkommens-Ungleichheit insbesondere bei jun-

gen, weiblichen und ausländischen Arbeitnehmern,
- Garantie der Einkommenshöhe von einem bestimmten Alter an,
- Abbau der Geldäquivalenten für inhumane Arbeitsbedingungen zugunsten systematischer technologischer Humanisierung der Arbeitsbedingungen,
- Festsetzung eines Gesamtgruppenlohns für die Erledigung vorbestimmter Arbeitsprogramme in einer bestimmten Zeit, insbesondere für teilautonome Gruppen.

Empirische Untersuchungen konnten zeigen, daß veränderte Arbeitsqualität - etwa durch turnusmäßigen Wechsel des spezialisierten Arbeitsplatzes (job rotation), Aufgabenvergrößerung (job enlargement), Aufgabenbereicherung (job enrichment) oder Arbeit in autonomen Arbeitsgruppen - zu erhöhter Qualität und Quantität der Produktion, aber auch zu größerem Interesse an der Arbeit und zunehmender Arbeitszufriedenheit führten (vgl. Sommer u.a. 1978,S.2956) und eine Verbesserung des psychosozialen Gesundheitszustandes (vgl. Kap.I,3.1) zu erwarten sein dürfte.

2.1.5 Demokratisierung der Massenmedien

Die Massenmedien (27) sind inhaltlich und strukturell so gestalten, daß durch sie ein demokratisches und kritisches Bewußtsein in der Bevölkerung gefördert wird. Wie in Kapitel II, 3.2.2.1 bereits angedeutet, wird dies von der Regenbogenpresse einschließlich "Bild"-Zeitung nicht geleistet. Einige Pressekonzerne tragen mit Teilpublikationen regelrecht zu Volksverdummung bei. In Teilbereichen der Presse werden bewußt Fehlinformationen verbreitet (z.B. Bild-Zeitung, vgl. Küchenhoff u.a. 1972), massive Verunglimpfungen politisch Andersdenkender (z.B. Bayernkurier von Franz Josef Strauß) vorgenommen oder unkritisches Bewußtsein durch billige Stories unterstützt. Hiergegen müßten Kontrollinstitutionen geschaffen werden, die befugt sind, massive Geldstrafen bei Zuwiderhandlungen gegen solide Berichterstattung zu erlassen. Offen reaktionäre und faschistische Publikationen sind zu verbieten. Der von staatlichem Einfluß freie "Deutsche Presserat" versucht zwar Mißstände im Pressewesen festzustellen und auf deren Beseitigung zu drängen, Beschwerden gegen einzelne Blätter zu überprüfen und gegebenenfalls Rügen auszusprechen, oder Entwicklungen entgegenzutreten, die eine Gefährdung der freien Information und Meinungsbildung des Bürgers bedeuten könnten. Er hat aber keine Macht und verfügt über keine Sanktionsmöglichkeiten zur Beachtung und Durchsetzung seiner Beschlüsse. Ansätze zur Selbstkontrolle in der Presse scheiterten bisher mehrfach.

Ein anderes Problem, bedingt durch die privatwirtschaftliche Organisation der Presse, ist die Anzeigenabhängigkeit von Zeitungen und Zeitschriften (vgl. Meyn 1979), wodurch die Gefahr der Beeinflussung des politischen Kurses von Presseorganen durch die Werbewirtschaft besteht (etwa durch die Drohung des Entzugs von Werbeaufträgen bei mißliebiger Berichterstattung). Bei Beibehaltung der privatwirtschaftlichen Struktur der Presse lassen sich Mißbräuche seitens der Werbewirtschaft kaum verhindern. Sollten sich Machtmißbräuche nachweislich häufen (was schwierig festzustellen ist), so wäre eine Transformierung des privatwirtschaftlichen Pressewesens in ein öffentlich-rechtliches, wie etwa beim Fernsehen, nötig.

Als besonders kritisch ist die Konzentration in den Medien anzusehen. So wird etwa die Hälfte der Tages- und Sonntagszeitungen von nur fünf Verlagsgruppen herausgegeben, wovon allein 37% auf das Haus Springer entfallen. Von den Publikationszeitschriften werden 70% von nur vier Unternehmen vertrieben, ein Drittel entfallen auf den Bauer-Verlag (weiteres vgl. Meyn 1979,S.69ff). Die Auswirkungen beschreibt der Publizist Müller-Meiningen:" Zeitungen und Zeitschriften 'konzernartig' zusammengefaßt unter dem einheitlichen Willen eines einzelnen oder einiger weniger, das ist gleichbedeutend mit viel Macht:

Macht über die Leser, die ja zudem auch Wähler sind; Macht über die Parteien, die gefördert, bekämpft und totgeschwiegen werden können; Macht über die restlichen Verleger, die an die Wand gespielt zu werden drohen; Macht über die Journalisten, die in ihrer geistigen Beweglichkeit... beeinträchtigt werden können... . Die Öffentlichkeit, ganz allgemein, wird in ihrer Meinungsbildung weniger vielfältig angeregt." (Zitiert nach Meyn 1979,S.73).

Möglichkeiten der Gegensteuerung gegen die Pressekonzentration bestehen in der Entflechtung von Pressekonzernen (z.B. Springer), in vorbeugender Fusionskontrolle, in der Festlegung von Höchstgrenzen der Marktanteile von Presseunternehmen oder im Verbot von Unternehmenszusammenschlüssen. Zum letzten Punkt liest man etwa in einem Beschluß des Medien-Parteitags der SPD im Jahr 1971: "Unternehmenszusammenschlüsse von Zeitungen und Zeitschriftenverlagen können untersagt werden, wenn die Informations- und Meinungsfreiheit durch diese Fusion gefährdet oder beeinträchtigt, der Wettbewerb beschränkt oder die Entstehung marktbeherrschender Unternehmen begünstigt wird." Weitere Maßnahmen sind die Offenlegung der Eigentumsverhältnisse, die finanzielle Unterstützung kleinerer und mittlerer Verlage sowie eine Begünstigung des Wachstums leistungs- und wettbewerbsfähiger Unternehmen zur Schaffung von Marktgegengewichten.

Besonders wichtig ist aber auch die innere Demokratisierung des Pressewesens durch entsprechende Redaktionsstatute. So muß die Unabhängigkeit der Journalistenarbeit institutionell gewährleistet werden, wobei die Kompetenzen vom Verleger, Chefredakteur und Redakteuren genau zu regeln sind. Es sind den Redakteuren spezifische Mitbestimmungsrechte zu geben.

Eine eigentliche Demokratisierung der Presse zur Ermöglichung innerer Pressefreiheit und Unabhängigkeit von anonymen wirtschaftlichen und anderen Kräften wird allerdings erst möglich, wenn die Verfügungsgewalt der Verleger über die Produktionsmittel beschnitten und die Presse auf nicht-kapitalistischer Grundlage in Form von Stiftungen oder wie öffentlich-rechtliche Rundfunkanstalten organisiert wird.

Bei Rundfunk und Fernsehen ist eine Privatisierung und Kommerzialisierung, wie sie von konservativen, profitwirtschaftliche Interessen wahrnehmenden Parteien verfolgt wird, zu verhindern. Die Gefahr des Mißbrauchs ist zu groß und eine demokratische Kontrolle der Gestaltung der Inhalte aufgrund privater Verfügungsgewalt kaum möglich. Hinsichtlich der Zukunftsentwicklung der elektronischen Medien ist zu fordern, daß die Programme der Kabelfernseh-Pilotprojekte von den Rundfunkanstalten verantwortet werden. Zum Schutz der Pressevielfalt ist Werbung zur Vermeidung von Programmabhängigkeiten nicht zu gestatten. Videotexte sollten durch Gebühren und Bildschirm-Texte durch Einzel-Entgelte finanziert werden.

Was die Inhalte von Rundfunk und Fernsehen angeht, so sollten verstärkt Programme zur politisch-sozialen und kulturellen Bildung, zur Förderung eines demokratischen und emanzipatorischen Bewußtseins ausgebaut und zu zuschauerfreundlichen Zeiten (nicht wie vielfach erst nach 22 oder 23 Uhr beim Fernsehen) ausgestrahlt werden. Unter anderem wären kritische Informationssendungen über die Sozialstruktur der Bundesrepublik, über die tatsächliche Macht der Konzerne und Monopole, über deren Einfluß auf das politische Geschehen und den Handlungsspielraum von Parteien, über die Beziehungen von Wirtschaft und Staat oder die Möglichkeiten und Grenzen des Parlamentarismus aus der Sicht unterschiedlichster politischer Lager erforderlich. Es müßten kontroverse Diskussionen hierzu im Sinne eines Pluralismus an Meinungen geführt werden. Dies scheitert jedoch am Proporz-Denken der in den Rundfunkanstalten vertretenen Parteien, die die machtpolitischen Strukturen in der Bundesrepublik sehr genau widerspiegeln.

2.1.6 Weitere Erfordernisse

Zur Humanisierung und Demokratisierung menschlicher Lebensbereiche reichen die bisherigen Maßnahmen nicht aus. Sie wären noch in vieler Hinsicht zu ergänzen. Weiterführende Gedanken finden sich u.a. bei Fromm (1981), einem Vertreter eines radikalen Humanismus. In seinem Buch "Haben oder Sein. Die seelischen Grundlagen einer neuen Gesellschaft" stellt er sie dar. Sie seien hier insgesamt stichwortartig wiedergegeben, auch wenn sie sich in Nuancen mit früher genannten Aspekten und Forderungen decken (vgl. S.168ff):

- ...Herrschaft über die Technik und über irrationale gesellschaftliche Kräfte und Institutionen, die das Leben der westlichen Gesellschaft, wenn nicht gar der Menschheit bedrohen
- Ausrichtung der Produktion auf einen "gesunden und vernünftigen Konsum"
- Gesunder und vernünftiger Konsum ist nur möglich, wenn wir das Recht der Aktionäre und Konzernleitungen, über ihre Produktion ausschließlich vom Standpunkt des Profits und Wachstums zu entscheiden, drastisch einschränken
- Um eine am Sein orientierte Gesellschaft aufzubauen, müssen alle ihre Mitglieder sowohl ihre ökonomischen als auch ihre politischen Funktionen aktiv wahrnehmen. Das heißt, daß wir uns von der Existenzweise des Habens nur befreien können, wenn es gelingt, die industrielle und politische Mitbestimmungsdemokratie (participatery democracy) voll zu verwirklichen
- Aktive und verantwortungsbewußte Mitbestimmung erfordert maximale Dezentralisation von Wirtschaft und Politik
- Aktive und verantwortungsvolle Mitbestimmung ist nur möglich, wenn das bürokratische durch ein humanistisches Management ersetzt wird
- In der kommerziellen und politischen Werbung sind alle Methoden der Gehirnwäsche zu verbieten
- Die Kluft zwischen den reichen und armen Nationen muß geschlossen werden
- Die Frauen sind von der patriarchalischen Herrschaft zu befreien
- Ein wirksames System zur Verbreitung von objektiven Informationen ist zu etablieren
- Die wissenschaftliche Grundlagenforschung ist von der Frage der industriellen und militärischen Anwendung zu trennen
- Eine unabdingbare Voraussetzung einer neuen Gesellschaft ist die atomare Abrüstung. (Vgl. auch Fromm 1980).

Zu ergänzen wären die Aspekte von Fromm auch noch durch die Forderung nach einer neuen gerechten Weltwirtschaftsordnung, da die bisherige viele Probleme und Ungerechtigkeiten, besonders in bezug auf die Entwicklungsländer, zu verantworten hat (vgl. Sost 1980,S.80ff). Oder Schmidt (1981) spricht - in Anlehnung an die Weltraumforschung - von der Notwendigkeit der Schaffung einer Humanisierungs-NASA, einer supranationalen Organisation zu konzertierten Überlegungen und Aktivitäten im Weltmaßstab. In Anlehnung an Fromm (1979) mißt er ferner der Verbreitung von mehr Liebe zentrale Bedeutung für die Humanisierung der Welt bei. Seiner Ansicht nach fördert Liebe humanes Denken und Handeln. Sie hilft bei der Lösung von Problemen wie gerechtere Güterverteilung, Bevölkerungswachstum, Ökologie u.a..
Auf die genannten Punkte kann hier nicht mehr eingegangen werden. Es sei abschließend nur noch ein Aspekt aufgegriffen, der sich zuletzt bei Fromm (1981) andeutet. Alle politisch-strukturellen Maßnahmen und Strategien können nur dann durchgeführt werden, wenn Frieden herrscht. Friedenspolitik wird damit zum Angelpunkt und zum übergeordneten Gesichtspunkt aller politischer Anstrengungen. (Vgl. auch Möller & Vilmar 1972; Senghaas 1973; Fetscher 1976; Kiersch & Seidelmann 1977; Brauch 1981).

3. STRUKTURELLE MAßNAHMEN IM SCHULISCHEN SYSTEM

Zur Verbesserung der Lebens- und Arbeitsbedingungen von Lehrern, aber auch der von Eltern und zukünftiger Erziehergenerationen bedarf es struktureller Interventionen und Veränderungen im Bildungs- und Schulsystem. Diese hängen ab von bildungspolitischen Ziel- und Wertvorstellungen, letztlich von gesellschaftspolitischen Konzeptionen. Bezieht man sich auf den Demokratischen Sozialismus, so geht es in der Bildungspolitik um die Realisierung von Chancengleichheit, Freiheit und Demokratie. Bildungspolitik darf sich nicht nur - wie an anderer Stelle erwähnt - als Instrument gesellschaftlicher Reproduktion und Selektion sowie Vermittler wirtschaftlich und gesellschaftlich erwünschter Qualifikation verstehen. Sie hat darüber hinaus zur Einlösung solcher Erziehungsziele beizutragen wie Entfaltung der Persönlichkeit, Mündigkeit, Selbstbestimmung und Selbstverwirklichung, Mitbestimmung, Mitgestaltung und Mitverantwortung, Toleranz, Solidarität und Völkerverständigung. Durch die Schule soll auf künftige Aufgaben, Probleme und Lebenssituationen und deren Bewältigung im beruflichen, öffentlichen und privaten Bereich vorbereitet werden. Es soll eine Erziehung zur kritischen Auseinandersetzung mit der Gegenwart und zum Widerstand gegen konformistische Tendenzen, zur Befähigung der Analyse gesellschaftlicher Verhältnisse und zur Entwicklung von Alternativen gewährleistet werden. Eine diesbezügliche Erziehung erfordert damit Freiheit und Demokratie in der Schule selbst. Sie muß Raum für angstfreies Lernen, Spontaneität, Kreativität und solidarisches Verhalten geben.

Betrachtet man das Bildungswesen in der Bundesrepublik, so läßt sich hier eine krasse Diskrepanz zwischen einem auf Chancengleichheit und Demokratisierung gründenden Verfassungsverständnis und einer weit dahinter zurückbleibenden Wirklichkeit konstatieren. Es besteht nach wie vor Ungleichheit im Bildungswesen. So kritisiert der DGB (DGB Bundesvorstand 1973), daß die Emanzipation der Arbeitnehmer durch Bildung zunehmend erschwert werde, da die Mängel des Bildungssystems diejenigen am häufigsten treffen, die keine familiären Möglichkeiten der Kompensation haben. Damit äußere sich der grundlegende Widerspruch zwischen "den Interessen der Gemeinschaft und den auf eine private Gewinnmaximierung gerichteten Interessen" auch in der staatlichen Bildungspolitik, die durch die Unfähigkeit zur Bildungsreform eine Benachteiligung der Arbeitnehmerschaft erhalte und verstärke. Oder in neueren Stellungnahmen betont der DGB (DGB Bundesvorstand 1979), daß das bestehende Bildungssystem immer noch ein Mittel zur Verteilung ungleicher Lebenschancen, zur Verteilung von Privilegien und zur Erhaltung bestehender gesellschaftlicher Verhältnisse sei.

Zur Realisierung der oben genannten Ziele und zur Veränderung von Ungerechtigkeiten im Bildungssystem sind vielseitige Anstrengungen erforderlich. Auf einzelne Maßnahmen und Notwendigkeiten sei exemplarisch im weiteren eingegangen (vgl. auch Reuter & Muszynski 1980, besonders S. 65-83, 169-215, 289-323; Vorstand der SPD). Dabei wird das Blickfeld stärker eingeengt auf Lehrer betreffende Sektoren. Ausgeklammert bleiben beispielsweise Aspekte wie Berufsbildung, Hochschulpolitik, Bildungsforschung, -planung, -koordinierung und -finanzierung (hierzu vgl. Faulstich & Faulstich 1975; Der Bundesminister für Bildung und Wissenschaft 1977,1979). Es sei hier noch darauf hingewiesen, daß Veränderungen unbefriedigender Verhältnisse im Bildungsbereich nur durch eine langfristige Gesellschaftspolitik und damit eine koordinierte Beschäftigungs-, Wirtschafts-, Finanz- und Sozialpolitik möglich sind. Dies bedeutet auch eine Kopplung bildungspolitischer Reformen mit Reformen in anderen gesellschaftlichen Bereichen. Es wäre illusorisch, große Veränderungen in Richtung Demokratie und Humanisierung im Bildungssystem zu erwarten, wenn andere Teilsysteme der Gesellschaft antidemokratisch und inhuman bleiben. Die Chancen zur Realisierung der genannten Ziele bei gegebenen politischen Machtkonstellationen sind allerdings realistisch einzuschätzen.

3.1 Demokratisierung der Schule

Ein wesentliches Element zum Erreichen von mehr Chancengleichheit, Freiheit und Demokratie in der Gesellschaft ist die Demokratisierung der Schule. Hierfür erforderliche Maßnahmen sind der Ausbau der Gesamtschule, der Ausbau von institutionellen Interessenvertretungen und der Kooperation mit Eltern sowie von demokratischer Curriculumplanung.
Als ein Hindernis einer effektiven und einheitlichen Demokratisierung des Schulwesens in der Bundesrepublik erweist sich gelegentlich u.a. deren föderalistische Struktur mit der Kulturhoheit der Länder (Der Bundesminister für Bildung und Wissenschaft 1978). Diese befinden selbst über ihre Schulpolitik und ihre Schulreformen. Dies führte in der Vergangenheit nicht selten zu erheblichen schulpolitischen Differenzen, wobei sich insbesondere der Freistaat Bayern hervortat, etwa durch die teilweise Nicht-Anerkennung von Schulleistungen von Schülern anderer Bundesländer (z.B. NRW, Hessen) oder durch die verzögerte Einrichtung von Gesamtschulen.

3.1.1 Ausbau der Gesamtschule

Das Schulsystem in der Bundesrepublik ist im wesentlichen gekennzeichnet durch eine vertikale Dreigliedrigkeit (Hauptschule, Realschule, Gymnasium), wodurch besonders stark die Chancenungleichheit und die soziale Ungerechtigkeit für Schüler aus unteren Sozialschichten gefördert wird. Es benachteiligt besonders die Kinder von Arbeitern (obwohl die Arbeiter die Hauptstützen des gesellschaftlichen Reichtums sind) und schafft Vorteile für Kinder höherer Einkommensgruppen. Das dreigliedrige Schulsystem basiert auf dem Prinzip der Auslese und Konkurrenz. Es zwingt Eltern und Lehrer, zehnjährige Schüler nach "Begabung" und "Leistungsfähigkeit" zu "sortieren" und die Berufs- und Lebenschancen in der Zukunft bereits in diesem Alter in wesentlichem Maß festzulegen. Theoretisch ist mit einem "Qualifikationsvermerk" zwar der Übergang von Haupt- und Realschule zum Gymnasium möglich. In der Praxis besteht aber nur für wenige Übergänger die Aussicht, das Abitur zu erreichen. Sie werden gezwungen, in der Oberstufe des Gymnasiums das Wissen sich nachträglich anzueignen, das sie sich aufgrund des schlechteren Bildungsangebots in Haupt- und Realschule in den Klassen 5-10 nicht aneignen konnten. Des weiteren werden schwächere Schüler nur unzureichend gefördert. Viele Eltern müssen deshalb teure Nachhilfestunden bezahlen, um ein Sitzenbleiben ihrer Kinder zu verhindern. Hierbei sind besonders die Arbeiterkinder benachteiligt, obwohl sie keinesfalls weniger intelligent als andere Kinder sind.
Diese Punkte und andere hier nicht genannte stehen im krassen Gegensatz zur Forderung des Grundgesetzes nach einem Bildungswesen, das die freie Entfaltung aller Schüler ermöglicht, unabhängig von ihrer sozialen Herkunft.
Eine Verwirklichung der eingangs genannten bildungs- und gesellschaftspolitischen Werte macht den Ausbau von Gesamtschulen dringend erforderlich. Dies heißt, daß dieser Schultyp als eine Regelschule neben bereits vorhandenen zu errichten und die Gesamtschule gesetzlich zu verankern ist, wie dies bei einer Vielzahl europäischer Länder (z.B. Schweden, Italien, Frankreich), in den sozialistischen Staaten oder in den USA, Kanada, Australien und Japan seit langem zutrifft (vgl. Magdeburg 1979). Der Ausbau der integrierten Gesamtschule bedeutet letztlich eine gesellschaftspolitische Entscheidung gegen die Inter-

essen verschiedener gesellschaftlicher Gruppen, wie Arbeitgeber, konservative Elternvereine und Lehrerverbände und CDU/CSU, die das dreistufige Schulsystem oder gewisse Modifizierungen wie die kooperative Gesamtschule präferieren.

Bei den Integrierten Gesamtschulen ist die Trennung nach Schularten aufgehoben. Die Schulklassen (Stammklassen, Kernklassen) bleiben während der Sekundarstufe I leistungsheterogen zusammengesetzt. An die Stelle der Zuweisung zu einzelnen Schulen tritt ein besonderes Differenzierungssystem, das je nach Differenzierungsart früh (5. Schulstufe) oder später (zumindest ab 7. Schulstufe) beginnt. Die wichtigsten Leistungsfächer (zumeist Deutsch, Englisch und Mathematik) werden auf unterschiedlichen Anforderungsniveaus unterrichtet. Das Ausmaß der Differenzierung nach Leistung und Neigung ist je nach Gesamtschulvariante bzw. Bundesland sehr verschieden (Näheres vgl. Kilz 1980; Edelhoff & Mittelberg 1979; Haenisch & Lukesch 1980; Haußer 1981).

Die Integrierte Gesamtschule (IGS) hat eine Reihe von Vorteilen gegenüber dem dreigliedrigen System:

- Schullaufbahnentscheidung wird länger offen gehalten: Eine Entscheidung welche Schulform der Schüler nach der 4. Klasse wählt, entfällt in der IGS. Damit wird verhindert, daß Schüler eine falsche Schullaufbahn wählen.

- Bessere Schulabschlüsse: Im dreigliedrigen Schulsystem schaffen 17,8% aller Schüler nicht den Hauptschulabschluß. In der IGS sind es nur 3,3%. Besonders Arbeiterkinder erreichen bessere Schulabschlüsse.

- Besseres Lernklima: Da in der IGS nicht die Möglichkeit zum Sitzenbleiben besteht, verringert sich die Schulangst und das Lernen macht mehr Spaß. Hierdurch wird ein besseres Lernklima geschaffen und die Lernmotivation erhöht sich.

- Förderung statt Auslese: In der IGS werden unterschiedliches Lerntempo und unterschiedliche Begabungen, Neigungen und Interessen stärker berücksichtigt. Schwächere Schüler werden besonders gefördert, die im dreigliedrigen Schulsystem scheitern würden. Die sogenannte innere Differenzierung ermöglicht, daß diese Förderung innerhalb der Klasse bzw. des jeweiligen Kurses erfolgt, was eine Benachteiligung verhindert. Leistungsstärkere Schüler werden in diesen Prozeß miteinbezogen und helfen ihren Mitschülern.

- Psychologische Betreuung: Schulpsychologen helfen in Zusammenarbeit mit Beratungslehrern den Schülern bei persönlichen und schulischen Problemen.

- Bessere Verbindung von Theorie und Praxis: Den Schülern wird ein stärkerer Einblick in die Arbeitswelt gegeben durch neue Unterrichtsfächer wie Technik und Werken und die Möglichkeit von Praktikas.

- Gesamtschule als Ganztagsschule: Dies bedeutet 5-Tage-Woche; der Schüler ist viermal wöchentlich von 8.00 bis 16.00 Uhr in der Schule; Hausaufgaben entfallen; es werden Arbeitsgemeinschaften, Spiel- und Sportgruppen in der Freizeit angeboten.

- Mehr soziales Lernen: Besonderer Wert wird in der IGS auf die Vermittlung von Kritikfähigkeit, Erkundung eigener Interessen, Wahrnehmung von Rechten und Solidarität im Handeln gelegt.

Die IGS hat gewiß auch Nachteile und Probleme (z.B. teilweises Zerreißen von Klassenverbänden oder Schaffen neuer Konkurrenzsituationen, vgl. weiter Evers 1979); sie geht aber dennoch in der richtigen Richtung einer Demokratisierung der Schule und der Gesellschaft. Unzulänglichkeiten gilt es noch zu beseitigen. Diese sind aber nicht unabhängig von der Beschaffenheit unserer Gesellschaft zu sehen, in der das Leistungsprinzip als übermächtiger Fetisch gilt und Ellenbogen höher geschätzt werden als Menschlichkeit.

3.1.2 Ausbau institutioneller Interessenvertretung

Die Demokratisierung in der Schule bezieht sich auf das Verhältnis von Lehrern, Schülern, Eltern und Schulverwaltung und ihre institutionalisierte Interessenvertretung. Es geht um Formen der Befragung, Anhörung, Beratung, Beteiligung und Mitbestimmung der genannten Gruppen. Die Vertretung von Interessen ist institutionell weiter auszubauen:

a) Kollegiale Schulleitung. Ein Element der schulischen Demokratisierung kann die kollegiale Schulleitung sein. Bei diesem Gremium handelt es sich um drei bis acht Lehrer der Schule, die über einen längeren Zeitraum von etwa drei bis zehn Jahren die Schulleitung ausüben, gleichberechtigt Entscheidungen diskutieren und treffen, sich gegenseitig unterstützen und kontrollieren und ungerechtfertigten Machtzuwachs eines Einzelnen unterbinden. Ein Vorsitzender übernimmt über einen festgelegten Zeitraum die Funktion des Schulleiters.
Die Kollegiale Schulleitung wird durch das Entscheidungsgremium einer Schule gewählt, wodurch eine Loslösung von der Basis und eine Verselbständigung eingeschränkt wird. Die Einweisung geschieht durch die Dienstbehörde.
Die Aufgabenverteilung erfolgt durch einen Geschäftsverteilungsplan. Der Schulleiter vertritt die Schule gegenüber Schulbehörden, Schulträger und Öffentlichkeit; ein Organisationsleiter hat die Personal- und Sachplanung und Unterrichtsorganisation inne und ein didaktischer Leiter ist für den Bereich Innovation verantwortlich. Bei großen Schulen von eintausend bis zweitausend Schülern gibt es noch Bereichsleiter für Sekundarstufe I und II. Zur Förderung von Transparenz und Kooperation dienen schulöffentliche Koordinationssitzungen der kollegialen Schulleitung und Veröffentlichung von Sitzungsprotokollen.

Bisher vorliegende Erfahrungen zeigen, daß sich die Spezialisierung von Schulleitungsmitgliedern auf bestimmte Aufgaben bewährt hat und gemeinsam beschlossene Entscheidungen der Schulleitungsmitglieder zu einem größeren Überzeugungs- und Effizienzgrad als Einzelentscheidungen eines einzelnen herkömmlichen Schulleiters geführt haben (Dahlke 1979).

b) Schulverfassung. In Schulen sollten vermehrt Schulverfassungen dergestalt ausgebaut werden, daß Lehrer, Eltern und Schüler gleichberechtigt alle schulischen Entscheidungen im Rahmen der geltenden Rechts- und Verwaltungsvorschriften treffen können, die bisher nur von Lehrerkonferenzen beschlossen worden sind (vgl. Dahlke 1979). In Anlehnung an das Modell repräsentativer Demokratie wählen Lehrer, Eltern und Schüler ein paritätisches Gremium, eine Schulkonferenz oder eine Gemeinsame Vertretung. Die Paritäten können dabei von einer Drittelpartei bis zu Paritäten von 50% Lehrern, 25% Schülern und 25% Eltern schwanken. Die gemeinsame Vertretung arbeitet auch gemeinsam mit der kollegialen Schulleitung in einem paritätisch zusammengesetzten Präsidium. Bei den Sitzungen geht es etwa um Probleme der Unterrichtsorganisation, Besetzung von Funktionsstellen, Formen und Inhalte von Schulveranstaltungen oder Vergabe von Erziehungsbeihilfen. Paritätisch zusammengesetzte Ausschüsse können auch Vorlagen für Sitzungen von Schulkonferenzen vorbereiten. Die in den paritätischen Gremien gefallenen Entscheidungen sind für Schulleitung und Lehrkörper verbindlich.

Bisherige Erfahrungen mit derartig demokratisch organisierten Schulen zeigen, daß Konflikte mit Bildungsbürokratien und Bildungspolitikern nicht ausbleiben und Forderungen der Mitbestimmungsgremien nicht in jedem Fall umgesetzt werden. Dennoch ist an der Organisationsstruktur "Schulverfassung" festzuhalten, da neben den Lehrern auch Eltern und Schüler Einblicke in bildungspolitische, schulpolitische und politische Zusammenhänge allgemein aufgrund ihrer konkreten Erfahrungen beim Umsetzen ihrer Interessen erhalten.

Schulverfassungen in der obigen Art und kollegiale Schulleitungen waren bisher nur in Gesamtschulen im Bundesland Niedersachsen vertreten. Es wäre erforderlich, daß sich die übrigen Bundesländer diesbezüglichen Schulmodellen anschlössen und die rechtlichen Voraussetzungen dafür schüfen. Es scheint allerdings in den Länderparlamenten und Kultusministerien kein großes Bedürfnis zur Förderung von Mitbestimmung im schulischen Bereich zu existieren.

c) Schülervertretung. In Gremien und Institutionen sollen Schüler ihre Interessen artikulieren und Einfluß nehmen können, um damit bereits in der Schule zu demokratischen Mitbürgern der Gesellschaft erzogen zu werden. Die Schule muß Möglichkeiten zur Selbstentfaltung, zur Übernahme von Aufgaben und der Erfahrung von Rechten und Pflichten sowie von Selbstverantwortung geben. Schülervertretungen müssen einen größeren Handlungs- und Entscheidungsraum erhalten in Bezug auf die Planung und die Gestaltung des Unterrichts. Entsprechende Gremien sind zu schaffen oder auszubauen.

3.1.3 Zusammenarbeit mit Eltern

Eltern sind sehr am Schicksal ihrer Kinder in der Schule interessiert. Nicht selten konzentriert sich ihr Interesse auf die Leistungen, auf die Noten, die letztlich in unserer Gesellschaft den Ausschlag geben für die weiteren Berufschancen und den weiteren Lebensweg des einzelnen Schülers. Deshalb ist es verständlich, wenn Eltern Kontakte zur Schule, zu den Lehrern suchen, um Informationen über das individuelle Fortkommen ihrer Kinder zu erhalten. Auch Informationen durch den Lehrer (etwa in Elternseminaren) über das immer komplizierter werdende Schulsystem und Kurssystem - besonders in Gesamtschulen - oder Informationen über Grundbegriffe der Mengenlehre, über die Ganzheitsmethode und andere schulinterne Aspekte sind sicherlich wichtig für sie.
Auf dem Hintergrund einer Demokratisierung der Schule, in der Elternpartizipation (Herz 1976; Zubke 1980) einen bedeutsamen Stellenwert einnimmt, sind die genannten Formen der Zusammenarbeit zwischen Eltern und Lehrern jedoch unbefriedigend. Elternpartizipation heißt Teilhabe oder Einflußnahme von Eltern auf das schulische Geschehen, was über die Verbesserung schulischer Lernerfolge und Leistungen hinausgeht. Elternteilnahme muß auch bedeuten, daß Eltern über Gremien (vgl. Teilkapitel "Schulverfassung") den Lehrern selbst Vorschläge unterbreiten hinsichtlich zu behandelnder Themen etwa im Politikunterricht, in Deutsch oder Geschichte. D.h., daß Eltern mit als Ideenproduzenten auftreten können und ihre Ideen die Chance der Realisierung im Unterrichtsgeschehen erhalten. Es wäre auch wichtig, Elternvorstellungen in die Curriculumentwicklung oder die Schulorganisation miteingehen zu lassen. In entsprechenden entscheidungsbefugten Gremien müßten Elternideen mitdiskutiert werden, wobei gewiß Interessenkollisionen möglich sind (vgl. Zubke 1980, S.104ff).

Die Zusammenarbeit zwischen Eltern und Lehrern kann durch strukturelle Maßnahmen verbessert werden. Als ein diesbezüglicher Beitrag darf das in Nordrhein-Westfalen 1978 in Kraft getretene Schulmitwirkungsgesetz angesehen werden. Es sei aber nicht verschwiegen, daß das Mitspracherecht der Eltern in Schülerfragen sowohl für Lehrer und Eltern Mehrarbeit bedeutet und beide Seiten sachbezogenes Miteinanderumgehen lernen müssen (vgl. Sustek 1979). Auf weitere Probleme der Elternmitwirkung (z.B. Sozialschichtproblematik) kann hier nicht eingegangen werden (vgl. Mohrhardt 1980). Zur Verbesserung der Kooperation von Eltern und Lehrern können weiterhin informelle Gespräche, gezielte Hausbesuche, Elternabende, "Tage der offenen Tür" oder auch Unterrichtshospitationen dienen (vgl. Heim 1977; Sustek 1979).

3.1.4 Demokratische Curriculum-Entwicklung

Curricula in Form von Lehr- und Bildungsplänen strukturieren das Leben in der Schule ganz entscheidend. Ihre aus allgemeinen Bildungszielen abgeleiteten konkreten Teilziele und Inhalte, ihre Methoden und Evaluationen prägen das Wissen, Werte und Einstellungen, das politisch-soziale Bewußtsein und Verhalten von Schülern und ganzer Generationen - nicht zuletzt auch das der Lehrer, die diese Inhalte zu vertreten haben.

Curricula sind genau betrachtet eine höchst ideologische und politische Angelegenheit und damit auch Streitpunkt der unterschiedlichen gesellschaftspolitischen Gruppen. Bei der inhaltlichen Gestaltung von Curricula schlagen sich im einem komplexen Prozeß die historisch gegebenen ökonomischen, gesellschaftspolitischen, sozial- und bildungspolitischen Vorstellungen unterschiedlicher Interessengruppen wieder (vgl. Becker & Jungblut 1972; Huisken 1972). Als besondere Konfliktfelder in der Curriculumplanung haben sich beispielsweise Unterrichtsmaterialien zu den Bereichen Politik und Gesellschaft oder Sexualkunde herausgestellt. So kam es zu bundesweit geführten Auseinandersetzungen von Parteien, Verbänden und Eltern etwa um die Rahmenrichtlinien aus Hessen und NRW.

Trotz dieser ideologischen Auseinandersetzungen auf dem Rechts-Links-Kontinuum ist eine demokratische Curriculumplanung wünschenswert. Sie macht die Zusammenarbeit unterschiedlicher Interessengruppen wie die des Staates und der Kultusbehörden als ausführende Organe des Grundgesetzes und der Länderverfassungen, der Schulbehörden, Gewerkschaften, Wirtschaft, Lehrer, Eltern und Schüler erforderlich. Besondere Bedeutung kommt dabei auch den Lehrern zu, die an der Basis die meisten konkreten Erfahrungen sammeln (Hoppe 1980). Organisatorische Hilfen bei der Curriculumentwicklung können dabei Koordinationskonferenzen, Fachmoderatoren, zentrale Lehrerfortbildungsstätten, zentrale Dokumentationsstellen, Informationsbörsen, Curriculummärkte, didaktische Schularchive oder curriculare Modellversuche sein.

Entscheidend für die Curriculum-Planung ist die Anbindung von Inhalten, Formen und Methoden an die früher genannten übergeordneten demokratischen und humanitären Ziele, die es für die Unterrichtswelt zu konkretisieren gilt. Als mögliche Lernziele jenseits der Aufteilung des Lehrplans in Fächer, ließen sich u.a. nach H.v.Hentig (1971, 13 ff) etwa die folgenden nennen:

- Das Leben in der sich beschleunigt verändernden Welt
- Das Leben im Beruf zwischen Theorie und Praxis
- Das Leben in der Demokratie, in der Politik, in der Öffentlichkeit
- Das Leben in der Konsumgesellschaft
- Das Leben mit dem eigenen Körper, mit den Trieben, mit der eigenen Person u.a.

Andere Curriculumziele könnten sein, daß junge Menschen in der Entfaltung ihrer Persönlichkeit, d.h. in ihren geistigen, manuellen, sozialen und emotionalen Fähigkeiten und Fertigkeiten gefördert werden sollten; sie sollten befähigt werden, die gesellschaftlichen Verhältnisse zu analysieren und gemeinsam Alternativen zu entwickeln. (Zu weiteren Inhalten der Curriculumplanung vgl. S. 25f, 92f, 136f).

Zur allseitigen Entfaltung der Persönlichkeit der Schüler wäre eine Integration von allgemeiner und beruflicher Bildung erforderlich. Hierzu wäre es nötig, in der Sekudarstufe I das Fach Polytechnik als Pflichtfach einzuführen.

Was die Curriculumpläne anbetrifft, so sollten Rahmenrichtlinien lediglich Arbeitsfelder und Unterrichtsschwerpunkte vorgeben, die offen sind gegenüber gesellschaftlicher Entwicklung, methodischer Umsetzung, inhaltlicher Fortschreibung und individueller Unterrichtsgestaltung. Dies erfordert, daß Schulen mehr Kompetenzen bezüglich der Bestimmung von Lerninhalten, -formen und -medien erhalten. Gleichzeitig sollen die Schulen die Möglichkeit zur Entwicklung eigener, offener Curriculumelemente haben, um Interessen, Wünsche, Neigungen und Bedürfnisse von Schülern aufgreifen und diesen gerecht werden zu können. Die früher genannten Ziele lassen es dann nicht zu, daß die Schule (ebenso wie die Hochschulen) total "verschult" wird, d.h. jeglicher Freiräume und individueller Gestaltung beraubt wird, wie dies in Deutschland gegenwärtig immer mehr Mode wird (auch in sozialdemokratisch regierten Bundesländern!!).(28)

Weiter oben wurde auf die Schwierigkeiten der Berücksichtigung bestimmter Themen in der Curriculumplanung hingewiesen (z.B. bei Gesellschaft und Politik). Schwierigkeiten liegen aber auch bei der Umsetzung von bereits verabschiedeten Curricula vor, die zum Teil dann an unzureichenden Rahmenbedingungen, wie z.B. der Lehrer-Schüler-Relation, dem Fächerkanon, Stundentafeln, Differenzierungserlassen, Abschlußregelungen oder der bisherigen Lehrerqualifikation scheitern. Eine Umsetzung verschiedener Curricula wird erst dann möglich, wenn die Rahmenbedingungen auf bestimmten Ebenen geändert werden. Beispielsweise können Forderungen nach Freiräumen für die Arbeit von Lehrern und Mitbestimmung von Schülern ("offenes Curriculum") erst realisiert werden, wenn in der Lehrerbildung und -fortbildung die Lehrer diesbezüglich auch genügend qualifiziert werden, was wiederum den Ausbau der Lehrerfortbildung impliziert. Curriculumentwicklung oder Veränderungen in diesem Bereich können - wie auch in anderen - nicht isoliert behandelt werden, sondern müssen im Zusammenhang mit Veränderungen in unterschiedlichsten Bereichen des gesellschaftlichen Lebens gesehen werden. Veränderungen selbst hängen wiederum von den Machtkonstellationen in der Bundesrepublik ab, die den Spielraum für eine demokratisch-sozialistische Politik definieren.(Zu Fragen und Problemen des Curriculum und weitere Literatur vgl. Robinsohn 1972; Der Bundesminister für Bildung und Wissenschaft 1977b; Bonn 1979; Schröder 1981; Preuß 1975).

3.2 Verbesserung der Schulökologie

Das physische und psychische Befinden und das Verhalten von Lehrern und Schülern wird durch die schulische Umwelt, durch innersystemische Gegebenheiten der Schule mit beeinflußt (vgl. Kap.I,2.2). Zur Verbesserung der Arbeitsbedingungen können Maßnahmen und Veränderungen in unterschiedlichen Bereichen der ökologischen Struktur hilfreich sein. Einige Möglichkeiten seien exemplarisch genannt.

a) Bau und Ausstattung der Schule. Bauliche und räumliche Gegebenheiten stellen die "statischen" Rahmen- und Lebensbedingungen für Lehrer und Schüler dar. Aus psychohygienischer Sicht sind dabei an Schulgebäude, Schulräume, Schulmöbel und Unfallsicherheit bestimmte zu realisierende Forderungen zu stellen. So sollten die Schulgebäude verkehrsgünstig, ruhig, sonnig und in das Wohngebiet der Schüler integriert sein. Die zur Verfügung stehenden Flächen, der Bedarf an Sportplätzen, Spielgelände, Ruhezonen, Tobeflächen und der Pausenhof müssen der Anzahl der Schüler gerecht werden. Die Schulräume müssen hinsichlich Größe, Beleuchtung, Raumklima und Raumakustik den Anforderungen der Schüler und Lehrer genügen. Bezüglich der Schulmöbel ist zu erwarten, daß sie der Körpergröße der Schüler angepaßt sind. Die Räumlichkeiten im schulischen Bereich müssen ferner so gestaltet sein, daß Unfälle so weit wie möglich ausgeschaltet werden. So müssen z.B. Spielgeräte gesichert sein und Chemikalien sicher aufbewahrt werden können.

Weiterhin ist eine ausreichende Ausstattung der Bibliotheken und naturwissenschaftliche Sammlungen sicherzustellen und für genügend Unterrichtsmedien zu sorgen.

b) Klassenfrequenzen und Lehrerkapazität. Die Anzahl der Schüler ist so niedrig wie pädagogisch erforderlich zu halten, d.h. es sind kleine Klassen zu bilden. Damit sollen hygienische Sauerstoffverhältnisse und ausreichende Bewegungsfreiheit zur Gesunderhaltung der körperlichen Funktionen geschaffen werden. Kleine Klassen ermöglichen aber auch erst ein vernünftiges Ausmaß an persönlicher, individueller und intensiver Zuwendung des Lehrers zu seinen Schülern, wodurch ein ausreichendes Maß an Geborgenheit und Wohlbefinden als Grundvoraussetzung für günstiges Lernen entsteht. Kleine Klassen sind ein zentrales Erfordernis für die psychophysische Gesundheit von Lehrern und Kindern.

Gleichzeitig ist für eine ausreichend große Anzahl von Lehrern Sorge zu tragen, so daß auch regulärer Unterricht durchgeführt werden kann, wenn einzelne Lehrer krank sind.

In Bezug auf die Höhe der Klassenfrequenzen und die Lehrerkapazitäten ist über die Bundesrepublik als hochindustriellem Land wenig Rühmliches im Vergleich zu anderen Industrienationen zu berichten. Man muß fast von einem Skandal sprechen, wenn auf der einen Seite mehrere Tausend Junglehrer arbeitslos sind und auf der anderen Seite zu große Klassen existieren und in vielen Schulen Unterricht mangels Lehrer nicht gegeben werden kann. Gewiß ist die Einstellung von Lehrern eine Kostenfrage: letztlich ist sie aber eine politische Frage, eine Frage der Aufteilung des "Haushaltskuchens" und eine Frage des eigenen Verständnisses als Kulturnation. Mit den Gewerkschaften, wie z.B. der Gewerkschaft für Erziehung und Wissenschaft, ist deshalb die Forderung nach kleineren Klassen und nach mehr eingestellten Lehrern zu erheben.

c) Schule und Gemeinwesen. Schulen sollten aus ihrer bisherigen Isolation herausgeführt und multifunktional für Freizeit-, Fortbildungs- und Beratungsangebote für Familien genutzt werden. Sie sollten mit anderen Lernorten im Gemeinwesen kooperieren, so etwa mit Kindergärten, Bibliotheken, Volkshochschulen und Betrieben. Beispielsweise könnten Klassen vermehrt Betriebe besuchen und Betriebe sollten Kurzpraktika für interessierte Schüler in den Ferien anbieten. Durch diese und andere Aktivitäten und Verbindungen könnte das Leben in den Schulen vielseitig, lebendig und lebensnah werden. Gleichzeitig würde die Schule ein bedeutsamer Ort für das Leben in den Gemeinden selbst.

3.3. Humanisierung des Unterrichts

Das Unterrichtsgeschehen und das Klassenklima hängen sehr stark ab von der Art der Interaktionen zwischen Lehrern und Schülern (vgl. auch Kap.I,2.2). Dem Lehrer als Organisator des Unterrichts kommt eine besonders verantwortungsvolle Rolle zu. Auch wenn er durch Schulstrukturen, Lehrpläne, Dienstanweisungen und Richtlinien in seinem Verhaltensspielraum eingeschränkt ist, so bleibt ihm dennoch ein gewisser Freiraum der individuellen Gestaltung. An ihm liegt es, wie er diesen Freiraum ausfüllt, an ihm liegt es auch zum Teil, wie menschlich die Schule wird. Seine Persönlichkeit, seine individuellen sozialen, pädagogischen, politischen und moralischen Einstellungen und Wertvorstellungen sowie seine menschlichen und pädagogischen Fertigkeiten und Fähigkeiten (vgl. Kap.I, 2.4) sind ein ganz wesentlicher Faktor für das Unterrichtsgeschehen. Der Lehrer als Agens gesellschaftlicher Entwicklungsprozesse kann mit zur Realisierung der früher genannten humanitären und demokratischen Werte, zu deren Konkretisierung beitragen. Durch seine Auswahl der Unterrichtsinhalte, durch seine Strukturierung und methodische Gestaltung der Stunden kann er den Schülern Gelegenheit schaffen, mündig zu werden, kritisch zu sein, Urteilsfähigkeit und -unabhängigkeit im Denken zu erlernen, mitverantwortlich und solidarisch zu handeln und demokratisches Bewußtsein sich anzueignen. Zur Verbesserung und Humanisierung des Unterrichtsgeschehens kann der Lehrer durch verschiedene Maßnahmen beitragen.

a) Alternative Lern- und Lehrformen. Zu einer menschlichen, nicht autoritären und demokratischen Schule gehören bestimmte Lernformen. So widerspricht ein ausschließlicher Frontalunterricht einer demokratischen Schule. Alternative Lernformen wie z.B. Projektunterricht, Kleingruppenunterricht, Teamteaching und Team-Kleingruppenmodell (TKM) sind einer schülerfreundlichen und demokratischen Schule besonders förderlich und ergänzen das sonstige Repertoire (vgl. auch Wiemer 1981; Haußer 1981; Silkenbeumer & Walkenstein 1981).

Projektunterricht knüpft an die Interessen und Erfahrungen von Schülern an. Er wird von Schülern und Lehrern gemeinsam geplant und durchgeführt. Die Projekte haben komplexe Ausschnitte der Realität zum Inhalt. Sie können sich auf Mißstände in der unmittelbaren Umwelt oder in der Schule beziehen und zielen auf Veränderung ab. Der Projektunterricht ermöglicht eine Erziehung zu selbständigem, verantwortlichem und gesellschaftlichem Handeln, zu aktivem Problemlösen und zu Kooperations- und Konfliktfähigkeit (vgl. Keim 1979). Die gesellschaftlichen und schulischen Rahmenbedingungen (vorgegebene Stundentafeln, fachspezifische Lernziele, verbindliche Abschlußqualifikationen, juristische Aufsichtsbestimmungen u.a.) erschweren allerdings die Durchführung. Zur Begünstigung des projektorientierten Lernens wäre die Organisation des schulischen Lernens zu lockern, die fächerübergreifende Zusammenarbeit von Lehrern zu unterstützen und die traditionellen Unterrichtsstoffe und Hausaufgaben zu kürzen.

Eine realistische Alternative zum System der Fachleistungsdifferenzierung und der flexiblen Differenzierung stellt der Kleingruppenunterricht (KGU) dar, der besonders zur Förderung des sozialen Lernens dient (vgl. Punkt c). Hier arbeiten 5 bis 7 Schüler unterschiedlicher Herkunft und Leistungsfähigkeit und unterschiedlichen Geschlechts über einen längeren Zeitraum (etwa ein halbes bis ein Jahr) zusammen. Die Kleingruppenarbeit zeichnet sich dadurch aus, daß der Lehrer stärker in den Hintergrund tritt, die Schüler ihre unterschiedlichen Interessen und Fähigkeiten gleichberechtigt einbringen können, eine intensive Kommunikation möglich wird und ferner die Schüler die Notwendigkeit von Kooperation und solidarischem Verhalten erfahren. Der Kleingruppenunterricht ist mit anderen Unterrichtsformen kombinierbar, wie etwa mit Einzelarbeit, programmiertem Unterricht, Partnerarbeit, Frontalunterricht oder Unterrichtsgespräch. Auf mögliche Probleme des KGU kann hier nicht eingegangen werden. (Vgl. Gutt & Nyssen 1979).

In der anderen Unterrichtsform, dem Team-Teaching, arbeiten mehrere Lehrer (z.B. drei Fachlehrer) zusammen und planen und führen den Unterricht z.B. für drei Parallelklassen durch. Je nach angestrebten Lernzielen werden Einzelarbeitsphasen, Kleingruppen, Mittelgruppen oder die Großgruppe eingesetzt. Bei zeitlich versetzten Schulstunden können die in der Großgruppe eingesparten Lehrer den Einzellernern und den Kleingruppen zusätzlich helfen. Beim Team-Teaching gibt es vier Arten: das fachspezifische Team, das fächerübergreifende Team, das Gesamtfächerteam und das Gelegenheitsteam (Winkel 1972). Das Team-Teaching hat sich als angstreduzierend erwiesen (Winkel 1974).

Beim Team-Kleingruppenmodell (TKM) werden feste Kleingruppen von 5 bis 7 Schülern gebildet, die nach Herkunft, Geschlecht und Leistungsfähigkeit heterogen sind und in möglichst vielen Fächern und Stunden zusammenbleiben, sich helfen und unterstützen sollen. Diese Kleingruppen werden in bestehende unterrichts-organisatorische Strukturen eingefügt. Den verschiedenen Schülergruppen werden feste Lehrerteams zugeordnet, um eine intensive Schüler-Beziehung und eine verbesserte Kooperation der Lehrer untereinander zu ermöglichen. Ein Lehrerteam wiederum besteht aus 6-8 Lehrern. Dieses organisiert, plant und führt den Unterricht weitgehend eigenverantwortlich durch. Das TKM wird bisher in verschiedenen Gesamtschulen in Niedersachsen und Nordrhein-Westfalen durchgeführt (Drenkelfort u.a. 1976; Brandt & Liebau 1978,S.122ff).

b) Lernen in Lebenssituationen, Lernen für Lebenssituationen. Der Lehrer sollte in verstärktem Maß institutionalisiertes Lernen und gesellschaftliche Praxis miteinander verbinden. Unterrichtsinhalte müssen sich auf praktische, theoretische und wissenschaftliche Tätigkeitsbereiche sowie ferner auf die unmittelbare Umwelt und den Freizeitbereich der Schüler beziehen. Die Unterrichtsinhalte sind weiterhin mit Themen wie Arbeitslehre, Technik und Wirtschaft zu ergänzen. Das Fach Arbeitslehre z.B. sollte eine Verbindung von Werkstattpraxis, Fachtheorie und politischer Bildung herstellen, um einen Einblick in gesamtgesellschaftliche Zusammenhänge zu ermöglichen. Polytechnischer Unterricht ist gerade wegen des letzten Aspekts auszubauen.

Lehrer sollten es ermöglichen, daß von Schülern geäußerte Wünsche und Fragen zum Gegenstand von Lernvorgängen, Projekten oder Studien werden. Das hat allerdings zur Voraussetzung, daß das Curriculum (auf das der einzelne Lehrer bisher selbst keinen Einfluß hat) nicht bis ins letzte Glied vorprogrammiert sein darf, sondern "Lücken", d.h. offene Stellen haben muß. Die Berücksichtigung der Wünsche von Schülern ist deshalb von größter Bedeutung, da damit deren Motivation und weitere Neugierde und Kreativität gefördert, ihr Gefühl für Eigenverantwortung und Mitverantwortung für das Unterrichtsgeschehen gestärkt werden. Gleichzeitig wird damit das Leben außerhalb der Schule einbezogen und eine Integration von wissenschaftlichem Erkennen und sozialer Wirklichkeit geleistet, wodurch ein Lernen für das Leben erfolgt und die Isolierung der Schule von der sozialen und politischen Wirklichkeit aufgebrochen wird.

c) Integration von sozialem und sachbezogenem Lernen. Der Lehrer kann dazu beitragen, die in Lehrplänen oft zu findende Kluft zwischen sozialem Lernen und sachbezogenem Lernen zu überbrücken. Unter dem unterschiedlich definierten Begriff Soziales Lernen soll hier ein Lernen verstanden sein, bei dem kognitive, emotionale und Handlungsebenen berücksichtigt werden und nicht nur eine Ebene (wie etwa die kognitive im Frontalunterricht). Soziales Lernen sei weiterhin inhaltlich bestimmt als ein emanzipatorisches Lernen, in dem primär die Interessen der Mehrzahl der Bevölkerung und nicht die Verwertungsinteressen des Kapitals aufgegriffen werden. Beim sachbezogenen Lernen handelt es sich um die Vermittlung von Sachkompetenzen, wie z.B. Schreiben, Rechnen, logisch argumentieren.

Kinder und Jugendliche sollen an konkreten, lebenspraktischen Fällen lernen, soziale Fähigkeiten und Sachkompetenzen zu integrieren, Sachkompetenzen auf soziale Zwecke zu beziehen. Das soziale Lernen muß verstärkt gefördert werden, da es insbesondere eine Voraussetzung der Erziehung zur Solidarität darstellt. Durch das solidarische Lernen erfahren Kinder, daß Einzelinteressen zurückzustellen sind zugunsten allgemeiner Interessen (etwa bei der Parteinahme für Benachteiligte). Sie erfahren weiter, daß nur durch solidarisches Handeln Fremdbestimmung innerhalb gesellschaftlicher Zusammenhänge abgebaut werden kann. Durch die Integration des sachbezogenen und sozialen Lernens wird das Tun in der Schule erst als sinnvoll und nützlich erlebt, wird Schule für Schüler und Lehrer zu einem Ort befriedigender Arbeit.

d) Abbau der Auslese. Das wechselseitige Verhältnis zwischen Lehrern und Schülern sowie das allgemeine Schulklima können durch Umgestaltung von Prüfungen und Notengebung verbessert werden. So wäre es überdenkenswert, das bisher Gelernte und Geleistete lediglich zu dokumentieren, etwa durch Festhalten des individuellen Lernfortschritts wie z.B. in Diagnosebögen (vgl. Winkel 1974). Danach entfielen unnötige Schulängste, die Lernatmosphäre würde entspannter und das Leben für Lehrer und Schüler erleichtert.

e) Ausbau des Freizeitangebots in der Schule. Der Schule kommt die Aufgabe zu, Schüler auf eine bewußte und aktive Gestaltung ihrer Freizeit vorzubereiten. Dies geschieht durch bestimmte Unterrichtsinhalte, die das Thema Freizeit aufgreifen, aber auch durch Angebote außerunterrichtlicher Freizeitaktivitäten zur Vertiefung und Ergänzung des Unterrichts. Dabei werden das notwendige Wissen und die erforderlichen Fertigkeiten vermittelt. Große Bedeutung kommt dabei der Erziehung zu aktivem, kreativem Handeln zu, um Freizeit nicht zu passivem Konsumieren degenerieren zu lassen (vgl. den Aspekt des "Habens" bei Fromm, Kap. B,2.1)
Zur Wahrnehmung dieser Aufgaben müssen qualifizierte Pädagogen und Tutoren (Sozialpädagogen und Lehrer) zur Verfügung gestellt werden. Entscheidend sind dabei natürlich auch geeignete Räumlichkeiten und Örtlichkeiten zur Freizeitgestaltung. Ganztagsschulen stellen dabei die günstigsten Rahmenbedingungen dar, um eine pädagogisch sinnvolle Freizeitgestaltung zu ermöglichen. (Vgl. Wagner 1979).

f) Erweiterung des Freiraums der Schüler. Mitwirkungsmöglichkeiten und Vertretung der Interessen der Schüler in Gremien der Schülermitverwaltung stellen eine Möglichkeit der Vergrößerung des Freiraums von Schülern dar. Schüler nicht mehr als passive Mitglieder, sondern als aktive Mitgestalter der schulischen Gemeinschaft zu begreifen, wäre eine dringende Notwendigkeit im Hinblick auf eine demokratisch-freiheitliche Erziehung. So könnte auch das Verhältnis von Schülern zu Lehrern wesentlich verbesser werden.
Schülerorietierte Curriculumarbeit wäre ein weiterer Beitrag. Dabei käme es darauf an, Schülern einen bestimmten Lernstoff anzubieten, ihre Wünsche mitaufzugreifen und mitzuberücksichtigen und für weitgehende Selbstregulierung des Lernens zu sorgen (vgl. Scheel 1978; Ramseger 1977). Mit diesen Aktivitäten darf allerdings nicht erst in der Oberstufe begonnen werden, sondern Schüler müssen von Anfang an zu diesbezüglichem Arbeiten angeregt werden.

3.4 Ausbau von Beratungseinrichtungen

Lehrer haben im Rahmen ihrer Tätigkeit eine Fülle von Aufgaben zu erledigen. Inzwischen sind die Probleme im schulischen Bereich so vielfältig und kompliziert geworden, daß es für den Lehrer allein unmöglich ist, allen Forderungen nachzukommen. Er ist immer stärker auf die Beratung und Unterstützung von anderen Fachleuten aus unterschiedlichen Disziplinen angewiesen, so auf die Zusammenarbeit mit Schulpsychologen, Beratungslehrern, Erziehungsberatern, Sozialarbeitern, Sozialpädagogen und Ärzten. Durch die Kooperation mit verschiedenen Beratungseinrichtungen wird die tägliche Arbeit des Lehrers erleichtert und verbessert. Im folgenden sei nur auf den Schulpsychologischen Dienst und den Beratungslehrer eingegangen, Dienste, die erst in den letzten Jahren verstärkt angeboten werden.

1. Schulpsychologischer Dienst. Die Aufgaben des Schulpsychologen, die gleichzeitig als Hilfsangebote für den Lehrer zu verstehen sind, betreffen drei Bereiche : (a) Lern- und Sozialverhalten, (b) Schullaufbahnberatung, (c) Systemberatung (vgl. Heyse & Kuhl 1977; Seim & Stöber 1976).

(a) Die Tätigkeiten im ersten Bereich beziehen sich auf Beratung und Hilfe bei individuellen Problemen im Lern- und Leistungsbereich sowie im sozialen, für die Schule relevanten Verhalten. Hierzu rechnen auch Interventionen in den Schulklassen (z.B. Veränderung des Klassenverbandes) und die Beratung von Lehrern zur Reflektion und ggfs. Änderung des eigenen Verhaltens oder Beratung zur Einleitung von psychologischen, pädagogischen und eventuell auch flankierenden organisatorischen Maßnahmen zur Veränderung problematischen Verhaltens.

(b) Bei der Schullaufbahnberatung geht es um die Beantwortung von Fragen, die den schulischen Ausbildungsgang betreffen, z.B. Ein-, Um-, Ausschulung, Übergänge zu anderen Schularten, Kurs- und Fächerwahl u.a., wobei auch die berufliche Perspektive bei Schullaufbahnberatungen miteinbezogen werden muß. Zur optimalen Lösung anstehender Fragen wird eine enge Zusammenarbeit auch mit Beratungslehrern sowie der Berufs- und Studienberatung nötig.

(c) Die Systemberatung zeichnet sich durch Beratung und Unterstützung von Funktions- und Rollenträgern in der Schule oder in Stellen aus, die für die Planung, Entscheidung und Verwaltung in der Schule Verantwortung tragen. Fragen der Lern- und Sozialisationsbedingungen in einzelnen Schulen oder im Schulsystem stehen hier zur Debatte.

Im Rahmen der innovativen Beratung obliegt dem Schulpsychologen die Aufgabe, durch Erfassung, Analyse und Auswertung der schulischen Bedingungen sowie von Schulversuchen einen Beitrag zur inneren und äußeren Schulreform zu leisten. Ferner soll er den Schulen bei der Lösung von psychologischen, pädagogischen und didaktisch-methodischen Problemen helfen. Teilaufgaben sind z.B. Mitwirken bei der Erstellung von Schulkonzepten, Richtlinien und Curricula; Beratung bei Verfahren der Schülerbeurteilung und Differenzierung; Hilfen bei Fragen der Unterrichtsorganisation.

Zusätzliche Aufgaben beziehen sich auf die Weitergabe von Informationen an Eltern, Schüler und Lehrer und die Lehrerfortbildung. Bei den korrektiven und präventiven Aufgaben lassen sich als Stichpunkte anführen: Hilfe zur Selbsthilfe durch Vermittlung von Sachkenntnissen und Handlungsstrategien (vgl. Kap.A 1, 2.2), Verbreitung psychologischen Wissens über Lern- und Sozialisationsprozesse zur Verbesserung der gegenwärtigen Unterrichts- und Erziehungspraxis oder Aus- und Fortbildung von Funktionsträgern in der Schule als Mediatoren.

2. Beratungslehrer. Ähnliche Aufgaben wie die genannten werden auch Beratungslehrern zugeschrieben, obwohl sie nur als Teilzeitberater (nach Empfehlung des Bildungsgesamtplanes 1973 mit 5 Wochenstunden) eingeplant sind. Heller (1975,S.256ff) sieht die folgenden Arbeitsbereiche: (1) Lern-, Erziehungs- und Systemberatung, (2) Schullaufberatung, (3) Einzelfallhilfe. (Vgl. auch DIFF 1978). Die Praxis zeigt allerdings bisher, daß Beratungslehrer primär in der Schullaufbahnberatung und in der Beratung von leichteren Fällen schulschwieriger Kinder tätig sind.

Eine genaue Abgrenzung der Aufgabenbereiche von Beratungslehrern und Beratungsdiensten steht noch aus. Eine Aufgabenteilung der verschiedenen Beratungsdienste und eine enge Kooperation der Beteiligten im Team könnte den Beratungslehrer zu einem hilfreichen Mittler zwischen Schülern, Lehrern und den schulfernen Beratungsdiensten werden lassen.

Betrachtet man die derzeitige Situation der Beratungsdienste (Schulpsychologischer Dienst, Erziehungsberatung, Beratungslehrer), so sind allerdings eine Reihe von Defiziten festzustellen. Als Hauptproblem ist die völlig unzureichende personelle und materielle Ausstattung anzusehen. Sie hat zur Folge Wartelisten bis zu zwei Jahren, Überforderung der Dienste und eine Flut nicht zu bewältigender Aufgaben. Man hat den Eindruck, daß vor allem "Feuerwehrarbeit", Stückwerksarbeit und "Reparaturdienste" geleistet werden und präventive oder strukturelle Lösungen völlig ausbleiben. (Vgl. Heyse & Kuhl 1977; Faulstich - Wieland 1979). Nach Meinung von Faulstich-Wieland (1979) hat die bestehende Bildungsberatung (vgl. Aurin u.a. 1973; Martin 1974; Heller 1975) außerdem kaum einen Beitrag zur Demokratisierung des Bildungssystems geliefert.

Auf dem Hintergrund der genannten und weiterer hier nicht ausgeführter Defizite sind verschiedene Maßnahmen dringend erforderlich: ein quantitativer und qualitativer Ausbau der Beratungsdienste, Abschaffung der "Einmannbetriebe" und Erweiterung zu Teams mit Fachkräften verschiedener Disziplinen (z.B.

Sozialarbeiter, Diplompädagogen, Ärzte , Verwaltungspersonal), Verbesserung der Kooperation der Beratungsdienste und der Schule, Schwerpunktbildung der Fachleute anstatt einer Ausbildung zu Allround-Managern und eine bessere finanzielle Ausstattung. Dies reicht jedoch nicht aus. Es käme auf eine grundlegende Bestimmung von Beratung in der Schule und der Bildungsberatung an und vor allem auf die Schaffung einer Gesamtkonzeption, in der Forderungen nach einem demokratischen Bildungssystem, Forderungen von Kultusverwaltung, Schulbehörden, Beratungsdiensten, Schulen, Eltern und Schüler integriert sind und die Zusammenarbeit der einzelnen Institutionen und Gruppen verbessert wird.

3.5 Ausbildung und Weiterbildung der Lehrer

Die Qualifizierung der Lehrer während ihrer Aus- und Weiterbildung sollte sowohl inhaltlich als auch strukturell an demokratischen, humanitären und emanzipatorischen Zielen (vgl. frühere Ausführungen) orientiert sein. D.h. Lehrer sollen sich konkrete Fähigkeiten und Fertigkeiten einer demokratisch-freiheitlichen Erziehung (s.S.92) und ein emanzipatorisches Bewußtsein in Gestalt kritischer Reflexion und Bereitschaft zu aktiver Parteilichkeit bei gegebenen Ungerechtigkeiten aneignen können. Das setzt voraus, daß die Strukturen an den Hochschulen, in den Bildungsstätten und Seminaren sowie die Curricula mit den zu vermittelnden Inhalten selbst diese Ziele widerspiegeln.

Wenn man sich die Ausbildungswirklichkeit in der Bundesrepublik ansieht, so ergibt sich folgendes Bild. Die erste Phase der Lehrerbildung (6 bis 8 Semester an Pädagogischen Hochschulen oder Universitäten) ist oft gekennzeichnet durch weitgehende Planlosigkeit der Inhalte, mangelnden Bezug der Inhalte und Veranstaltungen aufeinander. Emanzipatorische Inhalte sind die Ausnahme. Die bisherige Lehrerbildung ist im wesentlichen "Kopf-orientiert", "kopflastig", d.h. die Vermittlung von Wissen in speziellen Fachbereichen steht im Vordergrund. Wenig einbezogen werden die emotionale Seite des Lernens oder die Handlungsebene des Lernens. Auf die Vermittlung von handlungs- und praxisbezogenen Fähigkeiten und Fertigkeiten wird zumindest während der Hochschulausbildung nahezu fast völlig verzichtet. "Verwissenschaftlichung" geht vor Praxisbezug (zu Problemen des Praxisbezuges vgl. Freidank u.a. 1980). Schulpraktika sind meist unzureichend in den Gesamtstudiengang integriert und die Kooperation von Betreuungslehrern (Ausbildungslehrer) und Hochschuldozenten ist mangelhaft und ebenso unzureichend die Fortbildungsmöglichkeiten der Betreuungslehrer (vgl. Brunner 1976). Das eklatante Resultat dieser Art von Lehrerausbildung wird dann meist mit dem Etikett "Praxisschock" beschrieben, wenn die fertigen Studenten in die Arena des Schulalltags treten und massive Schwierigkeiten im Unterricht haben (Müller-Fohrbrodt u.a. 1978). Der "Praxisschock" ist die konsequente Folge der strukturellen Unzulänglichkeiten der Ausbildung, aber auch der ungünstigen materiellen und personellen Rahmenbedingungen und Gegebenheiten der Schulwirklichkeit.

Diese negativen strukturellen Ausbildungsbedingungen müssen einer gründlichen Reform unterzogen werden. Bislang existiert jedoch keine umfassende Konzeption, die gesellschaftspolitische und bildungspolitische Vorstellungen sowie Aus- und Weiterbildung stringent verzahnt und die Ableitung theoriebezogener Maßnahmen ermöglicht. Teilansätze hierfür finden sich auf gewerkschaftlicher Seite (vgl. GEW und DGB in Reuter & Muszinski 1980). Es lassen sich dennoch verschiedene Teilforderungen formulieren. So sind die Studieninhalte stärker aufeinanderzubeziehen und flexible Curricula zu entwickeln, die Freiräume für eigene Studieninteressen und eine kritische Auseinandersetzung mit den Inhalten gewährleisten. Die massiven Verschulungstendenzen und Totalreglementierungen der letzten Jahre sind wieder zu revidieren. Bezüglich der Inhalte der Ausbildung müßten die Ausführungen von S. 134 und S. 25f sowie aus den Kapiteln A,II,2 und B,3.3. berücksichtigt werden. Des weiteren wären praxisorientierte Kurse und "Trainingspakete" (vgl. Kap. II, 2.2.3.2) fortzuentwickeln und zu evaluieren. Zur Verhinderung des "Praxisschocks" und der damit verbundenen Zunahme des Konservatismus (Müller-Fohrbrodt u.a. 1978; Dann u.a. 1981) muß eine verbesserte Integration von Theorie und Praxis (vgl. auch Kahl 1979) und eine Verbesserung der innerschulischen Wirklichkeit erfolgen (Müller-Fohrbrodt u.a. 1978).

Auf die Beschreibung der Situation während der 2. Phase der Lehrerausbildung und vorhandener Unzulänglichkeiten wird hier verzichtet (vgl. Müller-Fohrbrodt 1978). Es sollte in dieser Zeit den Referendaren jedoch die Gelegenheit gegeben werden, einen Teil ihrer Unterrichtspraxis mit Kollegen gemeinsam zu planen und durchzuführen. Damit würde eine Distanzierung vom eigenen Unterrichtsverhalten, dessen Bewußtmachung und Veränderbarkeit möglich.

Was die Lehrerweiterbildung betrifft, so ist das Fort- und Weiterbildungsangebot quantitativ und qualitativ nicht zufriedenstellend (Kröll 1980). Oft reicht das Platzangebot der staatlichen Lehrerfortbildungsinstitutionen nur für die Ausbildung von Multiplikatoren aus und die angebotenen Inhalte decken den Bedarf nicht ab. Die Vermittlungsformen bestehen häufig nur in Dozieren und Referieren; eigene Aktivitäten der Teilnehmer werden nicht geweckt. Ferner ist kaum eine Zusammenarbeit zwischen lokalen und regionalen Lehrerfortbildungsinstitutionen und Einrichtungen der 1. und 2. Phase der Lehrerbildung gegeben. Als ein Mangel ist das Fehlen institutioneller Kontakte oder inhaltlicher Absprachen zwischen den Hochschulen und Einrichtungen der Lehrerfortbildung anzusehen. Eine langfristige und systematische Forschung zur Lehrerfortbildung hinsichtlich von Zielen, Inhalten, Lernverfahren, Rahmenbedingungen, Effekte auf den Unterricht u.a. existiert noch nicht. Der Mängelkatalog ließe sich noch erweitern. Er deutet an, welche Maßnahmen hier noch zu ergreifen sind.

Bei der Gestaltung der Aus- und Weiterbildung wären u.a. verschiedene Inhalte in speziellen Bereichen auszubauen. So sind in der Schule manchmal spezifische Kompetenzen erforderlich, etwa zur Beratung bei der Wahl von Fächerschwerpunkten und der Zuweisung zu Stütz- und Förderkursen oder zur Durchführung von Elternabenden. Diesbezügliche spezielle Ausbildungsgänge sollten in das Angebot der Lehreraus- und-weiterbildung einbezogen werden (vgl. Aurin u.a. 1977; Heller 1975; Sustek 1979).

Die Vermittlung gewisser pädagogisch-therapeutischer Fertigkeiten wäre inhaltlich begrüßenswert, besonders im Rahmen der Weiterbildung. Allerdings sei betont, daß es dabei nicht darum gehen kann, Lehrer zu "Mini-Therapeuten" zu qualifizieren. Es sollten lediglich Grundkenntnisse und -fertigkeiten (vgl. Kap. IIA1,2) vermittelt werden, damit Lehrer bei leichteren Schulproblemen allein besser intervenieren können, ohne gleich mit dem Schulpsychologen Kontakt aufnehmen zu müssen. Verschiedene Gesprächstechniken oder lerntheoretisch fundierte Interventionen können recht hilfreich sein.

Noch wichtiger wären Kenntnisse und Fertigkeiten zur Vermeidung von Schwierigkeiten, seien es schulbezogene oder sonstige individuelle. Dem Aspekt der Prävention wird in der Aus- und Weiterbildung kaum Aufmerksamkeit gewidmet, obgleich dieser gerade zentral ist und eine Reihe von Interventionen nachträglicher Art bei Vorsorgemaßnahmen entfallen würden. Ein zu installierendes Curriculum zur Prävention müßte sich auf drei Bereiche beziehen: (a) direkte Methoden als psychologisch-pädagogische Interventionen im schulischen Sektor, (b) intermediäre Methoden, wobei Mittelspersonen (z.B. Eltern, Geschwister oder Mitschüler) zur Verhaltensbeeinflussung einer Person (Schüler) einbezogen werden, (c) Informationen über institutionelle und gemeinschaftsorientierte Interventionen als Maßnahmen im ökologischen, adminstrativen, ökonomischen und politischen Bereich. (Vgl. Minsel & Hinz 1978; Sommer u.a. 1978; Feser 1978; Ortner 1980).

Bei den Fortbildungsveranstaltungen sollte auf eine enge Verzahnung von fachwissenschaftlichen, fachdidaktischen, pädagogischen und auch bildungspolitischen Aspekten geachtet werden. Sie sind auch so zu organisieren, daß ein hohes Maß an Selbstreflektion und Problematisierung eigenen Handelns sowie Partizipation bei der Gestaltung der Seminare, von Curricula und Lehrmaterialien und Engagement zum Ausbau eines demokratischen Schulwesens möglich wird. In diesem Zusammenhang wären Veranstaltungen und gruppendynamische Trainings emanzipatorischer Richtung (vgl. Kap. A 1,2) anzubieten und auszubauen, in denen Lehrer über ihre Arbeitssituation, über institutionelle und schulorganisatorische Bedingungen und Determinanten der Lehrer-Schüler-Interaktion, über Zielprobleme der Schule im Zusammenhang der Gesellschaft (vgl. Kap.I) und über Möglichkeiten der Veränderung von Mißständen (vgl. Kap. B) nachdenken können.

4. STRUKTURELLE INTERVENTIONEN IM FAMLIÄREN BEREICH

Wie in Kap. I,3 gezeigt, werden das Leben in den Familien, das Erziehungsverhalten, die Kommunikationsstrukturen und das Bewußtsein von Eltern durch verschiedenste Faktoren geprägt. Diese sind auch mitverantwortlich für zahlreiche Probleme und Schwierigkeiten in den Familien, wie z.B.: Verlust wichtiger sozialer Aufgaben; gesellschaftliche Isolierung; Isolation durch die Unwirtlichkeit der Städte; Benachteiligung der Frau; Privatheit, die besonders für die Frau in der Familie ein Teilnehmen am außerfamiliären gesellschaftlichen Leben erschwert; Überforderung durch Ansprüche und "Sachzwänge" der Arbeitswelt; wirtschaftliche Probleme besonders stark benachteiligter Familien; Sprachlosigkeit unter Erwachsenen und zwischen den Generationen; Erziehungsunsicherheit...(vgl. Zweiter Familienbericht 1975; Ministerium 1980; Wahl u.a. 1980). Verschiedene familiäre Probleme sind auch mitbedingt durch die kapitalistische Wirtschaftsordnung, die durch ihre Krisen für Arbeitslosigkeit und Kurzarbeit und damit für ökonomische und soziale Unsicherheit sorgt.

Will man Mängel, Schwierigkeiten und Spannungen im familiären Bereich beseitigen oder vorbeugende Hilfen geben, so sind neben den früher dargestellten psychologisch-pädagogischen oder polit-ökonomischen Interventionen u.a. noch familienpolitische Maßnahmen notwendig. Diese implizieren sozial-, steuer-, Wohnungs- und kulturpolitische Aktivitäten. Sollen jedoch nicht nur ad-hoc-Hilfestellungen auf die brennendsten Fragen gegeben werden, so ist eine langfristige und in sich stimmige Politik vonnöten, die wiederum in eine allgemeine Gesellschaftspolitik eingebettet sein muß, die alle Bereiche des gesellschaftlichen Lebens, wie Wirtschaft, Bildung, Recht, Finanzen u.a., umfaßt. Was die Familienpolitik der jetzigen Bundesregierung anbetrifft, so kann hier weder in der Theorie noch in der Praxis von einer derartigen Gesamtkonzeption die Rede sein. Langer-El Sayed (1980,S.257) schreibt zur derzeitigen Familienpolitik:" Es handelt sich nach wie vor um eine reaktive Politik, um social engineering bestenfalls, soziale Stückwerkstechnologie für die Familien, additive Familienpolitik eben." Dies ist nicht nur mit dem Hinweis auf die machtpolitischen Konstellationen in Bundestag und Bundesrat zu entschuldigen. Allerdings ist auch zu konstatieren, daß seitens des Demokratischen Sozialismus noch keine theoretische Gesamtkonzeption vorliegt. Sie muß erst noch entwickelt werden. Auf die Schwierigkeit der Umsetzung selbst einer in Theorie in sich stimmigen Politik kann hier nur hingewiesen werden. Die Realität und vorhandene Machtverhältnisse sind sehr widerständig und fordern viele Abstriche und Kompromisse von Idealkonzeptionen. Dennoch sind konkrete Utopien ein wesentliches Agens gesellschaftlichen Fortschritts.

Zur Realisierung der früher genannten Ziele eines Demokratischen Sozialismus und zur Verbesserung familiären Lebens sind verschiedene konkrete Teilziele anzustreben. Als wichtigste Aufgabe familienpolitischer Maßnahmen ist die Beseitigung von Benachteiligungen anzusehen, die aus der Klassen- und Schichtenstruktur der Gesellschaft erwachsen sind. Es geht um die Schaffung sozialer Gerechtigkeit und Herstellung gleicher Chancen für die aktive und befriedigende Teilnahme am gesellschaftlichen und kulturellen Leben. Besondere Unterstützung bedürfen unterpriviligierte, strukturell und materiell benachteiligte Familien sowie kinderreiche, unvollständige Familien und Familien mit Behinderten und ferner junge Familien in der Aufbauphase. Es geht um den Aufbau einer ökonomischen und sozialen Grundlage für eine entwickeltere Form der Familien und die Beseitigung familiärer Strukturen, die die Gleichberechtigung von Familienmitgliedern, von Mann, Frau und Kindern, die gegenseitige Hilfe sowie

Liebe und Achtung verhindern. Familienpolitik hat zur Gewährleistung der Reproduktions-, Haushalts-, Sozialisations- und Freizeitfunktion und zur Ermöglichung von Selbstverwirklichung der Familie beizutragen, d.h. damit auch zur Beseitigung der eingangs erwähnten Probleme in den heutigen Familien. Zur Lösung dieser Aufgaben muß Familienpolitik mit Wirtschafts-, Steuer-, Rechts-, Gesundheits-, Bildungspolitik und der Politik in anderen Bereichen integrativ zusammenarbeiten.

Zum Erreichen dieser Ziele sind zahlreiche Maßnahmen und Reformen erforderlich. Von staatlicher Seite werden heute bereits vielfältige Hilfen angeboten und weiterentwickelt. Einen Einblick in staatliche und kommunale Aktivitäten vermittelt das Informationsmaterial des Ministeriums für Arbeit, Gesundheit und Soziales des Landes Nordrhein-Westfalen (Ministerium 1980).

Es kann hier nicht Aufgabe sein, einen vollständigen Überblick hinsichtlich noch erforderlicher oder bereits bestehender Hilfen zu geben. Vielmehr soll nur exemplarisch auf weiter notwendige Reformen und existierende Unterstützungsleistungen zur Verbesserung der Lebensbedingungen der Familie und damit auch der erziehenden Eltern im folgenden eingegangen werden.

4.1 Rechtliche Reformen

Als ein positives Beispiel familienrechtlicher Reformen im Sinn der Schaffung von mehr Gleichberechtigung von Mann und Frau kann das am 1. Juli 1979 in Kraft getretene Gesetz zur Reform des Ehe- und Familienrechts in der Bundesrepublik Deutschland angesehen werden. Es sieht unter anderem die Beseitigung der bisherigen gesetzlichen Verankerung der sogenannten Hausfrauenehe vor. Dies bedeutet, daß beide Elternteile für die Kindererziehung, Haushaltsführung und den Familienunterhalt verantwortlich sind und sich selbst über die Aufgabenteilung einig werden müssen. Haushaltsführung und Kindererziehung werden der Erwerbstätigkeit gleichgestellt.
Das reformierte Eherecht beinhaltet ferner eine Verbesserung der Position des wirtschaftlich schlechter gestellten Ehegatten. Es gilt die Regelung, daß der wirtschaftlich schwächere Ehegatte im Fall der Scheidung in einer ganzen Reihe von Fällen Ansprüche auf Unterstützung hat. Ansprüche auf Alterssicherung, die während der Ehe entstanden sind, werden bei Scheidung gleichmäßig an beide Ehepartner aufgeteilt. Hiermit erfolgt die Anerkennung der Leistung der nicht erwerbstätigen Frau in Haushalt und Familie als gleichwertiger Beitrag zur Altersversorgung.

Eine gewisse Verbesserung stellt auch ein neues Gesetz zum Mutterschaftsurlaub vom 1.7.1979 dar. So schließen sich an die bisherige Mutterschutzfrist von acht Wochen nach der Geburt, sofern gewünscht, weitere vier Monate an. Der Arbeitsplatz während dieser Zeit darf nicht gekündigt werden. Für die Dauer des Mutterschaftsurlaubs bekommt die Mutter vom Staat maximal 750,-- DM, die steuer- und abgabenfrei sind. Während des Mutterschaftsurlaubs bleiben die Frauen beitragsfrei in der gesetzlichen Renten- und Krankenversicherung und sind auch beitragsfrei gegen Arbeitslosigkeit versichert. Die Bestimmungen sollten aber noch dahingehend verändert werden, daß Mütter oder Väter zur Erziehung der Kinder in den ersten zwei oder drei bedeutsamen Jahren Sonder- oder Erziehungsurlaub nehmen können. Die sich daran anschließende mögliche Wiederaufnahme des alten Arbeitsplatzes oder eines vergleichbaren wäre gesetzlich zu sichern, wie dies in einigen sozialistischen Ländern (z.B. Ungarn) geregelt ist. Die Höhe des Erziehungsgeldes sollte auf einem durchschnittlichen Reproduktionsniveau liegen.

Bisher hatten alleinstehende Elternteile mit Kindern sehr große Schwierigkeiten, wenn ein Elternteil den Unterhaltsverpflichtungen gegenüber einem unterhaltsberechtigten Kind nicht nachkam oder verstorben war. Ein neues Gesetz (Unterhaltsvorschußgesetz) sieht inzwischen ab 1.1.80 vor, daß ausbleibende Zahlungen aus öffentlichen Mitteln in festgelegten Grenzen übernommen werden und die Unterhaltsforderungen in Höhe des bewußten Teils auf den Staat übergehen. Die Unterhaltsvorschüsse werden längstens für drei Jahre gewährt. Das Gesetz hilft etwa 73.000 Kindern im Alter bis zu 6 Jahren.

Zu begrüßen ist auch das am 1.1.1980 in Kraft getretene, von den Konservativen bekämpfte und letztlich etwas verwässerte Gesetz zur Neuregelung der elterlichen Sorge, das für die Kinder neue Mitspracherechte in ihrem Erziehungsprozeß und eine bessere Berücksichtigung ihrer Wünsche und Vorstellungen mit sich bringt (vgl. hierzu Langer-El Sayed 1980, S. 222ff).

Neue Gesetzesinitiativen sind weiterhin zu ergreifen. So sind die rechtlichen Bestimmungen zur Schwangerschaftsunterbrechung, d.h. die Novelle zum Paragraph 218 vom 21.6.1976, dahingehend zu verändern, daß Frauen selbst frei und bewußt bei ungewollter Schwangerschaft im Sinne des Fristenmodells (also während der ersten 3 Monate) über einen Abbruch straffrei entscheiden können. Auch wenn dies nicht in das Weltbild eines realitätsfremden Kardinal Höffners paßt (und auch anderer), der Schwangerschaftsabbrüche mit "brutalem Massenmord" gleichsetzt (Langer-El Sayed 1980, S.179f; zur Problematik dieses Paragraphen vgl. ebenda).

Die Reform des Jugendhilferechts, in dem das Recht aller Kinder und Jugendlichen auf Erziehung, auf eine günstige emotionale, geistige und soziale Entwicklung unabhängig von der sozialen Schichtzugehörigkeit der Eltern durchgesetzt werden soll, steht noch aus. Sie ist Dank des erbitterten Widerstandes der Konservativen noch nicht erfolgt und muß noch realisiert werden.

Weiterhin ist trotz durchgesetzter Fortschritte bei der gesetzlichen Gleichstellung von Frauen und Männern (Ehe- und Familienrecht, Rentenreform u.a.) noch eine Diskriminierung gesetzlich abzubauen: die unterschiedliche Entlohnung von Männern und Frauen trotz gleicher Arbeit.

4.2 Maßnahmen zur materiellen Sicherung

Die ökonomische Situation einer Familie liefert spezifische Rahmenbedingungen für das Sozialisations- und Erziehungsverhalten von Eltern (vgl. Kap.I, 3.3). Durch finanzielle Schwierigkeiten verursachte Probleme, besonders auch in unterprivilegierten Gruppen, lassen sich nur in begrenztem Umfang - wenn überhaupt - durch wohlgemeinte Ratschläge oder Psychotechniken in Form von Kommunikationstrainings oder ähnlichem ändern. Hier sind ökonomische Hilfen erforderlich, etwa durch sekundäre Einkommensverteilung im Rahmen der Umverteilung von Einkommen durch Gewährung von Familienzuschlägen (z.B. Kindergeld) oder steuerliche Erleichterungen (z.B. für die Ausbildung von Kindern). Die wirtschaftlichen Hilfen müssen allerdings so bemessen sein, daß sie zusammen mit dem Primäreinkommen ein Mindestbedarfs-Niveau erreichen. Ab einem bestimmten oberen Einkommensbereich müssen die Familien allerdings für entstehende Kinderkosten selbst aufkommen. Nicht-zweckgebundene wirtschaftliche Familienhilfen (Kindergeld, Familienlastenausgleich) sind degressiv zu staffeln, d.h. je stärker Familien für Ihre Erziehungskosten selbst aufkommen können, desto weniger sollen sie an finanzieller Unterstützung erhalten. Außer den nicht-zweckgebundenen wirtschaftlichen Familienhilfen sind zweckgebundene Hilfen zu geben, z.B. Wohngeld oder Erziehungsgeld. Finanzielle Hilfen reichen allerdings oft nicht aus, eine Kopplung, z.B. mit pädagogischen oder fürsorgerischen Angeboten, wird dann zusätzlich erforderlich.

Bisher liegen verschiedene Hilfen vor. Sie sind entsprechend gesellschaftlicher Veränderungen auszubauen und gegebenenfalls zu steigern. Auf einige Hilfen sei im weiteren eingegangen (vgl. Ministerium 1980; Zweiter Familienbericht 1975; Dritter Familienbericht 1979; Bundessozialhilfegesetz 1975, BMJFG 1981a, 1981b).

(a) Familienlastenausgleich: Zur Sicherung der wirtschaftlichen Basis der Familie für ihre Sozialisations- und Erziehungsaufgaben dient das Kindergeld. Bezüglich der Vergabe gibt es sehr unterschiedliche Vorstellungen. Eine bisher nicht realisierte,ist die der Kommission im Zweiten Familienbericht der Bundesregierung. Hier wird eine degressive Kindergeldregelung vorgeschlagen, wobei bei geringem Einkommen der Familie die tatsächlichen Lebenshaltungskosten (Regelsätze nach Paragraph 22 BSHG) der verschiedenen Altersstufen gewährt werden sollen. Bei steigendem Einkommen der Familie soll sich der Unterstützungsbetrag auf Null reduzieren.
Die jetzt gültige Regelung vom 1.2.1981 sieht die Gewährleistung von 50 DM für das erste Kind, 120 DM für das zweite und 240 DM für das dritte und jedes weitere Kind vor. Berücksichtigt werden leibliche und als Kind adoptierte Kinder; Stiefkinder, die der Berechtigte in seinen Haushalt aufgenommen hat; Pflegekinder besonderer Art sowie Enkelkinder und Geschwister des Berechtigten, die er in seinen Haushalt aufgenommen hat oder überwiegend unterhält. Eine "Haushaltsaufnahme" ist aber nur dann gegeben, wenn das Kind ständig im Haushalt des Stiefelternteils oder der Pflegeeltern, Großeltern oder Geschwister lebt. Es gibt für die Gewährung von Kindergeld bestimmte Altersgruppen. Es werden zunächst Kinder bis zur Vollendung des 18. Lebensjahres einbezogen. Danach bis zum vollendeten 27. Lebensjahr wird ein Kind unter unterschiedlichen Bedingungen berücksichtigt. z.B. wenn es sich in Schul- oder Berufsausbildung befindet oder wegen körperlicher, geistiger oder seelischer Behinderung sich nicht selbst unterhalten kann.(Vgl. BMJFG 1980).
Das Kindergeld wird ungerechtfertigter Weise einkommensunabhängig vergeben, d. h. sowohl für Generaldirektoren und Straßenkehrer in gleicher Höhe. Von sozialer Gerechtigkeit kann damit keine Rede sein. Hier müßte eine Gesetzesänderung vorgenommen werden - auch wenn sie möglicherweise einen größeren Verwaltungsaufwand zur Folge hätte.

Neben dem Kindergeld dienen auch steuerliche Erleichterungen zum Familienlastenausgleich. Es handelt sich dabei um einkommensabhängige Hilfen. Steuervergünstigungen können sich ergeben in bezug auf Sonderausgaben (z.B. Beiträge zur Sozialversicherung, Bausparkassenbeiträge), Ausbildungs-, Haushalts-, Unterhalts-, Betreuungsfreibeträge, außergewöhnliche Belastungen, Kirchensteuer und Ehegattensplitting. Beispielsweise können seit 1977 Familien einen Ausbildungsfreibetrag erhalten, wenn ein Kind über 18 Jahre alt und im Haushalt des Steuerpflichtigen untergebracht ist. Der Freibetrag beläuft sich bis zu 2.400 DM jährlich.(Vgl. Ministerium 1980). Seit 1.1.1980 können Kosten zur Beaufsichtigung von Kindern als besondere Belastungen steuerlich abgesetzt werden (in Praxis ein Geschenk für besser Verdienende). Der Freibetrag beträgt bis zu 600 DM oder bei Zusammenveranlagung bis zu 1.200 DM für jedes Kind unter 18 Jahren. Oder alleinstehende Elternteile mit Kindern erhalten einen Haushaltsfreibetrag von 3.000 DM jährlich bei der Einkommens- und Lohnsteuer.

(b) Ausbildungsförderung: Ein weiteres Instrument zur Unterstützung der Familie ist die Ausbildungsförderung von Auszubildenden nach dem Bundesausbildungsförderungsgesetz (BAföG). Mit ihr sollen der Lebensunterhalt und die individuellen Ausbildungskosten während der Ausbildungszeit mitgetragen werden. Es dient mit zur Verwirklichung von mehr Chancengleichheit für weniger gut situierte Familien, die ihren aufstiegswilligen Kindern sonst keine Unterstützung zur Weiterqualifizierung geben könnten. Die tatsächlich gewährten Leistungen hängen vom Einkommen der Eltern ab. 1980 wurden für etwa 500.000 Schüler und 350.000 Studenten ungefähr 3,6 Millionen DM an Bafög-Leistungen bereitgestellt, wovon 65% auf den Bund und 35% auf die Länder entfielen. Die Bedarfssätz sind recht unterschiedlich (vgl. Tab. , zit. aus Minsterium 1980,S.66).

Tab. 7 : Bedarfssätze BAföG (Stand 31.12.1978)

	Bei den Eltern wohnend Beginn mit der 11. Klasse+	Nicht bei den Eltern wohnend Beginn mit der 10. Klasse
Gymnasiast, Berufsfachschüler, Fachoberschüler beim Besuch von Klassen, die keine abschlossene Berufsausbildung voraussetzen	260,--	465,--
Abendhauptschüler, Berufsaufbauschüler, Abendrealschüler Fachoberschüler beim Besuch von Klassen, die eine abgeschlossene Berufsausbildung voraussetzen	465,--	560,--
Fachschüler, Abendgymnasiast, Kollegiat	475,--	585,--
Student an Höherer Fachschule, Akademie, Hochschule	510,--	620,--

+ bei Berufsfachschülern bereits ab Klasse 10, ebenso bei Berufsgrundschuljahr und Berufsvorbereitungsjahr

(c) Wohngeld: Die Gewährung von Wohngeld als zweckgebundene Familienhilfe dient der finanziellen Entlastung von Familien. Wirtschaftlich schwachen Gruppen soll ein lebenswertes Wohnen ermöglicht werden. Der staatliche Zuschuß gilt für Aufwendungen für Wohnraum, d.h. für Mieten bzw. auch zu den Kosten des Unterhalts eines Eigenheimes. Die Höhe des zu beantragenden Wohngeldes ist abhängig von Kinderzahl, Größe der Wohnung, Höhe der Miete und dem Einkommen. Beispielsweise erhält ein Ehepaar (beide Elternteile arbeiten) mit zwei Kindern und einem monatlichen Einkommen von DM 2.730 (incl. Kindergeld) bei einer monatlichen Miete von DM 490 ein Wohngeld von DM 117 je Monat (BMJFG 1981a). 1979 haben 1,7 Millionen Haushalte Wohngeld beantragt, das ab 1.1.1981 wesentlich erhöht und besonders für Familien mit zwei und mehr Kindern sowie für alleinstehende Mütter und Väter verbessert wurde. In Nordrhein-Westfalen betrugen im Jahr 1979 die Wohngeldleistungen ungefähr 649 Millionen DM, wobei der Bund zur Hälfte an diesen Leistungen partizipierte. Trotz dieser nicht geringen Aufwendungen bringt die derzeitige Regelung des Wohngeldes in Ballungszentren kaum fühlbare Entlastungen für einkommensschwache, unvollständige und kinderreiche Familien. Verbesserungen wären hier erforderlich.

(d) Sozialhilfe: Eine bedeutende Sicherung seitens unseres Sozialstaates ist die Sozialhilfe nach dem Bundessozialhilfegesetz.
"Jeder hat Anspruch auf Sozialhilfe, wenn er sich nicht auf andere Weise aus

einer Notlage helfen kann, und wenn ihm nicht von anderer Seite geholfen wird-etwa von der Sozialversicherung oder von unterhaltspflichtigen Angehörigen. Wer ausreichend Arbeitslohn, Rente, Krankengeld, Kindergeld, Mieteinkünfte, Vermögen oder andere Eigenmittel hat, erhält keine Sozialhilfe. Zur Selbsthilfe gehört auch, daß man eine zumutbare Arbeit annimmt. Nicht zumutbar wäre eine Arbeit z.B. für eine alleinstehende Mutter, die für ihr kleines Kind sorgen muß." (BMJFG 1981a, S.22).

Es sind zwei Arten der Sozialhilfe zu unterscheiden: Hilfe zum Lebensunterhalt und Hilfe in besonderen Lebenslagen. Bei der ersteren gibt es bestimmte Regelsätze für laufende Haushaltskosten, wie Ernährung und Kochfeuerung, Beschaffung von kleineren Wäschestücken, Instandsetzung von Kleidung, Wäsche und Schuhen in kleinerem Umfang, Beschaffung von kleinerem Hausrat, Strom, Körperpflege und Reinigung sowie persönliche Bedürfnisse des täglichen Bedarfs. Ferner sieht die "Hilfe zum Lebensunterhalt" einmalige Beihilfen bei Bedarf notwendiger größerer Anschaffungen, wie Möbeln, Bekleidung u.a., vor. Weitere Leistungen beziehen sich auf die Übernahme von Miet- und Heizungskosten und eventuell auch von Belastungen für Haus- und Wohnungseigentum. Allerdings wird das eigene Einkommen voll angerechnet, so z.B. auch das Kinder- oder Wohngeld. Tab. 8 gibt einen Einblick in die ab 1.1.1981 im Bundesdurchschnitt geltenden Regelsätze (nach BMJFG 1981b, S. 14):

Tab. 8 : Regelsätze zur "Hilfe zum Lebensunterhalt"

Haushaltungsvorstände und Alleinstehende (Eckregelsatz)		DM 328,--
Haushalts-Angehörige	bis zur Vollendung des 7. Lebensjahres	DM 148,--
	vom Beginn des 8. bis zur Vollendung des 11. Lebensjahres	DM 213,--
	vom Beginn des 12. bis zur Vollendung des 15. Lebensjahres	DM 246,--
	vom Beginn des 16. bis zur Vollendung des 21. Lebensjahres	DM 295,--
	vom Beginn des 22. Lebensjahres	DM 262,--

Bei einer Familie mit zwei Kindern im Alter von acht und vierzehn Jahren ergibt sich z.B. ein Sozialhilfebetrag von ungefähr DM 1.049 (ohne Wohnungskosten, Mehrbedarfszuschlägen und einmaligen Beihilfen).

Mehrbedarfszuschläge, die 30% und mehr des Regelsatzes betragen, werden bestimmten Personengruppen gewährt, wenn die Regelsätze nicht ausreichen. Hierzu zählen erwerbsunfähige Personen, ältere Menschen ab 65 Jahren, werdende Mütter und alleinstehende Eltern mit zwei und mehr Kindern. Wenn bei älteren Menschen die Rente zur Begleichung der Heimkosten nicht reicht, dann bezahlt das Sozialamt die Restkosten. Möglich ist in bestimmten Fällen auch die Übernahme von Beiträgen zur gesetzlichen Krankenversicherung oder zu einer freiwilligen - auch einer privaten - Krankenkasse.

Die zusätzlich mögliche "Hilfe in besonderen Lebenslagen" bezieht sich z.B.

auf vorbeugende Gesundheitshilfe, Krankenhilfe, Hilfe zur Familienplanung, Hilfe für werdende Mütter, Eingliederungshilfe für Behinderte, Hilfe zur Pflege, Hilfe zur Weiterführung des Haushalts und Altenhilfe. Hier wird das eigene Einkommen nicht voll angerechnet. Zu den vorbeugenden Gesundheitshilfen zählen auch Erholungskuren für Kinder, Jugendliche und Mütter sowie ältere Menschen, die besonders von den Verbänden der freien Wohlfahrtspflege durchgeführt werden. Wenn werdende Mütter und Wöchnerinnen ohne Versicherungsschutz und eigene Mittel sind, übernimmt das Sozialamt alle bei Schwangerschaft und Geburt zu erwartenden Kosten. Im Rahmen der Hilfe zur Pflege werden bei akuten und chronischen Krankheiten oder schweren Behinderungen auch Hilfen gewährleistet. Diese Hilfen können in einer Anstalt, einem Heim oder in der eigenen Wohnung erfolgen. Sofern erforderlich, übernimmt die Sozialhilfe die vollen Kosten der Pflege oder gibt Beihilfen. Für Schwerstbehinderte beläuft sich das Pflegegeld zur Zeit auf DM 745,-- monatlich (weiteres vgl. BMJFG 1981b).

(e) Finanzielle Unterstützung zur Familienerholung. Zur psycho-physischen Regeneration von Familienmitgliedern, zur Erlebnis- und Bewußtseinssteigerung und zur Bildung ist Urlaub für Familien nötig. Einkommensschwache oder kinderreiche Familien sowie Familien mit Behinderten sind jedoch meist nicht in der Lage, sich einen Urlaub zu leisten. Zur Ermöglichung von Urlaub auch für diese Gruppen ist eine öffentliche Förderung z.B. von Reisekosten- und Aufenthaltszuschüssen oder Zuschüssen für die Errichtung, den Ausbau und Betrieb von gemeinnützigen Erholungseinrichtungen oder von qualifizierter pädagogischer und therapeutischer Hilfe notwendig. In Nordrhein-Westfalen beispielsweise werden Mittel für solche Familien zur Verfügung gestellt, "deren Einkommen unter den Maßstäben der sog. wirtschaftlichen Jugendhilfe liegt (d.i. doppelter Regelsatz der Sozialhilfe für den Haushaltungsvorstand z.Z. DM 620,--, Zuschläge für den Ehegatten und Kinder z.Z. je DM 248,-- sowie Kosten der Unterkunft, die unterschiedlich hoch sein können, so daß die Einkommensgrenze allgemein auf der Grundlage von Durchschnittswerten angegeben werden kann)."(Ministerium 1980,S.67). Zum Aufbau von Erholungsanlagen wurden in den Jahren 1971 bis 1978 in NRW ungefähr 568,7 Millionen DM bewilligt. (Zu weiteren finanziellen Hilfen vgl. BSHG 1975; Zweiter Familienbericht 1975; Ministerium 1980; BMJFG 1981a,b).

4.3 Familienfreundliche Wohnungs- und Siedlungspolitik

Wohnung und Wohnungsumgebung sind der äußere Rahmen für das konkrete Leben in den Familien. Sie haben deutliche Auswirkungen auf das Sozial- und Erziehungsverhalten von Eltern und Kindern (vgl. auch Kap. I,3.2). Wohnungssituation und Wohnumwelt sind auch heute noch für nicht geringe Teile der Bevölkerung, besonders für kinderreiche, junge, unvollständige Familien und Familien ausländischer Arbeitnehmer oder solche mit behinderten Kindern und Jugendlichen unbefriedigend (vgl. Zweiter Familienbericht). Dies gilt in besonderem Maße für Familien in Ballungszentren.

Zur Verbesserung der Wohnsituation ist eine neue Politik erforderlich, die sich nach der langen Phase der bedarfswirtschaftlichen Wohnungsverwaltungswirtschaft nunmehr stärker an qualitiativen als quantitativen Gesichtspunkten und an den Bedürfnissen und Funktionen von Familien orientieren muß. Eine aktive Wohnungsstrukturpolitik muß die qualitativen Anforderungen an den Wohnungsbau erhöhen und die siedlungsstrukturellen Erfordernisse, wie infrastrukturelle Einrichtungen für Verkehr, Bildung und Ausbildung, Beratung, Kommunikation und Freizeit, besser berücksichtigen. Sie muß ergänzt werden durch eine Wohnungsverteilungspolitik, die für die bedarfsorientierte-quantitative- Verteilung von Wohnungen sorgt. In diesem Zusammenhang sind gesetzliche Regelungen für

Errichtung und Betrieb von "Nachfolgeeinrichtungen" bei neuen Siedlungen zu schaffen, die zur Integration, Mitbestimmung und Partizipation an öffentlichen Aufgaben der Bewohner beitragen.

Der Wohnungsbau darf sich nicht nur an ökonomischen Verwertungsinteressen, sprich an Kapitalvergrößerung und Rendite, orientieren, sondern an sozio-ökologischen Überlegungen und damit an den Bedürfnissen der Bewohner. Letzteres müßte wesentlich stärker in die Planungen von Kommunen und Privatwirtschaft Eingang finden.

Die Mieten in der Bundesrepublik sind inzwischen sehr hoch geworden. In Ballungszentren und Großstädten sind sogar die Sozialwohnungen so teuer, daß viele Familien staatliches Wohngeld beantragen müssen. Auf dem Hintergrund von Angebot und Nachfrage sind die Bau- und Baulandpreise inzwischen derartig in die Höhe gestiegen, daß Eigenheime oder Eigentumswohnungen für den Normalverbraucher kaum noch erschwinglich sind, die Bauwirtschaft über mangelnde Auftragslage stöhnt und Massenentlassungen im Baugewerbe - sprich Arbeitslose - anstehen. Dies alles ist konsequentes Ergebnis einer ausschließlich an kurzfristigen Profitinteressen orientierten kapitalistischen Wirtschaftsordnung und -politik. Von staatlicher Seite sind hier Gegenmaßnahmen einzuleiten (vgl. Kap.B, 2). Staatliche Unterstützungen und Förderungsmaßnahmen in Form von Zuschüssen beim Bau von Sozialwohnungen oder Steuervergünstigungen und direkte öffentliche Hilfen bei der Modernisierung älterer Wohnungen reichen nicht mehr aus.

Neben Interventionen auf der politischen Makroebene können aber auch Maßnahmen auf der strukturellen Mikroebene zu einer Verbesserung der Wohnsituation, der Wohnzufriedenheit und damit indirekt der Familieninteraktion und -kommunikation beitragen.

Günstig wäre beispielsweise die Schaffung von Möglichkeiten zur Anpassung der Wohnung an die sich wandelnden Wohnbedürfnisse von Familien etwa durch flexible Bauformen zur Veränderung von Wohnungsgrundrissen.

Zur Beseitigung der Isolation von Familien (vgl. Zweiter Familienbericht 1975) könnte die bauliche Gestaltung von Häusern und des Wohnungsumfeldes teilweise mitbeitragen. Der Isolierung könnte auch mitvorgebeugt werden durch die Mitwirkung von Familien an Planungsprozessen ihrer zukünftigen Siedlungen und ihres Gemeinwesens oder durch Mitbestimmung und weitgehende Mieterselbstverwaltung gemeinsamer Einrichtungen sowie durch lokalpolitische Aktivitäten. Zur optimalen Bauplanung und Entscheidungsfindung öffentlicher Siedlungen sollten dabei kommunale Ressorts und Fachkräfte von Trägern für Beratungswesen, Erwachsenenbildung und Freizeitmaßnahmen einbezogen werden.

Die Erziehungsarbeit von Eltern könnte durch nahe an der Wohnung gelegene und pädagogisch sinnvoll ausgestattete und ausreichend große Kinderspielplätze stark unterstützt werden. Gute Spielplätze dienen auch der Entlastung von Eltern, wenn diese ihre Kinder dort sicher aufgehoben wissen. Es besteht in der Bundesrepublik allerding noch ein Fehlbestand von 52.000 Spielplätzen (BMJFG 1981b), der dringend zu beseitigen wäre.

Zur Schaffung einer familienfreundlichen Umwelt gehört ferner der Ausbau verkehrsberuhigter Bereiche, in denen Fußgänger die Straßen voll benutzen können und Fahrzeuge nur im Schrittempo fahren dürfen. Bisherige Untersuchungen haben allerdings gezeigt, daß allein Geschwindigkeitsbegrenzungen oder Gefahr- und Hinweiszeichen nicht ausreichen. Sie müssen ergänzt werden durch bauliche und ordnende Maßnahmen, wodurch Fahrwege eine Veränderung erfahren und das zügige Durchqueren eines Wohnbereichs verhindert wird. Diesbezügliche Maßnahmen können u.a. sein: Verschwenkung der Fahrgassen durch wechselseitiges Parken; "Möblierung" des Straßenraumes mit Blumenkübeln, Bäumen, Bänken, Spielgeräten usw. oder geschwindigkeitshemmende Bodenschwellen.

4.4 Ergänzende und unterstützende Hilfen

Zur Unterstützung und Entlastung der elterlichen Erziehung trägt u.a. der Kindergarten bei. Hier bekommen Kinder im Zusammensein mit anderen und durch pädagogisch geschulte Betreuer eine Vielzahl von Anregungen, die ihre motorischen, praktischen und sozialen Fertigkeiten erweitern. Sie erleben viel Neues, das sie wiederum in die Familie hineintragen und damit das Familienleben bereichern. Was die Gruppenstärke in den Kindergärten anbetrifft, so sind diese relativ hoch. Sie müßten zukünftig durch Einstellung weiteren Personals reduziert werden. Wichtig wäre ferner ein Ausbau der Zusammenarbeit von Kindergärten mit der Grundschule zur Sicherung eines kindgemäßen Übergangs von der einen Institution zur anderen. Auszubauen ist auch die Zusammenarbeit mit den Eltern. Eltern sollen auch mit ihren Interessen und Vorstellungen das Leben im Kindergarten mitbeeinflussen können. Eine optimale Mitgestaltung des Geschehens ist häufig in privat- und selbstorganisierten Kindergärten oder Kinderläden gegeben. Diese Selbstorganisationen wären noch intensiver zu fördern, um ein Gegengewicht gegen das Monopol kirchlicher Träger zu schaffen, deren ideologische Ausrichtung nicht immer im Interesse aller Eltern liegen dürfte. Ebenso weiter zu fördern ist die Vergrößerung des Kindergartenangebots. So fehlen Kindergärten noch immer, besonders in sozialen Brennpunkten, Ballungszentren und ländlichen Gebieten.

Besondere Bedeutung kommt auch Tageseinrichtungen zu, wenn Eltern tagsüber ihre Kinder, die noch nicht im Kindergartenalter oder älter sind, nicht betreuen können. So erbringen Horte wichtige familienergänzende Leistungen. In NRW standen am 31.12.1978 810 Horte mit 20.656 Plätzen zur Verfügung (Ministerium 1980). Hier wurde auch ein neues Konzept zur Beseitigung der Nachteile von Kinderkrippen für Kinder im Alter von sechs Monaten bis drei Jahre entwickelt, wobei altersgemischte Gruppen gebildet wurden. In der Bundesrepublik ist die Anzahl an Kinderhorten und Kinderkrippen noch viel zu gering. Hier besteht noch ein großer Bedarf.

Verstärkter Bemühungen bedürfte es auch im Bereich der Jugendarbeit, um den Jugendlichen neue und vor allem sinnvolle Erfahrungsfelder außerhalb der Familie zu geben. Hier zählen besonders selbstbestimmte Betätigungsmöglichkeiten, die durch Anregungen geschulter Pädagogen zu ergänzen wären. Zu hohe Erwartungen sollten damit allerdings nicht gehegt werden, da das Freizeitverhalten, das sonstige Verhalten und die Probleme Jugendlicher selbst mit ein Produkt gesellschaftlicher Strukturen sind (vgl. Kap.I,1). Dennoch dürfen die bestehenden Einrichtungen von kirchlicher und kommunaler Seite als eine Unterstützung der Erziehungsbemühungen von Eltern angesehen werden.

Eine andere Art unterstützender Hilfe können Eltern bei besonderen Problemen erhalten. Und welche Eltern hätten keine Probleme: "Selbst in der familienfreundlichsten Umwelt mit den familienfreundlichsten Gesetzen und der besten sozialen Sicherung für die Familie wird es individuelle Familienprobleme geben, die sich weder durch Geld noch durch Gesetze aus der Welt schaffen lassen: Ein Familienmitglied nimmt Drogen oder ein Kind macht Erziehungsschwierigkeiten, oder Eheprobleme werfen Fragen auf, die die Familie ratlos machen." (BMJFG 1981a,S.52).Zur Lösung dieser und anderer Probleme stehen in der Bundesrepublik viele Beratungsstellen zur Verfügung, angefangen von Institutionen der Ehe-, Lebens- und Erziehungsberatung, Ernährungsberatung bis hin zur Beratung der Gesundheitsämter (vgl. Ministerium 1980).

In den zur Zeit 450 Ehe- und Familienberatungsstellen freier Verbände können Informationen und Hilfen zur Sexualerziehung, zu Fragen der Partnerschaft in der Familie, Ehekrisen, Probleme des Alleinseins von Verwitweten und Geschiedenen eingeholt und intensive, Schwierigkeiten bearbeitende Gespräche geführt

werden.
Inzwischen bestehen im Bundesgebiet auch über 500 Einrichtungen zur Beratung und Behandlung von Suchtmittelgefährdeten. Alkoholiker stellen die größte Gruppe der Abhängigen (über eine Million); daneben gibt es 50.000 Fixer. Nicht wenige Familien werden mit den Problemen der Alkoholsucht meist eines Elternteils konfrontiert und haben darunter zu leiden. Einrichtungen wie die "Anonymen Alkoholiker" oder Drogenberatungsstellen leisten hier wichtige Hilfen, manchmal kommen sie auch zu spät.
Für Erziehungsprobleme gibt es ungefähr 700 Erziehungsberatungsstellen. Zur Lösung der komplexen Probleme zwischen Eltern und Kindern (vgl. auch Seitz 1982) wird häufig fächerübergreifend im Team psychologischer, sozialer, pädagogisch-therapeutischer und medizinischer Fachkräfte gearbeitet. In den letzten Jahren hat sich die Tendenz zu therapeutischen Hilfen hin entwickelt. Vielfach ist es schwierig, sofort einen Termin aufgrund langer Wartelisten zu bekommen.

Zum Beratungswesen in der Bundesrepublik sei hier abschließend folgendes angemerkt: Es ist - wie überhaupt der soziale Sektor - ein Stiefkind der Politik, es glänzt eher durch Untervervorgung als durch ausreichende Ausstattung. Die Forderungen nach besserer finanzieller Unterstützung - und damit Verbesserung der Personalstruktur und der Leistungen - verklingen seit Jahren fast unerhört. Seitens der Länder oder der Bundesregierung wird zwar im sozialen Bereich nicht gar nichts getan, aber des wenigen zuviel (z.B. in Bereichen wie Gesundheit, Psychiatrie, Psychotherapie, Behinderte, Altenversorgung...). Sozialpolitische Aktivitäten rangieren weit, weit hinter rüstungspolitischen. Die Sozialpolitik hat keine starke Lobby.
Über Geldforderungen hinaus müßte im sozial- und gesundheitspolitischen Sektor (und damit auch im Beratungswesen) wesentlich mehr der Gedanke der Gemeindepsychologie oder der Gemeinwesenarbeit (vgl. Sommer & Ernst 1977, Sommer u.a. 1978), d.h. die Integration sozialer Dienste und der Ausbau vorbeugender Maßnahmen und Informationen, verfolgt und gefördert werden. Ziel des höchst heterogenen Gebiets der Gemeindepsychologie ist ein Höchstmaß an psychosozialer Gesundheit der Bevölkerung, wobei "Gesundheit (als) ein Zustand vollständigen physischen, geistigen und sozialen Wohlbefindens und nicht (als) die bloße Abwesenheit von Krankheit oder Gebrechlichkeit" im Sinne der Weltgesundheitsorganisation (WHO) zu definieren ist (zit. nach Sommer u.a. 1978, S.2915). Sommer u.a. schreiben an gleicher Stelle zur Gemeindepsychologie: "Gemeindespychologische Konzepte betonen Primäre Prävention, d.h. das Verhindern von psychosozialen Beeinträchtigungen von vornherein. Primäre Prävention kann an der Umwelt und am Individuum ansetzen: Auf seiten der Umwelt (und zwar im Produktions- und Reproduktionsbereich) bedeutet Primäre Prävention, potentielle krankmachende Faktoren möglichst zu reduzieren; darüber hinaus sollen bestimmte Umwelten (besonders Familie und Schule) den Individuen Kompetenzen vermitteln, also Verhaltensweisen, die eine effektive Auseinandersetzung mit konkreten Lebenssituationen ermöglichen. Auf seiten der Individuen bedeutet Primäre Prävention den Erwerb solcher Kompetenzen." Wenn man möchte, lassen sich die Ausführungen hier im Buch teilweise auch als "gemeindepsychologisch" verstehen, sie gehen aber letztlich über den beschränkten Rahmen der Gemeinde hinaus und sind umfassender.

4.5 Weitere Maßnahmen

Von großer Wichtigkeit zur Realisierung der Ziele der Entfaltung der Persönlichkeit, der Chancengleichheit und eines demokratischen Bewußtseins ist die Erwachsenenbildung und Weiterbildung. Sie ist als Teil lebenslangen Lernens anzusehen, das zur Weiterqualifizierung, Horizonterweiterung, Sinnfindung, geistigen Hygiene und zu mehr Lebensqualität und persönlicher Zufriedenheit führen kann. Der Deutsche Gewerkschaftsbund beschreibt das gegenwärtige System der Weiterbildung wie folgt: "...(es) ist einseitig auf privilegierte Bildungsschichten ausgerichtet und schließt damit gerade die Gruppe der Bevölkerung weitgehend aus, deren Benachteiligung im Bildungssystem ausgeglichen werden müßte." Er fordert: "Organisation, Inhalte und Vermittlungsformen der Weiterbildung müssen daher besonders an den Interessen der Arbeitnehmer ausgerichtet werden und die Bedürfnisse von Schichtarbeitern, Pendlern, familiengebundenen Frauen und ausländischen Arbeitnehmern vorrangig berücksichtigen." Und fährt fort: "Das Recht aller Arbeitnehmer auf einen bezahlten Bildungsurlaub ist tarifrechtlich und gesetzlich durchzusetzen. Arbeitnehmer, die an beruflicher Weiterbildung teilnehmen, sind unter Fortzahlung ihres Arbeitsentgelts von anderer Arbeit freizustellen." (Zitiert nach Reuter & Muszynski 1980, S. 292). Diese Forderungen des DGB gilt es zu unterstützen und politisch umzusetzen.

Zur Verbesserung der Kompetenzen von Eltern und Arbeitnehmern dienen bisher schon Angebote seitens der Eltern- und Familienbildung. Hierauf wurde inhaltlich bereits in den Kapiteln A 3.2.2.3 und 3.2.3.6 eingegangen. (Vgl. auch Ministerium 1980). Die Bildungsmöglichkeiten der Eltern könnten noch gesteigert werden, wenn die ungefähr 250 Familienbildungsstätten und die Aus- und Weiterbildung der Mitarbeiter durch finanzielle Unterstützung der Bundesregierung verstärkt gefördert würde. Das gleiche gilt für die Elternbildung von Volkshochschule und freien Verbänden. Im Rahmen der Sparmaßnahmen seitens der Bundesregierung wird hier allerdings in neuester Zeit einiges an Aktivitäten gestoppt. Wichtig wäre ferner eine intensive Werbung für Kurse, Seminare und Freizeiten dieser Veranstalter. Vor allem müßte wesentlich stärker auf die Möglichkeit des Bildungsurlaubs für diese Angebote hingewiesen werden. Im Augenblick macht nur jedes zehnte Elternpaar von der Eltern- und Familienbildung Gebrauch. Besonders unterrepräsentiert sind Familien aus der sozio-ökonomisch schlechter gestellten Bevölkerung (vgl. Kap. 3.2.2.3). Die Gründe hierfür wären näher zu erforschen und Gegenstrategien zu entwickeln. Es ist besonders auch darauf zu achten, daß neben Angeboten der abschlußbezogenen, der beruflichen, freizeit- und personenbezogenen Bildung die politische Bildung nicht weiterhin zu kurz gerät, vor allem eine politische Bildung zur Unterstützung kritisch-emanzipatorischen Bewußtseins.
Des weiteren wäre zu überlegen, wieweit die Universitäten und andere Hochschulen nicht für interessierte Berufstätige ohne die üblicherweise erforderlichen Abschlußzeugnisse ihre Tore öffnen könnten. Damit wären viele Wünsche nach Horizonterweiterung und geistiger Anregung und nach stärkerer Persönlichkeitsentfaltung zu befriedigen.

Zum Erreichen der früher genannten Ziele wäre noch vieles zu ergänzen. (Vgl. BMJFG 1981a; Zweiter Familienbericht 1975; Dritter Familienbericht 1979; Hegner 1979; Kaufmann 1979). Hier können nur noch einige unvollständige Stichworte angeführt sein:

- vermehrte Forschung zu Ursachen pädagogischer, sozialer, psychologischer, gesundheitlicher und politischer Probleme und der Effektivität sozialpolitischer und anderer Aktivitäten
- Abbau repressiver Familienstrukturen und Sexualnormen
- Partizipationsplanung
- Reale Beteiligung der Bürger an Informations-, Meinungsbildung-, Planungs- und Entscheidungsprozessen im Kommunalsektor und anderswo (Bürgerinitiativen, Bürgerforen)
- Förderung von Nachbarschaftshilfen, Kultur- und Sozialinitiativen, Stärkung des Potentials an Selbsthilfe und Selbstorganisation

- Unterstützung von Selbsthilfegruppen durch politisch-adminstrativ bereitgestellte Hilfsmittel
- Verbesserung der sozialen Infrastruktur als Kernbereich der örtlichen Sozialpolitik, Verbesserung von Infrastruktureinrichtungen und personaler Dienste (z.B. im therapeutischen, pflegerischen und rehabilitativen Bereich)
- Bürgernahe Sozialleistungsverwaltung und Sozialplanung
- Aufklärende und bürgernahe Sozialpolitik
- Verstehbare Gesellschaftspolitik.

Die genannten Punkte deuten an, wie vielfältig die Änderungsaktivitäten in unterschiedlichsten gesellschaftlichen Sektoren sein müßten, um günstige Lebensbedingungen für Eltern und damit für deren Erziehungsbemühungen zu schaffen. Es ist noch viel zu tun.

III. ABSCHLIEßENDE BEMERKUNGEN

Im Verlauf des Buches sind viele Maßnahmen, Interventionen und Forderungen sowohl im psychologischen als auch im politischen Bereich angesprochen worden. Es sei hier nochmals betont, daß sie nicht isoliert gesehen werden dürfen. In einem Bild gesprochen: Sie stellen ein Paket dar (das sicherlich noch ergänzungsbedürftig ist). Es würde nicht ausreichen, nur gut gemeinte strukturelle Rahmenbedingungen für die "Erziehung der Erzieher" zu schaffen. Dieser Rahmen muß ausgefüllt werden durch Personen, die an einer wertorientierten Erziehung und Selbsterziehung im ausgeführten Sinne interessiert sind. Es würde aber auch nicht ausreichen, sich mit gut und humanitär gemeinten psychologischen Aktivitäten - so wichtig sie sind - zu begnügen. Psychologische und politische Maßnahmen müssen ineinandergreifen. Die Entwicklung einer Gesellschaft zu mehr Freiheit, Gerechtigkeit, mehr Solidarität und weniger Leiden ist als ein Prozeß zu sehen, der nicht automatisch und gleichförmig verläuft - letzteres bedingt durch menschliche Unzulänglichkeiten, Interessenkonflikte und hegemoniale Machtkonstellationen. Diese Entwicklung bedarf der bewußten Gestaltung und Partizipation <u>aller</u> Mitglieder der Gesellschaft. Letztlich bedarf es internationaler Solidarität.

Manche aufgestellten Forderungen ziehen natürlich auch die Frage nach sich: "Wer soll das bezahlen?" Angesichts der immer knapper werdenden nationalen Haushaltsmittel aufgrund der verschlechterten ökonomischen Situation in der Bundesrepublik (und der Welt) ist sicherlich augenblicklich nicht alles zu finanzieren, was wünschenswert erscheint. Ein "Verteilungskampf" um die knappen Mittel, verbunden mit Konflikten, bleibt nicht aus. Es gilt Prioritäten zu setzen. Doch woran sind diese zu messen, wovon abzuleiten? Sie wären zu deduzieren aus einer aktiv-vorausschauenden gesellschaftspolitischen Gesamtkonzeption.

Doch - wer kennt diese?
Wessen Interessen werden hier wirklich vertreten?
Wer hat die Macht?
Wer benutzt sie wofür?
Für eine sanfte Republik?

ANMERKUNGEN

(1) Zur Vielfalt unterschiedlich enger und weiter Definitionen von Erziehung und zu Zielen der Erziehung vgl. Brezinka 1974; Bath 1974; Kerstiens 1974; Gamm 1974.

(2) Vgl. Schneider 1979; Laucken 1974; Werbik 1978; Kaufmann-Mall 1978; Lenk 1977,1981; Ritsert 1975; Ottomeyer 1976,1980; Hurrelmann & Ulich 1980; Mühlbauer 1980; Bader u.a. 1980; Hahn 1974; Stiehler 1978.

(3) Habermas (1973): Die Funktionsweise des spätkapitalistischen Staates kann weder nach dem Modell des unbewußt agierenden Vollzugsorgans der nach wie vor spontan wirksamen ökonomischen Gesetze noch nach dem Modell eines planmäßig handelnden Agenten der vereinigten Monopolkapitalisten angemessen begriffen werden. Der in den Reproduktionsprozeß einbezogene Staat hat die Determinanten des Verwertungsprozesses selbst verändert. Auf der Grundlage eines Klassenkompromisses gewinnt das administrative System eine begrenzte Planungskapazität, die im Rahmen der formaldemokratischen Beschaffung von Legitimation für Zwecke reaktiver Krisenvermeidung genutzt werden kann. Dabei konkurriert das gesamtkapitalistische Bestanderhaltungsinteresse mit den widersprüchlichen Interessen der einzelnen Kapitalfraktionen einerseits und den an Gebrauchswerten orientierten, verallgemeinerungsfähigen Interessen verschiedener Bevölkerungsgruppen andererseits....

Der Fiskus wird mit den Gemeinkosten einer immer weiter vergesellschafteten Produktion belastet; er trägt die Kosten imperialistischer Marktstrategien und die Kosten für die Nachfrage nach unproduktiven Gebrauchsgütern (Rüstung und Raumfahrt); er trägt die Kosten für die unmittelbar produktionsbezogenen Infrastrukturleistungen (Verkehrssysteme, wissenschaftlich-technischer Fortschritt, Berufsbildung); er trägt die Kosten für den unmittelbar produktionsbezogenen sozialen Konsum (Wohnungsbau, Verkehr, Gesundheit, Freizeit, Bildung, Sozialversicherung); er trägt die Kosten für die soziale Versorgung insbesondere der Arbeitslosen; und schließlich die externalisierten Kosten der durch private Produktionen entstandenen Umweltbelastungen. In letzter Instanz müssen diese Ausgaben über Steuern finanziert werden..." (zitiert nach von Oertzen, o.J. S.17).

(4) Zum Aspekt der Sozialisation vgl. Fend 1971; Walter 1973; Gottschalch 1972; Huch 1975; Hurrelmann 1976; Mühlbauer 1980; Stapf, A.1977; Pawelka 1977; Götz 1978; Ottomeyer 1977; Voß 1980; Hurrelmann & Ulich 1980.

(5) Zur Vielfalt von Persönlichkeitsdefinitionen, -merkmalen, -theorien und deren Kritik vgl. z.B. Guilford 1964; Thomae 1968; Mischel 1968; Eysenck 1970; Herrmann 1972,1973; Cattell 1973; Endler & Magnusson 1976; Corsini 1977; Seitz 1977; Wakenhut 1978; Schneider 1979; Angeleitner 1980; Kühn & Junghänel 1980; Vorwerg 1980; Lantermann 1980.

(6) In Anlehnung an Hurrelmann 1975, etwas erweitert.

(7) Zur Beziehung der politökonomischen Struktur und dem Bildungssystem vgl. Bühlow u.a. 1972; Beathge 1970; Faulstich & Faulstich 1975; Fend 1974, 1980; Hurrelmann 1975; Preuß 1975; Nyssen 1970; Der Bundesminister für Wissenschaft und Bildung 1977.

(8) Zur Theorie der Schule vgl. Schulze 1980; Fend 1974; Ulich 1976. Zur detaillierten Darstellung des Schulwesens und Bildungswesens in der Bundesrepublik vgl. Arbeitsgruppe (1979) und über strukturelle Probleme des föderativen Bildungssystems vgl. Der Bundesminister für Bildung und Wissenschaft (1978).

(9) Hofer (1969) arbeitete 5 Faktoren der impliziten Persönlichkeitstheorie von Lehrern in Bezug auf die Schülerpersönlichkeit heraus: 1. Arbeitsverhalten (mit den Eigenschaften: konzentriert, pflichtbewußt, ordentlich); 2. Schwierigkeit (mit den Eigenschaften: schüchtern, sensibel, kompliziert); 3. Begabung (intelligent, begabt, einfallsreich); 4. Dominanz (geltungsbedürftig, ehrgeizig) und 5. Zurückgezogenheit (verschlossen, ungesellig).

(10) Die Beeinflussung der Familie durch gesellschaftliche und ökonomische Faktoren kommt zum Ausdruck z.B. bei Engels 1884; Weber 1964; Konig 1955; Brückner 1972; Claessens & Milhoffer 1973; Rosenbaum 1974; Grüneisen & Hoff 1977.

(11) Zur Problematik des Schichtbegriffs und zur Operationalisierung der Schicht sowie zu weiterführender Literatur vgl. Lukesch 1976; Hartfiel 1978; Bergmann u.a. 1969.

(12) Empirische Ergebnisse zur schichtspezifischen Sozialisation finden sich u.a. bei Fend 1971; Gottschalch u.a. 1971; Caesar 1972; Walter 1973; Milhoffer 1973; Huch 1975; Grüneisen & Hoff 1977; Engfer 1980.

(13) In der Literatur werden Verhaltensänderung, Verhaltensmodifikation, Verhaltenssteuerung vielfach synonym gebraucht. Oft wird der Begriff Verhaltensmodifikation auf lerntheoretisch orientierte Interventionen und Techniken beschränkt.
Weiterführende Literatur zur Verhaltensänderung vgl. u.a. bei Belschner u.a. 1975; Heinerth 1979; Kanfer & Goldstein 1977; Kanfer & Phillips 1975; Kuhlen 1973; McMillan 1975; Pongratz 1978; Rost u.a. 1975.

(14) Allerdings wäre der Schluß verfehlt, der Mensch schaffe seine eigene Welt. Die gespeicherten Daten haben sehr wohl eine objektive Reizgrundlage und sind eine transformierte, überarbeitete Widerspiegelung der Welt s.S. 61ff. Auf diesbezügliche erkenntnistheoretische Kontroversen kann hier nur hingewiesen werden, vgl. u.a. Adorno u.a. 1972; Albert 1972; Holzkamp 1976; Popper 1973; Stadler u.a. 1975; Wittich u.a. 1978.

(15) Lernen kann in stellvertretender Weise durch Modellernen (synonyme Begriffe sind auch Beobachtungslernen, Imitation, Identifikation) erfolgen. Eine Person A lernt durch Beobachtung das Verhalten einer Modell-Person B und der darauffolgenden Konsequenzen (z.B. Belohnung, Bestrafung) neue Verhaltensweisen oder verändert bereits vorhandene. Der Lernprozeß wird begünstigt durch bestimmte Eigenschaften des Modells, wie z.B. Freundlichkeit, höherer sozialer Status oder soziale Macht (vgl. Bandura 1979; Piel 1977; Vogl 1974).

(16) Aspekte der Massenkommunikation werden hier nicht berücksichtigt; vgl. Klapper 1960; Maletzke 1972; Silbermann & Krüger 1973; Kunczik 1977; Bergler & Six 1979.

(17) Zu Störungen in der Kommunikation und Möglichkeiten der Veränderung vgl. Watzlawick u.a. 1974; Watzlawick, Weakland, Fisch 1974; Mandel u.a. 1974; Willi 1975.

(18) Vgl. auch als weiterführende Literatur mit praktischen Anregungen zur Beeinflussung des Denkens und Handelns von Lehrern (a) aus primär lerntheoretischer Sicht: Scholz 1977; Kern 1974; Ammer u.a. 1976; Becker,W. C. 1974; McMillan 1975; Belschner u.a. 1975; Watson & Tharp 1975; Perlwitz 1978; Cramer u.a. 1976; (b) aus anderen theoretischen Richtungen vgl.: Redlich & Schley 1980; Schwarzer 1980; Grell & Grell 1979; Hanke u.a. 1978; Ulich 1980; Heller 1974; Mann 1978; Tymister u.a. 1980; Münzinger 1977; Bolscho 1980; Kuhn & Schneider 1980; Hall 1979; Zinn 1976; Nicklas & Ostermann 1976.

(19) Weitere Möglichkeiten finden sich u.a. bei Gordon 1977; Kuhr 1976; Wetzel 1978.

(20) Vgl. auch Innerhofer & Müller 1974; Rost u.a. 1975; Kumpmann u.a. 1974.

(21) Vgl. auch Kalff 1974; Kluge & Michanickl 1979; Bönner 1972; Oestreich 1978; Dreykurs & Grey 1973; Linschoten 1970; Züblin 1967; Lempp 1977; Patterson 1975; Spahn 1976; Balzer & Rolli 1975.

(22) Ausführliche Beschreibungen der Ziele und Aufgaben der Elternbildung finden sich bei Hardegger 1966,S.119ff; Bäuerle 1971,S.88ff; Nave-Herz 1964,S.1ff; Pöggeler 1962,S.180ff.

(23) Vgl. zum Emanzipationsbegriff, zur emanzipatorischen Erziehung und diesbezügliche Kontroversen Bath 1974; Brezinka 1974; Gamm 1972; Kerstins 1974.

(24) Eine detaillierte Darstellung des Demokratischen Sozialismus kann hier nicht erfolgen. Sie liegt bei Autorenteam (1979) mit zusätzlicher Literatur vor. Weiterführungen finden sich in Meyer (1980). Zur Kritik am Demokratischen Sozialismus aus linker Sicht vgl. Gerns 1976; Schäfer 1973; Modrshinskaja u.a. 1972; Eckert & Seiderer 1974.

(25) Unter Klassen sind dabei nach Eichhorn u.a. (1969,S.237ff) "Menschengruppen (zu verstehen), die sich voneinander unterscheiden nach ihrem Platz in einem geschichtlich bestimmten System der gesellschaftlichen Produktion, nach ihrem... Verhältnis zu den Produktionsmitteln, nach ihrer Rolle in der gesellschaftlichen Organisation der Arbeit und folglich nach der Art der Erlangung und der Größe des Anteils am gesellschaftlichen Reichtum, über den sie verfügen. Klassen sind Gruppen von Menschen, von denen die eine sich die Arbeit einer anderen aneignen kann infolge der Verschiedenheit ihres Platzes in einem bestimmten System der gesellschaftlichen Wirtschaft." Oder nach Hartfiel (1978,S.55) erscheinen Klassen "als Kraftpotentiale der Konflikte zwischen politisch-gesellschaftlichen konträren Interessen. Sie haben es immer mit der Auseinandersetzung um (privilegierende und diskriminierende) Herrschaft zu tun, gleichgültig, worauf diese Herrschaft beruht." (Zur Problematik des Klassenbegriffs vgl. Hurrelmann 1975; Autorenteam 1979).

(26) Zum Thema Reform und Revolution vgl. näher Bloch u.a. 1970; Helms 1973; Jaeggi & Papcke 1974; Jaeggi 1976,S.354ff; Lehnert 1977; Steffen 1974.

(27) Zur Funktion, Struktur und Kritik der Massenmedien in der BRD mit weiterführender Literatur vgl. Jaeggi 1976,297ff; Meyn 1979; Mensing & Ubbens 1975.

(28) Zu Gründen dieser Entwicklung vgl. Baumert u.a. 1979; Faulstich & Faulstich 1975; Der Bundesminister 1977; Preuß 1975.

LITERATURVERZEICHNIS

Acheson,K.A.(1964): The effects of feedback from televison recordings and three types of supervisory treatments on selected teacher behaviors. Ed.D. Dissertation, Stanford University, University Microfilms, Inc., Ann Arbor, Michigan, 64-13,542

Adorno,Th.W.u.a.(1972): Der Positivismusstreit in der deutschen Soziologie. Neuwied,Berlin

Albert,H. (1972): Theorie und Realität. (2. Auflage). Tübingen

Albert,H. & Keuth,H. (Hg.) (1973): Kritik der kritischen Psychologie, Hamburg.

Albert,H. & Topitsch,E. (Hg.) (1971): Werturteilsstreit. Darmstadt

Alderfer,C.P. (1976): Change processes in organisations. In: M.D. Dunette (Hg.), Handbook of industrial and organisational psychology. Chicago: Rand McNally, 1591 - 1638

Alexandre,A. (1974): Bruit et somneil/ Noise and sleep. Sozial- und Präventivmedizin 19, 155-160

Alheit,P. (1976): Elternbildung und soziale Schicht. Sozialpsychologische Überlegungen zur Elternbildung. In: Kerstiens (Hg.), 43-55

Allen,K.E. & Harris,F.R. (1971): Elimination of a child's excessive scratching by training the mother in reinforement procedures. In: A.M. Graziano (Ed.), Behavior Therapy with children. Chicago: Aldine

Allen,D.W. & Ryan,K.A. (1972): Microteaching. Weinheim

Allensbacher Jahrbuch der Demoskopie 1976 - 1977. Wien 1977

Ames,R. (1975): Teachers`attributions of responsibility: Some unexpected nondefense effects. J. of Educational Psychology 67, 668-676

Ammer,C., Buggle,F., Wetzel,H., Wilhelm,M. (1976): Veränderung von Schülerverhalten. München

Anderson,J.R. & Bower,G.H. (1973): Human associative memory. Washington: Winston & Sons

Angeleitner,A. (1980): Einführung in die Persönlichkeitspsychology. Bd. 1. Bern

Antons,K. (1973): Praxis der Gruppendynamik. Göttingen

Arbeitsgruppe am Max-Planck-Institut für Bildungsforschung (1979): Das Bildungswesen in der Bundesrepublik Deutschland. Ein Überblick für Eltern, Lehrer, Schüler. Reinbeck

Argyle,M., Salter,V., Nicholson,H., Williams,M. & Burgess,P. (1970): The communication of inferior and superior attitudes by verbal and non-verbal signals. British J. of social and clinical psychology 9, 222 - 231

Argyle,M. (1972): Soziale Interaktion. Köln

Argyris,C.(1964): Integrating the individual and the organization. New York: Wiley

Argyris,C. (1971): Management and organizational development. New York: Wiley

Aurin,K., Gaude,P., Zimmermann,K. (Hg.) (1973): Bildungsberatung. Frankfurt

Aurin,K., Stark,G., Stobberg,E. (1977): Beratung im Schulbereich. Weinheim

Autorenkollektiv (1969): Politische Ökonomie des Sozialismus und ihre Anwendung in der DDR. Berlin

Autorenteam der HDS (1979): Zur Einführung in die Theorie des Demokratischen Sozialismus. 2. Auflage. Frankfurt

Bach,G.R. (1967): Marathon group dynamics.Psychol. Reports 20

Bader, Berger, Ganßmann, Knesebeck (1980): Einführung in die Gesellschaftstheorie 1 und 2. Gesellschaft, Wirtschaft und Staat bei Marx und Weber. Frankfurt

Baethge,M. (1970): Ausbildung und Herrschaft. Unternehmerinteressen in der

Bildungspolitik. Frankfurt
Bäuerle,W. (1971): Theorie der Elternbildung. Weinheim
Bagley,Ch. (1974): The built environment as an influence on personality and sozial behavior: a spatial study. In: Canter,D. & Lee,T. (Hg.): Psychology and the built environment. Tonbridge/Kent: Architectural Press. Whitefriars Press, 156-162
Bahro,R. (1977): Die Alternative. Zur Kritik des real existierenden Sozialismus. Köln/Frankfurt
Bain,S.M. (1974): A geographer`s approach in the epidemiology of psychiatric disorder. J. Biosoc. Sci. 6,2, 195-220
Balzer,B., Rolli,S. (1975): Sozialtherapie mit Eltern Behinderter. Weinheim
Bandura, A. (1969): Principles of behavior modification. New York
Bandura, A. u.a. (Hg.) (1979): Lernen am Modell, Stuttgart
Barclay,J.R. (1972): Foundations of counseling strategies. New York
Barkey,P. & Eisert,H.G. (1975): Literaturübersicht - Verhaltensmodifikation im Unterricht. Mitteilungen und Nachrichten des Deutschen Instituts für internationale pädagogische Forschung 79/80, 79-109
Barnes,S., Kaase,M. et al. (1979): Political action: Mass partizipation in five western democracies. Beverly Hills:Sage
Bastine,J. (1978): Verhaltenstherapeutisches Elterntraining. In: Schneewind, K. & Lukesch,H. (Hg.), 249-261
Bastine,R. (1975): Neue Formen der Psychotherapie. Auf dem Wege zu einer integrativen Psychotherapie. In: Psychologie heute 7, 53-58
Bath,H. (1974): Emanzipation als Erziehungsziel? Bad Heilbrunn
Bauer,M. (1979): Verhaltensmodifikation durch Modellernen. Stuttgart
Baumert,J. u.a. (1979): Das Bildungswesen in der Bundesrepublik Deutschland. Reinbeck
Baumgärtel,F. (1975): Erziehung und (Erziehungs-) Wissenschaft. Psychologie heute 3, 13-18 und 49-52
Bayertz,K. & Holz,H. (1978): Grundwertediskussion. Der Streit um die geistigen Grundlagen der Demokratie. Köln
Beck, A.T. (1967): Depression: Clinical, experimental and theoretical aspects. New York: Harper and Row
Beck,U. (1974): Objektivität und Normativität. Reinbeck
Becker,G. (1971): Microteaching an der Pädagogischen Hochschule Freiburg. In: Programmiertes Lernen. Unterrichtstechnologie und Unterrichtsforschung 8, 49-55
Becker,G.E. (1973): Optimierung schulischer Gruppenprozesse durch situatives Lehrtraining. Heidelberg
Becker,W.C. (1964): Consequences of different kinds of parental disziplins. In: Hoffmann,M.C. & Hoffmann,L.W. (Hg.): Review of child development research. Volume I. New York: Russell Sage Foundation, 169-208
Becker,W.C. (1974): Spielregeln für Eltern und Erzieher, München
Becker,E., Herkommer,S., Bergmann,J. (1968): Erziehung zur Anpassung? Schwalbach b. Frankfurt
Becker,E., Jungblut,G. (1972): Strategien der Bildungsproduktion. Eine Untersuchung über Bildungsökonomie, Curriculum-Entwicklung und Didaktik im Rahmen systemkonformer Qualifikationsplanung. Frankfurt
Becker,G., Dietrich,B., Kaier,E. (1976): Konfliktbewältigung im Unterricht. Bad Heilbrunn
Beckman,L.J. (1970): Effects of students`level and patterns of performance on teachers`and observers`attributions of causality. J. of Educational Psychology 61, 76-82
Behren,H., Pöggeler,F.u.a(1973): Wirklichkeit und Wirksamkeit der Elternbildung.

Unveröffentlichtes Manuskript. Aachen
Belschner,W., Hoffmann,M., Schott,F., Schulze,Ch. (1973): Verhaltenstherapie in Erziehung und Unterricht (3.Aufl.). Stuttgart
Benignus,V.A., Otto,D.A. & Knelson,J.H. (1975): Effect of low-frequency random noises on performance of a numeric monitoring task. Perc. Motor Skills 40, 1, 231-239
Bennet,E. (1955): Discussion, decision, commitment an consensus in "group decision". Human Relations 8, 251-274
Bentele,S., Grix,J. & Kreische,R. (1976): Erstellung und Überprüfung eines Elterntrainingsprogramms. Berlin: Diplomarbeit
Bergin,A.E. & Garfield,S.L. (Eds.) (1971): Handbook of psychotherapy and behavior change. An empirical analysis. New York
Bergler,R. & Six,B. (1972): Stereotype und Vorurteile. In: C.F. Graumann, 1371-1432
Bergler,R. & Six,U. (1979): Psychologie des Fernsehens. Bern
Bergmann, Brandt, Körber, Mohl, Offe: (1969): Herrschaft, Klassenverhältnis und Schichtung. In: Adorno,T.W. (Hg.) Spätkapitalismus oder Industriegesellschaft? Stuttgart
Berka,H.-H., Westhoff,K. (1981): Lehrererwartungen und Schülerverhalten. Zeitschrift f. Sozialpsychologie 12, 1-23
Bernal,M.E. (1969): Behavioral feedback in the modification of brat behaviors. J. Nerv. Ment. Dis., 148, 375-395
Bernholz,P. (1972): Grundlagen der politischen Ökonomie. Bd. 1. Tübingen
Bernstein,B.B. (1960): Language and social class. Brit. J. Sociol. 14, 271-276
Bethge,H. & Roßmann,E. (Hg.) (1973): Der Kampf gegen das Berufsverbot. Dokumentation der Fälle und des Widerstandes. Köln
Beumer,P. (1975): Microteaching in der 2. Phase der Lehrerausbildung. In: Neue Unterrichtspraxis 3, 156-161
Beyme,K. von (1980): Die politischen Theorien der Gegenwart. München
Bierly,M. u.a. (1974): Teacher training products: The state of the field. Standford Center for Research and Development in Teaching. Standford University, ED 087 778
Bittle,R.G. (1975): Improving parent-teacher communication through recorded telephone message. J. of Educational Research 68, 87-95
Blauner,R. (1964): Aliementation and Freedom. Chicago: University of Chicago Press.
Bloch,E (1945): Freiheit und Ordnung. New York: Aurora
Bloch,E. u.a. (1970): Marx und die Revolution. Frankfurt
Bloom,B. (1974) Taxonomie von Lernzielen im kognitiven Bereich. Weinheim
Bödiker,M.L. & Lange,W. (1975): Gruppendynamische Traningsformen. Reinbeck
Bönner,K.H. (1972): Nichtautoritäre Erziehung. Ein Handbuch für Eltern (2.Aufl.) Düsseldorf
Boller,J.D. & Boller,J.D. (1973): Sensitivity training and the school teacher: An experiment in favorable publicity. In: J. of Educ. Research 66, 309-312
Bolscho,D., Eulefeld,G., Seybold,H. (1980): Umwelterziehung. München
Bommert,H. (1977): Grundlagen der Gesprächspsychotherapie. Stuttgart
Bommert,H. (1978): Gesprächspsychotherapieforschung. In: Pongratz (Hg.) 1319 - 1348
Bongardt,H. (1977): Gesellschaftliches und politisches Bewußtsein bei Volksschullehrern. Bochum (Diss.)
Bonn,P. (1979): Curriculumentwicklung an Gesamtschulen. In: Edelhoff, Mittelberg, 26-34
Borchert,M., Borchert,M., Derichs,K., Kunstmann,W. (1977): Erziehen ist nicht kinderleicht. Ein Arbeitsbuch für Eltern, Lehrer und Erzieher. Frankfurt

Borg,W., Kelly,M., Langer,P., Gall,M. (1970): The minicourse - a microteaching approach to teacher education. Macmillan Educ. Services, Beverly Hills
Brandt,W. (Hg.) 1980): Das Überleben sichern. Gemeinsame Interessen der Industrie- und Entwicklungsländer. Bericht der Nord-Süd-Kommission. Köln
Brandt,H., Liebau, E. (1978): Das Team-Kleingruppen-Modell. Ein Ansatz zur Pädagogisierung der Schule. München
Braun,B.S. (1967): Das Gesellschaftsbild des Angestellten. In: Atomzeitalter 9, 482-495
Braun, P. (1978): Verhaltenstherapeutische Diagnostik. In:Pongratz (Hg.),1747ff
Braun,P., Tittelbach,E. (1978): Verhaltenstherapie. In: Pongratz (Hg.), 1955-2081
Brauch,G. (1981): Abrüstungsamt oder Ministerium? Ausländische Modelle der Abrüstungsplanung, Materialien und Reformvorschläge. Frankfurt
Breger,L. (Ed.) (1969): Clinical-cognitive psychology. Englewood Cliffs: Prentice-Hall
Brezinka,W. (1974): Erziehung und Kulturrevolution. Die Pädagogik der Neuen Linken. München
Brezinka,W. (1978): Metatheorie der Erziehung. München
Broder,H. (Hg.) (1976):Die Schere im Kopf. Über Zensur und Selbstzensur. Köln
Brophy,J.E. & Good,T.L. (1976): Die Lehrer-Schüler-Interaktion. München
Brown,J.M., Berrien,F.K., Russell,D.L., Wells,D. (1966): Applied psychology. New York
Brückner,P. (1972): Zur Sozialpsychologie des Kapitalismus. Frankfurt
Brunner,M., Wiehmann,D. (1979): Empirische Untersuchung zum Gordon-Elterntraining. Heidelberg (Dipl.Arbeit)
Brunner,R. (1976): Lehrertraining. München
Brunner,R. (1978): Lehrerverhalten. Paderborn
Brunnhuber,P. (1977): Prinzipien effektiver Unterrichtsgestaltung (10.Aufl.). Donauwörth
Bühlow, Hopf, Nagel, Preuss-Lausitz (1972): Gesamtschule zwischen Schulversuch und Strukturreform. Weinheim
BMJFG (Der Bundesminister für Jugend, Familie und Gesundheit) (1980):Das Kindergeld. Reihe: Bürger-Service, Nr. 9. Bonn
BMJFG (Der Bundesminsiter für Jugend, Familie und Gesundheit) (1981a): Hilfe für die Familie. Reihe: Bürger-Service, Nr. 11. Bonn
BMJFG (Der Bundesninsiter für Jugend, Familie und Gesundheit) (1981b): Sozialhilfe ihr gutes Recht. Reihe: Bürger-Service, Nr. 8. Bonn
BSHG (Bundessozialhilfegesetz) (1975): Textausgabe mit Durchführungsbestimmungen des Bundes (5. Aufl.). Frankfurt
Burg, H. u.a. (1973): Einführung in die politische Ökonomie des Kapitalismus. Berlin (Ost)
Buselmeier,M. (Hg.) (1974): Das glückliche Bewußtsein. Anleitungen zur materialistischen Medienkritik. Darmstadt,Neuwied

Caesar,B. (1972): Autorität in der Familie. Ein Beitrag zum Problem schichtenspezifischer Sozialisation. Reinbeck
Cattell,R.B. (1973): Die empirische Erforschung der Persönlichkeit. Weinheim
Cautela,J.R. (1967): Covert sensitization. Psychological Reports 20, 549-568
Cautela,J.R., (1971): Covert extinction. Behavior therapy 2, 192-200
Cherns,A. (1975): Perspectives on the quality of working life. Occup. Psychol. 48, 155-167
Christoph-Lemke,Ch. (1974): Bestrafung. In: Kraiker,Ch. (Hg.) Handbuch der Verhaltenstherapie. München
Claessens,D. & Milhoffer,P. (1973): Familiensoziologie. Frankfurt
Claiborn,W.L. (1969): Expactancy effects in the classroom: a failure to replicate.

Journ. Educ. Psychol. 60, 377-383
Claus,K.E. (1969): Effects of modeling and feedback treatments on the development of teachers` questioning skills. Technical report No. 6, Stanford University (Ed 033 081)
Cohen,H.C. (1970): The P.I.C.A. project, Year 2. Project interim report. Programming interpersonal curricula für adolescents. Silverspring,Md.: Institute für Bahavioral Research (ERIC Document Reproduction Service ,Ed 044 717
Cohen,S. & Glass,D. (1973): Appartment noise, auditory discrimination an reaching ability in children. J. Exp. Soc. Psychol. 9, 407-422
Cohn,R. (1976): Von der Psychoanalyse zur themenzentrierten Interaktion. Stuttg.
Comenius-Institut (Hg.) (1974): Elternbildung in Kirche und Gesellschaft. München
Cooper,J.M. & Allen,D.W. (1971): Microteaching: History and present status. In: Cooper,J.M. u.a. (Hg.): Microteaching: Selected papers. ATE Research Bulletin 9, 1-32, Ed 055 960
Corsini,R.J. (Hg.) (1977): Current personality theories. Itasca,Ill.
Costin,F. & Grush,J.E. (1973): Personality correlates of teacherstudent behavior in the college classroom. J. of Educational Psychology 65, 35-44
Coué,E. (1922): The practice of autosuggestion. New York: Doubleday
Cramer,M., Gottwald,P., Keupp,H. (1976): Verhaltensmodifikation in der Schule. Die Schule als Feld experimenteller sozialer Innovation. Sonderheft III/1976 der "Mitteilungen der DGVT e.V.". Freiburg
Cunningham,L.M. & Peters,H.J. (1973): Counseling Theories. Columbus: Merrill

Däumling,A.M., Fengler,J., Nellessen,L., Svensson,A. (1974): AngewandteGruppendynamik. Stuttgart
Däumling,A.M. & Fengler,J. (1978): Gruppendynamische Methoden. In: Pongratz, L.J. 2796-2841
Dahlke,S. (1979): Demokratisierung. In: Edelhoff,Ch. & Mittelberg,E. (Hg.) 35-42
Dann,H.-D., Müller-Fohrbrodt,G. Cloetta,B. (1981): Sozialisation junger Lehrer im Beruf: "Praxisschock" drei Jahre später. Zt. f. Entwicklungspsych. und Pädagogische Psychologie 13, 251-262
Davis,G.A. (1973): Psychology of human problem solving: Theory an practice. New York: Basic Books
Davis,G.A. & Scott,J.A. (Ed.) (1971): Training creative thinking. New York: Holt
Davison,G.C. et al. (1973): Attribution and the maintainance of behavior change in falling asleep. J. of Abnormal Psychology 82, 124-133
DeCharms (1968): Personal causation. The internal affektive determinants of behavior. New York
DeFleur,M.L. (1966): Theories of mass communication. New York
Deppe,F. (1971): Das Bewußtsein der Arbeiter. Köln
Der Bundesminsiter für Bildung und Wissenschaft (1977): Perspektiven der Bundespolitik bei sich wandelnden wirtschaftlichen und gesellschaftlichen Bedingungen. Schriftenreihe Bildungsplanung 21. Bonn
Der Bundesminister für Bildung und Wissenschaft (1977b): Stand der Curriculumforschung und der pragmatischen Curriculumrevision im Hinblick auf die bildungspolitischen Zielvorstellungen des Bundes. Schriftenreihe Bildungsplanung 20. Bonn
Der Bundesminister für Bildung und Wissenschaft (1978): Bericht der Bundesregierung über die strukturellen Probleme des föderativen Bildungssystems. Schriftenreihe Bildung und Wissenschaft 13, Bonn
Der Bundesminister für Bildung und Wissenschaft (1979): Jahresbericht 1978. Schriftenreihe Bildung und Wissenschaft 15. Bonn
Deschler,H.P. (1970): Der Einfluß der Wiederholung auf die Wahrnehmung und

Beurteilung von Unterrichtsverläufen. In: AVA Forschungsberichte, Institut für Film und Bild in Wisschenschaft und Unterricht. Bd. 3. München, 69-102
DeSotelo,E. (1978): Formen der Elternbildung. In: Gruppenpsychotherapie und Gruppendynamik 13, 240-252
Deutscher Bildungsrat (1970): Empfehlung der Bildungskommission, Einrichtung von Schulversuchen mit Gesamtschulen. Stuttgart
DGB Bundesvorstand (Hg.) (1973): Forderungen des Deutschen Gewerkschaftsbundes zur Bildungspolitik, beruflichen Bildung, Hochschulreform. Düsseldorf
DGB Bundesvorstand (Hg.) (1979): Entwurf: Grundsatzprogramm des Deutschen Gewerkschaftsbundes. Düsseldorf
DGVT (Deutsche Gesellschaft für Verhaltenstherapie e.V.) (Hg) (1980): Theorien und Methoden der Verhaltenstherapie. Sonderheft II/1980 der "Mitteilungen der DGVT". Tübingen
DIFF (Deutsche Institut für Fernstudien an der Universität Tübingen): Fernstudienlehrgang. Ausbildung zum Beratungslehrer. Studienbrief 1.1978
Dittrich,G.G. (Hg.) (1974): Grundlagen der Sozialplanung. Gemeindeeinrichtungen in neuen und alten Stadtgebieten. Stuttgart
DIVO-Institut (Hg.) (1959): Umfragen. Bd. 2. Frankfurt
Döring,K.W. (1973): Lehrerverhalten und Lehrerberuf (5. Aufl.). Weinheim
Dörner,D. (1974): Die kognitive Organisation beim Problemlösen. Bern
Drenkelfort,G. u.a. (1976): Reorganisation einer Gesamtschule nach dem Team-Stammgruppenmodell. Das Beispiel Hannover-Linden. In: Tillmann,K.-J. (Hg.): Sozialpädagogik in der Schule. Neue Ansätze und Modelle, 124-140
Dreykurs,R. & Grey,L. (1973): Kinder ziehen Konsequenzen. Elternfibel für einen neuen Erziehungsstil. Freiburg
Dritter Familienbericht (1979): Die Lage der Familien in der Bundesrepublik Deutschland. Drucksache 8/3121. Bonn
Duve.F. (Hg.) (1973): Der Thesenstreit um "Stamokap". Die Dokumente zur Grundsatzdiskussion der Jungsozialisten. Reinbeck
D`Zurilla,T.J. & Goldfried,M.R. (1971): Problem solving and behavior modification. J. Abnormal Psychology 78, 107-126

Eckert,R. & Seiderer,A. (1974): Sozialdemokratie und Jungsozialisten. Politik, Programm und Gesellschaftstheorie - eine marxistische Kritik. Frankfurt
Edelhoff,Ch. & Mittelberg,E. (Hg.) (1979): Kritische Stichwörter zur Gesamtschule. München
Eglmeier,H. (1976): Vorstudien zu einem Training elterlichen Erziehungsverhaltens. Tübingen (Dipl.Arbeit)
Ehrenberg,H. (1976): Zwischen Marx und Markt. Konturen einer infrastrukturorientierten und verteilungswirksamen Wirtschaftspolitik. Frankfurt
Eichhorn,W. u.a. (1969): Wörterbuch der marxistisch-leninistischen Soziologie. Berlin (Ost)
Eichler,W. (1972): Zur Einführung in den Demokratischen Sozialismus. Bonn-Bad Godesberg
Eicke,D. (Hg.) (1976): Freud und die Folgen. Bd. 1. Die Psychologie des 20. Jahrhunderts. Zürich
Eicke,D. (Hg.) (1977): Freud und Folgen. Bd. 2. Die Psychologie des 20. Jahrhunderts. Zürich
Eisert,H.G. (1978): Kognitive Verhaltensmodifikation im Unterricht - Curricula zur Prävention von Verhaltensauffälligkeiten. In: Perlwitz,E. (Hg.): Verhaltensformung in der Schule, Braunschweig, 149-157
Eller,F. & Winkelmann,K. (1978): Das Berliner Eltern-Trainings-Projekt. In: Schneewind,K. & Lukesch,H. (Hg.), 262-279
Ellis,A. (1977): Die rational-emotive Therapie. Das innere Selbstgespräch bei

seelischen Problemen und seine Veränderung (engl. 1962). München
Emmer,E.T. (1971): Transfer of instructional behavior and performance aquired in simulated teaching. The Journal of Educational Research, Vol. 65,4, 178-182
EMNID (1972): Informationen
EMNID (1976a): Informationen Nr. 6/7
EMNID (1976b): Informationen Nr. 3
Endler,N.S. & Magnusson,D. (Ed.) (1979): Interactional psychology and personality. New York: Wiley
Engeln,R., Knutson,J., Laughy,L. & Garlington,W. (1968): Behavior modification techniques applied to a family unit - A case study. J. Child Psychol.Psych. 9, 245-252
Engels,F. (1884): Der Ursprung der Familie, des Privateigentums und des Staates, MEW, Bd. 21 (zuerst erschienen 1884)
Engfer,A. (1980): Sozioökologische Determinanten des elterlichen Erziehungsverhaltens. In: Schneewind,K. & Herrmann,Th. (Hg.) 123-160
Engfer,A. & Schneewind,K.A. (1976): Ein Fragebogen zur Erfassung selbstperzipierter elterlicher Erziehungseinstellungen. Arbeitsbericht 9 aus dem Projekt Eltern-Kind Beziehungen. Trier
Engfer,A., Schneewind,K.A. & Filipp,U.D. (1973): Die Entwicklung eines Fragebogens zur Erhebung selbstperzipierter elterlicher Erziehungseinstellungen. Forschungsbericht 22 des Sonderforschungsbereichs 22 des Sozialwissenschaftlichen Forschungszentrums der Universität Erlangen-Nürnberg. Nürnberg
Estes,W.K. (1971): Reward in human learning: Theoretical issues and strategic choice points. In: Glaser,R. (Ed.) The nature of reinforcement. New York: Academie Press, 16-36
Evers,C.-H. (1979): Kritik an der Gesamtschule. In: Edelhoff/Mittelberg, 110-114
Eysenck,H.J. (1970): The structure of human personality (3rd. ed.). London: Methuen

Fanning,D. (1967): Neurosis in flat dwellers. Brit. Med.J. 382-386
Farner,K. & Pinkus,T. (1964): Der Weg des Sozialismus. Reinbeck
Fatzer,G. & Jansen,H.-H. (1980): Die Gruppe als Methode. Gruppendynamische und gruppentherapeutische Verfahren und ihre Wirksamkeit. Weinheim
Faulstich,H. & Faulstich,P. (1975): Bildungsplanung und Sozialisation. Soziale und politische Determinanten des Bildungsverhaltens. Braunschweig
Faulstich-Wieland,H. (1979): Schullaufbahnberatung. In: Edelhoff ,Ch. & Mittelberg,E. (Hg.), 215-221
Feldhusen,J.F. , Treffinger,D.J. & Bahlke,S.J. (1970): Developing creative thinking: The purdue creativity program. J. Creative Behavior 4, 85-90
Fend,H. (1971): Sozialisierung und Erziehung (4. Aufl.). Weinheim
Fend,H. (1974): Gesellschaftliche Bedingungen schulischer Sozialisation. Soziologie der Schule I. Weinheim
Fend,H. (1980): Theorie der Schule. München
Fend,H. u.a. (1976): Sozialisationseffekt der Schule. Soziologie der Schule II. Weinheim
Festinger,L. (1957): A theory of cognitve dissonance. Evanstone,Ill.: Row, Peterson
Fischer-Harrieshausen,H. (1974): Zur Soziologie westdeutscher Neubausiedlungen. Bauwelt 44, 1452-1458
Fengler,J. (1980): Selbstkontrolle in Gruppen. Stuttgart
Feser,H. (1978): Angewandte Prävention. In: Pongratz,L.J. (Hg.), 3208-3231
Fetscher,J. (1973): Was ist demokratischer Sozialismus? In: ders., Demokratie

zwischen Sozialdemokratie und Sozialismus. Stuttgart
Fetscher,I (1976): Modelle der Friedenssicherung (3.Aufl.). München
Feuchter-Zimmer,E. (1974): Erlebens- und Verhaltensänderung durch Gesprächspsychotherapie. In: Schick,A. (Hg.): Aktuelle Themen der Psychologie. Stuttg.
Filipp,U.-D. & Schneewind,K.A. (1974): Die Rangfolge globaler elterlicher Erziehungsziele und deren Einflußgrößen, Forschungsbericht 21 des Sonderforschungsbereiches 22 der Universität Erlangen-Nürnberg. Nürnberg
Filloux,J. (1972): Lehrerausbildung, Gruppendynamik, geplante Veränderung. Gruppendynamik 3, 327-342
Fishbein,M. (1967): Readings in attitude theory and measurement. New York: Wiley
Fittkau,B. (1974): Notwendigkeit und Möglichkeiten von Kommunikationstraining für Lehrer und Erzieher. In: Fittkau u.a., 15-55
Fittkau,B. u.a. (1974): Kommunikations- und Verhaltenstraining für Erziehung, Unterricht und Ausbildung. Pullach b. München
Flanders,N.A. (1970): Analyzing teaching behavior. Reading, Mass.: Addisson - Wesley
Frank,R. & Friedrich-Freisewinkel,G. (1978): Entwicklung und gegenwärtiger Stand psychologischer Differentialdiagnostik. In: Pongratz (Hg.), 1563ff
Frei,B. (1979): Krise der Utopie und des Fortschritts. In: Condrau,G. (Hg.) Die Psychologie des 20. Jahrhunderts, Bd. 15, Transzendenz, Imagination und Kreativität. Zürich, 750-760
Freidank,G., Neusel,A., Teichler,U. (1980): Praxisorientierung als institutionelles Problem der Hochschule. Frankfurt
French,J.R.P., Kahn,R.L., Mann,F.C. (Hg.) (1962): Work, health and satisfaction. J. Soc. Iss. 13, No. 3
Freudenreich,D. & Wagner,A. (1973): Erfahrungen mit einem gruppendynamischen Modell an einer Pädagogischen Hochschule. Gruppendynamik 5, 39-50
Fricke,W. (1975): Arbeitsorganisation und Qualifikation. Bonn
Fried,M. (1969): Sozial differences in mental health. In: Kosa et al.
Friedmann,G. (1952): Der Mensch in der mechanisierten Produktion. Köln
Fritz,J. (1974): Emanzipatorische Gruppendynamik. Erkenntnistheoretische und methodologische Überlegungen. München
Fritz,J. (1975): Gruppendynamisches Training in der Schule. Heidelberg
Fritz,J. (1977): Methoden des sozialen Lernens. München
Fromm,E. (1979): Die Kunst des Liebens. Frankfurt
Fromm,E. (1980): Die Revolution der Hoffnung. Für eine Humanisierung der Technik. Reinbeck
Fromm,E. (1981): Haben oder Sein. Die seelischen Grundlagen einer neuen Gesellschaft. (8.Aufl.). Stuttgart
Fülberth,G. & Knüppel,H. (1971): Bürgerliche und sozialistische Demokratie. In: Jung,H. u.a. (Hg.): BRD - DDR. Vergleich der Gesellschaftssysteme, 161-205
Fürstenau,P. (1967): Neuere Entwicklungen der Bürokratieforschung und des Schulwesens. Neue Sammlung, 514 ff
Furth,P. & Greffrath,M. (1977): Soziologische Positionen. Frankfurt

Gahlen,B., Hardes,H.-D., Rahmeyer,F., Schmid,A. (1978): Volkswirtschaftslehre. (11.Aufl.). Tübingen
Galle,O.R., Gove,W.R., Miller,McP,J. (1973): Bevölkerungsdichte und Pathologie. Bauwelt 64, 13-19
Gamm,H.-J. (1972): Das Elend der spätbürgerlichen Pädagogik. München
Gamm,H.-J. (1974): Einführung in das Studium der Erziehungswissenschaft. München
Gardell,B. (1976): Technology, alienation and mental health. Summary of a social psychological study of technology and the worker. Acta Sociologica 19, 83-93

Gebauer,K. (1974): Zum politischen Bewußtsein der Studenten der PH Bonn. Bonn (Diss.)

Geer,J.H. & Pigg,R. (1973): Information of arousal and its effects on motivation. J. of Social Psychology 90, 115-123

Geissner,V. & Lewkowicz,M. (1975): Emanzipatorische Familienbildung. Bericht über ein Modellseminar. Heidelberg

Gerlicher,K. (1980): Prävention. Vorbeugende Tätigkeiten in Erziehungs- und Familienberatungsstellen. Göttingen

Gerns,W. (1976): Der "Demokratische Sozialismus" - Eine Variante der bürgerlichen Ideologie. In: ders., Krise der bürgerlichen Ideologie und ideologischer Kampf in der BRD. Frankfurt

Giere,W. (1973): Gruppendynamik und bürgerliches Individuum. Zur Problematik des politischen Lernens in grup.dyn. Seminaren für Lehrer. Pädagog.Beiträge 8

Gibb,J.R. (1972): Sensitivitätstraining als Mittel zur Förderung individueller Bildungsprozesse und Verbesserung zwischenmenschlicher Beziehungen. In: Horn, K. (Hg.), 139-181

Gildea,M.C.,Glidewell,J.C., Kantor,M.B. (1961): Maternal attitudes and general adjustment in school. In: Glidewell,J.C. (Hg.): Parental attitudes and child behavior. Springfield,Ill., 42-84

Glass,D.C. & Singer,J.E. (1972): Urban stress: experiments on noise and social stressors. New York: Academic Press

Gleiss,J., Seidel,R., Abholz,H. (1973): Soziale Psychiatrie. Frankfurt

Görlitz,D., Meyer,W.-U., Weiner,B. (1978): Bielefelder Symposium über Attribution. Stuttgart

Goldfried,M.R. & Merbaum,M. (1973): Behavior change through self-control. Rinehart & Winston: New York

Goldiamond,J. (1965): Self-control procedures in personal behavior problems. Psychol.Rep. 17, 851-868

Good,T.L. & Brophy,J.E. (1972): Behavioral expression of teacher attitudes. In: J. of Educational Psychology 63, 617-624

Gordon,Th. (1972): Familienkonferenz. Die Lösung von Konflikten zwischen Eltern und Kind. Hamburg

Gordon,Th. (1977): Lehrer-Schüler-Konferenz. Wie man Konflikte in der Schule löst. Hamburg

Gottschalch,W. (1972): Bedingungen und Chancen politischer Sozialisation. Frankfurt

Gottschalch,W., Neumann-Schönwetter,M., Soukoup,G. (1971): Sozialisationsforschung. Frankfurt

Gottwald,P. (1978): Forschung in der Verhaltenstherapie. In: Pongratz (Hg.), 1349-1427

Götz,B. (1978): Sozialisation oder Erziehung? Freiburg

Grandjean,E. & Gilgen,A. (Hg.) (1973): Umwelthygiene in der Raumplanung. München

Graumann,C.F. (Hg.) (1972): Handbuch der Psychologie. Bd. 7, Sozialpsychologie, 2. Halbband. Göttingen

Graumann,C.F. (1972): Interaktion und Kommunikation. In: ders. (Hg.), 1109-1242

Grawe,K. (1978): Indikation in der Psychotherapie. In: Pongratz (Hg.),1849-1883

Greiffenhagen,M. & Greiffenhagen,S. (1979): Ein schwieriges Vaterland. Zur politischen Kultur Deutschlands. München

Grell,J. & Grell,M. (1979): Unterrichtsrezepte. München

Grotenboer,E.A. (1962): The relation of housing to behavior disorder. Amer.J. Psychiat. 119, 469-472

Grüneisen,V. & Hoff,E.H. (1977): Familienerziehung und Lebenssituation. Der Einfluß von Lebensbedingungen und Arbeitserfahrungen auf Erziehungseinstellungen und Erziehungsverhalten der Eltern. Weinheim

Grunwald,W. (Hg.) (1979): Kritische Stichwörter zur Gesprächspsychotherapie. München
Gudjons,H. (1978): Praxis der Interaktionserziehung. Bad Heilbrunn
Günther,U. & Massing,P. (1980): Praxis, Einstellungswandel und Lehrertraining. Können innovative Orientierungen bei jungen Lehrern stabilisiert werden? Bildung und Erziehung 6, 550-577
Güntzler, C. & Teutsch,G.M. (1980): Erziehen zur elterlichen Verantwortung. Freiburg
Guilford,J.P. (1954): Psychometric methods. New York: McGraw-Hill
Guilford,J.P. (1964): Persönlichkeit. Weinheim
Guilford,J.P. (1966): Basic problems in teaching creativity. In: Taylor,C.W., Williams,F.D. (Eds.): Instructional media and creativity. New York
Gutt,A. & Nyssen,E. (1979): Kleingruppenunterricht. In: Edellhoff,Ch. & Mittelberg,E. (Hg.), 103-109

Habermas,J. (1969): Erkenntnis und Interesse. Frankfurt
Habermas,J. (1973): Legitimationsprobleme im Spätkapitalismus. Frankfurt
Hackney,H. & Nye,S. (1979): Beratungsstrategien und Beratungsziele. München
Hadfield,J.A. (1971): Liebe, Disziplin und Freiheit bei der Erziehung von Kindern und Jugendlichen. Ravensburg
Haenisch,H. & Lukesch,H. (1980): Ist die Gesamtschule besser? München
Hahn,E. (1974): Theoretische Probleme der marxistischen Soziologie. Köln
Haider,M. (1974): Leitfaden der Umwelthygiene. Bern
Halisch,F., Butzkamm,J., Posse,N. (1976): Selbstbekräftigung I: Theorieansätze und experimentelle Erfordernisse. Zt. f. Entw. Psychol. u. Pädagog. Psychol.8, 145-164
Hall,R. (1979): Unterricht über Werte. München
Hamburger Lehrerkollektiv (1976): Jahrbuch für Junglehrer 1975. Reinbeck
Hammer,G. (1979): Die Begründung der Erziehungsziele. Freiburg
Hanf,C.A. (1969): A two-stage program for modifying maternal controlling during mother-child (M-C) interaction. Paper presented at the meetings of Western Psych.Assoc., Vancouver
Hanke,B., Huber,G., Mandl, H. (1978): Aggressiv und unaufmerksam. München
Hardegger,J.A. (Hg.) (1966): Handbuch der Elternbildung, Bd. 1+2. Einsiedeln, Zürich, Köln
Harper,R.A. (1979): Die neuen Psychotherapien. Salzburg
Harrer,J. & Jung,H. (1969): Das ökonomische System in der BRD und der DDR. In: Jung,H. u.a.: Vergleich der Gesellschaftssysteme. Köln
Harsch,H. (1973): Theorie und Praxis des beratenden Gesprächs. München
Hartfiel,G. (1978): Soziale Schichtung. München
Hartig,M. (1975): Selbstkontrolle. München
Harvey,J.H., Ickes,W.J., Kidd,R.F. (Eds.) (1976): New directions in attribution research. Vol. 1+2. New York, Toronto
Haus Neuland e.V. (Heimvolkshochschule) (1977): Freizeitberatung von Kindern auf Familientagungen - Forschungsergebnisse. Bielefeld
Haußer,K. (Hg.) (1981): Modelle schulischer Differenzierung. München
Hautzinger,M. & Hoffmann,N. (Hg.) (1979): Depression und Umwelt. Neue Beiträge zur Analyse depressionsfördernder Lebensbedingungen. Salzburg
Hawkins et al. (1970): Behavior therapy in the home:Amelioration of problem parent-child relations with the parent in a therapeutic role. J. exp. child psychol. 4, 99-107
Heckhausen,H. (1974): Lehrer-Schüler Interaktion. In: Weinert,F.E. u.a. (Hg.): Pädagogische Psychologie,Bd. 1. Frankfurt
Hegner,F. (1979): Praxisbezogene Orientierungspunkte für notwendige Änderungen

im System der sozialen Sicherung: Bürgernähe, Sozialbürgerrolle und soziale Aktion. Schriftenreihe der Forschungsgruppe Sozialplanung und Sozialverwaltung e.V., Bd.5. Bielefeld
Heider,F. (1946): Attitudes and cognitive organization. J. Psychol. 21, 107-117
Heim,D. (1977): Lehrer begegnen Eltern. München
Heimann,H. (1975): Theoriediskussion in der SPD. Ergebnisse und Perspektiven. Frankfurt
Heimann,H. (Hg.) (1978): Dialog statt Dogmatismus. Wissenschaftspluralismus und politische Praxis. Frankfurt
Heimann,H. & Meyer,T. (Hg.) (1978): Bernstein und der Demokratische Sozialismus. Berlin, Bonn
Heinelt,G. (1978): Umgang mit aggressiven Schülern. Freiburg
Heinemann,K. (1978): Arbeitslose Jugendliche. Darmstadt, Neuwied
Heinerth,K. (1979): Einstellungs- und Verhaltensänderung. München
Heller,K. (Hg.) (1974): Leistungsbeurteilung in der Schule. Heidelberg
Heller,K. (Hg.) (1975): Handbuch der Bildungsberatung, Bd. 1. Stuttgart
Heller,K. & Nickel,H. (1976): Psychologie in der Erziehungswissenschaft. Bd.2. Stuttgart
Helms,H.G. (1973): Fetisch Revolution. Marxismus und Bundesrepublik. Frankfurt
Henecka,H.P. (1980): Grundkurs Erziehungssoziologie. Freiburg
Hentig,H.v. (1971): "Allgemeine Lernziele der Gesamtschule". in: Lernziele der Gesamtschule. In: Deutscher Bildungsrat, Gutachten und Studien der Bildungskommission, Bd. 12 (3.Aufl.). Stuttgart, 14-43
Herbert,E.W. & Baer,D.M. (1972): Training parents as behavior modifiers: Self recording of contingent attention. J. Appl. Behav. Anal. 5, 139-149
Herlyn,U. (1970): Wohnen im Hochhaus. Stuttgart
Herrmann,Th. (1972): Lehrbuch der empirischen Persönlichkeitsforschung.Göttingen
Herrmann,Th. (1973): Persönlichkeitsmerkmale. Stuttgart
Herz,O. (1976): Die Notwendigkeit von Elternarbeit. In: Gesamtschule, H.1
Hess,W. (1974): Der Wohnlärm. Sozial- und Präventivmedizin 19, 229-233
Heyse,H. & Kuhl,U. (1977): Entwicklung eines Curriculum für den Modellversuch des Landes Rheinland-Pfalz: "Entwicklung und Erprobung von berufsbegleitenden Fort- und Weiterbildungsgängen für Schulpsychologen." Informationen aus dem Schulpsychologischen Dienst des Landes Rheinland-Pfalz. Modellversuch Fortbildung. Bericht Nr. 1. Trier
Hiebsch,H. & Vorwerg,M. (1980): Sozialpsychologie. Berlin (Ost)
Hilbig,C. (1963): Eignungsmerkmale für den Volksschullehrerberuf. Braunschweig
Hinsch,R. (1979): Einstellungswandel und Praxisschock bei jungen Lehrern. Eine empirische Längsschnittuntersuchung. Weinheim
Hirsch,J. (1972): Zur politischen Ökonomie des politischen Systems. In: Kress, G. & Senghaas ,D. (Hg.), Politikwissenschaft, 165-185. Frankfurt
Hitpass,J. (1970): Das Studien- und Berufsschicksal von Volksschullehrern. Bielefeld
Höck,K. (1978): Gruppenpsychotherapie. Berlin (Ost)
Höhn,E. (1967): Der schlechte Schüler. München
Hofer,M. (1969): Die Schülerpersönlichkeit im Urteil des Lehrers. Weinheim
Hoffmann,B. (1981): Handbuch des Autogenen Trainings. München
Hoffmann,N. (1978): Grundlagen kognitiver Therapie. Bern
Hofmann,W. (1969): Grundelemente der Wirtschaftsgesellschaft. Reinbeck
Holzkamp,K. (1972): Kritische Psychologie. Frankfurt
Holzkamp,K. (1976): Sinnliche Erkenntnis. - Historischer Ursprung und gesellschaftliche Funktion der Wahrnehmung (3.Aufl.). Frankfurt
Homme,L. u.a. (1974): Verhaltensmodifikation in der Schulklasse. Weinheim
Hopf,A. (1974): Lehrerbewußtsein im Wandel. Düsseldorf

Hoppe,H. (1980): Die neue Lehrerelite. Lernplanreform und Lehrerpartizipation. Frankfurt
Horn,K. (Hg.) (1972): Gruppendynamik und der subjektive Faktor. Repressive Entsublimierung und politisierende Praxis. Frankfurt
Hornstein,W., Bastine,R., Junker,H., Wulf,Ch. (1977): Beratung in der Erziehung. Bd. 1+2, (Funk-Kolleg). Frankfurt
Hortleder,G. (1970): Das Gesellschaftsbild des Ingenieurs. Zum politischen Verhalten der technischen Intelligenz. Frankfurt
Houben,A. (1975): Klinisch-psychologische Beratung. München
Hovland,C.I., Janis,U.L., Kelly,H.H. (1953): Communication and persuasion. New Haven,Conn.: Yale Univ. Press
Hovland,C.I., Janis,I.L., Kelly H. (1959): Personality and persuability. New Haven, Conn.: Yale Univ. Press
Hoyos,C. Graf (1975): Nervliche und psychische Belastung am Arbeitsplatz. In: Luth,P. (Hg.), Beiträge zur Sozialmedizin, 176-180. Stuttgart
Huch,K. (1975): Einübung in die Klassengesellschaft. Über den Zusammenhang von Sozialstruktur und Sozialisation. Frankfurt
Huisken,F. (1972): Zur Kritik bürgerlicher Didaktik und Bildungsökonomie.München
Hunt,D.E. & Joyce,B.K. (1967): Teacher trainee personality and initial teaching style. Amer. Educational Research Journal 4, 253-260
Huppertz,N. (1979): Wie Lehrer und Eltern zusammenarbeiten. Freiburg
Hurrelmann,K. (1975): Erziehungssystem und Gesellschaft. Reinbeck
Hurrelmann,K. (Hg.) (1976): Sozialisation und Lebenslauf. Reinbeck
Hurrelmann,K., Ulich,D. (Hg.) (1980): Handbuch der Sozialisationsforschung. Weinheim
Huston,T.L. (Ed.) (1974): Foundations of interpersonal attraction. New York: Academic Press

Innerhofer,P. (1975): Kleine Psychologie für Eltern. München
Innerhofer,P. (1976): Das Münchner Trainingsmodell. In: Minsel,W., Royl,W., Minsel,B. (Hg.), Verhaltenstraining - Modelle und Erfahrungen. Beiträge zum Symposium über Verhaltenstraining. Kiel
Innerhofer,P. (1974): Ein Regelmodell zur Analyse und Intervention in Familie und Schule. Abänderung und Erweiterung des S-R-K-Modells, Zt. f. Klinische Psychologie 1, 1-29
Innerhofer,P. (1979): Verhaltensänderung - Beobachtung - Interaktionsanalyse. Das Münchner Trainingsmodell. Berlin
Innerhofer,P. (1978): Änderung des familiären Umfeldes. In: Pongratz (Hg.), 2842-2872
Innerhofer,P. & Müller,G.F. (1974): Elternarbeit in der Verhaltenstherapie. Sonderheft I/1974 der "Mitteilungen der GVT e.V.". Tübingen
Innerhofer,P. & Warnke,A. (1980): Elterntraining nach dem Münchner Trainingsmodell. Ein Erfahrungsbericht. In: Lukesch u.a. (Hg.), 417-439
Insko,Ch.A. (1967): Theories of attitude change. New York. Appleton-Century-Crafts
Irle,M. (1975): Lehrbuch der Sozialpsychologie. Göttingen
IVO (1973): Angaben über Zeitschriftenleser. 4. Quartal

Jaeggi,E. (1978): Kognitive Verhaltenstherapie. Weinheim
Jaeggi,U. (1976): Kapital und Arbeit in der Bundesrepublik. Frankfurt
Jaeggi,U. & Papcke,S. (1974): Revolution und Theorie 1. Materialien zum bürgerlichen Revolutionsverständnis. Frankfurt
Jahnke,J. (1975): Interpersonale Wahrnehmung. Stuttgart
Jankowski,P. (1978): Diagnostik in der Erziehungs- und Familienberatung. In: Pongratz,L.J. (Hg.), 1726-1755

Jansen,G. (1970): Lärm in Arbeitsraum. In: Mayer,A. & Herwig,B. (Hg.), Handbuch der Psychologie, Bd. 9: Arbeits- und Betriebspsychologie, 371-383. Göttingen

Jeffrey,R.C. (1971): Crime prevention through environmental design. Beverly Hills, Cal.: Sage Publ.

Jenkins,B. (1972): Teachers` views of particular students and their behavior in the classroom. Unpublished Doctoral Dissertation, The University of Chicago

Jens,U. (1980): Alternativen zur Macht. Wege zu einer neuen Wirtschaftsordnung. Düsseldorf

Jensen,L.C. & Young,J.L. (1972): Effect of televised simulated instruction on subsequent teaching. J. of Educ. Psychol. 63, 368-373

Johnson,J. (1971): Using parents as contingency managers. Psychol.Rep. 28, 703-710

Johnson,S.M. & Brown,R.A. (1969): Producing behavior change in parents of disturbed children. J. of Child Psychol. 10, 107-121

Jones,E.E. et al. (Eds.) (1971): Attribution: Perceiving the causes of behavior. Morristown,N.J.: General Learning Press

Jung,H. u.a. (1971): BRD-DDR. Vergleich der Gesellschaftssysteme. Köln

Junker,M. (1977): Theorie der Beratung. In: Hornstein,W. u.a.: Beratung in der Erziehung. Funkkolleg Bd. 1, 286-309. Frankfurt

Kälin,K. (1972): Populationsdichte und soziales Verhalten. Frankfurt

Kahl,Th. (1979): Lehrerausbildung. München

Kahn.R.L., Wolfe,D.M., et al. (1964): Organisational stress: Studies in role conflict and ambiguity. New York, Wiley

Kahn,R.L. & Quinn,R.P. (1970): Role stress: A framework for analysis. In: McLean,A. (Hg.), Mental health and work organisations. Chicago: Rand McNally, 50-115

Kalff,W. (1974): Eltern lernen erziehen. Ein Übungsprogramm für die Probleme der Kindererziehung. Stuttgart

Kallenbach,W.W. (1969): Results of preservice field tests of minicourse 1. Paper presented at Annual Meeting Aera, Los Angeles (mimeo)

Kallenbach,W.W. & Gall,M.D. (1969): Microteaching versus conventional methods in training elementary intern teachers. J. of Educ. Research 60, 136-141

Kaltenbrunner,G.-D. (1972): Konservatismus in Europa. Freiburg

Kanfer,F.H. (1971): The maintenance of behavior by self-generated stimuli and reinforcement. In: Jabobs,A. & Sachs,L.B. (Eds.), The psychology of private events. New York: Academic Press

Kanfer,F.H. (1975): Self-management methods. In: Kanfer,F.H. & Goldstein,A.P. (Eds.), Helping people change. New York: Pergamon

Kanfer,F.H. (1977): Selbstmanagement-Methoden. In: Kanfer,F.H. & Goldstein,A.P. (Hg.), 350-406

Kanfer,F.H. & Goldstein,A.P. (Hg.) (1977): Möglichkeiten der Verhaltensänderung. München

Kanfer,F.H. & Karoly,P. (1972): Self-control: A behavioristic excursion into the lion`s den. Behavior Therapy 3, 398-416

Kanfer,F.H. & Phillips,J.S. (1975): Lerntheoretische Grundlagen der Verhaltenstherapie. München

Kanz,H. (Hg.) (1974): Lernpraktische Ideologiekritik. Stuttgart

Karl,F. (1976): Die K-Gruppen, Bonn-Bad Godesberg

Kaufmann,F.X. (Hg.) (1979): Bürgernahe Sozialpolitik. Frankfurt

Kaufmann-Mall,K. (1978): Kognitiv-hedonistische Theorie menschlichen Verhaltens. Bern

Kazdin,A.E. (1974): Self-monitoring and behavior change. In: Mahoney,M.J. & Thoresen,C.E. (Eds.), Self-control power to the person. Montery: Brooks/Cole, 218-246
Keil,S. (Hg.) (1975): Familien- und Lebensberatung. Stuttgart, Berlin
Keim,W. (1979): Projektunterricht in der Gesamtschule. In: Edelhoff,Ch. & Mittelberg,E. (Hg.): Kritische Stichwörter zur Gesamtschule, 184-190
Kelly,H.H. (1972): Causal schemata and the attribution process. Morristown: New Jersey
Kelly,G.U. (1973): Microteaching at Coventry College of Education. Application and implication. Research Project HR 2104/1 (mimeo)
Kelly,H.H. & Woodruff, C.L. (1956): Members reaction to apparent group approval of a counter-norm communication. J. Abnormal and Social Psychology 52, 67-74
Kemmler,L. (1965): Die Anamnese in der Erziehungsberatung. Bern
Kemmler,L. & Echelmeyer,L. (1978): Anamnese-Erhebung. In: Pongratz (Hg.) 1628-1648
Kendall,P. & Hollon,S. (1979): Cognitive-behavioral interventions. New York: Academic Press
Kern,H.J. (1974): Verhaltensmodifikation in der Schule. Stuttgart
Kern,H. & Schumann,M. (1970): Industriearbeit und Arbeiterbewußtsein. Eine empirische Untersuchung über den Einfluß der aktuellen technischen Entwicklung auf die industrielle Arbeit und das Arbeiterbewußtsein. Teil I und II. Frankf.
Kerstiens,L. (1974): Modelle emanzipatorischer Erziehung. Bad Heilbrunn
Kerstiens,L. (1976): Methoden der Elternarbeit. In: Kerstiens (1976), 132-143
Kiersch,G. & Seidelmann,R. (Hg.) (1977): Sicherheit und Entspannung in Europa. Die Antwort des Demokratischen Sozialismus. Frankfurt
Kievenheim,Ch. & Leisewitz, A. (1973): Soziale Stellung und Bewußtsein der Intelligenz. Köln
Kilz,H. (Hg.) (1980): Gesamtschule. Modell oder Reformruine? Reinbeck
Kipnis,D. (1958): The effects of leadership style and leadership power upon the inducement of an attitude change. J. Abnorm. Soc. Psychol. 57, 173-180
Kiss,G. (1972): Einführung in die soziologischen Theorien I. Opladen
Kiss,G. (1973): Einführung in die soziologischen Theorien II. Opladen
Klapper,J.T. (1960): The effects of mass communication. Glencoe: The Free Press
Klapper,J.T. (1961): The effects of mass-media. New York: The Free Press of Glencoe. Inc.
Klippstein,E. & Klippstein,H. (1978): Soziale Erziehung mit kooperativen Spielen. Bad Heilbrunn
Kluge,K.J. & Michanickl,J. (1979): Elternfibel: Wie soll ich mich verhalten...? 111 Verhaltensregeln für Eltern und Erzieher mit Übungsbeispielen. Bonn
Kob,J. (1959): Die Rollenproblematik des Lehrerberufs. Soziologie der Schule. Sonderheft der Kölner Zeitschrift für Soziologie und Sozialpsychologie
Kob,J. (1963): Erziehung in Elternhaus und Schule. Stuttgart
Koch,Ch. (1979): Allgemeine Wertpräferenzen und Erziehungseinstellungen bei Pädagogik-Studenten. Bonn (PH, Sem.f.Psychologie): Diplomarbeit
Koch,J.J. (1972): Lehrer-Studium und Beruf. Einstellungswandel in den ersten beiden Phasen der Ausbildung. Ulm
Koch,W.L., Dentler,M., Dysart,B. Streit,M. (1934): A scale for measuring attitudes toward the question of children`s freedom. Child Development 5, 253-266
König,R. (1955): Soziologie der Familie. In: Gehlen,A. & Schelsky,H. (Hg.), Soziologie. Köln
König,F. & Otto,J. (1979): Problemlösen. In: Grunwald,W. (Hg.), 214-222
Kolbe,M. (1975): Erziehungsintentionen und Lehrerverhalten. Frankfurter Beiträge zur Lehrerausbildung, Sonderheft 1. Frankfurt
Koran,M.L., Snow,R.E., McDonald,F.E. (1971): Teacher attitude and observational

learning of a teaching skill. J. Educational Psychology 62, 219-228
Kornhauser,A. (1965): Mental health of the industrial worker. New York: Wiley
Kosa,J., Antonovsky,A. Zola,I.K. (Eds.) (1969): Poverty and health. Cambridge/Mass
Kossakowski,A. (1971): Allgemeine persönlichkeitstheoretische Voraussetzungen. In: Kossakowski/Otto (Hg.), Psychologische Untersuchungen zur Entwicklung sozialistischer Persönlichkeiten, Berlin, 27-50
Kowalski,R. (1969): Staat, Monopole, Wirtschaftsregulierung. In: DWI-Forschungshefte 4, Heft 1
Kranz,D. & Teegen,F. (1973): Psychologisch hilfreiche Gespräche mit Schülern und Eltern. In: Nickel,H. & Langhorst,E. (Hg.), Brennpunkte der pädagog. Psychologie. Stuttgart, 348-358
Krech,D. & Crutchfield,R., Ballachey,E. (1962): Individual in society. New York
Kremendahl,H. & Meyer,Th. (1981): Menschliche Emanzipation. Rudolf Bahro und der Demokratische Sozialismus. Frankfurt
Krepper,W. & Winter,A. (1978): Anwendung eines Selbstregulationsprogramms in Schulklassen. In: Perlwitz,E. (Hg.), 116-131
Kress,G. & Senghaas,D. (Hg.) (1973):Politikwissenschaft. Frankfurt
Kröll,U. (Hg.) (1980): Institutionalisierte Lehrerfortbildung. Weinheim
Krumboltz,J.D. & Thoresen,C.E. (1969): Behavioral counseling. New York
Krumm,H.J. (1972): Die internationale Adaption der "Minicourses" für die Lehrerbildung. Zt. f. Pädagogik 18, 759-766
Küchenhoff,E. u.a. (1972): Bild-Verfälschungen. Analyse der Berichterstattung der Bild-Zeitung über Arbeitskämpfe, Gewerkschaftspolitik, Mieten, Sozialpolitik. Teil 1: Analyse, Teil 2: Belege. Frankfurt
Küchler,J. (1979): Gruppendynamische Verfahren in der Aus- und Weiterbildung. Grundlagen-Materialien-Einsatzmöglichkeiten. München
Kühn,H. & Junghänel,K. (1980): Bürgerliche Persönlichkeitspsychologie in der Krise. Berlin (Ost)
Kuhlen,V. (1973): Verhaltenstherapie im Kindesalter. München
Kuhn,A. & Schneider,G. (1980): Geschichtsunterricht. München
Kuhr,A. (1976): Erfahrungen aus einem Verhaltenstrainingskurs mit Lehrern. In: Nissen/Specht (Hg.): Psychische Gesundheit und Schule. Neuwied, 167-173
Kumpmann,S., Amorosa,H., Kane,G., Kane,J.F. (1974): Verhaltenstherapeutisches Training von Eltern geistig behinderter Kinder. In: Nissen,G. & Strunk,P. (Hg.), Seelische Fehlentwicklung im Kindesalter und Gesellschaftsstruktur, Neuwied, 109-117
Kunczik,M. (1975): Gewalt im Fernsehen. Eine Analyse der potenziell kriminogenen Effekte. Köln, Wien
Kunczik,M. (1977): Massenkommunikation. Köln
Kunz,R., Maier,H., Stammen,Th. (1975): Programme der politischen Parteien in der Bundesrepublik Deutschland. München
Kurtz,R. & Prestera,H. (1980): Die Botschaften des Körpers. München

Lange,E. (1975): Elternbildung durch Elternbriefe. Empirische Untersuchungen zur Vermittlung von Erziehungseinstellungen und -verhaltensweisen. Neue Praxis 5, 105-118
Langer-El Sayed,I. (1980): Familienpolitik: Tendenzen, Chancen, Notwendigkeiten. Frankfurt
Lantermann,E.D. (1980): Interaktionen. Person, Situation und Handlung. München
Laucken,U. (1974): Naive Verhaltenstheorie, Stuttgart
Lawrence,J.E.S. (1974): Science and sentiment: overview of research on crowding and human behavior. Psych. Bull. 81,10, 712-720
Lehmann,B. (1974): Arbeitswelt und Lehrerbewußtsein. Einstellungen von Grund-

und Hauptschullehrern zu sozio-ökonomischen Formationen in der BRD. Neuwied,Berlin
Lehnert,D. (1977): Reform und Revolution in den Strategiediskussionen der klassischen Sozialdemokratie. Bonn-Bad Godesberg
Lehr,U. (1969): Die Frau im Beruf - eine psychologische Analyse der weiblichen Berufsrolle. Frankfurt
Lehr,U. (1974): Die Rolle der Mutter in der Sozialisation des Kindes. Darmstadt
Lempp,R. (1977): Problemkinder. München
Lenk,K. (1972): Konservatismus. In: Lenk,K. u.a. (Hg.), Der bürgerliche Staat der Gegenwart. Reinbeck, 131-154
Lenk,H. (1977): Handlungstheorie - Interdisziplinär IV. Sozialwissenschaftliche Handlungstheorien und spezielle Systeme. Wissenschaftliche Ansätze. München
Lenk,H. (Hg.) (1981): Handlungstheorien interdisziplinär III. Verhaltenswissenschaftliche und psychologische Handlungstheorien. München
Lewin,K. (1958): Group decision and social change. In: Maccoby,E., Newcomb,T.M. & Hartley,E.L. (Eds.), Readings in social psychology, 197-211, New York
Liebermann,M.A. (1977): Gruppenmethoden. In: Kanfer,F.H. & Goldstein,A.P. (Hg.) 503-568
Liebermann,M.A., Yalom,I.D., Miles,M.B. (1974): Die Wirkung von Encounter-Gruppen auf ihre Teilnehmer - einige vorläufige Hinweise. Gruppendynamik 5, 231-248
Liebhardt,E.M. (1970): Sozialisation im Beruf. Ergebnisse einer Panelbefragung von Studienreferendaren. Kölner Ztschr. f. Soziol. Soz.-Psych. 22, 715-736
Liedtke,H. (1979): Familienbildung als Möglichkeit des Erlernens eines partnerschaftlichen Umgangs zwischen Eltern und Kindern. Bonn (Dipl.Arbeit)
Liese,H.-J. (1976): Zielvorstellungen der Parteien. München, Wien
Lindemann,H. (1977): Überleben im Stress. Autogenes Training. München
Lindgren,H.C. (1962): Educational psychology in the classroom. New York: Wiley
Linschoten,J. (1970): Erziehungshilfe für Problemkinder. München, Basel
Littmann,R.A. & Kasielke,E. (1970): Zur Diagnostik elterlichen Erziehungsverhaltens. Probleme und Ergebnisse der Psychologie. Beiheft 2
Loevinger,J. & Sweet,B. (1961): Construction of a test of mothers` attitudes and child behavior. Springfield: Charles C. Thomas, 110-123
Lorenz,R.,Molzahn,R., Teegen,F. (1976): Verhaltensänderung in der Schule: Systematisches Anleitungsprogramm für Lehrer. Reinbeck
Lührs,G. u.a. (1975): Kritischer Rationalismus und Sozialdemokratie. Berlin,Bonn
Lüscher,K. & Fisch,R. (1976): Das Sozialisationswissen junger Eltern. Projektbeschreibung. Konstanz
Lüscher,K., Giehler,W., Stolz,W. (1978): Elternbildung durch Elternbriefe. In: Schneewind,K. & Lukesch,H. (Hg.), 324-352
Lüthi,R. & Vuille,J.-C. (1980): Präventives Elterntraining. In: Lukesch,H. u.a. 397-415
Lukesch,H. (1975): Auswirkungen elterlicher Erziehungsstile. Göttingen
Lukesch,H. (1976): Elterliche Erziehungsstile. Psychologische und soziologische Bedingungen. Stuttgart
Lukesch,H., Perrez,M., Schneewind,K.A. (1980): Familiäre Sozialisation und Intervention. Bern
Lumsdaine,A.A. (Hg.) (1961): Student response in programmed instruction. National Research Council. Washington,D.C.
Luria,A. (1961): The role of speech in the regulation of normal and abnormal behavior. New York: Liveright
Lutz,M. & Ronellenfitsch,W. (1971): Gruppendynamisches Training in der Lehrerbildung. Ulm

Magdeburg,H. (1979): Internationale Gesamtschulentwicklung. In: Edelhoff,Ch. & Mittelberg,E., 96-102
Mahoney,M.J. (1977): Kognitive Verhaltenstherapie. München
Malcher,J. (1973): Nicht ohne. Gruppendynamische Übungen, Methoden und Techniken. Köln
Maletzke,G. (1972): Massenkommunikation. In: Graumann,C.F. (Hg.), 1511-1536
Mandel,A., Mandel,K.H., Stadter,E., Zimmer,D. (1974): Einübung in die Partnerschaft durch Kommunikationstherapie und Verhaltenstherapie. (7.Aufl.). München
Mann,J. (1978): Schlechte Schüler gibt es nicht. München
Margolius,G.J., Sheffield,F.D., Maccoby,N. (1961a): Repetitive versus consecutive demonstration and practice in the learning of a serial mechanical-assembly task. In: Lumsdaine,A.A. (Hg.): Student response in programmed instruction. National Research Council. Washington
Margolius,G.J., Sheffield,F.D., Maccoby,N. (1961b): Optimum methods for combining practice with filmed demonstration in teaching complex response sequences: Serial learning of a mechanical-assembly task. In: Lumsdaine,A.A. (Hg.) Student response in programmed instruction. National Research Council. Washington
Marsch,A. & Kaase,M. (1979): Background of political action. In: Barnes,S.H. & Kaase,M. et al., 97-136
Martin,L. (1974): Bildungsberatung in der Schule. Bad Heilbrunn
Masendorf,F. & Kratzsch,S. (1977): Unterrichtsstil und individuelle Unterschiede der Selbst- und Fremdwahrnehmung bei Lehrern. Z.f. Entw.Psychol. und Päd.Psychol. 9, 41-50
Masendorf,F., Tscherner,K., Tücke,M. (1974): Clusteranalytisch ermittelte Beurteilungstendenzen bei der Einschätzung der Schülerpersönlichkeit durch den Lehrer. Z.f. Entw.Psychol. und Päd.Psychol. 6, 19-27
Mayrhuber,M. (1975): Elterliche Erziehungseinstellungen und Erziehungsziele in Abhängigkeit von verschiedenen sozialen Schichten. Salzburg (Diss.)
McDonald,F.J. & Allen,B.W. (1967): Training effects of feedback and modeling procedures on teaching performance. School of Education. Stanford University, Ed 017 985
McDonald,C. (1972): The influence of pupil liking of teacher, pupil perception of being liked, and pupil socio-economic status on classroom behavior. Unpublished doctoral dissertation, University of Texas at Austin
McGuire,W.J. (1957): Order of presentation in "conditioning" persuasiveness. In: Hovland,C.I. (Ed.).Order of presentation in persuasion. New Haven, Yale University
McGuire,W.J. (1968): Personality and susceptibility to social influence. In: Borgotta,E.F. & Lambert,W.W. (Hg.). Handbook of personality theory and research. Chicago: Rand McNally
McGuire,W.J. (1969): The nature of attitudes and attitude change. In: Lindzey, G. & Aronson,E. (Hg.). The handbook of Social Psychology, 3. Reading,Mass: Addison-Wesley
McMillan,D.L. (1975): Verhaltensmodifikation. München
Meichenbaum,D. (1975): Self-instructional methods. In: Kanfer,F.H. & Goldstein, A.P. (Eds.). Helping people change. New York: Pergamon, 357-391
Meichenbaum.D. (1979): Kognitive Verhaltensmodifikation. München
Meichenbaum,D., Gilmore,J., Fedoravicius,A. (1971): Group insight vs. group desensitization in treating speech anxiety. J. Consulting and Clinical Psychology 36, 410-421
Meinefeld,W. (1977): Einstellung und soziales Handeln. Reinbeck
Meißner,W., Kosta,J., Welsch,J. (1981): Für eine ökonomische Reformpolitik. Frankfurt

Melzer,W. (1979): Berufsfeld und Bewußtsein der Junglehrer. Frankfurt
Mendner,J.H. (1976): "Humanisierung" oder Autonomisierung? Zur Zukunft der kapitalistischen Arbeit. In: Kursbuch 43. Berlin
Mensing,K.M. & Ubbens,W. (1975): Literaturverzeichnis Massenkommunikation. Verlag Volker Spiess (Hg.): Literaturverzeichnis Massenkommunikation. Mit einer Auswahlbiographie zum Thema Bildungstechnologie. Gemeinschaftswerk der Evangelischen Publizität. Frankfurt
Mergener,U. (1976): Technich-organisatorischer Wandel und Belastungsstruktur. In: Kasiske,R. (Hg.). Gesundheit am Arbeitsplatz. Reinbeck, 12-31
Meves,Ch. (1972): Erziehen lernen aus tiefenpsychologischer Sicht. (2.Aufl.). München
Meyer,Th. (1978): Grundwerte und Wissenschaft im Demokratischen Sozialismus. Berlin,Bonn
Meyer,Th. (Hg.) (1980): Demokratischer Sozialismus. München
Meyer,Th. (Hg.) (1981): Grundwerte und Gesellschaftsreform. Frankfurt
Meyer,W.-U. & Butzkamm,A. (1975): Ursachenerklärung von Rechennoten: I. Lehrerattribuierungen. Z. f. Entwicklungspsychologie u. Pädag. Psychol. 7, 53-66
Meyer,W.-U. & Schmalt,H.-D. (1978): Die Attributionstheorie. In: Frey,D. (Hg.): Kognitve Theorien der Sozialpsychologie. Bern, 98-136
Meyn,H. (1979): Massenmedien in der Bundesrepublik. Bern
Milbrath,L.W. (1965): Political participation: How and why people get involved in politics? Chicago: Rand McNally
Milhoffer,P. (1973): Familie und Klasse. Ein Beitrag zu den politischen Konsequenzen familialer Sozialisation. Frankfurt
Miles,M.B. (1965): Learning processes and outcomes in human relations training: A clinical-experimental study. In: Schein,E.H. & Bennis,W.G. (Eds.): Personal and organizational change through group methods. New York: Wiley, 244-254
Miller,G.A. (1956): The magical number seven, plus or minus two: Some limits on our capacity for processing information. Psychological Review 63, 81-97
Miller,G.A. , Galanter,E., Pribram,K. (1960): Plans and the structure of behavior. New York: Holt
Ministerium für Arbeit, Gesundheit und Soziales des Landes NRW (1980): Familie und Familienpolitik in Nordrhein-Westfalen. Düsseldorf
Minsel,B. (1975): Elterntraining. Empirische Sicherung der Veränderung von Erziehungseinstellungen und Verhaltensweisen durch ein Trainingsprogramm. In: Lukesch,H. (Hg.), 158-180
Minsel,B. (1976): Veränderung von Erziehungseinstellungen von Eltern durch Trainingskurse. Hamburg (Dissertation)
Minsel,B. & Biehl,E. (1980): Überprüfung der Effekte eines Elterntrainings im realen Gesprächsverhalten. In: Lukesch,H.u.a. (1980), 441-460
Minsel,W.-R. (1974): Praxis der Gesprächspsychotherapie. Graz
Minsel,W.-R. & Hinz,J. (1978): Therapeutische Interventionen im Bereich der Schule. In: Pongratz,L.J. (Hg.), 2873-2913
Minsel,W.-R. & Minsel,B. (1973): Lehrertraining - Möglichkeiten und Probleme. In: Nickel,H. & Langhorst,E. (Hg.): Brennpunkte der pädag. Psychologie, Bern, 149-159
Minssen,F. (1965): Gruppendynamik und Lehrerverhalten. Internationale Zeitschrift für Erziehungswissenschaft 11, 305-322
Minuchin,S. (1978): Familie und Familientherapie. Freiburg
Mischel,W. (1968): Personality and assessment. New York
Mischel,W. (1973): Toward a cognitive social learning reconceptualization of personality. Psychological Review 80, 252-283
Modrshinskaja,E.D. u.a. (1972): Ideologie des Sozialdemokratismus in der Gegenwart. Frankfurt

Möller,W. & Vilmar,F. (1972): Sozialistische Friedenspolitik für Europa. Kein Frieden ohne Gesellschaftsreform in Ost und West. Reinbeck

Mohrhardt,D. (1980): Elternmitwirkung - Mitverwaltung oder Miterziehung? Beilage zur Wochenzeitung das Parlament, B 47/80, 3-22

Mollenhauer,K. (1971): Die Rollenproblematik des Lehrerberufs und die Bildung. In: Betzen,K. & Nipkow,K.E. (Hg.): Der Lehrer in Schule und Gesellschaft. München

Moser,H. (Hg.) (1979): Politische Psychologie. Politik im Spiegel der Sozialwissenschaften. Weinheim

Mucchielli,R. (1972): Das nicht-direktive Beratungsgespräch. Salzburg

Mühlbauer,K.R. (1980): Sozialisation. München

Mueller,E.F. & Thomas,A. (1974): Einführung in die Sozialpsychologie. Göttingen

Müller,G.F. (1974): Verhaltensmodifikation in der Familie durch präventives Elterntraining. München: Manuskript

Müller,G.F. (1976): Präventives Elterntraining. Psychologie heute 4, 13-18

Müller,G.F. (1980): Das präventive Elterntraining. Eine Methode zur Stärkung der Erziehungsfähigkeit und zur Weiterentwicklung der Partnerschaft. In: Gerlicher,K. (Hg.), 43-55

Müller,G.F. & Moskau,G. (1978): Elterntraining - Familienleben als Lernprozeß. Ein Praxisbuch zur Erleichterung der Erziehung. Köln

Müller,R. (1978): Die mobile Elternschule. Ein Projekt der Arbeiterwohlfahrt. In: Sprey,F. (Hg.), 29-37

Müller-Fohrbrodt,G. (1973): Wie sind Lehrer wirklich? Stuttgart

Müller-Fohrbrodt,G., Cloetta,B., Dann,H.-D. (1978): Der Praxisschock bei jungen Lehrern. Stuttgart

Müller-Witt,H. (Hg.) (1980): Arbeitsplätze contra Umwelt? Eine rot-grüne Kontroverse. Freiburg

Münzinger,W. (Hg.) (1977): Projektorientierter Mathematikunterricht. München

Murphy,P.D. (1971): Training in teaching strategies: An experimental project. Final report. North Dakota State University, Ed. 055 035

Murray,R. (1974): The influence of crowding on children's behavior. In: Canter & Lee (Hg.): Psychology and the built environment. Tonbridge/Kent: Architectural Press, 112-117

Nave-Herz,R. (1964): Die Elternschule (Jugend im Blickpunkt). Neuwied

Neisser,U. (1974): Kognitive Psychologie. Stuttgart

Neisser,U. (1979): Kognition und Wirklichkeit. Stuttgart

Nemecek,J. (1974): Hörschäden in der Industrie. Sozial- und Präventivmedizin 19, 184-191

Neubauer,W. (1976): Selbstkonzept und Identität im Kindes- und Jugendalter. München, Basel

Neuberger,O. (1973): Das Mitarbeitergespräch. München

Neumann,F. (Hg.) (1977): Handbuch politischer Theorien und Ideologien. Reinbeck

Neusüss,A. (Hg.) (1968): Utopie. Neuwied, Berlin

Newcomb,T.M. (1958): Attitude development as a function of reference groups: The Bennington Study. In: Maccoby,E.E., Newcomb,T.M., Hartley,E.L. (Hg.): Readings of Social Psychology. New York

Newman,O. (1972): Defensible space. New York: Macmillan

Nick,F. (1974): Management durch Motivation. Stuttgart

Nickel,H., Bonn,R., Fenner,H.-J. (1976): Das klientzentrierte Beratungsgespräch. In: Heller,K. (Hg.): Handbuch der Bildungsberatung. Stuttgart, 939-961

Nickel,H. & Langhorst,E. (1973): Brennpunkte der Pädagogischen Psychologie.Bern, Stuttgart

Nickel,H., Schwalenbach,R., Ungelenk,B. (1974): Ein erziehungspsychologisches

Verhaltenstraining mit Lehrerstudenten. Psychol. in Erzieh. u. Unterricht 21, 67-80
Nicklas,H. & Ostermann,A. (1976): Zur Friedensfähigkeit erziehen. München
Niemann,H.-J. (1970): Der Lehrer und sein Beruf. Weinheim
Niese-Hermes (1972): Eltern - Ein Beitrag zur Erwachsenenpädagogik? Bonn (Dipl. Arbeit)
Noelle-Neumann,E. (1960): Die Wirkung der Massenmedien. Publizistik, 5. Jg.
Nyssen,F. (1970): Schule im Kapitalismus. Der Einfluß wirtschaftlicher Interessenverbände im Felde der Schule. Köln

Oberreuter,H. (Hg.) (1980): Pluralismus. Opladen
O`Dell,S. (1974): Training parents in behavior modification: a review. Psychol. Bull. 81, 418-433
Oerter,R. (1970): Struktur und Wandlung von Werthaltungen. München
Oertzen,P. v. (o.J.): Thesen zur Strategie und Taktik des Demokratischen Sozialismus in der Bundesrepublik Deutschland. Bonn (Vorstand der SPD. Abt. Öffentlichkeitsarbeit)
Oertzen,P.v. (1980): Eine marxistische Grundlegung des Demokratischen Sozialismus? In: Meyer,T. (Hg.), 81-105
Oertzen,P.v., Ehmke,H., Ehrenberg,H. (Hg.) (1974): Thema: Wirtschaftspolitik - Materialien zum Orientierungsrahmen 1985. Bonn
Oestreich,G. (1978): Elternladen. Familie zwischen Klischee und Wirklichkeit. Hamburg
Oevermann,U. (1972): Sprache und soziale Herkunft. Frankfurt
Offe,C. (1972): Politische Herrschaft und Klassenstrukturen. Zur Analyse spätkapitalistischer Gesellschaftssysteme. In: Kress,G. & Senghaas,D. (Hg.): Politikwissenschaft. Frankfurt, 135-164
Ohlsen,M.M. (1970): Group counseling. New York
Olivero,J.L. & Brunner,R. (1973): Microteaching. Ein neues Verfahren zum Training des Lehrerverhaltens. München, Basel
Orme,M.E. (1966): The effects of modeling and feedback variables on the acquisition of a complex teaching strategy. Dissertation, Stanford University. University Microfilms, Inc., Ann Arbor. Michigan, 67-4417
Ortner,R. (1980): Schule und Gesundheit. Schulreport 3, 1-3
Osborn,A.F. (1963): Applied imaginations. 3rd. ed. New York: Scribner`s
Osterland,M. u.a. (1973): Materialien zur Lebens- und Arbeitssituation der Industriearbeiter in der BRD. Frankfurt
Otto,H.A. (1973): Group methods to actualize human potential. Beverly Hills
Ottomeyer,K. (1976): Soziales Verhalten und Ökonomie im Kapitalismus. Vorüberlegungen zur systematischen Vermittlung von Interaktionstheorie und Kritik der politischen Ökonomie. Gießen
Ottomeyer,K. (1977): Ökonomische Zwänge und menschliche Beziehungen. Soziales Verhalten im Kapitalismus. Reinbeck
Ottomeyer,K. (1980): Gesellschaftstheorien in der Sozialisationsforschung. In: Hurrelmann,K. & Ulich,D. (Hg.), 161-196

Patterson,G.R. (1971): Families. Applications of social learning to family-life. Champaign,Ill.: Research Press
Patterson,G.R. (1972): Behavioral intervention procedures in the classroom and the home. In: Bergin,A.E. & Garfield,S.L. (Eds.): Handbook of Psychotherapy and Behavior change. London: Wiley, 751-775
Patterson,G.R. (1975): Soziales lernen in der Familie. München
Patterson,G.R. & Brodsky,M. (1966): A behavior modification program for a child with multiple problem behaviors. J. Child Psychol. Psychiat. 7, 277-295

Patterson,G.R., Cobb,J.A., Ray,R.S. (1972): A social engineering technology for retraining the families of aggressive boys. In: Adams,H.B. & Unikel,I.P. (Eds.): Issues and trends in behavior therapy. Springfield,Ill.: Charles C. Thomas

Patterson,H. (1973): Counseling and psychotherapy. New York: Harper

Pause,G. (1970): Merkmale der Lehrerpersönlichkeit. In: Ingenkamp,K. (Hg.): Handbuch der Unterrichtsforschung, Teil II. Weinheim

Pawelka,P. (1977): Politische Sozialisation, Wiesbaden

Perlberg,A. u.a. (1973): Modification of teaching behavior through the combined use of microteaching techniques with the Technion Diagnostic System TDS. Technion Israel Inst. of Techn. Haifa, ED 079 436

Perlwitz,E. (1978): Lehrziel: Selbststeuerung. Ein Handlungsmodell zur Anleitung von Selbstmodifikation in der Schulklasse. Braunschweig

Perlwitz,E. (Hg.) (1978): Verhaltensforschung in der Schule. Braunschweig

Perrez,M., Minsel,B., Wimmer,H. (1974): Elternverhaltenstraining. Salzburg

Petri,H. et al. (1975): Erziehung und Aufklärung. Praxis der Kinderpsychologie 24, 161-168

Phillips,E.L. (1968): Achievement place: token reinforcement procedures in a homestyle rehabilitation setting for "predelinquent" boys. J.Appl. Beh. Anal. 1, 213-223

Phillips,E.L., Phillips,E.A., Fixsen,D.L., Wolf,M.M. (1971): Achievement place: Modification of the behaviors of pre-delinquent boys within a token economy. J.Appl. Beh. Analysis 4, 45-49

Pilz,F. (1974): Das System der sozialen Marktwirtschaft. München

Pidgeon,D.A. (1970): Expectation and pupil performance. Uppsala: Almquist

Piel,W. (1977): Kleines Lehrbuch der Lernpsychologie. Braunschweig

Pielmaier,H. (1979): Verhaltenstherapie bei delinquenten Jugendlichen. Stuttg.

Pöggeler,F. (1962): Eltern als Erzieher. Osnabrück

Pöggeler,F. (Hg.) (1980): Grundwerte in der Schule. Freiburg

Pöhler,W. (1976): Entwicklung der Arbeitsbedingungen im Angestellten- und Verwaltungsbereich. In: Humanisierung der Arbeitswelt und menschengerechte Arbeitsgestaltung. Köln: Bund-Verlag, 23-28

Pokorny,A.D., Davis,F., Harbeson,W. (1974): Suicide, suicide attempts, and weather. In: Moos & Insel (Hg.): Issues in social ecology. Human milieus. Palo Alto, Cal.: National Press Books, 84-81

Pongratz,L.J. (1978): Handbuch der Psychologie, 8. Bd. Klinische Psychologie, 2. Halbband. Göttingen

Popitz,H. , Bahrdt,H.P. u.a. Das Gesellschaftsbild des Arbeiters. Tübingen

Popper,K.R. (1973): Objektive Erkenntnisse. Hamburg

Posner,M. (1976): Kognitive Psychologie. München

Potthoff,H. (1974): Die Sozialdemokratie von den Anfägen bis 1945. Bonn - Bad Godesberg

Prim,R. & Tillmann,H. (1977): Grundlagen einer kritisch-rationalen Sozialwissenschaft. Heidelberg

Preuß,O. (1969): Kontakte zwischen Eltern und Lehrern. Betrifft Erziehung 2, 17-22

Preuß,U. (1975): Bildung und Herrschaft. Beiträge zu einer politischen Theorie des Bildungswesen. Frankfurt

Prose,F. (1973): Teacher Training in sozialintegrativen Verhaltensweisen. (Gruppendynamisches Training für Lehrer an Gesamtschulen). In: Royl,W.& Minsel,W.-R. (Hg.) 116-136

Pross,H. (1973): Gleichberechtigung im Beruf? - Eine Untersuchung mit 7000 Arbeitnehmerinnen in der EWG. Frankfurt

Psychologie heute (1977): Elternschule, 11, 39-46

Rahn,Ch.-M.,Reissmann,Ch., Reissmann, G.-A. (1974): Bericht über ein modellhaftes Elternseminar an der Volkshochschule Norderstedt. Gruppenorientierte Arbeit mit einer ausgewählten Zielgruppe von Eltern mit Kindern im Vorschulalter. Landesverband der Volkshochschulen Schleswig-Holstein e.V. Kiel

Rameckers,R. & Wertenbroch,W. (1977): Verhaltensänderung bei Schülern. Freibg.

Rebell,C. (1976): Sozialpsychiatrie in der Industriegesellschaft. Frankfurt

Redl,F. & Wineman,D. (1976): Steuerung aggressiven Verhaltens beim Kind. München

Redlich,A. & Schley,W. (1978): Kooperative Verhaltensmodifikation im Unterricht. München

Redlich,A. & Schley W. (1980): Hauptschulprobleme. Lehrer und Schüler lösen Unterrichtsprobleme miteinander. München

Reifarth,W. (1976): Theorien menschlicher Interaktion und Kommunikation. Frankfurt

Reinecker,H. (1978): Selbstkontrolle. Verhaltenstheoretische und kognitive Grundlagen, Techniken und Therapiemethoden. Salzburg

Reinhardt,S. (1972): Zum Professionalisierungsprozeß des Lehrers. Frankfurt

Reuter,L.-R. & Muszynski,B. (1980): Bildungspolitik. Parteien- und Verbändeprogrammatik in Dokumentation und Analyse. Opladen

Richter,E. (1974): Lernziel Solidarität. Reinbeck

Ritsert,J. (Hg.) (1975): Gründe und Ursachen gesellschaftlichen Handelns. Frankfurt

Robinson,S.B. (1972): Bildungsreform als Revision des Curriculum. Neuwied

Rohr,Ch. (Hg.) (1972): Verhaltensänderung. Psychologische Theorien der Veränderung menschlichen Verhaltens. München

Rogers,C.R. (1972): Die klientzentrierte Gesprächspsychotherapie. (engl. 1942). München

Rogers,L.S. (1960): Drop-out and results of psychotherapy in government-aided mental hygiene clinics. J. Clin. Psychol. 16, 89-92

Rokeach,M. (1968): Beliefs, attitudes and values. San Francisco: Jossey-Bass

Rokeach,M. (1973): The nature of human values. New York: The Free Press

Rokeach,M. & Rothman,G. (1965): The principle of belief congruence and the congruity principle as models of cognitive interaction. Psychol.Review 72, 128-172

Roloff,G. & Zoeke,B. (1981): "Akzeptierendes Verhalten" - ein Fertigkeitstraining für Lehrer und Lehrerstudenten. Psychol.Erzieh. u. Unterr. 28, 38-44

Rosemann,B. (1972): Rollenerwartungen und interpersonales Verhalten. Mainz (Dissertation)

Rosemann,B. (1978): Bedingungsvariablen der Lehrer-Schüler-Beziehung. Erwartungskonkordanz und das Verhalten von Lehrern und Schülern. Psychol.Erzieh. u.Unterr. 25, 39-49

Rosen,B.C. (1956): The achievement syndrome. American Soziol. Review 21

Rosenbaum,H. (Hg.) (1974): Familie und Gesellschaftsstruktur. Frankfurt

Rosenberg,M. & Abelson,R. (1960): An analysis of cognitive balancing. In: Hovland,C. & Rosenberg,M. (Eds.), Attitude organization and change. New Haven: Yale University Press, 112-163

Rosenthal,R. & Jacobson,L. (1968): Pygmalion in the classroom. New York: Holt (Deutsch: Pygmalion im Unterricht. Weinheim, 1971)

Rost,D.H., Grunow,P., Oechsle,D. (Hg.) (1975): Pädagogische Verhaltensmodifikation. Weinheim

Roth,E. (1967): Einstellung als Determination individuellen Verhaltens. Göttingen

Roth,W. (Hg.) (1976): Investitionslenkung. Ergebnisse einer Diskussion zwischen jungen Unternehmern und Sozialdemokraten zum Problem von Marktlenkung. Reinbeck

Roth,W. (1980): Menschliche Wirtschaft - Zur Neuformulierung einer sozialdemokratischen Wirtschaftskonzeption. In: Meyer,Th. (Hg.), 257-270
Rothbarth,M., Dalfen,S., Barrett,R. (1971): Effects of teacher`s expectancy on student-teacher interaction. J. Educ.Psychol. 62, 49-54
Rotter,J.B. (1966): Generaliced expectanlies for internal versus external control of reinforcement. Psychol. Monographs 80, Whole No. 609
Royl,W. & Minsel,W.R. (Hg.) (1973): Teachertraining. Hannover
Rubovits,P. & Maehr,M. (1971): Pygmalion analysed: Toward on explanation of the Rosenthal-Jacobson findings. J. Personality a. Social Psychol. 19, 197-203
Rutenfranz,J., Werner,E. u.a. (1975): Schichtarbeit bei kontinuierlicher Produktion. Dortmund: Bundesanstalt für Arbeitsschutz und Unfallforschung, Forschungsbericht Nr. 141
Ryans,D.G. (1964): Research on teacher behavior in the context of the teacher characteristics study. In: Biddle,B.J. & Ellena,W.J. (Eds.): Contemporary research on teacher effectiveness. New York

Salaske,D. (1976): Isolierung - stärker als sonst. In: Materialien zur politischen Bildung 2, 36-42
Sales,S.M., (1969): Organizational role as a risk factor in coronary disease. Admin. Sci. Quart. 14, 325-336
Sandler,J. (1977):Aversive Methoden. In: Kanfer,F.H. & Goldstein,A.P. (Hg.), 309-349
Sandner,D. (1978): Psychodynamik in Kleingruppen. München
Satir,V. (1973): Familienbehandlung. Kommunikation und Beziehung in Theorie, Erleben und Therapie. Freiburg
Satir,V. (1978): Familienbehandlung. Freiburg
Sbandi,P. (1973): Gruppenpsychologie. Einführung in die Wirklichkeit der Gruppendynamik aus sozialpsychologischer Sicht. München
Scharf,S.&Widder,W. (1976): Auswertung eine Elterntrainings. Erwachsenenbildung 23, 167-170
Schaefer,E.S. (1959): A circumplex model for maternal behavior. J. of Abnormal and Social Psychology 59, 241-246
Schäfer,M. (1973): Zur Theorie und Praxis des "Demokratischen Sozialismus". In: Marxistische Blätter. Für Probleme der Gesellschaft,Wirtschaft und Politik. Sonderdruck 5,73
Scheel,B. (1978): Offener Grundschulunterricht. Weinheim
Schefelen,A.E. (1976): Körpersprache und soziale Ordnung. Stuttgart
Schefer,G. (1970): Das Gesellschaftsbild des Gymnasiallehrers. Frankfurt
Scheller,R. (1973): Zur Selbst- und Idealbildeinschätzung künftiger Volksschullehrer. Psychologische Beiträge 15, 419-433
Scherer,K.R. & Wallbott,H.G. (1978): Nonverbale Kommunikation. Weinheim
Schlei,M. & Wagner,J. (1976): Freiheit, Gerechtigkeit, Solidarität. Grundwerte und praktische Politik. Bonn - Bad Godesberg
Schmalohr,E. (1968): Frühe Mutterentbehrung bei Mensch und Tier. München
Schmidbauer,W. (1980): Alles oder nichts. Über die Destruktivität von Idealen. Reinbeck
Schmidt,H.-D., Brunner,E., Schmidt-Mummendey,A. (1975): Soziale Einstellungen. München
Schmidt,J. (1978): Einführung in die Erziehungsberatung. Darmstadt
Schmidtchen,S. (1974): Klientzentrierte Spieltherapie. Weinheim
Schmitt-Wenkebach,B. (1977): Elternbildung - Kritik und praktische Ansätze. Neuwied
Schmitz,R.A. (1974): Empirische Erprobung eines Lehrertrainings in zwei rele-

vanten Lehrfertigkeiten durch Micro-Teaching mit Video-Feedback. In: AV-Forschung. Band 11. Grünwald, 5-11
Schneewind,K. & Hermann,Th. (Hg.) (1980): Erziehungsstilforschung. Bern
Schneewind,K. & Lortz,E. (1978): Familienklima und elterliche Erziehungseinstellungen. In: Schneewind,K. & Lukesch,H. (Hg.), 114-135
Schneewind,K. & Lukesch,H. (Hg.) (1978): Familiäre Sozialisation. Stuttgart
Schneider, H.-D. (1975): Kleingruppenforschung. Stuttgart
Schneider,Manfred (1977): Werte-Einstellungen-Verhalten. Ein empirischer Beitrag zur Werttheorie von Rokeach im Bereich politischer Einstellungen und politischen Verhaltens. Bonn (Dissertation)
Schneider,M. (1978a): Wertpräferenzen von jungen berufstätigen Erwachsenen und Lehrerstudenten. Bonn (unveröff.)
Schneider,M. (1978b): Vorurteile. In: Hielscher,H. (Hg.), Früherziehung in Kindergärten, Vorklassen und Familien. Hannover, 245-249
Schneider,M. (1979): Der Beitrag von Persönlichkeitspsychologie und Persönlichkeitsforschung zur Politischen Psychologie. In: Moser,H. (Hg.), 75-103
Schneider,M. (1980): Stichworte "Gesprächspsychotherapie", "Empathie", "Therapeutenvariablen". In: Deutscher Verein für öffentliche und private Fürsorge (Hg.), Fachlexikon der sozialen Arbeit. Frankfurt
Schneider,M. (1982a): Postmaterialistische Wertorientierung und Persönlichkeit. In: Kaase,M. & Klingemann,H.D. (Hg.), Beiträge zur Politischen Psychologie. Weinheim
Schneider,M. (1982b): Politisches Verhalten und Wertorientierungen von Rokeach. In: Preiser,S. (Hg.), Kognitive und emotionale Aspekte politischen Engagements. Fortschritte der Politischen Psychologie. Bd. 2. Weinheim
Schneider.Michael (1973): Neurose und Klassenkampf. Reinbeck
Schön,B. (1978): Das gesellschaftliche Bewußtsein von Gesamtschullehrern. Eine empirische Analyse am Beispiel des Bundeslandes NRW. Weinheim
Scholz,W. (Hg.) (1977): Verhaltensprobleme in der Schulklasse. Verhaltensmodifikatorisch-pädagogische Modelle für Lehrer an Grund-, Haupt- und Sonderschulen. München
Schorr,A.L. (1970): Housing and its effects. In: Prohansky u.a. (Hg.), Environmental psychology: man and his physical setting. New York: Holt, 319-333
Schraml,W.J. (1970): Das klinische Gespräch in der Diagnostik. In: Schraml, W.J. (Hg.), Klinische Psychologie. Bern, 207-235
Schröder,W. (1981): Schule heute - Schule für morgen? Düsseldorf
Schuch,H.W. (1977): Gruppenberatung. In: Schwarzer,R. (Hg.), Beraterlexikon. München, 83-86
Schuh,E. (1962): Der Volksschullehrer. Hannover
Schumann,H. (1974): Konservatismus. Köln
Schultz,J.H. (1951): Das Autogene Training. Stuttgart
Schulz von Thun,F. & Fittkau,B. (1974): Trainingsziele für das Lehrerverhalten. In: Fittkau,B. u.a. (Hg.), 56-76
Schulz von Thun,F., Langer,I., Tausch,R. (1972): Trainingsprogramm für Pädagogen zur Förderung der Verständlichkeit bei der Wissensvermittlung. Landesverband der Volksschulen Schleswig-Holsteins e.V. Kiel
Schulz von Thun,F. & Schwarzenbach,P. (1973): Auswertung des Fragebogens zur "Schlußevaluation" des Lehrerverhaltenstrainings in Rickenbach (4.-8. Juni 1973). Hekt. Manuskript. WBZ Luzern
Schulze,T. (1980): Schule im Widerspruch. München
Schwäbisch,L. & Siems,M. (1974): Anleitung zum sozialen Lernen für Paare, Gruppen und Erzieher. Kommunikations- und Verhaltenstraining. Reinbeck
Schwäbisch,L. & Siems,M. (1976): Selbstentfaltung durch Meditation. Reinbeck
Schwarz,D. & Sedlmayr, E. (1971): Befreiung von der Neurose. Düsseldorf, Köln
Schwarzer,Ch. (1980): Gestörte Lernprozesse. München

Secord,P.F. & Backman,C.W. (1976): Sozialpsychologie. Frankfurt
Seim,U & Stöber,U. (1976): Konzept für schulpsychologische Beratung. Vereinigung der Schulpsychologen im Lande Rheinland Pfalz. Arbeitspapier
Seitz,S. & Hoekenga,R. (1974): Modelling as a training tool for retarded children and their parents. Mental Retardation 12, 28-31
Seitz,W. (1977): Persönlichkeitsbeurteilung durch Fragebogen. Braunschweig
Seitz,W. (1982): Aufgaben und Methoden der Erziehungsberatung im Wandel. Z. Psychologie in Erziehung und Unterricht.(Im Druck)
Seitz,W. & Götz,W. (1979): Familiäre Erziehung und jugendliche Delinquenz. Stuttgart
Sekretariat der Kultusministerkonferenz unter Mitwirkung des Bundesministeriums für Bildung und Wissenschaft und der Westdeutschen Rektorenkonferenz Bonn. (1977) Das Bildungswesen in der Bundesrepublik Deutschland. Neuwied
Seligman,M.E.P. (1975): Helplessness. San Francisco
Senghaas,D. (Hg.) (1973): Friedensforschung und Gesellschaftskritik. Frankfurt
Shea,J. (1974): The relative effectiveness of student teaching versus a combination of student teaching and microteaching. Paper presented at the annual meeting of the American Educational Research Association, Chicago, ED 087 782
Sheffield,F.D. & Maccoby,E. (1961): Summary and interpretation of research on organisational principles in constructing filmed demonstration. In: Lumsdaine,A.A. (Hg.)
Shepard,M. & Lee,M. (1972): Marathon 16. München
Sherif,M. & Hovland,C.I. (1961): Social judgement. Yale Univers.Press, New Haven
Sherman,T.M. & Cormier,W.H. (1974): An investigation of the influence of student behavior on teacher behavior. In: J. Appl. Behavior Analysis 7, 11-21
Signell,K.A. (1975): Training nonprofessionals as community instructors: A mental health education model of primary prevention. J. Comm. Psychol. 3, 365-373
Signell,K.A. (1976): On a shoestring - A consumer based source of personpower for mental health education. Unveröff. Manuskript. Daly City,Cal.: North County Mental Health Center
Signell,K.A. & Scott,P.A. (1973): Parent-child communication course (PCC). Instructors`manual. Berkeley: The Wright Institute
Signer,R. (1977): Verhaltenstraining für Lehrer. Zur Kritik erziehungspsychologischer Trainingskonzepte und ihre Weiterentwicklung. Weinheim
Šik,O (1976): Das kommunistische Machtsystem Hamburg
Silberman,M.L. (1969): Behavioral expression of teacher`s attitudes toward elementary school students. In: J. of Ecucational Measurement 6, 159-164
Silbermann,A. & Krüger,U. (1973): Soziologie der Massenkommunikation. Stuttgart
Silkenbrenner,R. & Walkenstein,G. (1981): Soziales und politisches Lernen in der Grundschule. BMBW - Werkstattberichte 29. Bonn
Simon,W. (1969): Expectancy effects in the scoring of vocabulary items: A study of scorer bias. In: J. Educ. Measurement 6, 159-164
Six,B. (1975): Die Relation von Einstellung und Verhalten. Z.f.Sozialpsychol. 4, 270-296
Sjølund,A. (1976): Gruppenpsychologie für Erzieher, Lehrer und Gruppenleiter. Heidelberg
Solomon,D., Rosenberg,L., Bedzek,W.E. (1964): Teacher behavior and student learning. J. of Educ. Psychology 55, 23-30
Sommer,G. & Ernst,H. (Hg.) (1977): Gemeindepsychologie. München
Sommer,G. u.a. (1978): Gemeindepsychologie. In: Pongratz,L.J. (Hg.) 2913-2979

SOST (Sozialistische Studiengruppen) (1980): Sozialistische Wirtschaft und Sozialpolitik. Hamburg
Spahn,H. (Hg.) (1976): Elternführerschein. München
Spates,C.R. & Kanfer,F.H. (1977): Self-monitoring,self-evaluation and self-reinforcement in children`s learning: A test of a multistage self-regulation model. Behavior Therapy 8, 9-16
Spinner,H.F. (1978): Popper und die Politik. Berlin,Bonn
Spivack,G. & Shure,M.B. (1974): Social adjustment of young children: A cognitive approach to solving real-life problems. San Francisco: Jossey-Bass
Sprey,T. (Hg.) (1978): Praxis der Elternbildung. München
Sprinthall,N.A., Whiteley,J.M., Mosher,R.L. (1966): A study of teacher effectiveness. J. of Teacher Educ. 27, 93-106
Staats,A.W. (1972): Language behavior therapy: A derivation of social behaviorism. Behavior Therapy 3, 165-192
Stadler,M., Seeger,F., Raeithel,A. (1975): Psychologie der Wahrnehmung. München
Stapf,A. (1977): Soziale und kulturelle Determinanten in der Persönlichkeitsentwicklung. In: Strube,G. (Hg.): Binet und die Folgen. Die Psychologie des 20. Jahrhunderts, Bd. 5. Zürich, 929-1005
Stapf,K.H., Herrmann,T., Stapf,A., Stäcker,K.H. (1972): Psychologie des elterlichen Erziehungsstils. Stuttgart
Steffen,J. (1974): Strukturelle Revolution. Von der Wertlosigkeit der Sachen. Reinbeck
Steimle,H.P. (1971): Neue Wege für den schulpraktischen Teil der Lehrerfortbildung. AV Praxis 24, 25-26
Steinberg,H.J. (1972): Sozialismus und deutsche Sozialdemokratie. Bonn
Steiner,H. (1967): Soziale Strukturveränderungen im modernen Kapitalismus. Berlin
Steinkamp,G. (1974): Analyse und Kritik des Leistungsprinzips im Ausbildungs- und Berufssystem industrieller Gesellschaften. In: Hurrelmann,K. (Hg.), Soziologie der Erziehung. Weinheim, 159-211
Stiehler,G. (1978): Zur gesellschaftlichen Bedingtheit des Individuums. In ders.: Über den Wert der Individualität im Sozialismus. Berlin (Ost), 74-117
Stojanović,S. (1970): Kritik und Zukunft des Sozialismus. München
Stokols,D. (1974): Ein sozialpsychologisches Modell menschlicher Engephänomene. In: Atteslander,P. & Hamm,B. (Hg.), Materialien zur Siedlungssoziologie. Köln, 215-233
Stolz,H., Herrmann,A., Müller,W. (1971): Beiträge zur Theorie der sozialistischen Erziehung. Berlin (Ost)
Struck,E. (1976): Interpersonalisation und Partnerschaft. Bonn (Dissertation)
Stschukina,G. (1977): Zur Theorie und Methodik der kommunistischen Erziehung in der Schule. Berlin (Ost)
Stukat,K.G. (1972): Microteaching. Stockholm: National Swedish Board of Education. ED 073 630
Stumphauzer,J.S. (1971): A low-cost "Bug-in-the-ear" sound system for modification of therapist,parent and parent behavior. Beh. Ther. 2, 249-250
Suchman,J.R. (1960): Inquiry training in the elementary school. Science Teacher 27, 42-47
Suchman,J.R. (1969): Evaluating inquiry in physical science. Chicago: Science Research Associates
Suchodolski,B. (1972): Einführung in die marxistische Erziehungstheorie. Köln
Susteck,H. (1975): Lehrer zwischen Tradition und Fortschritt. Empirische Untersuchungen über die Innovationsbereitschaft der Pädagogen. Braunschweig
Sustek,H. (1979): Eltern und Lehrer als Erziehungspartner. Konkrete Hilfen für die Zusammenarbeit von Eltern und Lehrern. Essen

Svensson,A. (1972): Die Marathon-Methode nach Bach & Stoller. Gruppendynamik 2

Tausch,A.M. (1963): Ausmaß und Änderung des Merkmals Verständnis im Sprachverhalten von Erziehern und Zusammenhänge mit seelischen Vorgängen in Kindern. Z. f. exp. angew. Psychol. 10, 514-539

Tausch,A.M. & Langer,J. (1971): Soziales Verhalten von Richtern gegenüber Angeklagten. Merkmale, Auswirkungen sowie Änderung durch ein Selbsttraining. Z. f. Entwicklungspsychol. u. Päd. Psychol. 3, 283-303

Tausch,R. (1970): Gesprächspsychotherapie. Göttingen

Tausch,R. & Tausch,A.M. (1973): Erziehungspsychologie (7.Aufl.). Göttingen

Tausch,R. & Tausch,A.M. (1978): Personzentrierte Gesprächspsychotherapie. In: Pongratz (Hg.), 1911-1954

Taylor,J.L. & Walford,R. (1974): Simulationsspiele im Unterricht. Eine Einführung in die didaktischen Möglichkeiten von Simulations-, Plan- und Rollenspielen mit sechs praktischen Beispielen. Ravensburg

Teegen,F. & Fittkau,B. (1972): Erziehung der Erzieher. Erfahrungen aus einem hochschuldidaktischen Experiment. Z. f. Entwicklungspsychol. u. Päd. Psychol. 4,1, 43-50

Teegen,F., Grundmann,A., Röhrs,A. (1975): Sich ändern lernen. Reinbeck

Teegen,F. & Kranz,D. (1972): Erfahrungen und Effekte eines Selbsterfahrungstrainings. Schule und Psychology 6, 370-379

Teschner,M. (1968): Politik und Gesellschaft im Unterricht. Eine soziologische Analyse der politischen Bildung an hessischen Gymnasien. Frankfurt

Thiele,H. (1981): Zur Beeinflussung des Entscheidungsverhaltens im Unterricht. Eine empirische Untersuchung zu einem theoriegeleiteten Lehrertraining. In: Hofer,M. (Hg.), Informationsverarbeitung und Entscheidungsverhalten von Lehrern. München, 278-311

Thomae,H. (1968): Das Individuum und seine Welt. Eine Persönlichkeitstheorie. Göttingen

Thomae,H. (1972): Familie und Sozialisation. In: Graumann,C.F. (Hg.), 778-824

Thoresen,C.E. & Mahoney,M.J. (1974): Behavioral self-control. New York: Holt

Tismer,K.-G., Fisseni,H.J., Tismer-Puschner,I. (1976): Anamnese und Exploration in der schulpsychologischen Beratung. In: Heller,K. (Hg.), Handbuch der Bildungsberatung. Stuttgart, 837-856

Tjaden-Steinhauer,M. (1975): Gesellschaftsbewußtsein der Arbeiter. Köln

Tohidipur,M. (1974): Politische Ökonomie des Bildungswesens. Weinheim

Toman,W. (1978): Tiefenpsychologie. Stuttgart

Torrance,E.P. & Myers,R.E. (1970): Creative learning and teaching. New York: Dodd

Triandis,H.C. (1975): Einstellungen und Einstellungsänderungen. Weinheim

Truax,Ch.B. & Mitchell,K.M. (1977): Forschungsergebnisse über den Zusammenhang zwischen Therapeuteneigenschaft (interpersonal skills) und Therapieverlauf beziehungsweise Therapieerfolg. In: Petermann,F. & Schmook,C. (Hg.), Grundlagentexte der klinischen Psychologie. Bd. 2. Ergebnisse der klinischen Psychologie. Bern, 271-239

Tscherner,M. & Masendorf,F. (1974): Analyse von Schülerbeurteilungen und Zeugnisnoten bei einzelnen Lehrern. Psychologie in Erziehung und Unterricht 21, 135-149

Tuckman,B.W. & Oliver,W.F. (1968): Effectiveness of feedback to teachers as a function of source. J. Educ. Psychol. 59, 297-301

Tullius,G. (1972): Inhaltsanalyse von Elternzeitschriften. Aachen (Dipl.Arbeit,

PH Rheinland)
Tunner,W.(1970): (korrekt: Florin,O. & Tunner,W.). Behandlung kindlicher Verhaltensstörungen. Verhaltenstherapeutisches Übungsbuch für psychologisch und pädagogisch interessierte Eltern. München
Twenhöven,J. (1976): Kommunikationsprobleme in der Familie. In: Materialien zur politischen Bildung 2, 30-36
Tymister,H., Balhorn,H., Conrady,P., Wallrabenstein,W. (1980): Deutschunterricht 5-10. München

Ulich,E. (1960): Unterforderung als arbeitspsychologisches Problem. Psychologie und Praxis 4, 156-161
Ulich,E. (1964): Schicht- und Nachtarbeit im Betrieb. Opladen
Ulich,K. (1976): Sozialisation in der Schule. Elemente einer sozialpsychologischen Theorie. München
Ulich,K. (1980): Wenn Schüler stören. Analyse und Behandlung abweichenden Lehrerverhaltens. München

Vaitl,D. (1978): Entspannungstechniken. In: Pongratz,L.J. (Hg.), 2104-2144
Valins,S. & Ray,A.A. (1967): Effects of cognitive desensitization on avoidance behavior. J. Personality and Social Psychol. 7, 345-350
Vetter,H.O. (1973): Humanisierung der Arbeitswelt als gewerkschaftliche Aufgabe. Gewerksch. Monatshefte 1/73, 8ff
Vilmar,F. (1973a): Strategien der Demokratisierung. Bd. I u. II. Darmstadt,Neuw.
Vilmar,F. (Hg.) (1973b): Menschenwürde im Betrieb. Reinbeck
Vilmar,F. (1975): Demokratischer Sozialismus. Diskussionsgrundlage für eine theoretische Plattform. Die Neue Gesellschaft 7, 583-590
Vilmar,F. (1980): Humanisierung der Arbeit und Wirtschaftsdemokratie. In: Meyer,I. (Hg.), 239-255
Vilmar,F. & Sattler,K.-O. (1978): Wirtschaftsdemokratie und Humanisierung der Arbeit. Frankfurt
Vogl,S. (1974): Modellernen. In: Kraiker,Ch. (Hg.), Handbuch der Verhaltenstherapie. München, 85-100
Voigtländer, H. (1975): Investitionslenkung oder Marktsteuerung. Ein Beitrag zur politischen Ökonomie des Godesberger Programms. Bonn
Vopel,K.W., Kirsten,R.E. (1974): Kommunikation und Kooperation. München
Vorstand der SPD (Hg.) (o.J.): Programme und Entschließungen zur Bildungspolitik 1964-1975. Abt. Jugend und Bildung. Bonn-Bad Godesberg
Vorwerg,M. (Hg.) (1980): Zur psychologischen Persönlichkeitsforschung 3. Berlin (Ost)
Voß,G. (1980): Arbeitssituation und gesellschaftliches Bewußtsein. Zur Kritik arbeitssoziologischer Erklärungen gesellschaftlichen Bewußtsein. Frankfurt
Vygotsky,L.S. (1962): Thought and language. Cambridge: M.I.T. Press

Wacker,A. (1976): Arbeitslosigkeit. Soziale und psychische Voraussetzungen und Folgen. Frankfurt, Köln
Wagener,H.-J. (1980): Demokratisierung der Wirtschaft. Möglichkeiten und Grenzen im Kapitalismus. Frankfurt
Wagner,H. (1979): Sozialpädagogische Arbeit. In: Edelhoff,Ch. & Mittelberg,E. (Hg.), 244-253
Wagner,J. (1976): Aufmerksamkeitstraining mit impulsiven Kindern. Stuttgart
Wahl,K. (1973): Familienbildung und -beratung in der Bundesrepublik Deutschland. Bestandsaufnahme zur Situation institutioneller Ehe- und Familienbildung und -beratung in der Bundesrepublik Deutschland und West-Berlin.Schriftenreihe des Bundesministers für Jugend, Familie und Gesundheit,Bd. 8. Stuttg.

Wahl,K. u.a. (1980): Familien sind anders! Wie sie sich selbst sehen. Anstöße für eine neue Familienpolitik. Reinbeck
Wahl,P., Eglmeier,H., Kopp,M. (1976): Elternseminare in der Erwachsenenbildung. Schwenningen
Wahler,R.G. (1969): Oppositional children: A quest for parental reinforcement control. J. Appl. Behavior 2, 159-170
Wakenhut,R. (1978): Über die Einbeziehung von Situationen in psychologischen Messungen. Ein Beitrag zur interaktionistischen Persönlichkeitsforschung. Frankfurt, Bern
Walder,L.O. u.a. (1967): Teaching behavioral principles to parents of disturbed children. In: Guerny,B.G. (Ed.), Psychotherapeutic agents: New roles for nonprofessionals, parents and teachers. New York: Holt
Walter,H. (Hg.) (1973): Sozialisationsforschung. Stuttgart
Warnke,A. & Innerhofer,P. (1978): Ein standardisiertes Elterntraining. Zur Therapie des Kindes und zur Erforschung von Erziehungsvorgängen. In: Schneewind, K. & Lukesch,H. (Hg.), 294-312
Warr,P.B. & Knapper,C. (1968): The perception of people and events. New York
Watson,D. & Tharp,R. (1975): Einübung in Selbstkontrolle. Grundlagen und Methoden der Verhaltensänderung. (engl. 1972). München
Watts,Jr., M.W. (1973): Behavior modeling and self-evaluation with video selfconfrontation. J. of Educ. Psychol. 64, 212-215
Watzlawick,P. u.a.(Beavin,J. & Jackson,D.) (1974): Menschliche Kommunikation. Formen, Störungen, Paradoxien.Bern
Watzlawick,P., Weakland,J., Fisch,R. (1974): Lösungen. Zur Theorie und Praxis menschlichen Wandels. Bern
Weber,E. (1970): Erziehungsstile. Donauwörth
Weber,M. (1964): Wirtschaft und Gesellschaft, 2. Teil. Köln,Berlin
Weiner,B. (1976): Theorien der Motivation (engl. 1972). Stuttgart
Weiner,B. & Kukla,A. (1970): A attributional analysis of achievement motivation. J. of Personality a. Social Psychol. 15, 1-20
Weiß,R. (1965): Über die Zulässigkeit der Ziffernbenotung von Aufsätzen. Schule f. Psychologie 12, 257-269
Weisser,G. (1971): Zur Erkenntniskritik der Urteile über den Wert sozialer Gebilde und Prozesse. In: Albert & Topitsch (Hg.), 125-149
Wellendorf,F. (1973): Schulische Sozialisation und Identität. Zur Sozialpsychologie der Schule als Institution. Weinheim
Welsh,R.S. (1966): A highly efficient method of parental counseling: A mechanical third ear. Paper presented at the convention of the Rocky Mountain. Psych. Assoc.
Wender,K.F., Colonius,H., Schulze,H.-H. (1979): Modelle des menschlichen Gedächtnisses. Stuttgart
Werbik,H. (1978): Handlungstheorien. Stuttgart
Werner,T. & Ross,D. (1969): Research in occupational psychiatry. In: Collins, R., Occupational psychiatry. Boston
Wetzel,H. (1978): Lehrertraining: Konstruktion und Evaluation eines verhaltenstherapeutisch orientierten Programms. Stuttgart
Wieczerkowski,W. & Kessler,G. (1970): Über den Einfluß der Leistungserwartung auf die Bewertung von Schüleraufsätzen. Schule und Psychol. 17, 240-250
Wiemer,H. (Hg.) (1981): Demokratie lernen - demokratisch handeln. Essen
Wildenmann,R. (1978): Über die größten Errungenschaften. Capital-Erhebung. In: Capital, Das deutsche Wirtschaftsmagazin, Nr. 10
Willi,J. (1975): Die Zweierbeziehung. Spannungsursachen, Störungsmuster, Klärungsprozesse. Reinbeck
Williams,J.S., Leymann,E., Karp,S.A. (1973): Environmental pollution and

mental health. Washington: Informational Resource Press
Winkel,R. (1972): Team-Teaching - was ist das? Westermanns Pädagogische Beiträge 24, 407-414
Winkel,R. (1974): Theorie und Praxis des Team-Teaching. Braunschweig
Wittich,D., Gößler,K., Wagner,K. (1978): Marxistisch-leninistische Erkenntnistheorie. Berlin (Ost)
Wolpe,J. (1958): Psychotherapy by reciprocal inhibition. Standford: Stanford University Press
Work in America (1973): Report on a special task force to the secretary of health, education and welfare. Cambridge, Mass: M.I.T. Press
Wragg,E.C. (1971): The influence of feedback on teachers`performance. Educational Research 13, 218-221
Wylie,R.C. (1970): The self concept. A critical survey of pertinent research literature. Lincoln
Wyss,D. (1970): Die tiefenpsychologischen Schulen von den Anfängen bis zur Gegenwart. Göttingen

Yalom, I.D. & Liebermann,M.(1971): A study of encounter group carualties. Arch. gen. Psychiatry 25
Yalom, I.D. (1974): Gruppenpsychotherapie. München
Young, D.B. (1968): The effectiveness of self instruction in teacher education using modeling and videotape feedback. College of Education, University of Maryland, ED o19 883

Zifreund,W. (1967): Konzept für ein Training des Lehrverhaltens in Kleingruppenseminaren unter Zuhilfenahme von Fernsehaufzeichnungen. In: Müller,G. (Hg.), Schul- und Studienfernsehen 1966. Weinheim, 208-216
Zifreund,W. (1971): Training des Lehrerverhaltens mit Fernsehaufzeichnungen (Microteaching). In: Heinrichs,H. (Hg.), Lexikon der audio-visuellen Bildungsmittel. München, 316-318
Zimet,C.N. & Fine,H.J. (1955): Personality change with a group therapeutic experience in a human relations seminar. J. Abnorm Soc. Psychol. 51
Zimmermann,H. (1971): Statistik über elternbezogene Sendungen in Hörfunk und Fernsehen bezogen auf das 2. Halbjahr 1971. Unveröff. Manuskript. Aachen
Zimpel,G. (1970): Der beschäftigte Mensch. Beiträge zur sozialen und politischen Partizipation. München
Zinn,K.G. (1976): Wirtschaftszusammenhänge verständlich lehren.
Zoll,R. & Henning,E. (1970): Massenmedien und Meinungsbildung. München
Zubke,F. (1980): Eltern und politische Arbeit. Zur politischen Funktion elterlicher Beteiligung in der Institution Schule. Stuttgart
Züblin,W. (1967): Das schwierige Kind. Stuttgart
Zuk,G. (1978): Familientherapie. Freiburg
Zweiter Familienbericht (1975): Bericht über die Lage der Familien in der Bundesrepublik. Bundesminister für Jugend, Familie und Gesundheit. Drucksache 7/3502. Bonn

KNAB, ECKHART (Hrsg.)
HEIMERZIEHUNG
Beiträge zur Theorie und Praxis öffentlicher Erziehung im Heim für Verhaltensgestörte

Frankfurt/M., Bern, Cirencester/U.K., 1979. 194 S.
EUROPÄISCHE HOCHSCHULSCHRIFTEN: Reihe 11, Pädagogik. Bd. 80
ISBN 3-8204-6679-7 br. sFr. 17.-- *)

Dieser Sammelband beinhaltet sowohl praxisorientierte als auch theoretische Beiträge zum Thema Heimerziehung. Dabei werden Themenbereiche behandelt wie Falldarstellungen, Gruppen-, Heim- und Heimschulkonzeptionen, Erziehungsplanung, Erfolgskontrolle, Sport und Heimbereich, Persönlichkeitserziehung und Indikation der Heimerziehung. Die Entwicklung der Heimerziehung im letzten Jahrzehnt hat auf der einen Seite zu völliger Ablehnung bzw.Einstufung des Heimes als ultima ratio geführt, während sie andererseits zur Anerkennung als qualifizierte, indizierte Alternative beigetragen hat. Zur Klärung dieser Fragestellung möchte der Herausgeber mit dem Sammelband einen Beitrag leisten.

Aus dem Inhalt: Heimerziehung - Beiträge zur Theorie und Praxis öffentlicher Erziehung im Heim für Verhaltensgestörte.

HENKEL, CHRISTOPH
DIE PRIVATISIERUNG DER FAMILIE ALS SOZIALES PROBLEM FÜR DIE FAMILIALE KOMMUNIKATION
Eine sozialwissenschaftliche Studie zur Begründung einer kommunikationsorientierten Familienbildungstheorie

Frankfurt/M., Bern, Las Vegas, 1979. 372 S.
EUROPÄISCHE HOCHSCHULSCHRIFTEN: Reihe 11, Pädagogik. Bd. 60
ISBN 3-8204-6515-4 br. sFr. 58.-- *)

Der Autor untersucht als Berufstheologe, Familienpädagoge und Kommunikationssoziologe die gegenwärtig zu lösenden familialen Beziehungs- und Kommunikationsprobleme unter dem Aspekt einer Familienbildungstheorie. Die mit der Privatisierung der Familie entstandenen sozialen Grundfragen der familialen und gesellschaftlichen Zwischenmenschlichkeit und die notwendig gewordene öffentliche Aufgabe einer Kommunikationshilfe für die Familie im Rahmen von Familienbildung werden unter sozialphilosophischen, soziologischen und sozialpsychologischen Aspekten analysiert und in bildungstheoretische Blickwinkel gerückt.

Aus dem Inhalt: Das 'Bild' vom Menschen als ein Bezugspunkt menschlichen Sozialverhaltens - Die familiale Privatheit im Kontext familiensoziologischer Materialien - Die Privatisierung der Familie in historisch-gesellschaftlichen Prozessen - Das soziale Problem der Privatisierung als familiale Kommunikationsnot - Ansätze zu einem Kommunikationsbildungskonzept.

---

*) unverbindliche Preisempfehlung
Auslieferung: Verlag Peter Lang AG, Jupiterstr. 15, CH-3015 Bern

STRASDOWSKY, RONALD D.
LEHRERWEITERBILDUNG DURCH TRAINING

Frankfurt/M., Bern, Las Vegas, 1977. 162 S.
EUROPÄISCHE HOCHSCHULSCHRIFTEN: Reihe 11, Pädagogik. Bd. 44
ISBN 3-261-02327-9 br. sFr. 39.-- *)

Zunächst werden verschiedene Ansätze zur Intensivierung der Lehrerweiterbildung untersucht, z.B. Mikroteaching. Am Beispiel einer Konzeption eines Lehrerweiterbildungssystems für ein regional weit verstreutes Schulwesen in unterentwickelten Ländern wird gezeigt, wie unter solchen Bedingungen kosten- und personalintensive Trainingsverfahren eingesetzt werden können. Zahlreiche Beispiele aus der Praxis in USA, Großbritannien und Deutschland bieten Anregungen für eine allgemeine Belebung der Lehrerweiterbildung durch Training.

Aus dem Inhalt: Motivationsprobleme - Bedürfnisbestimmte Lehrerweiterbildung - Theorie und Praxis von Trainingsansätze - Training im Rahmen von Innovationsstrategien - Konzeption eines LWB-Systems mit Trainingsmöglichkeiten für weitverstreute Schulen.

MENZEMER, URSULA
LEIDEN AN DER SCHULE
Eine sozialpädagogische Analyse

Frankfurt/M., Bern, 1981. 293 S.
EUROPÄISCHE HOCHSCHULSCHRIFTEN: Reihe 11, Pädagogik. Bd. 102
ISBN 3-8204-6142-6 br. sFr. 42.-- *)

Fast alle - vor allem Schüler, Eltern und Lehrer - leiden heute an der Schule. Vielfältige Rezepte zur "therapiebedürftigen" Schule werden angeboten. Zahlreiche Einzelergebnisse der Ursachenforschung neigen zu monokausaler Betrachtung. Eine Gesamtschau fehlt. Deshalb wird der Versuch unternommen, den komplexen Zusammenhang der institutionellen, curricularen und sozialpsychologischen Probleme im Schulalltag aufzuschlüsseln. Die Autorin des Buches versucht, nicht nur Ursachenkomplexe zu analysieren. Die kritische Auseinandersetzung mit Lösungsansätzen, Leiden und Fehlentwicklung zu steuern, führt vielmehr zu Strategien, um alle am Leiden Beteiligten in den Prozeß pädagogisch-politischen Handelns einzubeziehen.

Aus dem Inhalt: Historische Dimensionen von Erziehung und Bildung - Probleme der Politischen Didaktik - Determinanten am schulischen Dilemma - Institution Schule - Rolle des Lehrers - Probleme abweichenden Verhaltens von Schülern und Lehrern - Lösungsversuche: Beratung in der Schule, sozialpädagogische Schule, gemeinwesenorientierte Sozialarbeit und Schule.

---

*) unverbindliche Preisempfehlung
Auslieferung: Verlag Peter Lang AG, Jupiterstr. 15, CH-3015 Bern